Rocco Selvaggi

Erfolgreiche Vertragskonzepte oder *foedera incerta*? – Die weströmische Außenpolitik des 5. Jahrhunderts im Spiegel der römisch-germanischen Vereinbarungen

AF547634

Rocco Selvaggi

Erfolgreiche Vertragskonzepte oder *foedera incerta*?

Die weströmische Außenpolitik des 5. Jahrhunderts im Spiegel der römisch-germanischen Vereinbarungen

Hamburg University Press
Verlag der Staats- und Universitätsbibliothek Hamburg
Carl von Ossietzky

Zugl.: Dissertation, Universität Hamburg, 2019 u. d. T. *Foedera incerta?* Die weströmische Außenpolitik des 5. Jhs. im Spiegel der römisch-germanischen Verträge

BIBLIOGRAFISCHE INFORMATION DER DEUTSCHEN NATIONALBIBLIOTHEK
Die Deutsche Nationalbibliothek verzeichnet diese Publikation in der Deutschen Nationalbibliografie; detaillierte bibliografische Daten sind im Internet über https://portal.dnb.de abrufbar.

ONLINE-AUSGABE
Die Online-Ausgabe dieses Werkes ist eine Open-Access-Publikation und ist auf den Verlagswebseiten frei verfügbar. Die Deutsche Nationalbibliothek hat die Online-Ausgabe archiviert. Diese ist dauerhaft auf dem Archivserver der Deutschen Nationalbibliothek (https://portal.dnb.de) verfügbar.
DOI https://doi.org/10.15460/HUP.HHD.008.206

PRINTAUSGABE
ISBN 978-3-943423-84-6

LIZENZ Das Werk einschließlich aller seiner Teile ist urheberrechtlich geschützt. Das Werk steht unter der Creative-Commons-Lizenz Namensnennung 4.0 International (CC BY 4.0, https://creativecommons.org/licenses/by/4.0/legalcode.de). Ausgenommen von der oben genannten Lizenz sind Teile, Abbildungen und sonstiges Drittmaterial, wenn anders gekennzeichnet.

GRUNDGESTALTUNG Merle Papenfuß

SCHRIFT Alegreya. Copyright 2011: The Alegreya Project Authors (https://github.com/huertatipografica/Alegreya). This Font Software is licensed under the SIL Open Font License, Version 1.1. This license is also available with a FAQ at: http://scripts.sil.org/OFL

DRUCK UND BINDUNG Books on Demand - Norderstedt

VERLAG Hamburg University Press, Verlag der Staats- und Universitätsbibliothek Hamburg Carl von Ossietzky, Hamburg (Deutschland), 2020
http://hup.sub.uni-hamburg.de

A mio padre.

An meinen Vater.

Zusammenfassung

Die vorliegende Arbeit thematisiert die Außenpolitik des Weströmischen Reiches gegenüber denjenigen Germanenstämmen, die im Zusammenhang mit dem Untergang Westroms souveräne Staaten auf römischem Boden bilden konnten: die Burgunder, die Vandalen, die Sueben und die Westgoten. Den zentralen Untersuchungsgegenstand stellen die völkerrechtlichen Beziehungen zwischen dem Imperium und den unterschiedlichen *gentes* im 5. Jahrhundert dar. Eine Sammlung der weströmisch-germanischen Verträge – zusammen mit der Vorstellung ihres historischen Hintergrundes – gewährt einen ausreichenden Überblick über die politische Einstellung des Westreiches gegenüber den Germanen in der Endphase seines Desintegrationsprozesses. Zu diesem Zweck ist außerdem ein Vergleich unter den einzelnen Verbänden erforderlich gewesen, mit dem zusätzlichen Ziel, ein mögliches außenpolitisches Konzept des Imperiums festzustellen.

Die Bildungsprozesse der germanischen Reiche unterschieden sich deutlich voneinander, nicht zuletzt aufgrund der unterschiedlichen Umstände, in denen die einzelnen Stämme agierten. Daraus ergibt sich, dass die politischen Maßnahmen der Westkaiser (und deren Vertreter) an die besonderen Erfordernisse des Einzelfalls angepasst werden mussten. Die Folge ist ein großes Spektrum von Vereinbarungen, deren Eigenschaften, insbesondere die Vertragsbedingungen, je nach *gens* und der entsprechenden Situation variierten. Nichtsdestoweniger steht ein klares politisches Ziel Westroms außer Zweifel, nämlich die eigene Überlegenheit gegenüber den innerhalb des Reiches etablierten Germanen unter Beweis zu stellen. Dies lässt sich insbesondere anhand dreier Aspekte belegen, die als Grundsteine für die Außenpolitik des Westreiches zu diesem Zeitpunkt erscheinen: 1. ausgewählte Unterhändler der Römer, 2. Vereinbarungen von unbefristeter Dauer und 3. gezielte Rechtsinstitute. Dadurch bezweckte das Imperium, den eigenen Fortbestand sowie die Integrität des Reichsgebietes zu sichern.

Abstract

This work discusses the foreign policy of the Western Roman Empire towards Burgundians, Vandals, Suebi and Visigoths. These Germanic tribes were able to form sovereign states on Roman territory in connection with the decline of the West. The main focus of enquiry is the contractual relationship between the Empire and the various Germanic peoples (*gentes*) in the 5th century. A collection of the treaties between the Western Roman Empire and the Germans - together with a presentation of their historical background - provides a comprehensive overview of the political attitude of the West towards the Germanic peoples in the final phase of its disintegration process. To this purpose, a comparison between the individual tribes was also necessary, with the additional aim of determining a possible concept of foreign policy of the Empire.

The formation processes of the Germanic kingdoms differed considerably from each other, not least because of the different circumstances in which the individual tribes acted. It follows that the policy measures of the Western Emperors (and of their representatives) had to be adapted to the specific needs of each case. The result is a wide range of agreements whose features, in particular the contractual terms, varied according to the tribe and the corresponding situation. Nevertheless, a clear political goal of the Western Empire is to prove its own superiority over the Germanic tribes established within the empire. This can be demonstrated in particular by three aspects which appear to be the cornerstones of the foreign policy of the West at that time: 1) selected negotiators, 2) agreements of unlimited duration and 3) specific legal institutions. In this way, the Western Roman Empire aimed to secure its own survival and territorial integrity.

Danksagung

Als letzten Schritt meines Studienganges komme ich nicht umhin, mich an dieser Stelle an all jene zu erinnern und all denen zu danken, die mich auf unterschiedliche Weise in diesem langen, schönen und manchmal anstrengenden Abenteuer begleitet haben.

Diese „Reise“ hätte ohne meinen Doktorvater, Herrn Prof. Dr. Helmut Halfmann, nicht beginnen können. Ihm möchte ich meine ganze Wertschätzung und Dankbarkeit dafür aussprechen, dass er mir in fünf Jahren seine gesamte Kompetenz zur Verfügung gestellt hat, zusammen mit unendlicher Geduld und aufrichtiger Herzlichkeit. Es ist übrigens eine große Freude gewesen, seine tiefe Menschlichkeit kennenzulernen, die über die einfache berufliche Beziehung hinausging.

Mein besonderer Dank gilt auch Frau Prof. Dr. Sabine Panzram, die mir als Zweitgutachterin Ratschläge, Ermutigungen und produktive Vorwürfe nicht ersparte und mit der ein Verhältnis gegenseitiger Wertschätzung und gegenseitigen Vertrauens entstanden ist.

Auch die Gespräche mit Herrn Prof. Dr. Klaus Lennartz und Herrn Prof. Dr. Javier Arce Martínez waren von großer Bedeutung. Diese haben sich als wertvolle und großzügige Gesprächspartner hervorgetan, ersterer für Bedenken philologischer Art, letzterer für historische Fragen. Des Weiteren ist mein allererster Meister zu erwähnen, Herr Prof. Dr. Giuseppe Ragone, der sich ständig als Ratgeber im wissenschaftlichen Bereich sowie im Leben erwiesen hat.

Ebenfalls möchte ich auch allen Kolleginnen und Kollegen, die ich an der Universität Hamburg getroffen habe, meinen Dank äußern, insbesondere an Fuad Alidoust und Agnes von der Decken, mit denen ich lange Tage in der Bibliothek verbracht habe, woraufhin eine tiefe und schöne Freundschaft entstanden ist. Für die sprachliche Durchsicht möchte ich mich bei Dr. Dagmar Bruss, Dr. Anja Busch und Ornella Fendt bedanken, die durch ihre außerordentlichen Italienischkenntnisse zu einer angenehmeren Überarbeitung der Arbeit beigetragen haben.

Selbstverständlich möchte ich allen Freunden danken, die mich auf meinem wissenschaftlichen und vor allem persönlichen Bildungsprozess begleitet haben. In diesem Zusammenhang halte ich es für besonders wichtig, Leonardo, Giovanni und Ivan zu erwähnen, deren Unterstützung und Freundschaft zu keinem Zeitpunkt gefehlt haben. Nicht zuletzt muss ich meinen herzlichen und speziellen Dank an

Francesca ausdrücken, die mich mehr als alle anderen über die Jahre hinweg unterstützt und ertragen hat sowie die Freuden und Sorgen dieser Phase meines Lebens miterlebt hat.

Meiner Familie danke ich schließlich für ihre kontinuierliche Anregung und Beteiligung an allen glücklichsten und unglücklichsten Momenten meines deutschen Aufenthalts trotz der großen Entfernung zwischen Rom und Hamburg. Ein besonderer Gedanke ist natürlich an meinen Vater gerichtet: Ihm, der die vorliegende Leistung nicht miterleben konnte, der sich aber als erster darüber gefreut hätte, ist diese Arbeit gewidmet.

Ringraziamenti

A conclusione di questo mio percorso di studi, non posso esimermi dal ricordare e ringraziare tutti coloro che mi hanno accompagnato, a vario titolo, in questa lunga, bella e, a tratti, faticosa avventura.

Questo "viaggio" non sarebbe potuto iniziare senza il mio relatore, il prof. Helmut Halfmann. A lui vorrei esprimere tutta la mia stima e riconoscenza per avermi messo a disposizione in cinque anni tutta la sua competenza scientifica, unitamente ad un'infinita pazienza e una rara cordialità. È stato altresì un grande piacere poter conoscere la sua profonda umanità che ha travalicato il semplice rapporto professionale.

Un ringraziamento particolare merita anche la prof.ssa Sabine Panzram che, in qualità di correlatrice, è stata costantemente prodiga di consigli, incoraggiamenti e bonari rimproveri e con la quale è nato un rapporto di stima e fiducia reciproca.

Preziosissime sono state altresì le chiacchierate con il prof. Klaus Lennartz e il prof. Javier Arce Martínez, i quali si sono distinti come validi e generosi interlocutori, il primo per dilemmi di natura filologica, il secondo per questioni di carattere storico. Non posso infine non citare il mio primo maestro in assoluto, il prof. Giuseppe Ragone, il quale ha regolarmente vegliato sul "fuoco sacro" di me come studioso e, soprattutto, individuo.

Nello stilare la lista dei ringraziamenti desidero inoltre dedicare uno spazio a tutti i colleghi conosciuti all'Universität Hamburg e, in particolar modo, a Fuad Alidoust e Agnes von der Decken, con i quali, complici le interminabili giornate passate insieme in biblioteca, si è creato un profondo e bellissimo rapporto di amicizia. Grazie anche a Dagmar Bruss, Anja Busch e Ornella Fendt perché, grazie alla loro straordinaria conoscenza della lingua italiana, la fase di revisione linguistica è diventata più piacevole.

Un doveroso ringraziamento va ovviamente a tutti gli amici che hanno partecipato a questo mio cammino di crescita scientifica e, soprattutto, personale. A tal proposito ritengo fondamentale ricordare in particolar modo Leonardo, Giovanni e Ivan, i quali, in tempi e modi diversi, non mi hanno mai fatto mancare il loro appoggio e la loro amicizia. Un sentito e speciale ringraziamento è per Francesca, la quale più di tutti mi ha su<o>pportato in questi anni e condiviso gioie e dolori di questa fase della mia vita.

La conclusione di queste righe è per la mia famiglia che, nonostante la grande distanza che separa Roma da Amburgo, non ha mai smesso di tifare per me e ha saputo essere partecipe ai momenti più e meno felici del mio soggiorno tedesco con impareggiabile affetto. Un pensiero particolare è rivolto naturalmente a mio padre: a lui, che non ha potuto assistere a questo mio traguardo, ma che sarebbe stato il primo a gioirne, è dedicata questa pubblicazione.

Inhaltsverzeichnis

Einführung

Im 5. Jh. n. Chr. endete die Geschichte des Weströmischen Reiches – nominell durch die Absetzung des letzten Westkaisers Romulus Augustulus. Allerdings machte das Römische Reich schon seit langer Zeit eine schwere Krise durch, und selbst die Reformen der letzten großen Kaiser Diokletian, Konstantin, Theodosius I. vermochten den Niedergang nicht aufzuhalten. Die Probleme des Reiches waren unterschiedlich: Eines davon war sicherlich der katastrophale Zustand der Wirtschaft. Das Reich hatte äußerst hohe Ausgaben und die wichtigsten (und erheblichsten!) davon waren die Unterhaltskosten des Heeres. Dieses, von dem ein Großteil aus Söldnern bestand, musste eine hohe Truppenstärke unterhalten, um sämtliche Grenzen von Britannien bis Syrien und Afrika zu verteidigen. Den hohen Kosten standen keine ausreichenden Einkünfte entgegen, weil das Reichssteuersystem nicht effizient genug war. Folglich eskalierte langsam der Steuerdruck, und auch durch die Verminderung des Geldwerts und die zunehmende Inflation wurde die Situation dramatischer. Viele Bauern (die Landwirtschaft war immer noch der Kern der römischen Wirtschaft) wurden gezwungen zu verkaufen oder sich von den reichen Landbesitzern, die dank bestimmter Privilegien keine Steuern zahlen mussten, unterstützen zu lassen. Das Reich verlor langsam Steuerzahler und folglich Einkünfte. Ein weiteres Problem betraf die politische Ebene. In der Spätantike hing die Macht jedes Kaisers stark vom Heer ab. Kein Kaiser konnte eine erfolgreiche Politik und Herrschaft betreiben, ohne die Unterstützung und die Zustimmung der Armee zu haben. Außerdem war ein effizientes und treues Heer für die Verteidigung der langgestreckten Reichsgrenzen von grundlegender Bedeutung. Die Armee war sich ihrer entscheidenden Rolle sehr wohl bewusst und profitierte davon. Schließlich befand sich die Gesellschaft selbst in einer dramatischen Lage: eine schwache Reichsverwaltung, eine korrupte und chaotische Bürokratie, schwacher Handel und grassierende Armut. Die ganze Situation zeigt eine „gelähmte" Gesellschaft, und deswegen bezeichnet man das spätrömische Reich oft auch als Zwangsstaat[1].

Ein weiterer Grund für den Niedergang des Imperiums ist das sogenannte Barbarenproblem. Ab dem 2. Jh. n. Chr. haben die Barbaren langsam eine wichtige Rolle sowohl in der Innen- als auch in der Außenpolitik des Römischen Reiches gespielt. Die wachsende Zahl dieser fremden Völker, die entweder als Sklaven, als friedliche Einwanderer oder als eindringende Feinde den *limes* überschritten, und

---

1 Hier wird eine Auswahl bedeutender Werke über die im Text erwähnten Merkmale der Spätantike angeführt: H. HORSTKOTTE, *Die „Steuerhaftung" im spätrömischen „Zwangsstaat"*, Frankfurt a. M. ²1988; M. MEIER, *Das späte Römische Kaiserreich ein „Zwangsstaat"? Anmerkungen zu einer Forschungskontroverse*, in: D. BRODKA u. a. (hrsg.), *Freedom and its limits in the Ancient World. Proceedings of a colloquium held at the Jagiellonian University Kraków*, Krakau 2003, 193–213; A. DEMANDT, *Geschichte der Spätantike. Das Römische Reich von Diocletian bis Justinian 284–565 n. Chr.*, München ²2008; Y. LE BOHEC, *Das römische Heer in der Späten Kaiserzeit*, Stuttgart 2010; A. DEMANDT, *Der Fall Roms. Die Auflösung des römischen Reiches im Urteil der Nachwelt*, München ²2014.

die gleichzeitig fortlaufende Schwäche des Kaisertums verursachten eine vielfältige Übernahme der Barbaren ins Reich. Eine langsame Barbarisierung der römischen Gesellschaft war deswegen eine unabwendbare Folge. Dieses Phänomen betraf zuallererst das Heer. Schon unter Caesar wurden die Barbaren als Hilfstruppen angeworben, aber in der Spätantike wurden sie massiv von den Kaisern rekrutiert, und sie waren in allen Teilstreitkräften präsent. Dank ihrer exzellenten Leistungsfähigkeiten in der Kriegskunst stiegen die Germanen im spätrömischen Offizierskorps bis zum Heermeister auf. Die römische Armee wurde also von Barbaren gegen Barbaren geführt. Die Außenpolitik des Römischen Reiches geriet in der Tat in eine immer kritischere Situation: Die Zahl der kampflustigen Germanenstämme wurde stetig größer und ihr Verhalten immer schwerer kontrollierbar. Der von den Germanen auf den *limes* ausgeübte Druck hatte verschiedene Gründe: das Nachrücken weiterer Barbarenvölker, die Suche nach Siedlungsland, die (militärische) Schwäche des Römischen Reiches, die Verbesserung des Lebensstandards usw.[2]

Die Unfähigkeit, die eigenen Grenzen zu schützen, zwang das Imperium eine Alternative für den Krieg zu finden. Da einer der Hauptgründe der Völkerbewegungen die Suche nach neuem Land war, erlaubten die Kaiser, dass die Germanen Landstriche auf römischem Territorium bevölkern durften. Als Gegenleistung dafür sollten sie als Soldaten im römischen Heer dienen. Damit verfolgte das Reich zwei Ziele: Zum einen der heruntergekommenen Armee frische Kräfte zuzuführen, zum anderen die Grenzen zu verstärken. Das bekannteste Beispiel, mit dem das Römische Reich diese Strategie zum Schutz der inneren Verteidigungslinie zum ersten Mal offiziell umsetzt, bildet die Schlacht bei Adrianopel (378). Kaiser Theodosius I., der eingesehen hatte, dass die römische Armee die Goten nicht besiegen konnte, beschloss, Frieden zu schließen. Die Goten erhielten Siedlungsländer innerhalb des Reiches, konnten jedoch die eigenen Gesetze und Gebräuche als autonomes Volk behalten. Dies zeigt, dass ein Germanenvolk als Völkerrechtssubjekt anerkannt wurde. Der Vertrag, lateinisch *foedus* (daher die Bezeichnung der betroffenen Germanen als *foederati*) sah vor, dass germanische Soldaten sich der römischen Armee anschließen mussten, falls das Imperium sie anforderte.

---

2 Hier wird eine Auswahl einiger Monographien über das sogenannte Barbarenproblem und die Völkerwanderung angeführt: W. POHL, *Die Völkerwanderung. Eroberung und Integration*, Stuttgart 2005; W. GOFFART, *Barbarian tides. The migration age and the Later Roman Empire*, Philadelphia 2006; G. HALSALL, *Barbarian Migration and the Roman West, 376–568*, Cambridge 2007; P.J. HEATHER, *Empires and barbarians: migration, development and the birth of Europe*, London 2010; H. FEHR - P. VON RUMMEL, *Die Völkerwanderung*, Stuttgart 2011; M. MEIER, *Der Völkerwanderung ins Auge blicken. Individuelle Handlungsspielräume im 5. Jahrhundert n. Chr.*, Heidelberg 2016; H. WOLFRAM, *Das Römerreich und seine Germanen: Eine Erzählung von Herkunft und Ankunft*, Wien u. a. 2018.

den römisch-germanischen Verhältnissen finden sich außerdem in den verschiedenen Monographien über die Geschichte der einzelnen Stämme.[6] In diesen Werken stehen die Verträge mit dem Westreich aber nicht wirklich im Fokus der Behandlung, auch wenn sie in Einzelfällen eingehender analysiert sind. Dadurch sind diese Abhandlungen eher als Ansatzpunkt für weiterführende Recherchen zu betrachten. Aus dem präsentierten Forschungsstand geht das Fehlen einer adäquaten und differenzierten, alle Stämme gleichermaßen berücksichtigenden Untersuchung klar hervor.

1.2 Zielsetzung

Eine neue Studie über die römisch-germanischen Beziehungen ist insofern lohnend, weil ein direkter Vergleich zwischen den Germanenstämmen bisher aussteht, welcher im Übrigen Überlegungen zu der römischen Außenpolitik gegenüber den Barbaren ermöglichen kann. Die vorliegende Dissertation untersucht daher die Verhältnisse zwischen den germanischen Völkern und dem Römischen Reich am Beispiel der Verhandlungen und der Verträge, mit dem Ziel und der Hoffnung, einen hinreichenden Überblick über den gesamten Gegenstand zu geben. Nichtsdestoweniger bedarf es zu einer angemessen präzisen Analyse einer zeitlichen und räumlichen Eingrenzung: Der Untersuchungszeitraum bezieht sich auf das 5. Jh. n. Chr., ab dem Einfall der germanischen *gentes* ins Römische Reich bis zur Absetzung des letzten Westkaisers Romulus Augustulus, und beschränkt sich dabei auf den westlichen Teil des Römischen Reiches (nach der Reichsteilung des Theodosius I.). Die Wahl dieser zwei Parameter lässt sich leicht rechtfertigen: Die völkerrechtlichen Beziehungen des Imperiums zu den Germanen in dieser Zeit und im Westen zeigen am besten, wie es zur Entstehung neuer und souveräner Staaten auf römischem Reichsboden gekommen ist. Insofern werden nur die Burgunder, die Vandalen, die Sueben und die Westgoten behandelt. Diese Arbeit möchte dann auch ein hilfrei-

---

6 Hier wird eine Liste der neuesten und bedeutendsten Monographien über die Geschichte der einzelnen Stämme angeführt. Zu den Burgundern: R. Kaiser, *Die Burgunder*, Stuttgart 2004; K. Escher, *Les Burgondes: Ier–VIe siècles apr. J.-C.*, Paris 2006; B. Saitta, *I Burgundi (413–454)*, Roma 2006. Zu den Vandalen: H. Castritius, *Die Vandalen: Etappen einer Spurensuche*, Stuttgart 2007; A. Merrills - R. Miles, *The Vandals*, Chichester 2010; Y. Modéran, *Les Vandales et l'Empire romain*, Arles 2014; K. Vössing, *Das Königreich der Vandalen. Geiserichs Herrschaft und das Imperium Romanum*, Darmstadt 2014; R. Steinacher, *Die Vandalen. Aufstieg und Fall eines Barbarenreichs*, Stuttgart 2016. Zu den Sueben: P.C. Díaz, *El reino suevo (411–585)*, Madrid 2011. Zu den Westgoten: W. Giese, *Die Goten*, Stuttgart 2004; G. Kampers, *Geschichte der Westgoten*, Paderborn 2008; H. Wolfram, *Geschichte der Goten: von den Anfängen bis zur Mitte des sechsten Jahrhunderts. Entwurf einer historischen Ethnographie*, München [5]2009.

cher Beitrag zur Literatur über die Germanenvölker sein, aber nicht die Monographien über die Geschichte der einzelnen Stämme ersetzen. Denn im Fokus steht grundsätzlich das Thema der (Rechts-)Verhältnisse zwischen den Germanen und der weströmischen Regierung.

Auf der Basis einer Sammlung aller Verträge zwischen dem Westreich und den vier oben genannten Germanenstämmen im 5. Jh. werden die römisch-germanischen Beziehungen erörtert. Unter „Verträgen" wird daher alle die Vereinbarungen und Abkommen verstanden, die die weströmische Autorität mit den germanischen Zuwanderern abgeschlossen hat. Von der Seite der Römer werden sowohl die von dem Kaiser (oder dessen Vertreter) als auch die von den Gegenkaisern beschlossenen Verträge behandelt. Die Verträge und die entsprechenden Verhandlungen werden nach den ausgewählten Verbänden geordnet, denen jeweils ein einzelnes Kapitel gewidmet wird. Jeder Vertragstext und -nachricht wird zitiert, paraphrasiert, inhaltlich analysiert und in einen historischen Kontext gestellt. Die chronologische Darstellung kann zudem die Entwicklung des politischen Verhältnisses zwischen Westrom und den einzelnen Stämmen schärfer profilieren. Nebenbei wird auch ein Blick auf den Bereich der Diplomatie geworfen: Legaten, Geiseln, vielerlei Bedingungen usw. spielten alle eine wichtige Rolle für den Abschluss der unterschiedlichen Vereinbarungen. Eine erfolgreiche Untersuchung zu den diplomatischen Wegen und Arten Westroms ist also ein notwendiger Schritt für das Studium der Verträge in diesem Zeitpunkt, insbesondere um die Tendenzen in der Vertragsgestaltung festzustellen.

Daran schließen sich in einem weiteren, separaten Teil dieser Arbeit die Betrachtungen bestimmter politischer Faktoren an, die aus der Untersuchung der römisch-germanischen Verhandlungen und Vereinbarungen in den vorherigen Kapiteln herausfiltern werden können. Damit wird man Ähnlichkeiten und Unterschiede in den Beziehungen des Westreiches zu jedem Stamm herausarbeiten und parallel dazu die weströmische Außenpolitik unter völkerrechtlichem Aspekt behandeln, bzw. das Rechtsverhältnis, das Ravenna zu jeder germanischen Gruppe einging, beleuchten können. Am Beispiel der römisch-germanischen Verträge wird also ein Augenmerk daraufgelegt, ob das Imperium ein klares außenpolitisches Konzept gegenüber der ins Römische Reich eingefallenen Germanen verfolgte oder ob prinzipiell unterschiedliche Beziehungen zu jeder einzelnen *gens* zu erkennen sind. Im zweiten Fall wird versucht werden, die Gründe des vielseitigen und verschiedenen Politikverhaltens des Weströmischen Reiches herauszufinden. Auf der Grundlage der daraus resultierenden Ergebnisse wird es anschließend möglich sein, einen umfangreichen Überblick über die weströmische Außenpolitik zu bieten. Insbesondere wird es auffallen, ob sich die jeweils entsprechenden Maßnahmen des Imperiums den Germanen gegenüber erfolgreich erwiesen. Denn die Unwirksamkeit der weströmisch-germanischen Verträge zeichnete sich sehr oft ab. Es ist kein Zufall, dass bereits der spätantike Historiker Orosius in Bezug auf die ersten vertraglichen Kontakte zwischen den über die Rheingrenze gewanderten Barbaren und der damaligen faktischen Autorität in Gallien, dem Gegenkaiser Constantin III., von *foedera incerta* spricht.[7]

Am Rande sei auch erwähnt, dass diese Dissertation sich nicht als Rechtsstudie verstehen will. Untersuchungen über rechtliche Begriffe wie *foedus*, *amicitia*, *deditio*, *pax* usw. und deren Definitionen schlechthin bleiben hier aus. Eine Terminologie wird trotzdem von Fall zu Fall geboten, um die Bedeutung der einzelnen Verträge bestmöglich aufzufassen.[8] Ebenso werden die sich aus den Verträgen ergebenden rechtlichen Fragen, wie zum Beispiel die Modalitäten der Ansiedlung der Germanenstämme, anhand der Hinweise in den Vertragsnotizen lediglich skizziert und im Anschluss auf die entspreche Literatur verwiesen.

---

7 OROS. VII 40, 4.

8 Zur juristischen Terminologie: P.J. HEATHER, Foedera *and foederati of the fourth century*, in: W. POHL (hrsg.), *Kingdoms of the Empire. The Integration of Barbarians in Late Antiquity*, Leiden 1997, 57–74; R. SCHULZ, *Die Entwicklung des römischen Völkerrechts im vierten und fünften Jahrhundert n. Chr.*, Stuttgart 1993; C. DELAPLACE, *La fin de l'Empire romain d'Occident. Rome et les Wisigoths de 382 à 531*, Rennes 2015, 59–76.

Die Burgunder

Zusammen mit Vandalen, Alanen und Sueben überschritten auch die Burgunder um die Jahreswende 406–407 den Rhein und drangen in gallisches Gebiet ein.[9] Im Gegensatz zu den anderen Barbarenstämmen, die ihre Wanderung weiter nach Spanien fortsetzten, etablierten sich die Burgunder bereits in Gallien, genauer gerade an der kurz zuvor überschrittenen Rheingrenze. Hier entstand ihre Herrschaft auf römischem Boden, die in einem wechselvollen und unruhigen Verlauf des 4. Jhs. in ein echtes Reich mündete und erst 534 durch die fränkischen Angriffe endete. Im Prozess dieser Reichsbildung spielten die zwischen den Burgundern und den Römern geschlossenen Verträge eine wichtige Rolle, wie das vorliegende Kapitel – ungeachtet deren geringer Zahl und der knappen Beschreibungen in den Quellen – zeigt.

2.1 Rheinübergang

Der Marsch der obengenannten Germanenstämme über die Rheingrenze kollidierte mit einer Reihe von Ereignissen, die die weströmische Zentralregierung von der Rheinfront abgelenkt hatten. Im Zeitraum von wenigen Jahren musste der bevollmächtigte Heermeister Stilicho zwei in Italien eingefallenen gotischen Horden – die erste unter der Führung des Alarich (401–402), die zweite unter der des Radagaisus (405–406) – entgegentreten. In beiden Fällen gelang ihm der Schutz der Halbinsel: Zuerst mittels Kriegsführung, dann mithilfe von Verträgen brachte er Alarich dazu, Italien zu verlassen und sich in Westillyricum anzusiedeln. In der Nähe von Florenz besiegte er endgültig die Gruppe des Radagaisus nach deren massiven Plünderungen in Norditalien.[10] Dass die Verteidigung der *Dioecesis Italiae Annonariae*, die zum ersten Mal tatsächlich den Völkerwanderungen ausgesetzt war, die Priorität in der Außenpolitik Westroms darstellte, würde Stilichos Entscheidung für die Zusammenziehung zahlreicher Truppen erklären, nicht zuletzt wohl die Limitanei am Rhein. Es ist also nachvollziehbar, dass die germanischen Stämme diese Gelegenheit für einen „friedlichen" Grenzübergang nutzten, zumal sie auf keinen nennenswerten Widerstand stießen. Die ersten Leidtragenden der Streifzüge dieser barbarischen Wanderer, die ihre Niederlassung innerhalb des Römischen Reiches bezweckten, waren die nahe am Rhein gelegenen Provinzen Galliens: zunächst die *Germania I*, später die *Germania II* und die *Belgica I*.

In der Anfangsphase ihrer Wanderung konnten die Barbaren ungestört vorgehen, da die Auseinandersetzung mit der östlichen Hälfte des Römischen Reiches den

9 Hier. *Epist.* 123, 15; Oros. VII 38, 3. Einige Forscher wie z. B. Drinkwater 1998, 271–275 lehnen die These ab, dass sich die Burgunder diesen erwähnten Stämmen während des Rheinübergangs anschlossen.

10 S. Kap. 5.2.2.

weströmischen Hof in Ravenna zu diesem Zeitpunkt völlig in Anspruch nahm. Im Übrigen hatte Alarich mittlerweile, gemäß einer vorherigen Vereinbarung, mit Stilicho Epirus gestürmt und wartete auf die ravennatische Verstärkung für einen gemeinsamen Angriff gegen Ostrom mit dem Ziel, den östlichen Teil Illyricums zurückzugewinnen. Mit der aktuellen Außenpolitik Westroms unzufrieden, riefen die in Britannien stationierten römischen Truppen etwa zur gleichen Zeit einen Soldaten zum Kaiser mit Namen Constantin III. aus. Kurz darauf fuhr dieser über den Ärmelkanal, und zwar mit der Absicht, die vollständige Kontrolle über Gallien zu erlangen. Die Schnelligkeit des Vorstoßes des Usurpators nach Süden bewegte Stilicho endlich zu einem Einsatz in Gallien: Römische Truppen überstiegen die Alpen unter der Führung ihres Anhängers Sarus. Zwischen dem Kampf um den Thron Westroms einerseits und den von den Barbaren verübten Plünderungen andererseits in die Zange genommen, glitt Gallien in eine dunkele Phase seiner Geschichte ab.

Der Gegenkaiser Constantin III. erahnte sofort die Tragweite des barbarischen Problems in Gallien. Eine wirksame Lösung desselben hätte die Zustimmung der erschöpften lokalen Bevölkerung mit sich gebracht und zugleich das Unternehmen in den Kern Galliens ermöglicht. Hierfür war die Befriedung der nördlichen Provinzen die Voraussetzung. Aus den Quellen gehen zwei verschiedene Strategien des Usurpators gegenüber den Barbaren hervor: Zosimus berichtet, dass die Römer eine barbarische Armee durch eine gewaltige Schlacht besiegten und sie fast vernichteten. Die Überlebenden konnten sich aber, da sie nicht verfolgt wurden, neu organisieren und erschienen bald wieder kampffähig. Constantin III. verstärkte deshalb die Verteidigung bei den Alpenpässen und am Rhein.[11] In diesem Zusammenhang ist die Notiz des Sozomenus über ein Militärbündnis zwischen Ebobich, dem *magister militum* des Constantin III., und den germanischen Stämmen an der Rheingrenze, Franken und Alamannen, zu stellen.[12] Zosimus' Passage ist allerdings dunkel und schwer zu interpretieren: Vor allem ist die Identität der betreffenden Barbaren rätselhaft. Der Hinweis auf ihre Marschroute über die Alpen lässt vermuten, dass es sich um die aus Italien fliehenden übrigen Kriegskameraden des Radagaisus handelte. Höchstwahrscheinlich wuchs ihre Zahl durch das Vordringen eines Teils der Rheingermanen (Vandalen, Alanen, Sueben, Burgunder) in Gallien an. Zweitens: Obwohl eine große

---

11 Zosim. VI 3, 2–3: Πρὸς ὃν [Constantin III.] μάχης καρτερᾶς γενομένης ἐνίκων μὲν οἱ Ῥωμαῖοι, τὸ πολὺ τῶν βαρβάρων κατασφάξαντες μέρος, τοῖς δὲ φεύγουσιν οὐκ ἐπεξελθόντες (ἢ γὰρ ἂν ἅπαντας πανωλεθρίᾳ διέφθειραν) ἐνέδωκαν αὐτοῖς ἀνακτησαμένοις τὴν ἧτταν καὶ βαρβάρων πλῆθος συναγαγοῦσιν αὖθις ἀξιομάχοις γενέσθαι. Διὰ ταῦτα τοίνυν τούτοις τοῖς τόποις φύλακας ἐγκατέστησε Κωνσταντῖνος, ὡς ἂν μὴ τὴν εἰς Γαλατίαν ἀνειμένην ἔχοιεν πάροδον· ἐγκατέστησε δὲ καὶ τῷ Ῥήνῳ πᾶσαν ἀσφάλειαν, ἐκ τῶν Ἰουλιανοῦ βασιλέως χρόνων ῥᾳθυμηθεῖσαν.

12 Sozom. IX 13, 2: Ἐπεὶ δὲ ἔμαθε Κωνσταντῖνος τὰ κατὰ Μάξιμον, Ἐδόβιχον μὲν τὸν αὐτοῦ στρατηγὸν πέραν τοῦ Ῥήνου πέπομφε Φράγκων τε καὶ Ἀλαμανῶν συμμαχίαν προτρεψόμενον [...].

Theben über die Kaiserhebung des Jovinus.[19] Der Kern der Untersuchung war die Formulierung ἐν τῆς ἑτέρας Γερμανίας, weil eine Ortschaft mit dem Namen Μουνδιακὸς (Mondiacum), welche sich in der *Germania II* (ἑτέρα Γερμανία) befand, gesucht werden musste. Eine Verbesserung der Lesart Μουνδιακῷ in Μογουντιακῷ war notwendig, damit Moguntiacum (das heutige Mainz) trotz seiner Lage in der *Germania I* als Ortsangabe angenommen werden konnte. Denn die Kaiserhebung war an keinem anderen Ort der Region als in der Stadt Mainz vorstellbar, welche Sitz des Provinzstatthalters und zweier militärischer Befehlshaber, nämlich des *Dux Germaniae primae* und des *Dux Mogontiacensis*, war. Diese Interpretation (Mittelrhein-These) wurde auch anhand einiger Hinweise aus den hochmittelalterlichen Sagen und der *Lex Burgundionum* erhärtet, die das Burgunderreich am Rhein bei Worms lokalisieren.[20]

Die Mittelrhein-These wurde zum ersten Mal 1923 von Dieterich bezweifelt, der die Korrektheit der Lesart des Textes von Olympiodor verteidigte und deshalb die Ansiedlung der Burgunder nach der Identifizierung von Mondiacum mit anderen möglichen sich in der *Germania II* befindlichen Orten am Niederrhein lokalisierte (Niederrhein-These).[21] Diese Deutung fand Zuspruch und andere Forscher recherchierten in dieser Richtung weiter. Die Mittelrhein-These konnte sich jedoch durchsetzen, sodass die Lokalisierung des ersten burgundischen Reiches in der *Germania I* bei Worms heute generell akzeptiert ist.[22] Allerdings sollte nicht unerwähnt bleiben, dass keine zeitgenössische Quelle den genauen Ansiedlungsort der Burgunder verrät. Die Angabe von Worms wird von manchen mittelalterlichen Heldendichtungen, nämlich dem „Waltharius“ und der Nibelungensage überliefert und anerkannt, da sich diese Werke in anderen Bereichen, wie zum Beispiel im Falle der königlichen Genealogien, als glaubwürdig erwiesen haben.[23]

---

19 OLYMP. *frg.* 18.

20 Zum Thema s. FAVROD 1997, 47f.; KAISER 2004, 27f.

21 DIETERICH 1923, 26ff.

22 In Bezug auf eine Übersicht über die Kontroverse zwischen der Mittelrhein- und der Niederrhein-These sowie eine Zusammenfassung der verschiedenen wissenschaftlichen Meinungen (mit ausführlicher Literatur) s. WACKWITZ 1964, 59–76; SORACI 1980, 489–497; FAVROD 1997, 48f.; KAISER 2004, 27–30; SAITTA 2006, 4–7. Vgl. OLDENSTEIN 1994, 111f., der aufgrund einer erneuten Analyse der *Notitia Dignitatum* im Zusammenhang mit den archäologischen Spuren in dem Gebiet von Alzey behauptet, dass die Burgunder in ihrer Funktion als Föderaten die Comitatensen für die Grenzverteidigung in dem *ducatus Moguntiacensis* ersetzten. Zur Rolle der Archäologie s. CASTRITIUS 2008, 43; vgl. AMENT 1995, 83–86.

23 Hierzu KAISER 2004, 27f.

2.2.2 413: Ein Vertrag mit Rom?

Ein Großteil der Forscher ist der Ansicht, dass der burgundische Anspruch auf die Region von Worms später auch von der römischen Regierung anerkannt wurde, obwohl es sich um das Vorgehen eines Usurpators handelte. Durch den energischen Einsatz des *magister militum* Flavius Constantius gegen die in Gallien agierenden Gegenkaiser Constantin III. und Jovinus war die ravennatische Autorität auch in der Grenzregion am Rhein wiederhergestellt. Im Rahmen einer präzisen Außenpolitikstrategie, die eine Festigung des rheinischen *limes* durch die Ansiedlung einiger germanischer Stämme im Austausch für militärische Gegenleistung (in den meisten Fällen) bezweckte, erhielten die Burgunder 413 einen direkt an den Rhein grenzenden Teil Galliens.[24] Die Vertragsbedingungen sind nicht bekannt, es existiert nur die Angabe über das geographische Gebiet, das die Burgunder als Ansiedlungsland erhielten.[25] Hinsichtlich der von der Quelle verschwiegenen Identität des römischen Vertragsnehmers sind die Forscher sich untereinander uneinig: Westkaiser Honorius selbst, der Heermeister Constantius und der Prätorianerpräfekt von Arles Claudius Postumus Dardanus (Letztere als Vertreter des Kaisers) sind alle akzeptable Alternativen.[26] Die einzige Ausnahme bildet Favrod, nach dessen Meinung die Burgunder *partem Galliae propinquam Rheno* nicht von der legitimen römischen Regierung, sondern von dem Usurpator Jovinus erhielten.[27] Favrods These basiert auf der Struktur der Chronik des Prosper von Aquitanien, die – wie Favrod betont – die einzige Quelle zum Thema sei: Nach dieser bekamen die Burgunder in der Reihenfolge der Ereignisse einen Teil Galliens vor dem Mord des Jovinus.[28] Dagegen lassen sich folgende Argumente anführen: Erstens ist es wenig wahrscheinlich, dass die Burgunder ruhig und geduldig zwei Jahre abgewartet haben, um die Belohnung für die Unterstützung an der kaiserlichen Erhebung des Jovinus einzuziehen. Zweitens: Sowohl die Notiz 1250 als auch 1251 bei Prosper betreffen das Jahr 413, doch wird die exakte chronologische Folge der Ereignisse innerhalb dieses Jahres nicht genauer angegeben, sodass unsicher ist, ob 1251 tatsächlich zeitlich auf 1250 folgt. Schließlich ein dritter Einwand: Die Tatsache, dass der Tod des Jovinus zu einem späteren Zeitpunkt erfolgt ist als der Übergang Galliens in burgundischen Besitz, ist keine Garantie für die tatsächliche Schenkung an die

---

24 PROSP. *Chron.* 1250: *Burgundiones partem Galliae propinquam Rheno optinuerunt*; s. auch CASSIOD. *Chron.* 1190: *Burgundiones partem Galliae Rheno tenuere coniunctam*.

25 MASUR 1952, 96f.; SORACI 1980, 496; GRÜNEWALD 2004, 131; KAISER 2004, 27.

26 Zur neuesten Forschung über dieses Thema s. MARTIN 2005, 241; ESCHER 2006, 24; SAITTA 2006, 4; ANKE 2010, 100f.

27 FAVROD 1997, 47. Interessanterweise wurde Favrods These wohl nicht rezipiert.

28 PROSP. *Chron.* 1250: *Burgundiones partem Galliae propinquam Rheno optinuerunt*; 1251: *Iovinus et Sebastianus fratres in Gallia regno arrepto perempti*.

Burgunder vonseiten des Jovinus. Ebenso ist auch das folgende Szenario denkbar: Durch eine legitime Konzession Galliens an die Burgunder konnte die römische Regierung dem Usurpator ihre Unterstützung entziehen. Dies beschleunigte seine Kapitulation, auf die kurz darauf sein Tod folgte.

Die Stelle bei Prosper zeigt noch einen weiteren wichtigen Punkt. Die römische Anerkennung der burgundischen Herrschaft auf diesem gallischen Gebiet würde einerseits die bereits seit einigen Jahren de facto existierende Beherrschung der Provinz von diesem Stamm beweisen, andererseits die Schwäche des weströmischen Kaisers zu dieser Zeit. Damit ist zum einen die militärische und politische Unfähigkeit Ravennas gemeint, eine von einem Usurpator an die Barbaren abgegebene (Grenz-)Provinz unter Kontrolle zu halten, zum anderen, diese später zurückzugewinnen. Das Römische Reich befände sich damit gegenüber dem burgundischen Stamm deutlich in einer Situation der Unterlegenheit.

Diese Interpretation weist aber ein Problem auf, das von der Übersetzung des Ausdrucks *optinuerunt* bei Prosper abhängt. Wie Martin herausgestellt hat, bedeutet das Verb *obtinere/optinere* im Sprachgebrauch der Zeit nicht „erhalten, bekommen". Im Gegenteil, es hat eine aktive Valenz und meint „erlangen, in Besitz nehmen".[29] Die Notiz bei Prosper bezeugt daher eine gewaltige Militärtätigkeit der Burgunder, deren Grund nachvollziehbar ist: Nach dem Tode des Jovinus, mit dem die Burgunder den Vertrag geschlossen hatten, und der formellen Rückgabe der an den Rhein angrenzenden Gebiete an das Imperium war eine konkrete Einnahme Galliens notwendig, da die burgundische Herrschaft nun jeder Autorität entbehrte. Die illegitime Besetzung eines Teils von Gallien von den Burgundern wird erneut von Prosper betont, als König Gundahar in einer späteren Notiz als *regem intra Gallias habitantem* beschrieben wird.[30] Diese Lektüre würde überdies zu dem Zitat des Orosius passen, wonach die Burgunder sich „kraft einer von ihrer Seite vorweggenommen Inbesitznahme" (so Martin) in den gallischen Ländern niederließen.[31] Martin bringt auch ein nichtphilologisches Argument für die vorliegende Interpretation vor: Wenn man annimmt, dass die burgundische Herrschaft am Rhein als ein echtes Königsreich zu berücksichtigen ist[32], sei es unwahrscheinlich, dass Ravenna ein germanisches Königreich auf eigenem Boden einrichten ließ. Zusammenfassend schließt die These von Martin aus, dass die Stelle bei Prosper über eine Vereinbarung zwischen dem Westreich und den Burgundern im Sinne einer offiziellen

29 MARTIN 2005, 241f. (ebenso 2007, 314) stellt eine Auswahl von Stellen aus den Chroniken des 5. Jhs. vor, in denen das Verb *obtinere/optinere* vorkommt. Zu Kommentaren über Martin s. ESCHER 2006, 24; CASTRITIUS 2008, 40.

30 PROSP. *Chron.* 1322.

31 OROS. VII 32, 12: [...] *Galliae hodieque testes sunt, in quibus praesumpta possessione consistunt* [...].

32 Hierzu s. auch KAISER 2004, 37.

„Schenkung“ des weströmischen Kaisers zu verstehen ist.[33] Dementsprechend handelt es sich bei der Notiz ist um nichts anderes als die Benachrichtigung über die burgundische Militäreinnahme gallischer Länder, und sie gibt ferner einen impliziten Hinweis auf die Impotenz Roms, erfolgreich Widerstand zu leisten.

2.2.3 Die Beziehungen zu Aëtius

Über den Zeitraum nach der Ansiedlung ist in Bezug auf das Burgunderreich am Mittelrhein wenig bekannt. Das Schweigen der Quellen über die zeitgenössischen Verhältnisse zwischen dem Imperium und den Burgundern lässt eine friedliche Zeit vermuten.[34] Die Situation änderte sich jedoch um 435, als die Burgunder plötzlich in die *Belgica I* eindrangen.[35] Dieser Angriff der Burgunder wurde von Ravenna als Empörung angesehen (*Burgundiones qui rebellaverant*)[36], was ihren Status als Föderaten bezeugt.[37] Die Frage ist nun, zu welchem Zeitpunkt sie diesen Status erlangten. Die Bemerkung des Hydatius, des Bischofs von Aquae Flaviae, könnte für die These sprechen, die die obengenannte Notiz bei Prosper als Beweis für einen römischen Vertrag mit den Burgundern ansieht: Mit ihrer Offensive befolgten die Burgunder den mit dem Kaiser Honorius 413 abgeschlossenen *foedus* nicht, durch den sie Föderaten des Römischen Reiches geworden waren. Verneint man jedoch die Existenz des *foedus* für das Jahr 413, dann muss ein römisch-burgundischer Vertragsschluss, der keine explizite Erwähnung in den Quellen findet, in dem Zeitraum zwischen 413 und 435 stattgefunden haben. Im Übrigen konnte das Imperium die bereits erfolgte Ansiedlung der Burgunder auf römischem Boden nicht ignorieren, auch wenn diese unter einem Usurpator geschehen war. Durch einen Vertrag wurden also der Zustand des burgundischen Stammes, nämlich der Übergang zum Föderatenrang, sowie die Ansiedlungsmodalitäten von der legitimen Regierung Westroms geregelt.[38]

Unabhängig davon bedeutete die burgundische Initiative selbstverständlich auch den Bruch des Vertrags mit Rom, wobei die Gründe dafür von den Quellen

---

33 MARTIN 2005, 242.

34 SORACI 1980, 496; ANKE 2010, 101.

35 SIDON. *Carm.* VII 233–235: *Nam post Iuthungos et Norica bella subacto | victor Vindelico Belgam Burgundio quem trux | presserat, absolvit iunctus tibi.*

36 HYDAT. *Chron.* 108.

37 KAISER 2004, 32.

38 S. MARTIN 2005, 243; laut CASTRITIUS 2008, 41 muss diese vertragliche Vereinbarung im Zusammenhang mit der Einrichtung des Mainzer Dukates gesehen werden; vgl. SCHARF 2005, 304–309 (zur Beziehung zwischen den Burgundern und dem Mainzer Dukat).

nicht überliefert sind. Nach Soraci verursachte ein wirtschaftlicher Bedarf die erneute aggressive Außenpolitik der Burgunder, doch entbehrt seine Vermutung solider Argumentationen.[39] Überzeugender und auf einer akkuraten Untersuchung fußend ist die demographische These von Saitta: Die Burgunder seien aufgrund eines merklichen Bevölkerungswachstums gewandert, zumal die Versorgung durch die alten Wohnsitze nicht mehr gewährleistet war.[40] Nennenswert ist außerdem die These von Kaiser, der in der Expansion der Hunnen eine mögliche Veranlassung für die burgundische Wanderung sieht. Die hunnischen Angriffe waren in der Tat häufig sehr vernichtend und betrafen überdies meistens die Territorien an den Grenzen des Weströmischen Reiches sowie die dort wohnenden Bevölkerungen – Römer wie Nichtrömer. Unter den von den Hunnen immer wieder angegriffenen Völkern waren auch die burgundischen Gruppen, die sich nicht auf römischem Boden angesiedelt hatten und immer noch jenseits des Rheins lebten.[41] Um vor den Hunnen zu fliehen, wanderten diese rechtsrheinischen Burgunder nach Westen, woraufhin die linksrheinischen Burgunder noch weiter nach Westen, das heißt in die *Belgica I*, eindrangen.[42] Dennoch ist es nicht auszuschließen, dass es umgekehrt der burgundische Überfall auf die *Belgica* war, der die hunnischen Feldzüge bewirkte.[43]

Der burgundische Aufstand wurde von dem *magister militum* Aëtius, dem echten Leiter der derzeitigen Außenpolitik Westroms, unterbunden. Die Quellen bieten verschiedene Darstellungen des Ereignisses an. Nach Hydatius geschah das Debakel der Burgunder in zwei Phasen: Ein Jahr nach der Niederlage von 436 fand ein Massenmord an den Burgundern (20 000 getötete Menschen) statt.[44] Das Massaker durch Aëtius wird auch von der Gallischen Chronik erwähnt, nach deren Bericht fast das ganze Volk mitsamt seinem König vernichtet wurde; das Geschehen ist allerdings auf 436 datiert.[45] Des Weiteren wurde die Zerstörung der Burgunder durch Aëtius vom römischen Senat selbst einige Jahre später mittels einer Inschrift zelebriert.[46] Die detaillierteste und interessanteste Beschreibung ist aber die Prospers: 435 besiegte Aëtius den Burgunderkönig Gundahar, welcher mit seinem Volk in Gallien wohnte, und gewährte diesem auf dessen flehentliche Bitte hin Frieden. Der

39 Soraci 1980, 497 erwähnt unbestimmte wirtschaftliche Gründe, ohne damit zu argumentieren. Ebenso unklar ist der Verweis auf die Tätigkeit der Burgunder als Zimmermänner.

40 Saitta 2006, 11f.

41 Sokrates *Hist. Eccl.* 7, 30.

42 Kaiser 2004, 31f.

43 Wirth 1999, 44; Anke 2010, 102.

44 Hydat. *Chron.* 108: *Burgundiones, qui rebellaverant, a Romanis duce Aetio debellantur*; 110: [...] *Aetio duce et magistro militum, Burgundionum caesa XX milia.*

45 Chron. Gall. *a.* CCCCLII 118: *Bellum contra Burgundionum gentem memorabile exarsit, quo universa paene gens cum rege per Aetium deleta.*

46 AE 1950, 30: *peremptisque Burgundionibus et Gotis oppressis.*

Frieden dauerte aber nicht lange, weil die Hunnen Gundahar (später) mit seinem ganzen Volk töteten.[47] Mit dem Ausdruck *intra Gallias habitantem* bestätigt Prosper die anderen Stellen, die die burgundische Niederlassung auf gallischem Gebiet bezeugen. Die Hauptunterschiede zu den obengenannten Quellen sind zwei: Erstens wird behauptet, dass ein Frieden nach dem Krieg zwischen Gundahar und Aëtius unterschrieben wurde, weil Gundahar darum gebeten hatte. Bemerkenswert ist, dass der Ansprechpartner auf römischer Seite für den Friedensschluss nicht der Kaiser war, sondern sein bevollmächtigter Heermeister, obwohl es auf Seiten der Barbaren einen König gab. Die römische Übergelegenheit in dieser Angelegenheit wird auch sprachlich betont, denn die Formulierung *pacemque ei supplicanti dedit* beschreibt das Abkommen als eine großmütige Geste des Aëtius. Als Sieger hätte dieser die Möglichkeit gehabt, den Burgundern schwere Konditionen aufzuerlegen – stattdessen willigte er in einen Frieden ein, dessen Konditionen unbekannt sind.[48] Aëtius' Nachsicht könnte mit der Absicht erklärt werden, den Status quo bewahren zu wollen, um zu verhindern, dass das Gebiet des burgundischen Föderatendienstes beraubt würde. Der zweite Teil von Prospers Notiz, der sich ebenfalls von den Stellen des Hydatius und der Gallischen Chronik unterscheidet, lässt auch eine andere Begründung denkbar erscheinen: Der Frieden war nicht von Dauer, weil das burgundische Volk von den Hunnen vernichtet wurde. Prosper präsentiert also ein „positives" Bild des Aëtius, welcher den Burgundern zum einen eine *pax* verlieh, zum anderen nicht verantwortlich zeichnete für deren Blutbad.[49]

Im Gegensatz zur germanischen Tradition, die die Zerstörung der Burgunder dem Hunnenkönig Attila zuschreibt und Aëtius und die Römer dabei ignoriert[50], ist sich die römische Tradition (Hydatius, die Gallische Chronik, Prosper) über die Identität des Schuldigen an der burgundischen Vernichtung nicht einig. Die Forschung selbst ist in Bezug auf dieses Thema uneins[51], doch sind die neuesten Untersuchungen zu einer überzeugenden Lösung gekommen: Die Autorschaft des

47 PROSP. *Chron.* 1322: *Eodem tempore Gundicharium Burgundionum regem intra Gallias habitantem Aetius bello obtrivit pacemque ei supplicanti dedit, qua non diu potitus est, siquidem illum Chuni cum populo suo ab stirpe deleverint*; s. auch CASSIOD. *Chron.* 1226; PAUL. DIAC. *Hist. Rom.* XIII 12.

48 Bei MASUR 1952, 96 deuten die Quellen einen unvorteilhaften Frieden für die Burgunder an, obwohl sie nicht über die Vertragsbedingungen informieren. Die Forscherin diskutiert diesen Widerspruch aber nicht.

49 Vgl. KAISER 2004, 32, woraus das Ziel, Prospers Aëtius zu entlasten, eindeutig hervorgeht.

50 Aus dem Kontext des burgundischen Massakers entstammte die Nibelungensage. Trotz ihres epischen Charakters und manchen von den bekannten historischen Fakten abweichenden Ereignissen bietet diese Sage einige Informationen, die die Forschung für die Rekonstruktion der Burgundergeschichte genutzt hat (s. Worms). Für eine Einführung ins Thema der Nibelungensage s. MÜLLER 2009, 17–21; HEINZLE 2013, 7ff.; zu ihrer Rolle für die Forschung in der Burgundergeschichte s. SORACI 1980, 498, Anm. 64.

51 Für eine Zusammenfassung der Kritikgeschichte s. PERRIN 1968, 266f.; ZECCHINI 1983, 215, Anm. 14.

Aëtius für den burgundischen Massenmord sei sicher, da eine Beteiligung des Attila und seines Volks, entweder nach Aufforderung des Aëtius oder als persönliche Initiative, kaum nachvollziehbar ist. Für diese Ansicht lassen sich am besten folgende Argumente bei Zecchini anführen: 1) Das Verhältnis zwischen Aëtius und Attila war kein freundliches, das einen hunnischen Einsatz auf Zuruf des weströmischen Heermeisters wahrscheinlich gemacht hätte; 2) Keine Quelle erwähnt hunnische Angriffe auf dem Gebiet von Worms und Mainz um die Jahre 436 bis 437, die sicherlich eine römische Reaktion und folglich einen Hinweis in der Primärliteratur bedingt hätten; 3) Ein hunnischer Rheinübergang mit kriegerischen Absichten sei angesichts der damaligen Militärfähigkeit der Gruppe unwahrscheinlich.[52] Die Erwähnung der Hunnen bei dem Massaker der Burgunder bezieht sich also um diese Zeit lediglich auf die Anwesenheit hunnischer Söldner an der Seite Roms[53] – wohl beteiligten sich die Hunnen an den Kämpfen gegen die Burgunder, aber nicht selbstständig, sondern im Dienst des Aëtius.[54] Ein endgültiger Sieg des Aëtius über die Burgunder war ein wichtiger Punkt im Rahmen von Ravennas Plan, seine Autorität an den Grenzprovinzen wiederherzustellen. Aus diesem Grund sollte die Bedeutung der *pax* zwischen Gundahar und Aëtius auch relativiert werden: Es handelt sich offensichtlich nicht um einen wahrhaftigen Frieden, sondern eher um einen Waffenstillstand, was erklären würde, weshalb die Quellen hinsichtlich der Konditionen der *pax* schweigen.

52 Zecchini 1983, 215f.; s. auch Stickler 2002, 184: Er bezweifelt, dass „ein Hunnenfürst vom Range Attilas und Bledas auf Reichsterritorium vorgedrungen sein könnte, um Furcht und Schrecken zu verbreiten".

53 Sidon. *Carm.* VII 236–237: [...] *cursu Herulus, Chunus iaculis Francusque natatu |Sauromata clipeo, Salius pede, falce Gelonus* [...]; Salv. *Gub.* VII 39: [...] *praesumeremus nos in Chunis spem ponere* [...].

54 Wolfram 1995, 24; Favrod 1997, 55; Wirth 1999, 46f.; Stickler 2002, 184; Kaiser 2004, 32; Halsall 2007, 244; Martin 2007, 314; Kim 2013, 213, Anm. 233. Insbesondere Mazzarino 1976, 301 und Zecchini 1983, 216 heben die Rolle des Aëtius im Zusammenhang mit dem hunnischen Angriff hervor; hierzu auch Anke 2010, 103. Die Meinung, nach der Attila der Hauptverantwortliche für die Vernichtung der Burgunder ist, bleibt in der neueren Forschung trotzdem stark. Hierzu Richard 1995, 18 und Escher 2006, 28–32, nach denen die Schlacht die Ausrottung der Burgunder nur diese selbst und die Hunnen anging, weil sie die Konsequenz der hunnischen Expansionspolitik und gleichzeitig die Rache für eine durch die Burgunder erlittene vorherige Niederlage war. Zur mangelnden Plausibilität, das hunnische Vorgehen gegen die Burgunder als Racheakt zu interpretieren, vgl. Martin 2007, 315.

2.3 Gundioch

2.3.1 Die Einquartierung in der Sapaudia

Die Tragweite der Vernichtung des burgundischen Stammes durch Aëtius muss aufgrund einer späteren Notiz in der Gallischen Chronik ebenfalls relativiert werden, der zufolge die Sapaudia 443[55] den übrig gebliebenen Burgundern und den Einheimischen zur Aufteilung gegeben wurde.[56] Eine burgundische Ansiedlung in diesem Gebiet wäre in der Tat unmöglich gewesen, wenn das Volk weniger als zehn Jahren zuvor komplett zerstört worden wäre. Des Weiteren würde die Vernichtung der Burgunder 437 auch der Teilnahme dieses Volks an der Schlacht auf den Katalaunischen Feldern 451 widersprechen.[57] Die vorliegende Quelle verrät nicht, wie viele Burgunder (*Burgundionum reliquiis*: diejenigen, die die Niederlage gegen Aëtius und die Hunnen überlebten) übrig waren. Es muss sich jedoch um eine für die Gründung einer Niederlassung ausreichende Anzahl gehandelt haben.[58] Die knappe Form des Eintrags in der Gallischen Chronik wirft einige Fragen bezüglich dieser römisch-burgundischen Vereinbarung auf. Es steht außer Zweifel, dass die burgundische Niederlassung eine bewusste Wahl Westroms darstellte: Das Verb *dare* bezeugt die Abtretung vonseiten der rechtskräftigen Regierung.[59] Der erste Streitpunkt unter vielen Wissenschaftlern berührt eher die Bestimmung des Territoriums namens Sapaudia. Wie bei dem Streit über die erste Ansiedlung der Burgunder auf römischem Boden gibt es auch hier zwei Theorien, die sogenannte Süd- und Nordthese: Dass das Kerngebiet der Sapaudia die Stadt Genf war, steht fest, die Frage nach der Ausdehnung der Region besteht jedoch weiterhin, und es muss geklärt werden, ob sie südlich oder nördlich des Genfer Sees lag.[60] Die Schwierigkeiten bei der Lokalisierung der Sapaudia lassen jedoch nicht zu,

---

55 Laut WOOD 2012, 75f. ist das Jahr 443 einfach „une approximation"; DERS. 2008, 216f. nimmt bereits diese Datierung wegen der Unzuverlässigkeit der Chronologie der Gallischen Chronik als unsicher an. SCHARF 1996, 38–45 bietet eine neue Chronologie, nach der die Ansiedlung der Burgunder im Jahr 438 stattfand: Sie war also keine Konsequenz der Umstellung der römischen Politik aufgrund der Niederlage gegen die Westgoten, sondern ein Teil der Neueinrichtung Galliens durch Aëtius nach dem Krieg gegen die Burgunder; vgl. BURGESS 2001, 79f.

56 CHRON. GALL. *a. CCCCLII* 128: *Sapaudia Burgundionum reliquiis datur cum indigenis dividenda.*

57 KRIEGER 1992, 85; vgl. KAISER 2004, 40–46.

58 Für einen Versuch, die Anzahl der Burgunder zu berechnen, s. FAVROD 1997, 209; vgl. KAISER 2004, 78f.; ESCHER 2006, 68f.

59 SAITTA 2006, 22.

60 Zur Kontroverse über die Lokalisierung der Sapaudia s. SORACI 1980, 499f., Anm. 67 (mit ausführlicher Literatur); FAVROD 1997, 100–117 (mit ausführlicher Literatur); ESCHER 2006, 61–65; WOOD 2012, 76; s. insbes. KAISER 2004, 40–46 (zur Nordthese); SAITTA 2006, 13–17 (zur Südthese).

die Feststellung einer militärisch-strategischen Funktion dieser Region nicht zu entkräften. Denn die Sapaudia, sei es nördlich oder südlich von Genf, war letzten Endes ein Grenzgebiet. Daran schließt sich also die Frage nach der Art der Niederlassung der Burgunder in dieser Region an bzw. welchen Zweck Aëtius, der den burgundischen Stamm einige Jahren zuvor fast vernichtet hatte, mit dieser Ansiedlung von Germanen in der Sapaudia verfolgte. Diese Untersuchung steht im Fokus des dritten Teils des fünften Kapitels.

Ebenso kontrovers diskutiert wird die Landaufteilung zwischen Römern und Burgundern, auf die die Gallische Chronik mit dem Ausdruck *Sapaudia* [...] *datur cum indigenis dividenda* hinweist. Eine Schwierigkeit betrifft das Wort *indigenus*, dessen Übersetzung „Einheimische" in Verbindung mit dem Kontext unklar ist, denn dieser Begriff bezeichnet keine Rechtsstellung. Dessen Bedeutung muss wohl näher definiert werden, so, dass man mit den *indigeni* die römischen *possessores* identifiziert. Das Hauptproblem liegt aber in den genauen Modalitäten der Teilung, deren Kriterien die Quelle verschweigt. Die Forschung hat sich um eine Beantwortung der Frage bemüht, wobei verschiedene Auffassungen vertreten werden. Einen Hinweis erkannte man im 54. Paragraphen der *Lex Burgundionum*[61], einem von König Gundobad in den ersten Jahren des 6. Jhs. erlassenen Gesetzeswerk, welches die Landaufteilung zwischen den Römern und den Burgundern regelte, weil ihr Zusammenleben konfliktbeladen war und zahlreiche Fälle von Amtsmissbrauch bezeugt sind.[62] Im ersten Teil des Paragraphen erwähnt der burgundische König die Rechtslage vor dem Erlass der *lex Burgundionum*: Die Burgunder hatten zwei Drittel des Ackerlandes und ein Drittel der Sklaven bekommen und durch eine beigefügte Verordnung (*praeceptio*) war klargestellt worden, dass kein weiterer Zusatz erlaubt war. Dies bezog sich sicherlich auf eine Zeit, deren *terminus post quem* das Jahr 480 ist, nämlich das Anfangsdatum der Regierungszeit Gundobads. Daraus folgt, dass die Teilung

61 LB LIV: 1. *Licet eodem tempore, quo populus noster mancipiorum tertiam et duaa terrarum partes accepit, eiusmodi a nobis fuerit emissa praeceptio, ut quicumque agrum cum mancipiis seu parentum nostrorum sive nostra largitate perceperat, nec mancipiorum tertiam nec duas terrarum partes ex eo loco, in quo ei hospitalitas fuerat delegata requireret, tamen quia complures comperimus, immemores periculi sui, ea quae praecepta fuerant excessisse, necesse est, ut praesens auctoritas, ad instar mansurae legis emissa, et praesumptores coerceat et hucusque contemptis remedium debitae securitatis adtribuat. Iubemus igitur: ut quidquid ab his, qui agris et mancipiis nostra munificentia potiuntur, de hospitum suorum terris contra interdictum publicum praesumpsisse docentur, sine dilatione restituant.* 2. *De exartis quoque novam nunc et superfluam faramannorum conpetitionem et calumniam possessorum gravamine et inquietudine hac lege praecipimus submoveri: ut sicut de silvis, ita et de exartis, sive anteacto sive in praesenti tempore factis, habeant cum Burgundionibus rationem; quoniam, sicut iam dudum statutum est, medietatem silvarum ad Romanos generaliter praecipimus pertinere: simili de curte et pomariis circa faramannos conditione servata, id est: ut medietate Romani estiment praesumendam.* 3. *Quod si quisque constitutum huiuscemodi praeceptionis excesserit et non a vobis fuerit cum districtione repulsus, non dubitetis commotionem iracundiae nostrae in vestrum periculum esse vertendam.*

62 Konkrete Beispiele bei SAITTA 2006, 62.

vor 480 eine andere war. Einige Forscher, wie zum Beispiel Kaiser und Saitta, postulieren ein Gleichaufteilungssystem von Ländereien.[63] Bereits Goffart hatte in seiner revolutionären Untersuchung vom Anfang der 1980er Jahren versucht, für diese Folgerung durch eine philologische Analyse der entsprechenden Stelle in der Gallischen Chronik zu argumentieren: Die Verwendung des Wortes *dividenda* sei für ihn ein klares Indiz für eine „fifty-fifty partition".[64] Wood stellt diese Interpretation zur Diskussion, da das Verb *dividĕre* keine so präzise und beschränkte Valenz hat, das heißt, es bezeichnet nicht ausschließlich eine Teilung in zwei gleiche Hälften. Vermutlich war die Aufteilung nicht so nachteilig für die römischen Landbesitzer, ansonsten hätte Aëtius sich die lokale Elite zum Feind gemacht sowie eine germanische *gens* in übertriebener Weise begünstigt. Es sei auch am Rande erwähnt, dass die burgundischen Empfänger nur von geringer Zahl waren, da es sich um die Überlebenden des Massakers von 437 handelte.[65] Um die Frage bezüglich des Teilungsmodus bei der burgundischen Ansiedlung eindeutig beantworten zu können, bedarf es weiterer Untersuchungen, die über die vorliegende Stelle oder die *lex Burgundionum* hinausgehen müssen.[66] In Bezug auf die Etablierung in der Sapaudia kommt Wood zu dem Schluss, dass die Burgunder entweder nach der in der *lex Burgundionum* angedeuteten *hospitalitas* oder als Föderaten (oder Veteranen) einquartiert wurden – beide Möglichkeiten sieht er als nachvollziehbar an.[67] Für die zweite Vermutung würde allerdings der burgundische Militäreinsatz an der Seite des Aëtius anlässlich der Schlacht bei den Katalaunischen Feldern gegen die Hunnen (451) sprechen.[68] Des Weiteren würde eine römische Konzession gemäß der für das Imperium ungünstigen *hospitalitas* in diesem Fall überraschen, zumal diese nach einem Sieg sowie zu Gunsten einer geringen Anzahl von Barbaren stattgefunden hätte. Insgesamt bleibt festzuhalten, dass der vorherige Föderatenstatus der Burgunder bestätigt wurde und ihre Einquartierung ausschließlich nach der Regelung des Aëtius erfolgte.

---

63 KAISER 2004, 82. Auch GOFFART 1980, 108 u. 138 nimmt das Gleichaufteilungssystem an, wendet es aber nicht auf die Landgüter an (s. Fiskalteilung, S. 37).

64 GOFFART 1980, 108.

65 FAVROD 1997, 188 meint, es handele sich um keinen echten Landverlust für das Römische Reich, „car un territoire concédé n'en appartenait pas moins à l'Empire et les Gallo-romains continuaient à dépendre de l'administration romaine quand elle était assez forte pour se faire entendre".

66 Hierzu s. Kap. 2.3.2, insbes. Anm. 81.

67 WOOD 2012, 79; vgl. SAITTA 2006, 57, wonach das *hospitale ius* an der vorliegenden Stelle den Status von Föderaten und „il godimento della metà dei beni degli indigeni" bedeutete. Laut KRIEGER 1992, 86 ist eine bereits bei der Ansiedlung erfolgte Landteilung unwahrscheinlich; die Gallische Chronik beziehe sich vielmehr auf die Situation von 452.

68 Zu dieser Schlacht s. Kap. 5.4.3.

ner Lyons mussten ihre Untreue teuer mit einer Erhöhung der Steuerpflicht bezahlen[87] und einer Garnison, die in die Stadt verlegt werden sollte, wobei die letztere Auflage gegen die Stellung von Geiseln fallen gelassen wurde.[88] Maßgeblich für die betreffenden Verhandlungen war der *magister epistularum* Petrus, eigentlich im Kompetenzbereich eines *quaestor sacri palatii*, dem es gelang, auch für die Burgunder ein neues *foedus* mit vorteilhaften Bedingungen auszuhandeln[89]: Sie durften mit Ausnahme von Lyon selbst in den Gebieten verbleiben, in denen sie sich bereits niedergelassen hatten, mussten freilich dem weströmischen Kaiser Hilfstruppen für den geplanten Feldzug gegen die Westgoten und Vandalen stellen.[90]

Nach dem Erfolg über die Burgunder trat Aegidius einem gefährlicheren Feind entgegen, nämlich den Westgoten. Bei Arles fand eine schwierig zu rekonstruierende Schlacht statt, in deren Folge Maiorianus und Theoderich II. einen Frieden stipulierten: Die Westgoten stellten dem römischen Kaiser ein Kontingent für dessen gegen die Vandalen geplanten Zug sicher. Trotz des positiven Anfangs scheiterte das Unternehmen des Maiorianus an der iberischen Küste, wohin der Kaiser mit großem Truppenaufgebot angereist war und eine Flotte für die Überfahrt über das Mittelmeer hatte ausrüsten lassen. Durch einen Überraschungsangriff gelang es den Vandalen, die römischen Abfahrt nach Afrika zu versperren, indem sie zahlreiche Schiffe in Brand setzten und folglich das Militärpotential des Kaisers entkräfteten. Die römischen Verluste müssen sehr große gewesen sein, denn Maiorianus ließ seinen Plan völlig fallen: Er schloss einen ungünstigen Frieden mit dem Vandalenkönig Geiserich und zog nach Italien zurück. Hier musste er die Erfolglosigkeit seiner Außenpolitik mit dem Tod bezahlen, denn der *magister militum* Ricimer, der mittlerweile noch mehr Macht in seinen Händen konzentriert hatte, befahl die Exekution seines alten Anhängers.

Das Ableben des Maiorianus erleichterte das neue Expansionsstreben der Westgoten und Burgunder in Gallien. Ricimer, der inzwischen faktische Regent des

---

87 Die erneute Steuerpflicht war zweifellos sehr belastend. Denn Sidonius selbst (*Carm.* XIII 19–20: *Geryones nos esse puta monstrumque tributum: | hinc capita, ut vivam, tu mihi tolle tria*; 35–37: *Nam nunc Musa loquax tacet tributo | quae pro Vergilio Terentioque | sextantes legit unciasque fisci*) bat um eine Erleichterung der Personalsteuer. Neueste Überlegungen zum Thema bei OPPEDISANO 2013, 220ff.

88 SIDON. *Carm.* V 571–573: *Attamen hic (Petrus) nuper, placidissime princeps, | obside percepto, nostrae de moenibus urbis | visceribus miseris insertum depulit ensem.* SCHMIDT ²1934, 141 und PLRE II, 866 (10) meinen, dass die Geiseln nicht von der Stadt Lyon, sondern von den Burgundern gestellt wurden. Eine solche Vermutung ist aber kaum plausibel, denn die Einwohner von Lyon hätten sonst keine Gegenleistung für die Abberufung des Wachkontingents erbracht. Folglich kann sich Sidonius' Formulierung *visceribus miseris insertum depulit ensem* nur auf die Einwohner von Lyon beziehen.

89 Zu Petrus s. Kap. 6.1.1; zur Rolle des Petrus bei der Außenpolitik Maiorianus' s. LOYEN 1942, 79ff. Das Amt des Petrus ist SIDON. *Epist.* IX 13, 4 zu entnehmen ([...] *in Petri librum magistri epistularum* [...]).

90 SIDON. (*Carm.* V 564–567) erwähnt nämlich auch die Burgunder unter den *gentes*, die die Armee des Maiorianus für die Kampagne in Afrika bildeten.

Westens, kollaborierte mit den Barbaren in der Hoffnung, ihre Militärleistungen für die Beseitigung des Heermeisters Aegidius auszunutzen. Dieser blieb dem Andenken des Maiorianus treu und hatte den von Ricimer ins Kaiseramt eingesetzten Senator Libius Severus nicht anerkannt; darum quartierte er sich in Nordgallien ein, von wo aus er bewaffneten Widerstand leistete. Im Rahmen der Auseinandersetzung mit Aegidius ernannte Ricimer den Burgunderkönig Gundioch zum *magister militum per Gallias* und tolerierte die Rückkehr der Burgunder in den Rhone-Bereich. Sidonius Apollinaris erzählt von dieser burgundischen Niederlassung aus seiner persönlichen Erfahrung: Er beschwert sich bei seinem Freund Catullinus über die burgundischen Beschützer (*septipedes patronos*), die es ihm „aufgrund ihrer germanischen Sprache und des Gestanks nach ranziger Butter" unmöglich machen, ein *carmen* zu schreiben.[91] Aus der nachvollziehbaren Datierung des Gedichtes von Sidonius ab 461[92] ergibt sich, dass die burgundische Eroberung von Lyon und seiner Umgebung zu Beginn der 460er Jahre erfolgte. Durch die Erwähnung des komplizierten Zusammenlebens mit den Barbaren deutet die vorliegende Stelle ferner irgendeine Teilung der Besitzungen zwischen den Neuankömmlingen und dem gallo-römischen Adel an. Für Wood handelt es sich um die *hospitalitas*-Zeitphase, auf die der 54. Paragraph der *Lex Burgundionum* hinweist. Dies lässt sich allerdings angesichts der Angaben innerhalb der Quelle leider nicht klären.[93] Ob ein richtiger Vertrag zwischen Ricimer und Gundioch bestand, ist nicht feststellbar; anhand des Tons von Sidonius' Bericht ist jedenfalls eine Militärbesetzung des betreffenden Teils Galliens durch die Burgunder zu vermuten. Um seine Herrschaft auszubreiten, profitierte der burgundische Stamm höchstwahrscheinlich von der mittlerweile chronischen Unfähigkeit der Regierung in Ravenna, die Kontrolle über die gallischen Provinzen zu halten.[94]

---

91 SIDON. *Carm.* XII 1–11: *Quid me, etsi valeam, parare carmen | Fescenninicolae iubes Diones | inter crinigeras situm catervas | et Germanica Verba sustinentem | laudantem tetrico subinde vultu | quod Burgundio cantat esculentus | infundens acido comam butyro? Vis dicam tibi quid poema frangat? | Ex hoc barbaricis abacta plectris | spernit senipedem stium Thalia | ex quo septipedes videt patronos.*

92 Zu der Datierung des 12. Karmens von Sidonius Apollinaris s. LOYEN 1960, 104; FAVROD 1997, 244 (mit Anm. 207); WOOD 2012, 83. Anders: ESCHER 2006, 89 (zur Datierung auf 466); SAITTA 2006, 61 (zur Datierung auf 457).

93 WOOD 2012, 83f.

94 Vgl. FAVROD 1997, 243ff.

2.4 Chilperich I.

Zu einem unbestimmten Zeitpunkt um die Mitte der 460er Jahre starb Gundioch, dessen Nachfolger sein Bruder Chilperich I. wurde. Trotz der Konsolidierung der burgundischen Macht in den inzwischen nur noch nominell römischen Territorien Galliens – diese war durch die Bestätigung des Amts des *magister militum per Gallias* auch für den neuen Burgunderkönig nachgewiesen – blieb die Koexistenz zwischen den Barbaren und der lokalen römischen Bevölkerung schwierig. Ein gutes Beispiel dafür lässt sich den Quellen über das Leben des hl. Lupicinus entnehmen. Diese erzählen von einem Treffen zwischen Lupicinus, dem Abt von Condat (heute Saint-Claude), und Chilperich I., unter dessen Gerichtsgewalt die Diözese des Lupicinus lag. Während des Gespräches beklagte sich der Heilige vor dem burgundischen König über die Gewaltakte eines Angehörigen der Hofumgebung (*persona quaedam honore dignitatis aulicae tumens*) gegenüber den Armen.[95] Ob die betreffende Figur selbst ein Burgunder war, lässt sich anhand der Quellen jedoch nicht sagen. Er könnte also auch einer anderen Ethnie angehört und trotzdem ein gutes Verhältnis zu dem burgundischen Hof unterhalten haben.[96] Abgesehen von der Identität dieser Persönlichkeit bringt die Notiz über Lupicinus einen weiteren Punkt zur Sprache: Der Hagiograph erwähnt einen *novus hospes*, der den Landbesitz eines Römers beansprucht ([...] *vide ultrum rura ac iugera tua novus hospes inexpectata iuris dispectione sibi non vindicet ac praesumat!*). Angesichts des geographischen Kontextes, nämlich des französischen Departements nördlich der Rhone namens Jura, muss die burgundische Herkunft des *novus hospes* außer Zweifel stehen. Somit ist zu schlussfolgern, dass die Burgunder zu dieser Zeit sicherlich über Ländereien verfügten, denn mit dem Ausdruck *rura ac iugera* werden genau die materiellen Länder bezeichnet. Das Wort *hospes* könnte außerdem ein Hinweis auf die *hospitalitas* sein, die die Beziehungen zwischen den Burgundern und den Römern in diesem Zeitraum regelte, insbesondere in Bezug auf die Landaufteilung. Durch die Andeutung der Streitigkeit um einen Landbesitz zwischen einem Gallo-Römer und einem Burgunder wird letztlich das turbulente römisch-burgundische Zusammenleben offenkundig.[97]

Die Thronbesteigung des Eurich im Westgotenreich veränderte die politische Lage in Gallien grundlegend. Denn der neue Westgotenkönig führte eine sehr kampfeslustige Außenpolitik, mit der nicht nur das Imperium, sondern auch die

---

95 Vita Lup. II 10; vgl. Greg. Tur. *Liber Vitae Patrum* I 5, bei dem keine dritte Person während des Gespräches zwischen Lupicinus und Chilperich I. erwähnt wird.

96 Die Identität der *quaedam persona* wird in der Forschung kontrovers diskutiert: Laut Martine 1968, 336, Anm. 2 (mit ausführlicher Literatur) und Kaiser 2004, 121 handelt es sich um einen Exponenten der gallo-römischen Aristokratie; Wood 2012, 84 spricht einfach von einem „Romain"; Saitta 2006, 26 nimmt die burgundische Herkunft des Großes als sicher an.

97 Hierzu Wood 2012, 84f.

anderen in Gallien handelnden politischen Einheiten rechnen mussten. Darunter befanden sich selbstverständlich auch die Burgunder, da diese die an den westgotischen Machtbereich angrenzenden Gebiete besaßen. Insbesondere rivalisierten Westgoten und Burgunder miteinander um die Macht in der Provence, die die weströmische Zentralregierung nicht mehr in der Lage war, zu schützen. Um sich Eurich erfolgreich entgegenzustellen, gab sich Chilperich den Anschein, auf der Seite des Imperiums zu stehen. Den Westgoten unterlagen 469 die Bretonen, die der Aufforderung des neuen Westkaisers Anthemius nach einer gemeinsamen Aktion gegen die Erstere nachgekommen waren und deren Überlebende bei den Burgundern Zuflucht fanden. Aufgrund der Gastfreundschaft, die Westrom seinen Verbündeten angeboten hatte, erklärte sich Chilperich I. zum Alliierten des Imperiums und gleichzeitig zum Feind des westgotischen Volkes. Eine Notiz bei Jordanes bestätigt den Föderatenstatus, den die Burgunder damals Westrom gegenüber hatten.[98] Hier wäre nun zu fragen, ob die Burgunder bereits zum damaligen Zeitpunkt eine Einigung mit den Römern erzielt hatten. Dies scheint nicht der Fall gewesen zu sein: Das burgundische Engagement für die gallo-römische Bevölkerung, insbesondere im Rahmen des römischen Widerstands gegen die Westgoten in der Auvergne[99], ergab sich aus keiner offiziellen Vereinbarung zwischen Chilperich I. und Anthemius. Obwohl beide – scheinbar in vollkommener Übereinstimmung – einen gemeinsamen Feind miteinander bekämpften, lagen das eigentliche Interesse und Ziel der Burgunder in einer territorialen Expansion, auch zum Nachteil des Imperiums. Denn es lässt sich nicht leugnen, dass sich das burgundische Herrschaftsgebiet zwischen dem Ende der 460er und dem Anfang der 470er Jahre durch die Einnahme der Provinz Viennensis sowie einiger Gebiete der Auvergne und der Provence beachtlich ausgebreitet hatte. Des Weiteren geht aus dem historischen Kontext klar hervor, dass der Burgunderkönig langsam begann, als „Beschützer Westroms“ in Erscheinung zu treten. Neben dem Konflikt gegen die Westgoten zeigt sich dieses Bild des Burgunderkönigs auch an der Intervention des Chilperich I. in der ravennatischen Innenpolitik: Unter der Führung seines Neffen Gundobad schickte er ein Kontingent zu Ricimer, der sich Kaiser Anthemius im Kampf um die Macht widersetzte. Mit der Beseitigung des Anthemius und dem gleichzeitigen unerwarteten Tode des Ricimer konnte Gundobad ferner eine faktische Alleinherrschaft führen, woraufhin der *comes domesticorum* Glycerius mit seiner Zustimmung zum Kaiser ausgerufen wurde.

---

98 IORD. *Get.* 238: *Qui* [Riothamus, der König der Bretonen] *amplam partem exercitus amissam cum quibus potuit fugiens ad Burgundzonum gentem vicinam Romanisque in eo tempore foederatam advenit.*

99 Sidonius Apollinaris (*Epist.* III 4; V 6, 2; IX 9, 6) betont die entscheidende Rolle des Chilperich für die (momentane) Wahrung der Unabhängigkeit in Clermont.

Doch schon bald begann der Stern des Gundobad zu verblassen. In Anbetracht der Landung des vom Ostkaiser zum Westkaiser ausgerufenen Julius Nepos in Italien einerseits sowie angesichts der verschärften Offensive der Westgoten in den südwestlichen Gebieten Galliens andererseits blieb Gundobad nichts anderes übrig als ein Rückzug in sein Reich. Bald entwickelten sich die Ereignisse in eine für die Burgunder ungünstige Richtung. Durch einen Vertrag zuerst mit Julius Nepos, später mit Odoaker, dem Verantwortlichen für die Absetzung des letzten Westkaisers, gelang es den Westgoten, die Anerkennung ihrer legitimen Beherrschung über die Auvergne und die Provence zu erzielen. Der westgotische Triumph bedeutete selbstverständlich die Schwächung des burgundischen Machtbereiches in Gallien, insbesondere im Hinblick auf den Verlust eines Zugangs zur Mittelmeerküste. Dessen ungeachtet konnten die Burgunder eine gute Position in Gallien halten, da ihre Herrschaft sich seit der Zeit der Einquartierung in der Sapaudia deutlich ausgeweitet hatte.[100]

In der Zeit von der Regierung des Maiorianus bis zum Untergang des Weströmischen Reiches werden schließlich keine richtigen Verträge mehr in den Quellen erwähnt. Dieses Schweigen lässt sich historisch leicht erklären: Das Weströmische Reich befand sich zu diesem Zeitpunkt in einer Phase des Untergangs und war folglich nicht mehr in der Lage, seinen eigenen Willen und seine Macht durchzusetzen. Viele Provinzen, unter anderen Gallien, gehörten nur noch nominell dem weströmischen Kaiser an, dessen direkte Kontrolle sich de facto auf die italische Halbinsel beschränkte. Nach und nach, auch mit dem Beistand der gallo-römischen Führungsschicht, ersetzten die Burgunder die weströmische Zentralregierung in der politischen und militärischen Beherrschung der Gebiete, die sie vom ravennatischen Hof zur Ansiedlung bekommen hatten. Nun war kein Vertrag mehr nötig: Das Imperium hatte als wirksamer Ansprechpartner ausgedient.

---

100 Für eine Vertiefung der burgundischen Geschichte im letzten Jahrzehnt vor dem Untergang des Weströmischen Reiches s. FAVROD 1997, 245–284 (insbes. für die geographische Bestimmung des Burgunderreiches); KAISER 2004, 49ff.

Die Vandalen

Seine Enttäuschung über Constantins III. politische Entscheidung für das barbarische Problem lässt sich gleichwohl erahnen. Die Unfähigkeit des Constantin III., verlässliche und günstige *foedera* zu schließen, beweist seine schwächere Position gegenüber den Barbaren, deren Übermacht folglich unangefochten zu sein scheint.

Durch die offensichtlichen Unterschiede zwischen Zosimus und Orosius wird der Rezipient jedoch nicht dazu bewegt, eine der beiden Quellen als die glaubwürdigere zu erkennen. Es ist nämlich zu vermuten, dass die Erzählungen dieser Historiker sich ergänzen, indem sie über zwei verschiedene Perioden des Aufenthalts von Constantin III. in Gallien berichten. Der Usurpator musste einer Armee von Barbaren, unter denen wohl auch die neuen über den Rhein gewanderten Eindringlinge zu finden waren, als ersten Auftrag auf dem gallischen Boden entgegentreten. Ihm gelang es, sich durchzusetzen, aber nur provisorisch, da die Überlebenden sich schnell wieder kampffähig sammelten. Es war also ein römischer Sieg, aber kein Triumph, wie Zosimus hingegen überliefert. In Anbetracht der Wirkungslosigkeit der militärischen Lösung des barbarischen Problems ließ Constantin III. sich mit den germanischen Stämmen auf einen Kompromiss ein. Der Abschluss von *foedera* legte die Neutralität der Barbaren fest – oder vermutlich auch ein Militärbündnis: Sie sollten als Militärreserve für den Gegenkaiser dienen. In seinen Augen waren sie also kein Hindernis mehr, sondern eine weitere Hilfsquelle für den Feldzug in Südgallien. Auf Vorschlag von Cesa ist es außerdem anzunehmen, dass Constantin III. für den Lebensunterhalt der Germanen im Austausch für ihre Militärleistungen sorgte. Aus welchem Grund hätten die barbarischen Gruppen sich ansonsten mit dem Gegenkaiser verbünden sollen? Außerdem ist ihr langfristiger Aufenthalt in Gallien unwahrscheinlich ohne irgendeine Art von Mitarbeit der römischen Gewalt, da das Land sich in einem kritischen Zustand aufgrund des oben beschriebenen Szenarios befand. Constantin III. bediente sich auch gegenüber den Verbänden entlang den Rhein der Vertragspolitik, und zwar gegenüber den Franken und Alamannen, um den *limes* abzusichern. Aus allen diesen Initiativen ergibt sich eindeutig die Strategie des Usurpators: Erst nach einer erfolgreichen Einordnung der Barbaren in Gallien konnte er die idealen Vorbedingungen für den Kampf gegen den legitimen weströmischen Kaiser erschaffen.[124]

Im Unterschied zu den anderen germanischen Stämmen kommen die Vandalen (und die Alanen) in Verbindung mit Constantin III. in den Quellen über den germanischen Aufenthalt in Gallien auch einzeln vor. Die häufigere Erwähnung der vandalischen und alanischen Stämme erklärt sich wohl durch das Machtverhältnis zwischen den verschiedenen barbarischen Gruppen, da diese zwei die dominierenden *gentes* waren. Es ist jedoch nicht einfach festzustellen, ob es sich um das Prinzip

---

124 S. Cesa 1994, 129–134 u. 139f.; Drinkwater 1998, 282; Modéran 2014, 70–72; Steinacher 2016, 59. Vgl. Berndt 2007, 85 (zur Übertreibung des römischen Sieges bei Zosimus). Bemerkungen für die Identität der betreffenden Barbaren mit den Wanderern von 406–407 bei Cesa 1994, 130 und Merrills - Miles 2010, 38.

des *pars pro toto* handelte, wonach mit dem Namen der bedeutendsten Verbände alle barbarischen Gruppen zu verstehen sind. Nach der Gallischen Chronik plünderten die Vandalen und die Alanen einen Teil Galliens, während Constantin III. den Übrigen besetzt hielt.[125] Die Quelle bietet aber überhaupt keinen Anhaltspunkt für eine präzise geographische Festlegung der Aufteilung Galliens zwischen den Germanen und dem Usurpator. Es scheint trotzdem nicht eine offizielle Teilung des gallischen Gebietes infolge einer Vereinbarung zu sein. Die Gallische Chronik bezieht sich eher auf die Ohnmacht des Constantin III., sich gegenüber seinem barbarischen Gegner durchzusetzen. Während er mit dem Krieg gegen den Kaiser Honorius beschäftigt war, verteilten sich die Barbaren plündernd trotz der abgeschlossenen *foedera* im Großteil Galliens bis Aquitanien und zum Mittelmeerbereich. Der Grund des barbarischen Zuges nach Süden war wohl die Vorstellungen von den südlichen Territorien als reiche Gebiete. Genau in diese Zeit von germanischen Raubzügen in Südgallien ist das *Epigramma Paulini* datiert. Dies erzählt von vandalischen und alanischen Angriffen nach dem Bruch eines bisherigen unverletzten *foedus <pacis>*.[126] Die Formulierung der Quelle lässt vermuten, dass dieses *foedus* wahrscheinlich ein Waffenstillstand war, um die barbarischen Offensiven aufzuhalten. Über die Vertragsumstände kann trotzdem wegen der mangelnden Informationen nur spekuliert werden. Sehr interessant ist die diesbezügliche Rekonstruktion, sogar mit möglicher Datierung, von Modéran: Laut ihm bedeutet dieses *foedus* den erfolglosen Versuch von Constantin III., einen Schlusspunkt hinter die Raubzüge der Vandalen in Südgallien zu setzen, wohin sie nach den Plünderungen in den nördlichen Gebieten wanderten, – eine plausible, aber nicht weiter zu erhärtende These.[127] Es ist nämlich nicht auszuschließen, dass der erwähnte Vertrag die Phase der Unruhen in Nordgallien betrifft, denn kein Hinweis verbindet ihn direkt mit den militärischen Überfällen in Südgallien. Das *Epigramma* könnte also meinen, dass die Barbaren nach Süden zogen, um die dortigen Gebiete anzugreifen, nachdem die im Norden abgeschlossenen Vereinbarungen gebrochen worden waren. Diese Schlussfolgerung würde darüber hinaus Orosius´ Bestimmung der *foedera* zwischen Constantin III. und den Barbaren als unzuverlässig (*incerta*) bestärken.

---

125 CHRON. GALL. *a.* CCCCLII 63: *Galliarum partem Vandali atque Alani vastavere: quod reliquum fuerat, Constantinus tyrannus obsidebat.*

126 PAULIN. *Epigramma* 10–12: *Namque agris opibusque hominum terraeque colonis | nunc primum inlaesae turbato foedere <pacis> | barbarus incumbit.* Die Identität der Barbaren wird in den späteren Versen enthüllt (18–19: [...] *si quid vastavit Sarmata, si quid | Vandalus incendit veloxque abduxit Alanus*). Zur Datierung des *Epigramma* s. SCHENKL 1888, 501; s. auch ALEMANY 2000, 65–66.

127 MODÉRAN 2014, 72 mit Anm. 246, 225 (zur Datierung). Über die Modalitäten des vandalischen Marsches von Nord- nach Südgallien s. PAMPLIEGA 1998, 207; FRANCOVICH ONESTI 2002, 19f.; CASTRITIUS 2007, 54.

(durch *dividunt* bei Hydatius und *distributa* bei Orosius bezeugt) folgte.[146] Es findet sich übrigens noch eine weitere mögliche, überzeugende Begründung für eine solche Disparität bei der Verteilung: Die verschiedenen Gebiete entsprachen den Machtverhältnissen zwischen den Barbaren.[147] Die antiken Quellen bezeichnen die Alanen als die stärkste und vorherrschende Gruppe.[148] Es überrascht folglich nicht, dass sie den Großteil des iberischen Territoriums bekamen. Ebenso wurde eine einzige – zugleich die minderwertigste – Provinz Spaniens den Sueben und den Hasdingen gegeben, weil diese Stämme keine große Bedeutung hatten. Der Zusammenschluss der beiden schwächsten und kleinsten Verbände und ihr Rückzug in einen abgelegenen Bezirk der Halbinsel wäre zudem plausibel.[149] Schließlich waren die Silingen wohl als zweitmächtigstes Volk in der Lage, sich die fruchtbare *Baetica* zu sichern.

Weder Orosius noch Hydatius verraten jegliche römische Mitwirkung oder Beteiligung bei dieser Begebenheit. Es scheint also, als hätten die germanischen Stämme selbstständig gehandelt. Eine tiefere Analyse der Notiz des Hydatius zeigt aber ein ganz anderes Szenario. Die Aufteilung der iberischen Provinzen unter den germanischen Verbänden schloss nur vier der sieben Provinzen der *Dioecesis Hispaniarum* ein. Die *Tarraconensis*, die *Insulae Baleares* und die *Mauretania Tingitana* fehlen. Die letzten zwei Provinzen waren vermutlich nicht wirklich verlockend in den Augen der germanischen Stämme: Die Balearen sind tatsächlich eine Inselgruppe und die Barbaren waren kein Seefahrervolk; ebenso war die *Mauretania Tingitana* auf der anderen Seite einer Meerenge und also ein schwer zu erreichender Ort für ein Volk, das über keine Flotte verfügte. Für die *Tarraconensis* findet man aber keinen einleuchtenden Grund, weswegen die Germanen diese Provinz nicht hätten haben wollen. Eine plausible und annehmbare Erklärung für eine solche Entscheidung der Barbaren ist also der Abschluss einer Vereinbarung mit dem Usurpator Maximus, der die ganze iberische Halbinsel unter Kontrolle hatte und dessen Residenz sich in der *Tarraconensis* befand. Außerdem wurden die Grenzen der Provinzen deutlich respektiert, und das wäre ohne eine römische Beteiligung auch aus einer schwachen Position heraus undenkbar gewesen. Mit dem klaren Ausschluss dieser Provinz aus der Verteilung der *Dioecesis Hispaniarum* erkannten Vandalen, Sueben und Alanen also die Souveränität des Maximus darüber (und über die anderen zwei Provinzen,

---

146 GOFFART 2006, 103f.; MODÉRAN 2014, 82ff. Vgl. auch HAMANN 1971, 85f.

147 KULIKOWSKI 2004, 166f.; GOFFART 2006, 103f.; CASTRITIUS 2007, 62; MERRILLS - MILES 2010, 44; MODÉRAN 2014, 82; VÖSSING 2014, 22; STEINACHER 2016, 73. Vorbehalte dagegen bei PAMPLIEGA 1998, 281 und DÍAZ 2011, 54. Anders HAMANN 1971, 86f.

148 HYDAT. *Chron*. 62: *Alani qui Vandalis et Suevis potentabantur* [...]. Außerdem werden die Alanen stets als Erste in der Liste der germanischen Stämme erwähnt (s. HYDAT. *Chron*. 49; OROS. VII 38, 3; 40, 3).

149 Die Schwäche der Hasdingen ging auf die Verluste gegenüber den Franken zurück, als sie von den Alanen gerettet wurden. Die schwache Bedeutung der Sueben ist zu erschließen aus der geringen Rolle, die sie in der Geschichte spielen, und der seltenen Erwähnung in den Quellen.

für die sie scheinbar kein Interesse hatten) an. Die Identität des römischen Vertragspartners als Maximus scheint sicher zu sein, da alle andere mögliche Identifizierungen kaum glaubwürdig sind. Zu diesem Zeitpunkt bekämpfte Gerontius zuerst Constans bei Vienne und später den anderen Gegenkaiser Constantin III. bei Arles. Auch der weströmische Hof war von anderen Sorgen bedrückt: Der *magister militum* Flavius Constantius plante eine Intervention in Gallien, während Kaiser Honorius mit der aufdringlichen Anwesenheit der Westgoten auf italischem Boden beschäftigt war. Keiner in Ravenna betrachtete also die barbarische Besetzung Spaniens als Priorität.[150] Die Existenz eines Bündnisses zwischen den Barbaren und dem Usurpator lässt sich auch durch ein Fragment des Olympiodor beweisen. Laut ihm floh Maximus zu den mit ihm vertraglich verbundenen Barbaren, sobald er die Nachricht vom Tode des Gerontius erhalten hatte.[151] Auch eine Stelle des Orosius könnte darauf hinweisen. Dieser überliefert, dass die Barbaren sich nach den Plünderungen des Bienniums 409–411 mit dem Ackerbau beschäftigten und die übriggebliebenen Römer „als Freunde und Bundesgenossen“ (*ut socios modo et amicos*) behandelten.[152] Diese Formulierung erinnert nach Modéran an eine bestimmte Form von früheren römisch-barbarischen Vereinbarungen, nämlich die *amicitia*, durch die die Germanen als *socii et amici populi Romani* (Verbündete und Freunde des Römischen Volks) den Klientelstatus erhielten.[153] Durch die Verwendung dieses Ausdrucks deutet Orosius also auf ein durch ein Abkommen geregeltes Verhältnis zwischen den Barbaren und der hispano-römische Bevölkerung hin. All diese Argumente sprechen schließlich für die Annahme eines Vertrags zwischen den germanischen Stämmen und den römischen Obrigkeiten, in diesem Fall dem Gegenkaiser Maximus.[154]

---

150 S. ARCE 2003, 141 (ebenso 2005, 69). Anders CESA 1994, 144; BERNDT 2007, 108.

151 OLYMP. *frg.* 17,1: [Γερόντιος] τέλος τόν τε Ἀλανὸν καὶ τὴν γυναῖκα, τοῦτο προθυμουμένους, ἀναιρεῖ, ἐπικατασφάζει δὲ καὶ ἑαυτόν. Μάξιμος δὲ ὁ παῖς ταῦτα μαθὼν πρὸς τοὺς ὑποσπόνδους φεύγει βαρβάρους. Vgl. auch OROS. VII 42, 5: [...] *ipse uero Gerontius a suis militibus occisus est. Maximus exutus purpura destitutusque* [...] *nunc inter barbaros in Hispania egens exulat.*

152 OROS. VII 41, 7: *Quamquam et post hoc quoque continuo barbari exsecrati gladios suos ad aratra conuersi sunt residuosque Romanos ut socios modo et amicos fouent, ut inueniantur iam inter eos quidam Romani, qui malint inter barbaros pauperem libertatem, quam inter Romanos tributariam sollicitudinem sustinere.*

153 Hierzu s. die Literatur bei MODÉRAN 2014, 230, Anm. 319. Zu der *amicitia* s. Kap. 3.3.2.

154 CESA 1994, 143f.; ARCE 2005, 67–72 (mit ausführlicher Literatur); CASTRITIUS 2007, 60; CONANT 2012, 21; MODÉRAN 2014, 80f.; STEINACHER 2016, 73. Vgl. auch HAMANN 1971, 81ff.; PAMPLIEGA 1998, 279ff.; DÍAZ 2011, 54. Die Negierung irgendeiner Vereinbarung zwischen Barbaren und Römern ist trotzdem eine verbreitete, aber nicht überzeugende Meinung in der Forschung. KULIKOWSKI 2004, 161–167 behauptet, 1) dass die Barbaren nicht in der Lage waren, die ganze iberische Halbinsel zu besetzen – und deswegen auf keine Provinzen verzichten mussten – und 2) dass eine römische Beteiligung bei der Aufteilung Spaniens anhand der Ausdruckweise des Hydatius abzulehnen ist. GOFFART 2006, 103 zeigt, dass Hydatius’ Formel *ad inha-*

3.2.4 Die Verhandlungen mit Kaiser Honorius

Es kann nicht verwundern, dass die barbarische Ansiedlung 411 in Spanien sowie die damit verbundene Aufteilung der Halbinsel von dem legitimen Westkaiser nicht anerkannt wurde. Der Vertragspartner gegenüber den Germanen war in der Tat ein Usurpator (Maximus). Die Barbaren selbst sollten sich bewusst gewesen sein, dass der römische Kaiserhof in Ravenna einen solchen Zustand nicht tolerieren konnte. Dass die Art ihrer Niederlassung nur befristeter Natur war, wurde ihnen umso deutlicher, als zuerst der alliierte Maximus wegen des Todes seines Förderers Gerontius in Ungnade fiel und später der *magister militum* Flavius Constantius sich an den Westgotenkönig Wallia wandte, damit dieser die hispanischen Provinzen im Namen Westroms zurückgewinne. Durch die kühne Außenpolitik des Flavius Constantius versuchte das Imperium tatsächlich die Wiedereinführung der faktischen Autorität Ravennas über viele westliche Provinzen. Möglich war dieser Plan vor allem in Anbetracht der jüngsten Stabilität Italiens. Denn aufgrund des Todes ihres Königs Alarich (spät 410) entschieden sich die Westgoten, deren Verwüstungen bislang die ganze italische Halbinsel heimgesucht hatten, für eine Umsiedlung nach Gallien. Der erste Schritt der Außenpolitik Flavius Constantius' war ein gelungener Militäreinsatz in Arles, wo die Usurpatoren Gerontius und Constantin III. immer noch um die Macht in Gallien rivalisierten: Gerontius flüchtete, während Constantin III. in Gefangenschaft des *magister militum* geriet. Neue Wirren entstanden dennoch kurz nach diesem Erfolg des Flavius Constantius. Denn 411 nahm ein gallo-römischer Senator namens Jovinus den Purpur mit Hilfe des alanischen und burgundischen Stammes und im Frühjahr 412 setzten die Westgoten zum ersten Mal einen Fuß auf gallischen Boden. Erneut erwies sich Flavius Constantius als ein geschickter Heerführer und raffinierter Politiker. Zuerst griff er den neuen Gegenkaiser an und schlug ihn endgültig im Kampf, durch eine Versorgungssperre zwang er danach die Westgoten zur Wanderung auf die iberische Halbinsel. Hier verfolgte er die Isolierung der Westgoten weiter, bis diesen nichts anderes übrig blieb als ein Vertrag mit dem Imperium (416). Unter dessen Bedingungen war – wie oben angemerkt – auch die Befreiung Spaniens von den dort etablierten Barbarenverbänden.

Um die durch die Westgoten ausgeführte Offensive Ravennas abzuwenden, benötigten Vandalen, Sueben und Alanen eine Anerkennung ihrer 411 vollzogenen Be-

bitandum im Sinne von einer ständigen Besetzung das System der *hospitalitas* und folglich ein *foedus* ausschließt. MERRILLS - MILES 2010, 44 erklärt, dass ein offizielles Abkommen keine spätere (415) Forderung der Anerkennung als *foederati* (s. OROS. VII 43, 14) begründen würde. VÖSSING 2014, 22f. mit Anm. 57, 155 meint, dass die Beibehaltung der römischen Provinzordnung sowie die fortdauernde römische Kontrolle über die *Tarraconensis* keine entscheidenden Argumentationen für die Existenz eines Vertrags angesichts des späteren Falls im vandalischen Afrika sind.

setzung Spaniens durch die römische Zentralgewalt und eröffneten deswegen diplomatische Kontakte zu dem weströmischen Kaiser. Orosius erzählt von einem bestimmten Angebot seitens der germanischen Könige: Als Garantie des Friedens hätten die Vandalen, Sueben und Alanen Geiseln gestellt und sich bereit erklärt, für Honorius und sein Reich zu kämpfen.[155] Diese Stelle ist von höchster Relevanz, vor allem weil diejenigen, die die Initiative um ein Abkommen ergriffen, offenbar die obengenannten germanischen Stämme waren und das zum ersten Mal in ihrer Geschichte, außerdem, weil das Friedensangebot hauptsächlich günstige Bedingungen nur für das Imperium enthielt. Freilich wäre es zu oberflächlich und herabsetzend, von einem einfachen Friedensangebot zu sprechen. Es ist mehr: Es ist der Versuch der Barbaren, in ein besonderes Verhältnis zum Westreich zu treten, und zwar als *foederati*.[156] Leider wird Honorius' Reaktion dazu in keiner Quelle bezeugt. Es wird trotzdem davon ausgegangen, dass er die barbarische Initiative ignorierte, da die Goten letztlich in seinem Dienst in Spanien einbrachen.

Prokop berichtet dagegen über gelungene Verhandlungen zwischen Honorius und den Vandalen: Letztere durften sich in Spanien niederlassen unter der Bedingung, dass sie das Land nicht verwüsteten. In diesem Zusammenhang erwähnt der Historiker aus Caesarea die Aufhebung des römischen Gesetzes, dem zufolge nach Ablauf von dreißig Jahren niemand mehr den enteigneten Besitz beanspruchen durfte.[157] Dass diese dreißigjährige Verjährungsfrist für die Zeit des vandalischen Aufenthalts in der iberischen Halbinsel nicht gelten musste, zeigt, dass der Kaiser keine langfristige Niederlassung der Barbaren auf römischem Boden in Spanien

---

155 OROS. VII 43, 14: *Quamvis et ceteri Alanorum, Vandalorum, Sueuorumque reges eodem nobiscum placito depecti forent, mandantes imperatori Honorio: „Tu cum omnibus pacem habe omniumque obsides accipe: nos nobis confligimus, nobis perimus, tibi vincimus, immortali vero quaestu reipublicae tuae, si utrique pereamus"*.

156 Anders GOFFART 2006, 105 (mit ausführlicher Literatur). Nach ihm fragten die Barbaren nicht, als Föderaten zu kämpfen, obwohl ihr Einsatz vorteilhaft für Westrom gewesen wäre. Auch wenn das Kämpfen zugunsten Westroms kein ausreichender Beweis für ihre Bezeichnung als *foederati* ist, spielt Orosius' Formel *eodem placito depicti forent* eine entscheidende Rolle für diese Interpretation. Diese verweist auf den Vertrag zwischen dem Imperium und den Westgoten, gemäß dem sie ohne Zweifel als Föderaten anerkannt wurden. BERNDT 2007, 108 bezweifelt den Inhalt des barbarischen Angebotes, weil dieser den realen Machtverhältnissen widersprechen würde. Er unterbewertet wohl die Autorität Westroms – immerhin war die Anerkennung von römischer Seite seit langem ein Ziel und eine Priorität der Germanen.

157 PROK. *BV* I 3, 2–3: Εἶτα ἐνθένδε, ἡγουμένου αὐτοῖς Γωδιγίσκλου, ἐν Ἱσπανίᾳ ἱδρύσαντο, ἣ πρώτη ἐστὶν ἐξ ὠκεανοῦ χώρα τῆς Ῥωμαίων ἀρχῆς. Τότε ξυμβαίνει Γωδιγίσκλῳ Ὁνώριος ἐφ' ᾧ δὴ οὐκ ἐπὶ λύμῃ τῆς χώρας ἐνταῦθα ἱδρύσονται. Νόμου δὲ ὄντος Ῥωμαίοις, ἥν τινες οὐχ ὑπὸ ταῖς οἰκείαις χερσὶ τὰ σφέτερα αὐτῶν ἔχοιεν καὶ τρίβοιτο χρόνος εἰς τριάκοντα ἐνιαυτοὺς ἥκων, τούτοις δὴ οὐκέτι εἶναι κυρίοις ἐπὶ τοὺς βιασαμένους ἰέναι, ἀλλ' ἐς παραγραφὴν αὐτοῖς ποκεκρίσθαι τὴν ἐς τὸ δικαστήριον εἴσοδον, νόμον ἔγραψεν ὅπως ὁ τῶν Βανδίλων χρόνος, ὃν ἂν ἔν γε τῇ Ῥωμαίων ἀρχῇ διατρίβοιεν, ἐς ταύτην δὴ τὴν τριακοντοῦτιν παραγραφὴν ἥκιστα φέροιτο.

plante. Es war ein deutlicher Kompromiss, damit er sich mit anderen und dringenderen Problemen beschäftigen konnte. Der Widerspruch der Bezeugung Prokops mit der bisherigen Rekonstruktion der Beziehungen zwischen den Germanen und der römischen (legitimen und illegitimen) Gewalt fällt allerdings sofort aus. Die Quelle zeigt außerdem einige Schwierigkeiten, die ihre Glaubwürdigkeit aushöhlen. Der Text nennt Godigesil als barbarischen Vertragspartner des Kaisers, aber dieser König war bereits verstorben, als die Vandalen die Pyrenäen überschritten. Es ist überdies nicht zu klären, weshalb die abgeschlossene Vereinbarung nur die Vandalen betraf, da Prokop selbst kurz davor von der Anwesenheit anderer germanischer Stämme auf der Wanderung nach Spanien schreibt. Zudem muss die Existenz des betreffenden Vertrags angesichts seiner Datierung in Frage gestellt werden. Wann hätte der Abschluss erfolgen sollen? Eine Vereinbarung vor 411 ist auszuschließen, da ein mögliches Interesse des Honorius für die spanische Situation in den Jahren, in denen das Gotenproblem aufflammte, kaum denkbar ist. Außerdem wäre es für die Vandalen (und die anderen Barbaren) sinnvoller gewesen, ein Abkommen mit der vor Ort de facto regierenden Autorität, nämlich mit dem Gegenkaiser, zu erreichen. Auch eine Datierung nach 411, also nach der Aufteilung Spaniens, ist wenig glaubhaft: Die Vandalen zusammen mit den anderen *gentes* waren nicht auf die Gewährung von Ansiedlungsland angewiesen, da sie sich einige Territorien Spaniens bereits angeeignet hatten. Schließlich ist eine noch spätere Datierung absurd, da diese die sichere Notiz des Orosius über Honorius' Ablehnung des barbarischen Vertragsangebotes widersprechen würde. Am Rande sei auch erwähnt, dass weder Orosius noch Hydatius, die als zeitgenössische Quellen vermutlich besser als Prokop über diese Zeit informiert waren, diesen Vertrag bestätigen – dies ist wohl der entscheidende Punkt für die Nichtanerkennung dessen Existenz.[158]

Die Westgoten fielen 416 in Spanien mit dem Ziel ein, das Land von den dort wohnenden Stämmen zugunsten des Imperiums zu befreien.[159] Ihr Einsatz veränderte die Situation auf der iberischen Halbinsel grundlegend. Die Alanen und die vandalischen Silingen wurden vollständig besiegt: Die Überlebenden der Ersten schlossen sich den vandalischen Hasdingen in Galicien an[160], die Zweiten wurden

---

158 Es handelt sich vermutlich um einen anachronistischen Fehler Prokops, der Kaiser Honorius mit Kaiser Valentinian III. und seiner Maßnahme 451 verwechselt; hierzu SCHMIDT ²1942, 23; CESA 1994, 143. Zweifel an der Glaubwürdigkeit Prokops auch bei GOFFART 2006, 104f.; VÖSSING 2014, 154, Anm. 45; STEINACHER 2016, 72f. Trotzdem folgt ein Teil der Forschung den Angaben Prokops: AUSBÜTTEL 1991, 5ff.; BERNDT 2007, 108f.; CASTRITIUS 2007, 60ff.

159 HYDAT. *Chron.* 63; CHRON. GALL. *a. DXI* 562; OROS. VII 43, 13; SIDON. *Carm.* II 362–365

160 HYDAT. *Chron.* 68; CHRON. GALL. *a. DXI* 564. Fortan ist der vollständige Titel des Vandalenkönigs *Rex Vandalorum et Alanorum*.

sogar vernichtet.[161] Beide Stämme wurden ab diesem Zeitpunkt geschichtlich irrelevant. Die Sueben und die vandalischen Hasdingen wurden hingegen von den Westgoten verschont, die nach dem Sieg über die Alanen und die vandalischen Silingen von Flavius Constantius abgerufen wurden und sich mit Zustimmung des Imperiums in Gallien ansiedelten. Der weströmische Verzicht auf einen Angriff auf die übrigen Germanengruppen lässt sich leicht erklären. Sueben und Hasdingen hatten eine isolierte Provinz Spaniens, nämlich die *Gallaecia*, okkupiert und verfügten überdies über eine geringe Streitkraft – aus der kaiserlichen Perspektive betrachtet, stellten diese Stämme also keine Gefahr dar. Manche Forscher vertreten in ihren Arbeiten die These über einen vorherigen Vertrag zwischen Ravenna und den Hasdingen sowie den Sueben, dem zufolge die Westgoten während ihres Feldzugs in Spanien im Dienst Westroms diese Stämme verschonen mussten. Gegen diese Ansicht lassen sich folgende Argumente anführen. In erster Linie fehlt irgendeine Erwähnung oder Andeutung einer derartigen Vereinbarung in den Quellen. Man sollte sich ferner fragen, wozu Ravenna einen Vertrag mit diesen Stämmen benötigt hätte. Deren Einsatz als ravennatische Vertreter in der *Gallaecia* oder als kaiserliche Militärreserve für einen eventuellen Konflikt gegen die drohenden Westgoten überzeugt wenig als Begründung, denn – wie oben angemerkt – das Imperium hatte kein großes Interesse an einer strategisch irrelevanten Provinz und die Sueben und die Hasdingen verfügten nicht über ein Militärpotential, das sich hilfreich für Ravenna im Rahmen eines Kriegs gegen die Westgoten erweisen konnte. Schließlich soll auch nicht unerwähnt bleiben, dass Kaiser Honorius bereits vor dem westgotischen Angriff auf die iberische Halbinsel den von Sueben und Vandalen angebotenen Vertrag abgelehnt hatte.[162] Ihre Konsolidierung vor Ort, für die die Ressourcen des Gebietes und der Zugang zum Mittelmeer eine wichtige Rolle spielten, erfolgte in den folgenden Jahren und war der Grundstein für den Übergang nach Afrika.

---

161 HYDAT. *Chron.* 63; 67–68; CHRON. GALL. *a. DXI* 562; 564; OROS. VII 43,13; SIDON. *Carm.* II 362–365. Die Quellen übertreiben wohl, aber nach der vorliegenden Niederlage gibt es tatsächlich keine Spur mehr von den vandalischen Silingen sowie der Name der Alanen erscheint nun nur im vandalischen Königstitel *rex Vandalorum et Alanorum*. Manche Autoren (CASTRITIUS 2007, 66; VÖSSING 2014, 155, Anm. 68; STEINACHER 2016, 75) kommen zu dem plausibelen Schluss, dass auch die Silingen zu den Hasdingen flohen.

162 S. auch KULIKOWSKI 2004, 170ff.; DÍAZ 2011, 64f. Anders BURNS 1994, 52–63 (zur römischen Vereinbarung mit den Hasdingen); vgl. GILLETT 1995, 383; PAMPLIEGA 1998, 222 u. 284ff. (zur römischen Vereinbarung mit Sueben und Hasdingen).

3.2.5 Expansionsphase in Spanien

Die Goten wurden 418 aus Spanien abgezogen, und das gestattete die Reorganisation der Vandalen, welche – verstärkt durch die Reste der vandalischen Silingen und der Alanen – plötzlich die Sueben um 419 angriffen und in den Nerbasischen (oder Erbasischen) Bergen belagerten.[163] Diese Unruhen, zusammen mit dem Erscheinen eines neuen Usurpators namens Maximus[164], brachten das Imperium wieder zum Einsatz. In den Augen des Kaiserhofs war offenkundig geworden, dass trotz der Intervention durch die Westgoten die iberische Halbinsel immer noch außerhalb der weströmischen Kontrolle lag. Der suebisch-vandalische Konflikt stellte sicherlich eine große Sorge für Ravenna dar, weil die Vandalen die Macht über alle nördlichen Provinzen Spaniens anstrebten. Der Grund des vandalischen Angriffs gegen die Sueben wird erst von späteren Autoren überliefert, wenn auch nur mit oberflächlichen Angaben: Nach Gregor von Tours war der Grund des Konflikts lediglich die geographische Nähe zueinander (*propinqui sibi erant*). Isidor von Sevilla spricht hingegen von dem Bruch eines Friedensvertrags zwischen Vandalen und Sueben (*rupto foedere pacis*), aber ohne seine Eigenschaften zu erwähnen; außerdem ist dieser Frieden nur bei ihm bezeugt. Aller Wahrscheinlichkeit nach wollten die Vandalen das derzeitige Machtvakuum in Spanien, veranlasst durch den Rückzug der Westgoten und die immer noch nicht gefestigte Autorität Westroms nach der Rückgewinnung, ausnutzen, um ihre Gebiete auszudehnen. In diesem Zusammenhang stellten ihre schwachen Nachbarn, die Sueben, das ideale Ziel dar.[165] Daraufhin zögerte die römische Zentralregierung nicht mit einem Militäreinsatz. Unter der Leitung des *comes Hispaniarum* Asterius kamen römische Truppen den Sueben zu Hilfe und konnten die Blockade der Vandalen durchbrechen. Der Feldzug des Asterius war siegreich für die Verhinderung einer Expansion der Vandalen im Nordspanien, hatte aber die strategisch ungünstige Folge, dass diese nach Andalusien (*Baetica*), und damit in die reichste Provinz Spaniens, wanderten. Asterius selbst konnte ihnen den Weg nach Süden nicht versperren, weil er die iberische Halbinsel verließ, um den mittlerweile als Mitkaiser Constantius III. proklamierten Flavius Constantius zu erreichen. In der Nähe von Braga wurden die Vandalen trotzdem erneut von den Römern überfallen. Sie widerstanden der von dem *vicarius* Maurocellus geführ-

---

163 Hydat. *Chron.* 71; Chron. Gall. *a. DXI* 567; Greg. Tur. *Hist. Franc.* II 9; Isid. *Hist. Vand.* 73. Die Lokalisierung dieses Berggebietes ist bislang unsicher; hierzu s. Steinacher 2016, 380, Anm. 190; Kötter - Scardino 2017, 232–233.

164 Chron. Gall. *a. CCCCLII* 85; 89; Marc. Com. *Chron. a.* 422. Zur Identifizierung des hier erwähnten Maximus mit dem Usurpator von 409 s. Kötter - Scardino 2017, 136.

165 Vgl. Díaz 2011, 65; Steinacher 2016, 78. Anders Hamann 1971, 90f.; Pampliega 1998, 223 u. 290.

ten Offensive jedoch und konnten den Marsch in die *Baetica* fortsetzen. Hier besiedelten sie den Großteil der Provinz, genauer die Gebiete, die die Silingen dem *foedus* 411 zufolge in Besitz genommen hatten.[166]

In den folgenden Jahren stellte die fortschreitende Expansion der Vandalen in Südspanien eine Priorität der Außenpolitik Ravennas dar, da sie nun die gesamte *Baetica*, die reichste und strategisch wichtigste Provinz der Halbinsel, besaßen. Deswegen kam der *magister militum* Castinus, der Nachfolger des Flavius Constantius, höchstpersönlich mit Unterstützung gotischer Hilfstruppen nach Spanien. Nach einem aussichtsreichen Anfang scheiterte Castinus' Feldzug jedoch, und es kam zu einem Massaker römischer Soldaten, in dessen Folge Castinus sich gezwungen sah, sich in die *Tarraconensis* zurückzuziehen. Die antiken Autoren erklären das Debakel des Castinus wahlweise durch den Verrat der Westgoten (Hydatius) oder die Differenzen innerhalb des römischen Oberkommandos (Prosper).[167] Infolge dieses Siegs hatten die Vandalen freie Hand in einem guten Teil der *Dioecesis Hispaniarum*, und die benachbarten Gebiete der *Carthaginiensis* und *Tarraconensis* sowie die Provinzen der *Insulae Baleares* und der *Mauretania Tingitana* wurden stark geplündert.[168] Letzten Endes richtete der neue Vandalenkönig Geiserich seine Aufmerksamkeit auf Afrika, das angesichts des bekannten Reichtums aus seiner Perspektive das ideale Ansiedlungsland war. Das gleichzeitige innenpolitische Chaos am ravennatischen Hof erleichterte die vandalischen Militäroperationen in den iberischen Provinzen und später den Einfall in Afrika. Denn der neue Kaiser Valentinian III. war ein Kind, und die Regentschaft Westroms lag folglich in den Händen seiner Mutter Galla Placidia und der miteinander rivalisierenden Heermeister Flavius Felix und Bonifatius. Aufgrund des regierenden Machtkampfs im Westen war das Imperium also nicht in der Lage, in Spanien zu agieren und die Ambitionen der Vandalen zu bremsen.

---

166 Hydat. *Chron.* 74; s. auch Isid. *Hist. Vand.* 73; Greg. Tur. *Hist. Franc.* II 2.

167 Hydat. *Chron.* 77; Prosp. *Chron.* 1278; Gall. *a. CCCCLII* 107 (zum Jahre 431 irrtümlicherweise datiert); Salv. *Gub.* VII 11, 46 (zum römischen Desaster als Folge des Gottesurteils).

168 Hydat. *Chron.* 86; Isid. *Hist. Vand.* 73.

3.3 Geiserich

3.3.1 Der Einfall in Afrika

Im Mai 429 landeten die Vandalen in Afrika.[169] Einige Quellen geben auch den Grund an, weswegen König Geiserich und sein Volk Spanien verließen und die Meerenge von Gibraltar überquerten. Diese sind aber widersprüchlich. Manche Autoren, wie Salvian von Marseille und Possidius, stellen den vandalischen Einfall einfach als eine Folge göttlichen Willens dar – eine christliche wie beschränkte Interpretation des Geschehens.[170] Manche andere begründen den Übergang nach Afrika als den Versuch der Vandalen, dem Druck der anderen in Spanien angesiedelten Barbarenstämme, und zwar der Sueben laut Gregor von Tours, der Westgoten laut Cassiodor und Jordanes, zu entrinnen.[171] Obwohl Spanien in der Tat ein unruhiges Land war, lässt sich dieses von diesen späteren Literaten beschriebene Bild anhand einer Notiz des Hydatius nicht bestätigen. Laut dem maßgebenden spanischen Historiker fand eine große Schlacht zwischen den Sueben und den Vandalen statt, die von König Geiserich und seiner *gens* gewonnen wurde, bevor sie nach Afrika segelten.[172] Eine dritte Richtung betont die Rolle des *comes Africae* Bonifatius, welcher die Vandalen im Rahmen seines Streites mit dem Heermeister und der am kaiserlichen Hof de facto führenden Figur Flavius Felix zu Hilfe rief.[173] In diesem Zusammenhang ist die Hauptquelle Prokop, der über einen präzisen Vertrag zwischen Bonifatius und den Vandalen informiert. Durch seine nach Spanien geschickten engsten Vertrauten bot Bonifatius jedem von beiden Söhnen des Vandalenkönigs Godegisel, das heißt Gunderich und Geiserich, die Beherrschung über ein Drittel Afrikas und die dazugehörigen Einwohner. Außerdem gab es auch die Bedingung gemeinsam zu kämpfen, falls einer von ihnen angegriffen worden wäre.[174] Prokops Erzählung

---

169 HYDAT. *Chron.* 90; VICT. VIT. I 1; PROSP. *Chron.* 1295; ISID. *Hist. Vand.* 74.

170 SALV. *Gub.* VII 13, 54; VII 23, 105; POSSID. *Vita Aug.* XXVIII 12.

171 GREG. TUR. *Hist. Franc.* II 2; CASSIOD. *Chron.* 1215; IORD. *Get* 166. Bei Gregor werden eigentlich die Alamannen erwähnt, es sind aber die Sueben zu verstehen.

172 HYDAT. *Chron.* 90.

173 PROK. *BV* I 3, 22; IORD. *Get* 167; *Rom.* 330; IOH. ANT. *frg.* 196; PAUL. DIAC. *Rom.* XIII 10.

174 PROK. *BV* I 3, 22: Βονιφάτιος δὲ [...] βουλεύεται ὅπως οἱ, ἢν δύνηται, ὁμαιχμία ἐς τοὺς Βανδίλους ἔσται, οἳ ἐν Ἱσπανίᾳ, ὡς πρόσθεν εἴρηται, οὐ πόρρω Λιβύης ἱδρύσαντο; 25–26: Πέμψας οὖν ἐς Ἱσπανίαν Βονιφάτιος τοὺς αὐτῷ μάλιστα ἐπιτηδείους ἑκάτερον τῶν Γωδιγίσκλου παίδων ἐπὶ τῇ ἴσῃ καὶ ὁμοίᾳ προσεποιήσατο, ἐφ' ᾧ αὐτῶν ἕκαστον τὸ Λιβύης τριτημόριον ἔχοντα τῶν κατ' αὐτὸν ἄρχειν· ἢν δέ τις ἐπ' αὐτῶν τινα ἴοι πολεμήσων, κοινῇ τοὺς ἐπιόντας ἀμύνασθαι. ἐπὶ ταύτῃ τῇ ὁμολογίᾳ Βανδίλοι τὸν ἐν Γαδείροις πορθμὸν διαβάντες ἐς Λιβύην ἀφίκοντο καὶ Οὐισίγοτθοι ἐν τῷ ὑστέρῳ χρόνῳ ἐν Ἱσπανίᾳ ἱδρύσαντο; 30: Ἐπεὶ δὲ ὁ Βονιφάτιος ἤκουσε ταῦτα, τῆς τε πράξεως αὐτῷ καὶ τῆς ἐς τοὺς βαρβάρους ὁμολογίας μετέμελε [...]; s. auch THEOPH. *AM* 5931: Βονιφάτιος δὲ φοβηθεὶς τοὺς τῶν Ῥωμαίων βασιλεῖς,

weist zu viele Seltsamkeiten auf. In erster Linie sind die historischen Inkongruenzen auffällig. Bis 428, der Spätdatierung dieses Vertrags, war Gunderich allein Vandalenkönig, weshalb die Feststellung des Geiserich als zusätzlichen Vertragspartners des Bonifatius auszuschließen ist. Des Weiteren fand keine Dreiteilung des afrikanischen Landes nach der Ankunft der Vandalen statt; Bonifatius leistete sogar Widerstand gegen den vandalischen Vormarsch entlang die Küste, möglicherweise, weil er sich zum Zeitpunkt der vandalischen Landung schon mit der weströmischen Zentralregierung versöhnt hatte.[175] Auch rechtlich ist der betreffende Vertrag kurios. Die Aufteilung sollte auf der Grundlage von Gleichberechtigung (ἐπὶ τῇ ἴσῃ καὶ ὁμοίᾳ) laufen, aber praktisch hätten die Vandalen zwei Drittel Afrikas kontrollieren können. Es ist schwer zu glauben, dass Bonifatius solche für sich selbst ungünstige Konditionen anbot. Darüber hinaus würde eine solche Situation ein völkerrechtliches Novum darstellen, weil ein ähnlicher Aufteilungsfall zwischen den Barbaren und den Römern nirgendwo anders bezeugt wird. Die vorgebrachten Punkte argumentieren gegen Prokops Historizität, und folglich die Existenz eines Vertrags zwischen Bonifatius und den Vandalen. Wahrscheinlich kannten Prokop sowie die anderen Quellen ab dem 6. Jahrhundert nur eine Bonifatius feindliche Tradition. Am Rande sei auch erwähnt, dass keine zeitgenössische Quelle den *comes Africae* verantwortlich für die vandalische Invasion in Afrika macht.[176]

Trotz dieses Fazits ist es nicht vollständig auszuschließen, dass keine Kontakte zwischen Bonifatius und diesem Stamm bestanden. Es ist vorstellbar, dass vandalische Hilfstruppen im Dienst des Bonifatius in seiner Auseinandersetzung gegen die weströmische Zentralregierung kämpften.[177] Prosper von Aquitanien erzählt für das Jahr 427, dass *gentes* von den Rivalisierenden, das heißt von Bonifatius und dem von Ravenna gegen ihn geschickten *comes* Segisvult, zur Hilfe gerufen wurden.[178] Es steht außer Zweifel, dass die Armee des Segisvult auch aus gotischen

---

περάσας ἀπὸ Λιβύης εἰς Ἰσπανίαν πρὸς τοὺς Οὐανδήλους ἦλθεν. καὶ εὑρὼν τὸν μὲν Γοδιγίσκλον τελευτήσαντα, τοὺς δὲ ἐκείνου παῖδας Γόνθαρίν τε καὶ Γιζέριχον τὴν ἀρχὴν διέποντας, τούτους προτρεψάμενος τὴν ἑσπέριον Λιβύην εἰς τρία μέρη διελεῖν ὑπέσχετο, ἐφ' ᾧ ἕκαστον τοῦ τρίτου μέρους ἄρχειν σὺν αὐτῷ, κοινῇ δὲ ἀμύνεσθαι τὸν οἷον δήποτε πολέμιον. Ἐπὶ ταύταις ταῖς ὁμολογίαις οἱ Οὐανδῆλοι τὸν πορθμὸν διαβάντες τὴν Λιβύην κατῴκησαν ἀπὸ τοῦ Ὠκεανοῦ μέχρι Τριπόλεως τῆς κατὰ Κυρήνην (hier fuhr Bonifatius selbst nach Spanien, um sich mit dem Vandalenkönig für einen Vertrag zu treffen).

175 Ausbüttel 1991, 10; Berndt 2007, 125.

176 Ausbüttel 1991, 10; Berndt 2007, 127; Merrills - Miles 2010, 35.

177 Mathisen 1999, 191; Berndt 2007, 125 setzt die Vermischung der Nachrichten des Jahres 427 und 429 voraus; Modéran 2014, 101.

178 Prosp. *Chron.* 1294: *Bonifatio, cuius intra Africam potentia gloriaque augebatur, bellum ad arbitrium Felicis, quia ad Italiam venire abnuerat, publico nomine inlatum est ducibus Mavortio et Gallione et Sanoece. Qui obsidentes*

Kontingenten bestand.[179] Die Schwierigkeit betrifft im Gegenteil die Identität der *gentes* auf der Seite des Bonifatius, ob es sich tatsächlich um Vandalen handelte. Einige Forscher lehnen diese Möglichkeit ab und bringen verschiedene Argumentationen vor. Vor allem spricht Prosper von *gentes* mit keiner maritimen Erfahrung (*quae uti navibus nesciebant*), und die Vandalen befuhren bereits das Mittelmeer zu diesem Zeitpunkt dank der Kontrolle der Häfen in der *Baetica*, wie der Angriff auf die Balearen 425 bezeugt.[180] Außerdem erwähnt Prosper in der folgenden Notiz[181] deutlich den Namen der Vandalen, und hieraus ergibt sich die Frage, wieso er sie nicht schon vorher explizit nennt, wenn tatsächlich die Vandalen gemeint sind. Der daraus resultierende Eindruck ist, dass der Chronist von Aquitanien einen klaren Unterschied zwischen den *gentes* (*Chron.* 1294) und den Vandalen (*Chron.* 1295) hervorheben möchte. Schließlich hätten zwei Überfahrten in einem so kurzen Zeitfenster (427–429) eine Abschwächung der vandalischen Armee bedeutet, sowohl wenn die nach Afrika gesendeten Krieger zurück nach Spanien gefahren als auch wenn sie im Land geblieben wären. Das wäre auf jeden Fall ein zu großes Risiko für die auf der iberischen Halbinsel gebliebenen Vandalen gewesen, für die die Gefahr einer Offensive der Römer sowie anderer Germanen ständig bestand. Die wahrscheinlichste Identität dieser *gentes* wäre also die von gotischen Kriegern, welche häufig in dieser Epoche als Söldner dienten.[182] Dies lässt sich durch die Quellen bestätigen, die bei verschiedenen Gelegenheiten die Anwesenheit gotischer Hilfstruppen auf der Seite des Bonifatius erwähnen.[183] Es darf auch nicht vernachlässigt werden, dass Bonifatius' zweite Ehefrau die adlige Gotin Pelagia war, und dies lässt vermuten, dass er mühelos auf gotischen Einheiten zählen konnte.

Ob Prosper über die vandalische Plünderung der Balearen informiert war, bleibt fraglich, da er kein großes Interesse an der Geschichte Spaniens hatte. Außerdem ging es wohl um einen wenig bekannten Vorfall, wenn nur Hydatius davon schreibt. Aber auch wenn Prosper es mitbekommen hätte, könnte seine Formulierung *gentibus quae uti navibus nesciebant* trotzdem auch die Vandalen einschließen; es handelt sich nämlich um eine Periphrase, um die Germanen „an sich", die nie Seefahrer gewesen waren, anzudeuten.[184] Ferner kann es kein Zufall sein, dass Prosper die Pluralform

---

Bonifatium prodente Sanoece occisi sunt, mox etiam ipso qui prodiderat interfecto. Exinde gentibus, quae uti navibus nesciebant, dum a concertantibus in auxilium vocantur, mare pervium factum est bellique contra Bonifatium coepti in Segisvultum comitem cura translate est.

179 Possid. *Vita Aug.* XVII 7f.; Aug. *Conlatio cum Maximino* I.

180 Hydat. *Chron.* 86; s. auch Isid. *Hist. Vand.* 73.

181 Prosp. *Chron.* 1295: *Gens Wandalorum ab Hispania ad Africam transit.*

182 Vössing 2014, 34ff.; s. auch Schmidt ^{2}1942, 55ff.; Clover 1966, 21ff.; Muhlberger 1990, 96, Anm. 94.

183 Aug. *Epist.* CLXXXV 1; Possid. *Vita Aug.* XXVIII 12.

184 Steinacher 2016, 383, Anm. 231 hält dennoch die Meinung von den Vandalen als bereits Seeerfahrene für ein „ins Reich der Barbarentopik" gehörendes Argument.

des Wortes *gens* benutzt. Wenn nur gotische Krieger gemeint wären, sollte man sich die Frage stellen, warum er den Vorfall besonders betont, da die Goten keine große Rolle in der Geschichte Afrikas gespielt haben. Der Hinweis auf die Vandalen würde hingegen die große Bedeutung des Ereignisses rechtfertigen.[185] Modéran bietet folglich eine überzeugende historische Rekonstruktion an: 427/428 wendete Bonifatius sich an die Vandalen, weil er Verstärkung für seinen Krieg gegen die römische Zentralregierung brauchte. Einige vandalische Einheiten kämpften deshalb auf Bonifatius' Seite gegen Segisvult. Ein Frieden zwischen den Letztgenannten wurde schließlich Anfang 429 geschlossen, aber im Mai landete Geiserich mit seinem ganzen Volk.[186] Modérans vorgeschlagenes Szenario hat den großen Vorteil, alle Quellen über den Fragenkomplex des vandalischen Einbruches in Afrika in Übereinstimmung zu bringen, sogar Prokop: Obwohl es sich um kein richtiges *foedus* handelte, sondern einfach um den Ruf von Söldnern, war tatsächlich Bonifatius derjenige, der als Erster die Vandalen in Afrika einließ, und daraus stammt die These seines Verrates. Die Gründe, aus denen Geiserich trotzdem sein Volk später nach Afrika führte, lassen sich leicht erklären. Angesichts des Aufrufs von Bonifatius wurde den Vandalen klar, in welch schwierige Lage sich Afrika auf politischer Ebene befand. Der zunehmende Bürgerkrieg sowie die schwache weströmische Militärverteidigung in den afrikanischen Provinzen machten das gesamte Land zu einem leichten und verlockenden Ziel Afrikas Attraktivität lag selbstverständlich auch darin, dass das Gebiet für seinen Reichtum und seine Fruchtbarkeit in der antiken Welt bekannt war.

3.3.2 Der erste Vertrag mit Valentinian III.

Wie die vandalische Überquerung der Straße von Gibraltar erfolgte, ist den Quellen nicht zu entnehmen. Der Ort der Einschiffung sowie der Landung, die Eigenschaften der Flotte, die genaue Anzahl der Barbaren, der Zeitaufwand der Überfahrt – all diese Informationen fehlen gänzlich. Es scheint allerdings sicher zu sein, dass die Vandalen grundsätzlich ungehindert den Fuß auf Afrika setzten, denn sie stießen auf keinen Widerstand.[187] Ebenso leicht war ihr Vormarsch nach Osten, denn bereits 430, also knapp ein Jahr nach ihrer Landung in Afrika, erreichten sie die *Numidia*. Zahlreiche Plünderungen und Verwüstungen zeichneten den vandalischen Übergang über die afrikanischen Westprovinzen (*Mauretania Tingitana*, *Mauretania*

185 MUHLBERGER 1990, 96.

186 MODÉRAN 2014, 101; vgl. MATHISEN 1999, 174ff.; STEINACHER 2016, 89f.

187 Neueste Studien über die Umstände der vandalischen Überfahrt nach Afrika bei CASTRITIUS 2007, 78ff.; MERRILLS - MILES 2010, 52–54; MODÉRAN 2014, 96–97; VÖSSING 2014, 38–39; STEINACHER 2016, 92–95.

Caesariensis und *Mauretania Sitifensis*) aus.[188] Die Gründe für diesen einfachen Eroberungszug der Vandalen entlang der Nordküste Afrikas sind vielfältig. Einerseits ist die Verstärkung der vandalischen Armee durch die Berber nachvollziehbar. Dem Imperium gelang es nie vollends, diese bodenständigen Nomadengemeinschaften zu unterwerfen. Die Abneigung gegen denselben Feind könnte tatsächlich zu einer militärischen Zusammenarbeit geführt haben. In einigen Fällen ist sogar die Unterstützung der Vandalen durch die örtliche Bevölkerung nicht auszuschließen. Andererseits ist die weströmische Unfähigkeit eines erfolgreichen Einsatzes zu vermerken. Das militärische Potenzial des von Ravenna wieder rehabilitierten Bonifatius ermöglichte wohl nur eine strategische Abwehrhaltung, was das Verlassen der westlichen Territorien und den Rückzug in die sichereren Städte des Ostens bedeutete.[189] Eine dieser Ortschaften war Hippo Regius, eine reiche Küstenstadt der *Numidia*, in welcher sich letzten Endes Bonifatius verschanzt hatte. Der vandalische Angriff auf Hippo Regius scheiterte: Die lange Dauer der Belagerung und das plötzliche Erscheinen eines oströmischen Kontingents unter dem Befehl Aspars in Nordafrika schwächten und zwangen die Vandalen zur Aufhebung der Belagerung. Der Rest des Landes blieb aber in Händen der Barbaren. Die vandalische Eroberung von Hippo Regius verzögerte sich ohnehin nicht lang, da zunächst Bonifatius und anschließend Aspar Afrika einige Jahre später aus verschiedenen Gründen verließen. Somit hatten die Vandalen freien Zugang zu der Stadt, die ohne militärische Unterstützung dem vandalischen Druck schnell nachgeben musste.

435 schloss Ravenna Frieden mit den Vandalen. Hierzu informiert Prosper durch einen knappen Eintrag, dass den Vandalen ein Teil Afrikas zum Bewohnen gegeben wurde. Der Frieden erfolgte während der Iden des Februar in Hippo Regius, wobei die Verhandlungen von einem kaiserlichen Vertreter namens Trygetius geführt wurden.[190] Ein zweiter, detaillierterer Bericht findet sich bei Isidor von Sevilla. Aufgrund der Unfähigkeit des Westreiches, hinreichenden Widerstand zu leisten, bot Kaiser Valentinian III. Geiserich einen Frieden mit klaren Klauseln an: Der Vandalenkönig erhalte vom Imperium den bis dahin eroberten Teil Afrikas unter der Bedingung, dass er eidlich auf weitere Überfälle verzichte.[191]

---

188 POSSID. *Vita Aug.* XXVIII 5; CAPREOL. *Epist. ad Concilium Ephesinum* I; PAUL. DIAC. *Hist. Rom.* XIII 10; zur besonderen Gewalt auf das Christentum s. VICT. VIT. I 4–7; POSSID. *Vita Aug.* XXVIII 7–11; AUG. *Epist.* CCXXVIII.

189 S. FRANCOVICH ONESTI 2002, 31f.; CASTRITIUS 2007, 82ff.; MODÉRAN 2014, 103–113 (insbes. für die weströmischen Streitkräfte in Afrika); VÖSSING 2014, 41–43; STEINACHER 2016, 98–101.

190 PROSP. *Chron.* 1321: *Pax facta cum Vandalis data eis ad habitandum Africae portione [per Trigetium in loco Hippone III idus Febr.*]; s. auch LATERC. I; CASSIOD. *Chron.* 1225; PAUL. DIAC. *Hist. Rom.* XIII 11. Zu Trygetius s. Kap. 6.1.2.

191 ISID. *Hist. Vand.* 74: *Cui Valentinianus iunior Occidentis imperator non valens obsistere pacem mittit et partem Africae, quam Wandali possederant, tanquam pacific dedit condicionibus ab eo sacramenti acceptis, ne quid ultra invaderet.*

Die Umstände dieses Friedensschlusses weisen deutlich die damalige politische Schwäche des Imperiums nach. Erstens: Das Friedensangebot stammte vom weströmischen Kaiser höchstpersönlich (*Valentinianus* [...] *pacem mittit*). Zweitens: Der Vertragsabschluss fand in Hippo Regius, also am vandalischen Hof, statt. Schließlich – dies ist wohl der entscheidende Faktor – genossen die Vandalen eine beachtliche Landbewilligung scheinbar ohne Gegenleistungspflicht, vielmehr nur mit dem Eid, von eigenen Expansionsplänen abzusehen. Welche Länder genau die Barbaren zugesprochen bekamen, ist anhand der Quellen nicht feststellbar. Zwei Anzeichen sprechen allerdings für die Identifikation des vandalischen Ansiedlungsgebietes mit dem Großteil der *Mauretania Sitifensis*, der *Numidia* und dem westlichen Teil der *Proconsularis*. Das erste ist der Ausdruck Isidors *partem Africae quam Wandali possederant*, denn genau in den letztgenannten Gebieten stationierten die Vandalen, während *Mauretania Tingitana* und *Mauretania Caesariensis* nur Etappen ihres Vormarsches nach Osten waren. Noch bedeutungsvoller ist eine Notiz des Prosper, nach der Geiserich drei katholische Bischöfe – dies waren Possidius von Calama, Novatus von Sitifis und Severianus von Mila – verbannte, weil er die arianische Häresie seiner Domäne auferlegen wollte.[192] Da die Sitze dieser eminenten religiösen Persönlichkeiten sich *intra habitationis suae* (Geiserich) *limites* befanden, lässt sich die Schlussfolgerung ziehen, dass die drei obengenannten Gebiete, in denen die drei erwähnten Bischöfe agierten, dem vom Vandalenkönig erhaltenen Territorium entsprachen.

Ob gar keine Gegenleistung auf vandalischer Seite erbracht wurde, wird dennoch in der Forschung kontrovers diskutiert. Das Problem liegt in der Art des Vertrags, genauer, ob es sich um ein *foedus* handelte, durch das die Vandalen in den Rang von Föderaten erhoben wurden. Prosper schreibt, dass die den Vandalen zugewiesenen Gebiete *ad habitandum* gegeben wurden. Dies spricht für ein Zugeständnis seitens des Imperiums, bestätigt wird dies obendrein durch die sprachliche Verwendung des Verbs *dare*. Die tradierte Formel *data eis ad habitandum* erinnert überdies an jene, durch die Prosper selbst die Ansiedlung der Westgoten auf römischem Boden nach dem System der *hospitalitas* dokumentiert.[193] Anhand dieses Beispiels wäre folglich anzunehmen, dass durch den vorliegenden Vertrag die Vandalen zu Föderaten ge-

192 PROSP. *Chron.* 1327: *In Africa Gisiricus rex Wandalorum, intra habitationis suae limites volens catholicam fidem Arriana impietate subvertere, quosdam nostrorum episcopos, quorum Posidius et Novatus ac Severanus clariores erant, catenus persecutes est, ut eos privatos iure basilicarum suarum etiam civitatibus pelleret, cum ipsorum constantia nullis superbissimi regis terroribus cederet.*

193 PROSP. *Chron.* 1271: [...] *data ei* [Valia] *ad inhabitandum secunda Aquitanica* [...].

macht wurden – diese These findet derzeit großen Anklang unter den Wissenschaftlern.[194] Es stellt sich jedoch die Frage, warum es an den vorschriftsmäßigen Bedingungen eines *foedus*, wie der Erbringung von Militärleistungen im Dienst Westroms und der Bekleidung hoher römischen Zivil- und/oder Militärämter durch den Germanenkönig, gänzlich mangelt. Stattdessen bestanden andere Klauseln, wenn man den Bericht des Prokop auf den vorliegenden Vertrag bezieht: Geiserich verpflichtete sich zur Zahlung jährlicher Abgaben an den Westkaiser und entsandte einen seiner Söhne, Hunerich, als Geisel an den ravennatischen Hof.[195] Um welche Art von Tributen es sich handelte, wird nicht explizit aufgeführt. Dessen ungeachtet fällt die Bedeutung der Pflicht zur Leistung von Tributen aus: Die römische Zentralverwaltung behielt ohnehin einen Teil der afrikanischen Einnahmen.[196] Der Aufenthalt des Hunerich am weströmischen Kaiserhof sollte als Garantie für die Vertragstreue Geiserichs gelten bzw. weitere feindliche Initiativen oder Forderungen der Vandalen abwenden. Abgesehen von den Einzelheiten erinnern die betreffenden Klauseln an diejenigen, welche bereits zuvor im Rahmen einer bestimmten Vereinbarung zwischen dem Imperium und einem Barbarenstamm festgelegt wurden und durch welche die beteiligten Barbaren zu *socii et amici Populi Romani* (Verbündete und Freunde des Römischen Volks) wurden. Es handelte sich somit um kein *foedus*, sondern um eine *amicitia*: Dieser Begriff definierte die ungebundene Form von friedlichen Beziehungen zwischen dem Reich und den Barbaren, die manchmal auch durch einen ordentlichen Vertrag geregelt werden können; dadurch wechselten die betroffenen Barbaren in den Klientelstatus.[197] Denselben Sprachgebrauch findet man außerdem in den späteren römisch-vandalischen Verhältnissen, bei denen die Worte *socius* (Verbündeter) in den lateinischen Quellen und φίλος (Freund) in den griechischen Quellen vorkommen.[198] Für die

194 BERNDT 2007, 131ff.; MERRILLS - MILES 2010, 60f.; MODÉRAN 2014, 116f.; BECKER - KÖTTER 2016, 264. Auch VÖSSING 2014, 46 spricht von *foedus* und *foederati*, doch unter der Annahme, dass der Terminus hier die konventionelle Form des *foedus* nicht zutrifft.

195 PROK. *BV* I 4, 13: [...] ἀλλ' οἷς ἔδεισε μέτριος γεγονὼς, σπονδὰς πρὸς βασιλέα Βαλεντινιανὸν ποιεῖται ἐφ' ᾧ ἐς ἕκαστον ἔτος δασμοὺς ἐκ Λιβύης βασιλεῖ φέρειν, ἕνα τε τῶν παίδων Ὁνώριχον ἐν ὁμήρου μοίρᾳ ἐπὶ ταύτῃ δὴ τῇ ὁμολογίᾳ παρέδωκε. Die durch Prokop tradierten Bedingungen als für den späteren Vertrag von 442 geltend aufzufassen (so CLOVER 1966, 57; 1971, 53f.; AUSBÜTTEL 1991, 14; MODÉRAN 2014, 135), überzeugt nicht. Hätten solche Klauseln dem Vertrag von 442 gehört, befände sich Geiserich in einer schwächeren Position als im Jahre 435, was angesichts der Einnahme Karthagos in 439 paradox ist (hierzu SCHULZ 1993, 94); s. auch SCHMIDT ²1942, 65; MASUR 1952, 84f.; CASTRITIUS 2007, 92; STEINACHER 2016, 105. Für BRUZZONE 1999, 110 und VÖSSING 2014, 50 vermischt Prokop beide Verträge.

196 Römische Grundsteuer (so SCHMIDT ²1942, 65, Anm. 3) oder *annonae* (so CLOVER 1966, 53, Anm. 42; VÖSSING 2014, 51; MODÉRAN 2014, 135) sind die plausibelsten Vermutungen, doch lassen sich beide nicht beweisen. Anders AUSBÜTTEL 1991, 14ff.: Er schließt nicht die vandalische Verpflichtung als Hilfstruppen aus.

197 STEINACHER 2016, 103–107; MEYER 1961, 235 (zur Definition von *amicitia*). Ebenso mit überzeugenden Argumentationen plädieren SCHULZ 1993, 93ff. und CASTRITIUS 2007, 90ff. gegen die Bezeichnung des vorliegenden Vertrags als *foedus*.

198 Eine Liste von Beispielen darüber bei MODÉRAN 2014, 135ff.

Ansicht über die Bezeichnung des vorliegenden Vertrags als *amicitia* lassen sich auch Argumente auf der Grundlage der späteren Einnahme der Stadt Karthago durch die Vandalen anführen. Prosper verwendet das Wort *amicitia*, um das römisch-vandalische Verhältnis zu beschreiben, das Geiserich durch seine Belagerung Karthagos brach.[199] Im Vergleich zum *foedus* würde eine Beziehung in Form der *amicitia* zudem besser die Vertrauensseligkeit der Karthager erklären, welche der vandalische Angriff unvorbereitet traf. Des Weiteren werden die Vandalen in diesem Zusammenhang in keiner Quelle als *rebelles* bezeichnet – dies war der Terminus, durch den die antiken Autoren die Barbaren im Falle des Bruchs eines *foedus* bezeichneten.

Der Vertrag von 435 ist von großer historischer Tragweite. Durch die Kontrolle über das reiche Numidien und die zweitwichtigste afrikanische (Hafen)Stadt, Hippo Regius, gewannen die Vandalen eine strategisch relevante Position, die den Grundstein der zukünftigen Herrschaft der Vandalen in Afrika darstellte. Signifikanter ist die Bedeutung des Vertrags auf politischer Ebene. Denn es handelte sich um die erste rechtliche Anerkennung der Vandalen seitens des Imperiums, welche nach dem Institut der *amicitia* erfolgte. Die Vandalen durften ausgewählte Provinzen bevölkern und sich aus diesen versorgen. Durch den Ausdruck *ad habitandum* weist Prosper also auf die *habitatio* hin, nämlich auf das römische Wohnrecht, das im vorliegenden Fall den Vandalen im erweiterten Sinn übertragen wurde, um deren Versorgung zu regeln.[200] Die Legitimität der vandalischen Ansiedlung auf römischem Boden kam dennoch der Zuerkennung der Souveränität über die zugewiesenen Territorien nicht gleich. Die *Dioecesis Africae* blieb rechtlich ein (west-)römisches Hoheitsgebiet; die Vandalen waren trotz eines faktischen Besitzes einiger Provinzen dem Kaiser unterstellt. Dessen ungeachtet begann Geiserich, eine einem souveränen Herrscher gleiche Gewalt auszuüben. Symptomatisch ist sein Eingreifen in religiöse Angelegenheiten zum Zwecke der Auflegung des arianischen Glaubens, wie die Absetzung von drei katholischen Bischöfen sowie die Verbannung und Exekution von vier eminenten spanischen Katholiken seines engeren Umfeldes.[201] Hinter dem religiösen Motiv der Verfolgungspolitik Geiserichs steckt auch der Wille, seine politische Macht durchzusetzen. Ihm genügten die bisherigen Zuweisungen durch Westrom nicht, da er nämlich größere Ambitionen hatte, wie die späteren Ereignisse aufzeigen.

199 PROSP. *Chron.* 1339: [...] *Gisericus, de cuius amicitia nihil metuebatur, Carthaginem dolo pacis invadit* [...].

200 Hierzu s. STEINACHER 2016, 105.

201 PROSP. *Chron.*1327; 1329. Hierzu s. BERNDT 2007, 132f.; CASTRITIUS 2007, 92f.; MERRILLS - MILES 2010, 61.

3.3.3 Der zweite Vertrag mit Valentinian III.

Der Frieden währte nicht lange. Bereits 439 brach Geiserich den 435 geschlossenen Vertrag und eroberte Karthago, die wichtigste Stadt Afrikas. Sein Erfolg lag wohl an der Fehleinschätzung der weströmischen Regierung: In Anbetracht der kürzlich vereinbarten *amicitia* konzentrierten sich die Bemühungen des Imperiums eher auf den gallischen Schauplatz und den Konflikt mit den Westgoten. Die Einnahme Karthagos durch die Vandalen hatte erhebliche Auswirkungen, da Geiserich damit nicht nur eine der reichsten Metropolen des ganzen Westens, sondern auch einen strategischen Hafen mit seiner umfangreichen Flotte gewann. Damit konnten sie langsam eine wahre Seemacht ausüben, wodurch in den späteren Jahren der Mittelmeerraum in die Hände der vandalischen Piraterie fiel. Die ersten Schritte dabei bestanden in den Überraschungsangriffen an den sizilianischen Küsten. Diese Überfälle, die keiner Expansionsabsicht folgten, sondern reine Plünderungsfeldzüge darstellten und deren Umfang einen Streitpunkt unter den Forschern darstellt[202], wurden von der weströmischen Zentralverwaltung als der Anfang eines vandalischen Eroberungsplans empfunden. Die bedrohliche Präsenz der Vandalen im Mittelmeerraum stieg so stark, dass auch die östliche Hälfte des Römischen Reiches die vandalische Piraterie als reales Problem für die eigenen Interessen ansah und sich endlich für eine bewaffnete Intervention entschied. Der maritime Feldzug des oströmischen Heermeisters Aspar erwies sich jedoch als deutlicher Misserfolg, sodass die Plünderungen der Vandalen fortdauerten. Die vandalische „Seegefährdung" sowie der Verlust der Gegend Karthagos, brachten folglich den Westkaiser zum Abschluss eines neuen Vertrags mit den Vandalen. Obwohl diese Entscheidung im Hinblick auf den vorherigen Vertragsbruch Geiserichs ein potentielles Risiko für Ravenna bergen konnte, blieb dem Westkaiser keine andere Möglichkeit aufgrund der Unfähigkeit, jedwede militärische Initiative zu ergreifen.

442 kamen Valentinian III. und Geiserich zu einem Abkommen. Nach dem Bericht des Prosper garantierte der weströmische Kaiser dem König der Vandalen den Frieden, wodurch Afrika folglich unter ihnen in bestimmte Bereiche aufgeteilt wurde.[203] Die Notiz ist knapp, dennoch reich an Informationen. In erster Linie wird die schwächere Position des Kaisers gegenüber Geiserich – ähnlich der beim Vertrag 435 – angedeutet. Valentinian III. bestätigte den (vorherigen) Vertrag trotz des betrügerischen Verhaltens der Vandalen und handelte zudem eine *divisio* Afrikas mit ihnen aus. Prospers Bemerkung legt aber die geographische Aufteilung nicht fest und spricht nur von *certis spatiis*. Eine Notiz bei Victor von Vita beschreibt hingegen die

---

202 Hierzu s. CASTRITIUS 2007, 92f.; MODÉRAN 2014, 184–186; VÖSSING 2014, 48.

203 PROSP. *Chron.* 1347: *Cum Gisirico ab Augusto Valentiniano pax confirmata et certis spatiis Africa inter utrumque divisa est.*

vereinbarten Herrschaftsbereiche: Geiserich behielt für sich selbst die *Byzacena*, die *Abaritana*, die *Getulia* und einen Teil der *Numidia* und teilte unter seinen Soldaten die *Zeugitana* und die *Proconsularis* als erblichen Besitz auf, während die übrigen zerstörten Provinzen unter direkter Kontrolle von Valentinian III. verblieben.[204] Der Text des Victor von Vita bleibt aufgrund der Erwähnung unklarer Regionen (*Abaritana*, *Getulia*, *Zeugitana*) und der nicht expliziten Angabe der römischen Territorien trotzdem undeutlich. Denn dieser spätantike Kirchenhistoriker vermengt Provinzen und Bereiche ohne Provinzialstatus miteinander. Vermutlich stellt die *Abaritana* die Gegend des Aurès-Massivs dar, die *Getulia* das nördlich daran grenzende Gebiet. Beide entsprechen also dem südlichen Teil der *Numidia*.[205] *Zeugitana* lautet der aus der punischen Zeit stammende Name einer Region, die sich auf Karthago und den Unterlauf des Bagrada erstreckte: Victor von Vita meint also nicht die ganze *Proconsularis*, sondern nur einen bestimmten Bereich davon.[206] Im Gegensatz zu den vandalischen Gebieten werden die dem Kaiser zugewiesenen Provinzen unklar aufgelistet. Die Quelle spricht lediglich von *reliquae provinciae* – diese wären also die mauretanischen Provinzen (*Tingitana*, *Caesariensis* und *Sitifensis*), der übrige Teil der *Numidia* und die *Tripolitana*. Aus verschiedenen Gründen kann man aber zu dem Schluss kommen, dass auch die *Tripolitana* dem vandalischen Reich übergegeben wurde. Victor von Vita bezeichnet die vom Westreich beibehaltenen Gebiete mit dem Wort *exterminatae* (zerstört), was die *Tripolitana* ausschließen würde, da die vandalischen Plünderungen anhand der Rekonstruktion des vandalischen Marsches in Afrika nur die mauretanischen Provinzen betrafen. Zudem erscheint es wenig plausibel, dass der Westkaiser über zwei

---

204 VICT. VIT. I 13: *Disponens quoque singulas quasque provincias, sibi Byzacenam, Abaritanam atque Getuliam et partem Numidiae reservavit, exercitui vero Zeugitanam vel Proconsularem funiculo hereditatis divisit, Valentiniano adhuc imperatore reliquas licet iam exterminatas provincias defendente.*
Isidors Stelle stellt den Ansatzpunkt für die Untersuchung über die *sortes Vandalorum* dar, das heißt die Güter, die der vandalischen *gens* bei der Aufteilung zugewiesen wurden – dies bezieht sich logischerweise auch auf die Modalitäten der vandalischen Ansiedlung in römischem Raum. Diese Dissertation hinterfragt aber nicht dieses Thema, welches man in einer eigenen Arbeit zur Diskussion stellen sollte. Im Gegensatz zu den Kapiteln 1 und 3 wird es im vorliegenden Kapitel auch nicht skizziert, weil ein entscheidender Faktor die vandalische Ansiedlung von der der Burgunder und der Westgoten unterscheidet: Angesichts deren Föderatenstatus erfolgte die Landnahme gallischer Gebiete durch Burgunder und Westgoten aller Wahrscheinlichkeit nach unter Leitung der weströmischen Obrigkeit. Im Folgenden werden die neuesten Beiträge zu den *sortes Vandalorum* angegeben: MODÉRAN 2002, 97–112 (ebenso 2012, 129–156; 2014, 156–175); GOFFART 2012, 115–128; TEDESCO 2012, 157–224; STEINACHER 2016, 151–166.

205 S. VÖSSING 2011, 158f., Anm. 36 (mit ausführlicher Literatur); MODÉRAN 2014, 144; STEINACHER 2016, 143f.

206 VÖSSING 2011, 158f., Anm. 38: Seine Interpretation stützt sich auf die richtige Übersetzung „und" für *vel* nach dem semantischen Gebrauch dieses Wortes bei Victor und grundsätzlich in der Spätantike. *Zeugitana* und *Proconsularis* sind also unmissverständlich zwei verschiedene Gebiete. Anders MODÉRAN 2014, 144; STEINACHER 2016, 143 (zur Entsprechung der *Zeugitana* mit der ganzen *Proconsularis*).

nicht benachbarte Gebiete regieren konnte. Dies folgt aus der Tatsache, dass die vandalische Herrschaft durch ihre geographische Lage die *Tripolitana* vom restlichen weströmischen Bereich in Afrika getrennt hätte. Weitere Argumente sind die Verbannung von drei katholischen Bischöfen aus der *Tripolitana* im Rahmen der Verfolgungspolitik Geiserichs und das Ende der kaiserlichen Anordnungen für die *Tripolitana* im Gegensatz zu den anderen römischen Gebieten Afrikas. Beides spricht deutlich für die politische Zugehörigkeit der betreffenden Provinz zum Vandalenreich.[207] Aus den Quellen geht also eine sehr ungünstige Aufteilung Afrikas für Westrom hervor, da die Vandalen die reichsten und blühendsten Länder gewannen, der weströmische Kaiser hingegen die ausgeplünderten und wenig fruchtbaren Provinzen hielt. Auf wirtschaftlicher Ebene verursachte dieser Vertrag offensichtlich große Schwierigkeiten für das Imperium, das dadurch auf einen beträchtlichen Teil sowohl der Steuereinkommen als auch des Versorgungsmögens aus Afrika verzichten musste.

Aus rechtlicher Sicht wurde eine Erneuerung der *amicitia* stipuliert, auch weil Prosper von einer Bestätigung der vorherigen *pax* spricht. Auf der Grundlage einer sprachlichen Untersuchung lässt sich jedoch vermuten, dass die politische Position des Geiserich durch diesen Vertrag noch einmal gestärkt worden war. Prosper selbst bezeugt eine *divisio* zwischen den Vertragsparteien, was die Kontrahenten auf die gleiche Ebene gestellt hätte. In seiner Notiz über den Vertrag von 435 (*Chron.* 1321) berichtet er hingegen eine gewisse Überlegenheit der Rolle Westroms durch den Hinweis auf die Landzuweisung zur Ansiedlung (*data eis ad habitandum Africae portione*). Der Unterschied zwischen den zwei Stellen Prospers wird durch den Kontrast *dare - dividĕre* (letzteres wird durch *inter utrumque* verstärkt) auch lexikalisch hervorgehoben. Aus diesen sprachlichen Anmerkungen lässt sich also entnehmen, dass durch die Vereinbarung von 442 sich die politische Stellung der Vandalen gegenüber dem Imperium erneut geändert hatte.[208] Dafür würde auch die Vertragsklausel über die Verlobung zwischen Hunerich, dem Sohn Geiserichs, und Eudocia, der Tochter Valentinians III. sprechen.[209] Durch die Verbindung mit der theodosianischen Dynastie konnte Geiserich auf internationaler Bühne stärker in Erscheinung treten, zumal er das Erbrecht auf den Kaiserthron des Westens beanspruchen konnte. Trotz der ungünstigen Bedingungen (Abtretung der reichsten afrikanischen Territorien; die Verlobung der Kaisertochter mit einem barbarischen Prinzen) behielt Ravenna den-

---

207 VICT. VIT. I 13; NOV. VAL. XIII; XXXIV.

208 Eine Liste anderer antiker Quellen zu der neuen römischen Perspektive über die Vandalen bei MODÉRAN 2014, 134.

209 MEROBAUD. *Paneg.* II 29. Zur Datierung der Ehe zwischen Hunerich und Eudocia im Rahmen des vorliegenden Vertrags s. auch CLOVER 1971, 54 mit Anm. 119; ZECCHINI 1983, 178f.; BRUZZONE 1999, 116; CASTRITIUS 2007, 97; MERRILLS - MILES 2010, 112f.; CONANT 2012, 22f. (dagegen MODÉRAN 2014, 135; VÖSSING 2014, 53f. mit Anm. 16, 162).

noch den Status quo durch die Erneuerung der *amicitia* bei. Juristisch blieben die Provinzen Afrikas nämlich römisch: Nicht nur wurde die Souveränität der Vandalen über die besessenen Gebiete immer noch nicht zuerkannt, vielmehr begründete das Westreich auch den Anspruch auf die Rückgewinnung der betreffenden Territorien. Ravenna erkannte einfach eine vorläufige Inbesitznahme der Gebiete an. Hierzu liegen folgende Beweise vor: Bei diversen Anlässen äußerte sich Kaiser Valentinian III. zu einer *recuperatio*; ebenso durch den Erlass besonderer Anordnungen für die afrikanischen Gebiete unter seiner Jurisdiktion, wodurch er nachwies, dass die Situation der *Dioecesis Africae* nicht komplett aus dem Blickfeld des Westreiches geraten war.[210] Nicht zu vergessen ist auch der spätere Rückgewinnungsversuch eines der Nachfolger Valentinians III., Kaisers Maiorianus.[211] Im Übrigen schien Geiserich selbst die Reichszugehörigkeit der vandalischen Domäne anzuerkennen. Dies lässt sich anhand der ununterbrochenen Gültigkeit der römischen Münzen sowie der kaiserlichen Rechtsvorschrift im afrikanischen Raum belegen. Andererseits ist eine vandalische Festigung der Autorität durch das Eingreifen in Angelegenheiten verschiedener Art (politisch, religiös, militärisch, ökonomisch) unbestreitbar, so dass die durch den Vertrag von 435 begonnene De-facto-Unabhängigkeit der vandalischen Herrschaft in Afrika langsam fortschritt.[212]

3.3.4 Das Ende des Friedens

In der Zeit nach dem Vertrag von 442 scheinen die Vandalen auf die aggressive Außenpolitik der vorherigen Jahre verzichtet zu haben. Die einzige Ausnahme war ein durch Hydatius überlieferter Angriff auf die *Gallaecia*, die nordwestliche Provinz Spaniens, die zu diesem Zeitpunkt in den Händen der Sueben lag.[213] Die betreffende Quelle ist aber sehr mangelhaft und verhindert darum eine Bewertung von der Tragweite des Geschehens. Hydatius stellt außerdem die einzige Überlieferung dieser Episode dar. Aus diesen Gründen lässt sich vermuten, dass es sich einfach um einen Einzelfall handelte.[214] Die Vandalen blieben also grundsätzlich ruhig und beachteten die vereinbarten Bedingungen, vermutlich um dadurch der weströmischen Regierung ihre Zuverlässigkeit als (Vertrags-)Partner und *amici* zu beweisen.

---

210 Beispiele mancher Anordnungen Valentinians III. für die mauretanischen Provinzen und Westnumidien sind NOV. VAL. XII; XIII; XXXIV 3.

211 Zum Konzept der *recuperatio* bei Valentinian III. s. NOV. VAL. XII 2; XIII 6. Zum Feldzug des Maiorianus gegen Geiserich s. Kap. 3.3.5.

212 Vgl. CASTRITIUS 2007, 97ff.; MODÉRAN 2014, 135ff.; STEINACHER 2016, 144ff.

213 HYDAT. *Chron.* 131.

214 Weitere Hypothesen dazu bei MERRILLS - MILES 2010, 113f.; vgl. BERNDT 2007, 192.

Das vandalische Wohlverhalten wurde tatsächlich von Ravenna eingestanden, und Hunerich wurde deswegen nach Karthago zurückgeschickt.[215] Dies spricht für den Bestand guter Beziehungen zwischen dem Westreich und den Vandalen.

Das Szenario änderte sich auf unerwartete Weise 455, als Kaiser Valentinian III. starb. Priscus erzählt, dass infolge der Ermordung Valentinians III. Geiserich sich für einen Angriff auf Italien entschied. Die Gründe dafür waren das Erlöschen der *amicitia* wegen des Todes eines Kontrahenten sowie die politische Schwäche des neuen Westkaisers Petronius Maximus. Priscus fügt auch hinzu, dass Geiserich angeblich von der Kaiserinwitwe Eudoxia zum Einsatz gerufen wurde – dies wird auch durch andere Quelle bestätigt.[216] Unabhängig des Nachweises von Priscus ist eine andere Möglichkeit nachvollziehbar. Durch seine Militäroffensive bezweckte Geiserich das Scheitern der Strategie des neuen Kaisers, die durch eine Ehepolitik (Petronius Maximus mit Eudoxia, sein Sohn Palladius mit einer Tochter Valentinians III.) die Verbindung mit der theodosianischen Kaiserdynastie vorsah. Dasselbe Ziel hatte tatsächlich auch Geiserich durch die Verlobung zwischen seinem Sohn Hunerich und der Kaisertochter Eudocia[217], und Petronius Maximus' Initiative stand seinem Plan im Wege. Abgesehen von der wirklichen Begründung des vandalischen Angriffs gegen das Imperium[218] muss zur Sprache gebracht werden, dass der Tod des Valentinian III. das Ende der 442 abgeschlossenen *amicitia* für den Vandalenkönig bedeutete. Nicht umsonst annektierte Geiserich die übrigen kaiserlichen Provinzen Afrikas zu diesem Zeitpunkt.[219] Anschließend stellt sich die Frage, ob auch Ravenna dasselbe Vertragsverständnis hatte und also die Vereinbarung als hinfällig wegen des Todes des Kaisers betrachtete. Thematisiert wird folglich kurz das Problem der Vertragsdauer: Endete die Vertragsgültigkeit mit dem Tod eines der Kontrahenten? Eine Stelle bei Priscus berichtet über eine Gesandtschaft des Westkaisers Avitus, des Nachfolgers von Petronius Maximus, an Geiserich infolge der vandalischen Plünderungen. Dadurch forderte Avitus den Vandalenkönig auf, sich an die alte Vereinbarung zu erinnern; zudem drohte er ihm mit einem Krieg im

215 PROK. *BV* I 4, 14: Γιζέριχος [...] Ὀνώριχον τὸν παῖδα τῆς φιλίας αὐτοῖς ἐπὶ μέγα χωρούσης ἀπέλαβεν.

216 PRISC. *frg.* 30,1; 30,3; PROK. *BV* I 4, 39; MARC. COM. *Chron. a.* 455; THEOPH. *AM* 5931; IO. ZON. *Hist. Ann.* XIII 25, 23; IO. MAL. *Chron.* XIV 26. Vgl. HYDAT. *Chron.* 167, bei dem diese Wiedergabe als *mala fama* („böse Gerüchte") bezeichnet wird.

217 HYDAT. *Chron.* 162 verrät nicht, ob die betreffende Tochter die ältere Eudocia oder die jüngere Placidia war. In dem ersten Fall hätte Geiserich noch einen Grund bzw. einen Vorwand gehabt, nach Rom zu segeln, denn Eudocia war die Verlobte seines Sohnes Hunerich.

218 Zum Thema s. BERNDT 2007, 195; VÖSSING 2014, 56f.

219 VICT. VIT. I 13: *Post cuius* [Valentinian III.] *mortem totius Africae ambitum obtinuit* [...]. Hierzu s. MODERAN 2014, 145–153.

Falle des Vertragsbruches.[220] Daraus ergibt sich, dass zum einen keine zeitliche Begrenzung von römischer Seite vorgesehen war, zum anderen der Vertrag nicht gleichermaßen verstanden wurde. Während der Vandalenkönig sein aggressives Verhalten legitim fand, bewertete das Westreich die vandalischen Offensiven als eindeutigen Vertragsbruch durch Geiserich.[221]

Geiserichs Angriff auf Italien, der den Höhepunkt mit der Plünderung der alten Hauptstadt Rom erreichte, stellt eine Zäsur in den römisch-vandalischen Beziehungen dar. Denn ab diesem Moment wurde die Außenpolitik der Vandalen militärisch sehr energisch. Sie erweiterten ihren Einflussbereich, einerseits durch die Einnahme der übrigen weströmischen Provinzen Afrikas, andererseits durch die eskalierende Konsolidierung einer Seemacht auf dem Mittelmeer, die die Piratenfeldzüge langsam in Besetzungsoperationen umänderte – die westlichen Mittelmeerinseln wurden besonders davon betroffen[222], da sie als strategische Stützpunkte dienen sollten. Durch die Plünderung Roms hatte Geiserich überdies die übrigen Mitglieder der Kaiserfamilie (Eudoxia, Eudocia und Placidia) sowie viele römische Prominente entführt und nach Karthago gebracht. Deren Gefangenschaft am vandalischen Hof steigerte das politische Prestige des Geiserich, der zu diesem Zeitpunkt eine entscheidende Rolle in der Geschichte Westroms spielte.

3.3.5 Die Verhandlungen mit Kaiser Maiorianus

Sowohl der weströmische Kaiserhof in Ravenna als auch der oströmische Kaiserhof in Konstantinopel waren sich schnell der Gefahr der Vandalen, insbesondere hinsichtlich derer Seemacht bewusst. Zum einen der Westkaiser Avitus, zum anderen der Ostkaiser Markian versuchten, die politischen Ziele des Geiserich durch Gesandtschaften aufzuhalten. Ihre Bitten, die Attacken auf Süditalien zu unterbrechen sowie die kaiserlichen Geiseln zurückzugeben, wurden aber von dem Vandalenkönig ignoriert.[223] Ganz im Gegenteil: Die Flotte der Vandalen plünderte verschiedene Zentren im Mittelmeer regelmäßig weiter. Die vandalische Seeräuberei sowie die Besatzung der afrikanischen Provinzen, aus denen der Großteil der weströmischen Versorgung

---

220 Prisc. *frg.* 31,1: ὁ δὲ Ἄβιτος ὁ τῶν ἑσπερίων Ῥωμαίων βασιλεὺς ἐπρεσβεύετο καὶ αὐτὸς παρὰ τὸν Γεζέριχον τῶν πάλαι αὐτὸν ὑπομιμνήσκων σπονδῶν, ἃς εἰ μὴ φυλάττειν ἕλοιτο, καὶ αὐτὸν παρασκευάσασθαι πλήθει τε οἰκείῳ πίσυνον καὶ τῇ τῶν συμμάχων ἐπικουρίᾳ. ἔπεμπε δὲ καὶ παρὰ τὸν Ῥεκίμερα ἐς τὴν Σικελίαν σὺν στρατῷ.

221 Das Thema der Dauer der römisch-barbarischen Verträge wird im Kap. 6.2 ausführlich diskutiert.

222 Vict. Vit. I 13: [...] *nec* [Valentinian III.] *non et insulas maximas Sardiniam, Siciliam, Corsicam, Ebusum, Maioricam, Minoricam vel alias multas superbia sibi consueta defendit.*

223 Prisc. *frg.* 31,1.

kam, stellten langsam eine Bedrohung für das Überleben des Imperiums dar. Da die Politik durch Diplomatie sich unwirksam erwiesen hatte, kam es zu einer weströmischen Militärreaktion unter der Leitung des Ricimer. Es gelang diesem, die vandalische Flotte in Sizilien und in Korsika zurückzuschlagen[224], und durch diese Erfolge erlangte er Ruhm und Zuspruch. Am Beispiel des Stilicho und des Aëtius erreichte also ein Heermeister barbarischer Herkunft erneut die oberste Macht und später die faktische Regentschaft im Westreich. Trotz der Niederlage beharrte Geiserich auf seine Blockadepolitk gegenüber dem Imperium, und die Nahrungsmittelkrise in Italien eskalierte. Für diese ökonomische Instabilität zahlte Kaiser Avitus den Preis, der zum Opfer einer Verschwörung des Ricimer fiel. Denn dieser nutzte die momentane Unpopularität des Avitus, um seinen Anhänger, den *comes domesticorum* Maiorianus, zum Kaiser zu krönen.

Das vandalische Problem rückte schnell ins Zentrum der politischen Programme des neuen Kaisers. Maiorianus hatte nämlich die entscheidende Rolle der Sicherheit der mittelmeerischen Handelsrouten sowie der Versorgung aus Afrika für die Existenz des Imperiums wahrgenommen und hatte folglich die Absicht, die vandalische Macht zu zerschlagen. Dieses Ziel war übrigens nur ein Teil seines grandioseren Wiederherstellungsplans der römischen Autorität in allen in den Händen der Barbaren gefallenen Provinzen des Westreiches. Die erste Militäraktion von Maiorianus erfolgte allerdings in Gallien. Zum einen der Aufstand der lokalen Aristokratie zwecks der Unabhängigkeit von Ravenna, zum anderen die erneuten Expansionsversuche der Burgunder und Westgoten hatten zu Unruhen in verschiedenen gallischen Gebieten geführt. Um die Kräfte auf den Feldzug gegen die Vandalen bestmöglich zu konzentrieren, war also ein weströmischer Einsatz vor allem in Gallien erforderlich.[225] Durch den *magister militum* Aegidius gelang es dem Westkaiser, die politische Situation Galliens zu stabilisieren: Die aristokratischen Dissidenten aus Lyon wurden versprengt, während nach dem anfänglichen Kriegszustand sowohl die Burgunder als auch die Westgoten ein Abkommen mit dem Westreich annahmen, unter dessen Bedingungen die Ablieferung von Hilfstruppen für den vandalischen Krieg eingeschlossen war.[226]

Die Befriedung Galliens erleichterte die Vorbereitung für den weströmischen Feldzug nach Afrika, insbesondere den Übergang der Armee nach Spanien. Von hier sollte ein kombinierter Angriff von Land und See gegen Geiserich erfolgen. Mit der

---

224 PRISC. *frg.* 31,1; SIDON. *Carm.* II 363–370; HYDAT. *Chron.* 176.

225 Nach OPPEDISANO 2013, 216f. verhinderte Kaiser Maiorianus durch seine bewaffnete Intervention in Gallien auch ein voraussichtliches antirömisches Bündnis zwischen Westgoten und Vandalen. Der italienische Forscher versteht die Notiz des Hydatius über eine vandalisch-westgotische Gesandtschaft bei den Sueben als der Versuch einer Friedensvermittlung zwischen Westgoten und Sueben, damit der Westgotenkönig Theoderich II. über sein ganzes Militärpotential für die Verteidigung Galliens verfügen konnte.

226 Zum Konflikt gegen die Senatoren aus Lyon und die Burgunder s. Kap. 2.3.3; gegen die Westgoten s. Kap. 5.5.2.

Unterstützung eines westgotischen Kontingents musste der *magister militum* Nepotianus inzwischen für die optimalen Umstände sorgen, indem er einerseits den Truppentransport koordinierte, andererseits die Sueben von einer Offensive gegen die römischen Territorien während der Einschiffung der Armee abschreckte. Nach dem Bericht des Priscus sammelte Maiorianus ungefähr dreihundert Schiffe in Südspanien – dadurch wird deutlich, dass die Hauptaktion auf dem Seeweg erfolgen musste. Die weströmische Gefahr fiel Geiserich sofort auf, vandalische Boten wurden folglich an Maiorianus entsandt, um die Spannungen durch Diplomatie zu lösen. Infolge der Ablehnung des Westkaisers bemühte sich der Vandalenkönig um eine wirksame Verteidigung: Um den Vormarsch und die Versorgung der römischen Truppen zu erschweren, ließ er die afrikanischen Territorien verwüsten und deren Brunnen vergiften.[227] Anhand der anfänglichen Friedensbitte und der späteren durchgreifenden Verteidigungsstrategie lässt sich die große Angst des Geiserich vor der Initiative des Maiorianus vermuten. Zu diesem Zeitpunkt schien also das Weströmische Reich in der Lage zu sein, eine irgendwie geartete Überlegenheit auszuüben. Maiorianus' Expedition nach Afrika fand trotzdem nicht statt. Denn ein Teil der weströmischen Flotte wurde von den Vandalen aufgebracht, als diese immer noch in der Nähe von Cartagena festlag, wahrscheinlich wegen eines Verrats.[228] Trotz der knappen Form der verschiedenen Quellen kann nachvollzogen werden, dass der vandalische Sabotageakt sehr wirkungsvoll war, da Maiorianus auf seinen Plan verzichtete und zurück nach Italien ziehen musste. Noch vor dem Rückzug des Westkaisers schlug Geiserich ihm einen Frieden durch eine Gesandtschaft vor, und 460 kam es zu einer Vereinbarung zwischen ihnen.[229] Die Vertragsbestimmungen wurden nicht überliefert, doch lässt ein Ausdruck des Historikers Priscus ein ungünstiges Abkommen für Ravenna vermuten. Denn er bezeichnet als schändlich die Vereinbarungen (ἐπὶ συνθήκαις αἰσχραῖς), die zum Abbruch des weströmischen Feldzuges fuhren. Es ist überdies nicht spekulativ, den Grund für die Festnahme und spätere Enthauptung des Maiorianus durch die Buccellarier Ricimers bei dem Abschluss dieses ungünstigen Vertrags zu suchen. Hieraus geht klar hervor, dass es sich nicht einfach um einen Waffenstillstand oder Status-quo-Frieden handelte.[230]

---

227 SIDON. *Carm.* V 441–448; PRISC. *frg.* 36,1. Auch PROK. *BV* I 7, 4–14 berichtet von der Beziehung Geiserich-Maiorianus. Aufgrund ihrer unglaubwürdigen Historizität wird diese Quelle hier nicht betrachtet. Hierzu s. CASTRITIUS 2007, 113f.; MERRILLS - MILES 2010, 280, Anm. 62.

228 CHRON. GALL. *a. DXI* [634]; HYDAT. *Chron.* 200; MARIUS AVENT. *a.* 460; ISID. *Hist. Vand.* 76. Hydatius und Isidor von Sevilla sprechen von einem Verrat *per proditores*. Marius von Avenches gibt Elche als den genauen Standort der römischen Flotte an.

229 HYDAT. *Chron.* 209: *Gaisericus rex a Maioriano imperatore per legatos postulat pacem*; PRISC. *frg.* 36,2: [...] καὶ [Maiorianus] ἐπὶ συνθήκαις αἰσχραῖς καταλύσας τὸν πόλεμον, ἐπανεζεύγνυεν.

230 Hierzu s. auch Kap. 6.3.2. Vgl. WIRTH 1986, 198f.; AUSBÜTTEL 1991, 16; MODÉRAN 2014, 192; VÖSSING 2014, 62. Anders CASTRITIUS 2007, 114: Er bestreitet die Existenz des Abkommens, aber ohne Argumentationen anzuführen.

3.3.6 Die letzten Beziehungen zu Westrom

Wie bei dem Vertrag mit Valentinian III. einige Jahre früher, betrachtete Geiserich die Vereinbarung mit Maiorianus nur zu Lebenszeit der Kontrahenten als gültig.[231] Auf die Nachricht des Maiorianus' Todes wirkte er vehement, indem er neue Plünderungen auf Sizilien und Unteritalien anordnete. Ricimer, der mittlerweile Kaiser Maiorianus durch einen anderen unter seinen Gefolgsleuten, den Senator Libius Severus, ersetzt hatte (461), verzichtete aber sowohl auf einen Gegenangriff als auch eine zielgerichtete Verteidigung. Wohl eingedenk des geringen Militärpotentials Westroms, entschied sich der *magister militum* für eine Lösung des vandalischen Problems durch Diplomatie. Weströmische Gesandte erschienen also am vandalischen Hof mit der Botschaft Ricimers, Geiserich sollte an den mit Maiorianus geschlossenen Vertrag erinnern und sich dementsprechend verhalten, doch wurde ihre Warnung von dem König der Vandalen ignoriert.[232] Es ist ab diesem Zeitpunkt, dass die Vandalenfrage wieder mehr in das Blickfeld des Oströmischen Reiches geriet, bis sie eine Priorität in der Außenpolitik Ostroms darstellte. Im Übrigen übernahm der oströmische Kaiser langsam die Verhandlungen mit Geiserich auch über die Angelegenheiten des Weströmischen Reiches, wie zum Beispiel die Rückgabe der Gefangenen von der Plünderung Roms von 455, darunter die Mitglieder der theodosianischen Kaiserfamilie, und die Thronfolge. Die Gründe für die Intervention Ostroms auf der politischen Bühne Westens lassen sich leicht erklären. Die akute innere Krise der weströmischen Regierung erleichterte nicht nur die aggressive Politik der Barbaren, sondern stellte auch den idealen Anlass für einen oströmischen Expansionskurs im Westen dar. Der offensichtliche Aufstieg der vandalischen (See)Macht konnte außerdem am konstantinopolitanischen Hof nicht mehr lang übersehen werden, weil die Sicherheit der oströmischen Häfen selbst bereits gefährdet wurde. Dem Ostkaiser Leo I. gelang es trotzdem nicht, den Expansionsplan des Geiserich zu verhindern – sowohl zuerst seine diplomatische Strategie durch Gesandtschaften als auch später einen Feldzug unter der Führung des Heermeisters Basiliskos scheiterten an dem Widerstand des Vandalenkönigs in den 460er Jahren. Die Spannung wurde endlich gelöst, als sich beide Parteien auf einen dauerhaften Friedensvertrag 474 oder 476 einigten. Gegen die Beendigung aller Plünderungen im Mittelmeerraum, eine mildere Kirchenpolitik gegenüber den Katholiken und die Freilassung mancher Geiseln wurde die vandalische Herrschaft auf

231 Das Thema der Dauer der römisch-barbarischen Verträge wird im Kap. 6.2 ausführlich diskutiert.

232 PRISC. *frg*. 38,1: Ὅτι ὁ Γεζέριχος οὐκ ἔτι ταῖς πρὸς Μαιοριανὸν τεθείσαις σπονδαῖς ἐμμένων Βανδήλων καὶ Μαυρουσίων πλῆθος ἐπὶ δῃώσει τῆς Ἰταλίας καὶ Σικελίας ἔπεμπεν [...] ἐστέλλετο οὖν καὶ παρὰ τὸν Γεζέριχον πρεσβεία, τοῦτο μὲν παρὰ τοῦ Ῥεκίμερος, ὡς οὐ δεῖ κατολιγωρεῖν αὐτὸν τῶν σπονδῶν [...].

den afrikanischen Provinzen und den westlichen Mittelmeerinseln von dem Ostkaiser Zenon de facto anerkannt, auch wenn derer Souveränität dagegen immer noch nicht zuerkannt wurde. Die Besonderheit dieses Vertrags liegt in seiner unbefristeten Art – dies wurde durch eine Ewigkeitsformel (ἐς τὸν πάντα αἰῶνα) absichtlich mit dem Ziel betont, einen Vertragsbruch aufgrund des Todes eines der Kontrahenten abzuwenden.[233]

Indessen stand das Weströmische Reich bereits kurz vor seinem Untergang. Ab dem Ableben des Maiorianus erfolgten nämlich nur bedeutungslosere Persönlichkeiten auf dem Kaiserthron aufeinander, woraufhin die Autorität des Westkaisers hatte sich auf die italische Halbinsel beschränkt, während alle Provinzen des Imperiums in barbarischen Händen lagen. Trotz alledem schien noch ein Vertragsschluss zwischen den Vandalen und Westrom zu erfolgen, da Paulus Diaconus von einem *foedus* zwischen Geiserich und dem Patrizier Flavius Orestes 476, also kurz von dem Fall des Weströmischen Reiches spricht. Orestes amtierte als *magister militum* des Kaisers Julius Nepos, der von dem Ostkaiser Leo I. nach Italien entsandt wurde, um die internen Unruhen des Westreiches zu regeln; plötzlich rebellierte er gegen seinen Kaiser und schlug ihn in die Flucht. Orestes nahm selbst allerdings den Purpur nicht, vielmehr erhob seinen Sohn Romulus Augustulus zum Kaiser (475). Er übernahm trotzdem höchstpersönlich die Führung des Reiches aufgrund des jungen Alters des neuen Kaisers. Der Notiz des Paulus Diaconus über den letzten weströmisch-vandalischen Vertrag lässt sich wenig entnehmen, da der langobardische Historiker dessen Existenz ohne weiteres erwähnt.[234] Der verwendete Terminus *foedus* soll nicht täuschen: Sicherlich handelte es sich nicht um die Übertragung des Föderatenstatus an die Vandalen, denn eine solche Möglichkeit würde zu diesem Zeitpunkt überhaupt keinen Sinn ergeben. Die undefinierbare Vertragsart, zusammen mit der Tatsache, dass Paulus Diaconus die einzige und zudem eine zeitlich entfernte Quelle ist, sind die Gründe für das Schweigen eines guten Teils der Forschung über dieses *foedus*. Diejenigen, die es dagegen in Erwägung ziehen, vermuten entweder ein antioströmisches Bündnis zwischen Westrom und den Vandalen oder die vertragliche Übernahme sowie Bestätigung der oströmisch-vandalischen Vereinbarung auch auf weströmischer Seite.[235] Die erste These lässt sich

233 PROK. *BV* I 7, 26–28; vgl. auch MALCH. *frg*. 5; 17; VICT. VIT. I 51. Für einen Überblick über die gesamten oströmisch-vandalischen Beziehungen in diesem Zeitraum, einschließlich die Stipulation des „ewigen Friedens", s. BLOCKLEY 1992, 67–80; CASTRITIUS 2007, 116ff.; MERRILLS - MILES 2010, 120ff.; VÖSSING 2014, 63–74; STEINACHER 2016, 214–230.

234 PAUL. DIAC. *Hist. Rom.* XV 7: *Annali deinceps circulo evoluto cum rege Wandalorum Geiserico foedus initum est ab Oreste patricio.*

235 SCHMIDT ²1942, 92; MASUR 1952, 92; AUSBÜTTEL 1991, 17; HENNING 1999, 239; BERNDT 2007, 201; STEINACHER 2016, 227.

nicht nur durch die fehlenden Argumente entkräften, sondern auch durch das daraus kaum glaubhaft resultierende Szenario. Ein Bündnis gegen Konstantinopel erscheint unwahrscheinlich angesichts des sogenannten „ewigen Friedens“, der Geiserich seit kurzer Zeit (474) – oder gleichzeitig (476) – mit dem Ostkaiser Zenon vereinbart hatte. Der weströmische Beitritt den vandalisch-oströmischen Vereinbarungen ist auch umstritten: War für Geiserich ein Vertrag auch mit Westrom in diesem Zusammenhang überhaupt nötig? Das Weströmische Reich stand tatsächlich kurz vor dem Untergang und konnte deshalb keine politische Entscheidung anderer stärkeren Mächte verhindern. War jedoch die vandalische Herrschaft in Afrika trotz einer faktischen Unabhängigkeit rechtlich noch ein weströmisches Hoheitsgebiet, so mussten die Obrigkeiten in Ravenna der vertraglichen Entscheidung ihres *amicus* Geiserich zustimmen. Das *foedus* zwischen Geiserich und Orestes stellte also nichts anders als den Pro-forma-Vertrag dar, durch den das Westreich gezwungen wurde, die Bedingungen des „ewigen Friedens“ zu akzeptieren.

Die Sueben

Teil der germanischen Invasion, die in der Neujahrsnacht 406–407 über die Rheingrenze erfolgte, waren auch die Sueben. Im Gegensatz zu den Vandalen und den Burgundern ist die Geschichte dieser germanischen Gruppe aber schwieriger zu rekonstruieren. Die Hauptquelle über die Sueben ist die Chronik des Hydatius, eines einheimischen spätantiken Historikers sowie Bischofs von Aquae Flaviae (das heutige Chaves in Portugal) im Laufe des 5. Jhs. Weitere Autoren wie Orosius oder Gregor von Tours weisen jedoch nur sporadisch auf die Phasen der suebischen Geschichte hin. Von großem Interesse ist auch die von Isidor von Sevilla verfasste Arbeit, die aber angesichts der Veränderungen gegenüber dem Werk des zeitgenössischen Hydatius mit der gebotenen Vorsicht zu behandeln ist.

Aller Wahrscheinlichkeit nach liegt dieser Mangel an Quellen an der Isolation des suebischen Stammes, dessen Königreich auf römischem Boden die im Nordwesten Spaniens liegende *Gallaecia* und den nördlichen Teil der *Lusitania* einnahm. Aufgrund der Ferne dieser Provinzen zum Herzen Westroms und ihrer strategisch geringen Relevanz hatten die Sueben sehr selten Priorität in der Außenpolitik der römischen Zentralregierung, zumal das Suebenreich niemals eine militärisch und politisch konkrete Gefahr für die westliche Hälfte des Römischen Reiches darstellte. Dessen ungeachtet sind die intensiven diplomatischen Beziehungen zwischen diesem Verband und Westrom im zweiten Viertel des 5. Jhs. ein hinreichender Grund für eine eingehende Untersuchung der Geschichte des suebischen Königreiches.

4.1 Rheinübergang

Die am Anfang des 5. Jhs. stattfindenden gotischen Einfälle des Alarich (401–402) und des Radagaisus (405–406) in Italien legten einige der Schwachpunkte des Weströmischen Reiches frei, insbesondere die Schwierigkeit und die Belastung, den germanischen Invasoren Widerstand zu leisten. Um den neuen Feinden erfolgreich entgegenzutreten, ordnete der de facto anstatt des Westkaisers Honorius regierende *magister militum* Stilicho die Massierung des römischen Militärs in Italien an. Der Schutz der *Dioecesis Italiae Annonariae* stellte nämlich die Hauptsorge dar, da die Anwesenheit eines bewaffneten Feindes auf italischem Boden als unzulässig angesehen wurde. Durch eine stufenweise Truppenverlegung nach Italien konnte Stilicho endlich auf ein ausreichendes Militärpotential – zuerst für das Zurückdrängen des Alarich und seiner *gens* nach Osten, später für die Vernichtung der plündernden Gruppe des Radagaisus – zählen.[236] Aber einem adäquaten Schutz entzogen, brach die Rheingrenze aufgrund des lang ausgeübten Drucks der Barbaren zusammen und die jenseits des

236 Zum Einfall Alarichs um 401–402 s. Kap. 5.2.1.

limes beheimateten germanischen Stämme fielen in Gallien ein. Das Land stürzte rasch ins Chaos. Auf der Suche nach Versorgung und Siedlungsplätzen brachten die Eindringlinge zuerst den am Rhein liegenden, nordöstlichen Gebieten Galliens Verwüstungen. Taten- und machtlos sah die gallo-römische Bevölkerung den barbarischen Plünderungen zu, vor allem, weil eine umgehend zu erwartende Reaktion auf diese Streifzüge aus Ravenna, der neuen Hauptstadt der westlichen Hälfte des Römischen Reiches, ausblieb. Die Auseinandersetzungen gegen Alarich und Radagaisus hatten vermutlich die Militärmittel Westroms belastet – hinzu kommt der erschwerende Umstand, dass Stilicho mittlerweile einen Kampf gegen den oströmischen Kaiser Arcadius um die Kontrolle des Ostillyricum geplant hatte. Von dem Zögern des ravennatischen Hofs gegenüber den germanischen Einfällen in Gallien profitierte auch der Anfang 407 in Britannien akklamierte Gegenkaiser Constantin III., der rasch in Nordgallien landete, um seine Herrschaft auf dem Festland selbst auszudehnen. Sein Vordringen Richtung Süden, nachdem die nördlichen Gebiete mühelos besetzt worden waren, bewegte Stilicho zu einer Gegenoffensive: Er entsandte eine Armee unter der Führung eines gotischen Offiziers namens Sarus nach Gallien. Nun regierte das Chaos in einer der am stärksten romanisierten und wichtigsten Provinzen des Weströmischen Reiches. Denn zusätzlich zu den schrecklichen Folgen der von den germanischen Invasoren verübten Plünderungen entbrannte ein blutiger Bürgerkrieg zwischen dem legitimen Westkaiser und dem Usurpator.

Bei Ankunft auf gallischem Boden war sich Constantin III. vermutlich bewusst, dass die Anwesenheit der germanischen Gruppen innerhalb des Reiches nicht außer Acht gelassen bzw. unterschätzt werden durfte. Die Regelung des barbarischen Problems war nun seine Priorität, zum einen, weil er sich damit die Sympathien der von der laufenden Anarchie erschütterten Bevölkerung Galliens erwerben konnte, zum anderen, weil der Anmarsch auf die südlichen Provinzen erst von einer Stabilisierung der Situation in jenen Nordgebieten abhing, in welchen die kürzlich eingefallenen Germanen wüteten. Die wenigen Quellen über die Politik des Constantin III. in Bezug auf die barbarischen Verbände weichen stark voneinander ab. Laut Zosimus gelang es dem Gegenkaiser, einen überwältigenden Sieg über ein großes Heer von Barbaren davonzutragen, deren Identität allerdings nicht genau zu bestimmen ist. Dass diese über die Alpen gekommen waren, wäre ein Indiz dafür, dass es sich bei ihnen um den Rest der Armee des Radagaisus auf der Flucht aus Italien handelt. Es ist nachvollziehbar, dass sich auch Abteilungen der neuen Invasoren (Vandalen, Alanen, Sueben, Burgunder) angeschlossen hatten, als diese barbarische Schar den gallischen Boden betrat. Trotz seines Siegs verzichtete Constantin III. auf die Verfolgung der Überlebenden: Das erwies sich als Fehler, da sie sich bald neu organisiert hatten und wieder kampflustig antraten. Aus diesem Grund kümmerte sich der Gegenkaiser um die Verstärkung des Abwehrsystems an den Grenzen, sowohl bei den Alpenpässen als auch entlang des Rheins.[237] Ein Beweis für den letztgenannten Punkt findet sich auch bei Sozomenus, dem zufolge ein Feldherr namens Edobich im Namen Constantins III. eine Militärföderation mit den am Rhein angesiedelten Franken und Alamannen vereinbarte.[238] Zosimus' Angabe scheint sehr kontrovers zu sein: Es ist tatsächlich kurios, dass der byzantinische Historiker eine Schlacht, die er selbst als römischen Triumph über die Barbaren inszeniert, so lapidar beschreibt – es fehlt sogar eine Lokalisierung. Dass keine andere Quelle, unter anderem das von Zosimus selbst für diesen Kontext herangezogene Fragment des Olympiodor von Theben, dieses Geschehen andeutet, scheint die Unglaubwürdigkeit dieser Stelle bei Zosimus zu bestärken. Paschoud glaubt deshalb, Zosimus habe den Text von Olympiodor falsch zusammengefasst und ordnet die Schlacht chronologisch vor dem Einfall der germanischen Stämme in Gallien ein: Der betreffende Konflikt sei die Schlacht von Faesulae. Ebenso empfindet der schweizerische Altphilologe die von Zosimus beschriebenen Maßnahmen Constantins III. am Rhein als wenig glaubhaft. Grundsätzlich bezieht er sich lieber auf die Darstellung des zeitgenössischen hispanischen Historikers Orosius.[239] Im Unterschied zu Zosimus erwähnt dieser keine Militärinitiative des Constantin III., sondern den Abschluss von Verträgen, durch die er aber von den Barbaren getäuscht wurde.[240] Die Art sowie der Inhalt dieser Verträge sind unbekannt, aber die Ausdruckweise der Quelle weist auf ungünstige Abmachungen für Constantin III. hin. Orosius bezeichnet sie nämlich als unzuverlässig (*incerta*), höchstwahrscheinlich in Bezug auf ihren späteren Bruch von barbarischer Seite, der einen großen Schaden für das Weströmische Reich mit sich brachte (*detrimento magis rei publicae fuit*). Daraus ergibt sich also ein klarer Vorwurf des hispanischen Autors an den getäuschten (*inlusus*) Constantin III., der so die iberische Halbinsel in die Hände dieser Barbaren fallen ließ. Darüber hinaus verweist dieses Szenario auf die Schwierigkeiten, die Constantin III. mit den Invasoren und folglich deren Machtposition in politischer Hinsicht hatte.

Die Berichte des Zosimus und des Orosius müssen trotzdem nicht zwangsläufig im Gegensatz zueinander stehen, sondern können über zwei verschiedene Phasen von Constantins III. Aktionen informieren. Kurz nach seiner Ankunft in Gallien kam es zu Zusammenstößen zwischen ihm und den dort etablierten Barbaren, in deren

---

237 Zosim. VI 3, 2–3: Πρὸς ὃν [Constantin III.] μάχης καρτερᾶς γενομένης ἐνίκων μὲν οἱ Ῥωμαῖοι, τὸ πολὺ τῶν βαρβάρων κατασφάξαντες μέρος, τοῖς δὲ φεύγουσιν οὐκ ἐπεξελθόντες (ἢ γὰρ ἂν ἅπαντας πανωλεθρίᾳ διέφθειραν) ἐνέδωκαν αὐτοῖς ἀνακτησαμένοις τὴν ἧτταν καὶ βαρβάρων πλῆθος συναγαγοῦσιν αὖθις ἀξιομάχοις γενέσθαι. Διὰ ταῦτα τοίνυν τούτοις τοῖς τόποις φύλακας ἐγκατέστησε Κωνσταντῖνος, ὡς ἂν μὴ τὴν εἰς Γαλατίαν ἀνειμένην ἔχοιεν πάροδον· ἐγκατέστησε δὲ καὶ τῷ Ῥήνῳ πᾶσαν ἀσφάλειαν, ἐκ τῶν Ἰουλιανοῦ βασιλέως χρόνων ῥᾳθυμηθεῖσαν.

238 Sozom. IX 13, 2: Ἐπεὶ δὲ ἔμαθε Κωνσταντῖνος τὰ κατὰ Μάξιμον, Ἐδόβιχον μὲν τὸν αὐτοῦ στρατηγὸν πέραν τοῦ Ῥήνου πέπομφε Φράγκων τε καὶ Ἀλαμανῶν συμμαχίαν προτρεψόμενον [...].

239 Paschoud 1989, 22f., Anm. 115 u. 28ff., Anm. 119.

240 Oros. VII 40, 4: [...] *Constantinus* [...] *eligitur: qui continuo, ut invasit imperium, in Gallias transiit. Ibi saepe a barbaris incertis foederibus inlusus, detrimento magis rei publicae fuit.*

Kreis wohl auch die neuen Eindringlinge einzuschließen sind. Trotz des klaren Siegs des Constantin III. konnten die germanischen Stämme sich neu gruppieren, und die Gefahr blieb folglich unverändert. Dementsprechend ist der enthusiastische Ton, mit dem Zosimus den römischen Sieg erwähnt, als Übertreibung zu betrachten, und die Bedeutung des Erfolgs über die Barbaren darf nicht zu hoch eingeschätzt werden. Constantin III. zweifelte langsam an einer Militärlösung für das Problem mit den Barbaren und entschied sich deshalb für eine neue Strategie. Durch den Abschluss von *foedera* konnte er die Unterstützung – wohl in Form von Hilfstruppen – oder zumindest die Neutralität der *gentes*, gewinnen und damit einen besseren und sicheren Zug nach Südgallien planen. Wie Cesa zu Recht vorschlägt, ist es plausibel, dass diese Völker irgendeine Form der Versorgung im Austausch für ihre Militärleistungen erhielten. Ein langfristiger Aufenthalt ohne entsprechenden Unterhalt wäre ansonsten in einem stark geplünderten Land wie Gallien zu diesem Zeitpunkt kaum vorstellbar gewesen. Nach der Befriedung der Nordgebiete fokussierte sich Constantin III. auf die Festigung der Rheinfront, indem er eine Militärföderation mit den jenseits der Grenze wohnenden Stämmen wie den Franken und den Alamannen schloss. Die Klärung der Verhältnisse mit den Barbaren bedeutete die Stabilisierung der Situation in einem Großteil Galliens und stellte die unabdingbare Voraussetzung dar, dem Kampf gegen den Westkaiser um die Herrschaft der *Dioecesis Galliarum* entgegenzutreten.[241]

Die Existenz der Sueben unter den germanischen *gentes*, die 406–407 den Rhein überschritten, war lange Zeit umstritten. Der Grund dafür ist, dass die Sueben im Unterschied zu den anderen Stämmen in der Berichterstattung über den Barbareneinfall in Gallien seltener vorkommen. Während eine Reihe von Historikern und Chroniken den Aufenthalt der Sueben in Gallien zusammen mit den anderen eingewanderten Germanen bestätigen[242], schweigen viele andere darüber[243]. Es ist zu betonen, dass

---

241 S. CESA 1994, 129–134; 139f.; DRINKWATER 1998, 282; MODÉRAN 2014, 70–72; LÓPEZ SÁNCHEZ 2015, 199f.; STEINACHER 2016, 59. Vgl. BERNDT 2007, 85 (zur Übertreibung des römischen Sieges bei Zosimus). Sehr vorsichtig mit der Identifizierung der von den Quellen erwähnten Barbaren mit den Invasoren von 406–407 sind CESA 1994, 130 und MERRILLS - MILES 2010, 38.

242 Oros. VII 38, 3: [...] *quibus nunc Galliarum Hispaniarumque provinciae premuntur, hoc est Alanorum, Sueuorum, Vandalorum, ipsoque simul motu inpulsorum Burgundionum* [...]; MARC. COM. *Chron. a.* 408: [...] *Halanorum, Suevorum, Vandalorum gentes donis pecuniisque inlectas contra regnum Honorii excitavit*; ZOSIM. VI 3, 1: [...] Βανδίλοι Συήβοις καὶ Ἀλανοῖς ἑαυτοὺς ἀναμίξαντες τούτους ὑπερβάντες τοὺς τόπους τοῖς ὑπὲρ τὰς Ἄλπεις ἔθνεσιν ἐλυμήναντο [...]; SOZOM. IX 12, 3: καταπεσούσης γὰρ τῆς Κωνσταντίνου δυνάμεως ἀναλαβόντες ἑαυτοὺς Οὐάνδαλοί τε καὶ Σουῆβοι καὶ Ἀλανοί, ἔθνη βάρβαρα, τῆς παρόδου ἐκράτησαν καὶ πολλὰ φρούρια καὶ πόλεις τῶν Ἰσπανῶν καὶ Γαλατῶν εἷλον καὶ τοὺς ρχοντας τοῦ τυράννου; ISID. *Hist. Vand.* 71: *Aera CDXLIV [...] gentes Alanorum, Suevorum et Vandalorum, traiecto Rheno fluvio, in Gallias irruunt,* [...] *per circumiacentes Galliae provincias vagabantur*; CHRON. GALL. *a. DXI* 547: *[Alani et Wandali et Suevi Gallias ingressi sunt].*

243 HIER. *Epist.* 123, 15: *Innumerabiles et ferocissimae nationes universas Gallias occuparunt. Quicquid inter Alpes et Pyrenaeum est, quod oceano Rhenoque concluditur, Quadus, Vandalus, Sarmata, Halani, Gypedes, Heruli, Saxones, Burgundiones, Alamanni et* [...] *hostes Pannonii vastaverunt*; GREG. TUR. *Hist. Franc.* II 9; IORD. *Get* 161: *Ubi cum advenisset, vicinae gentes*

die erste Quellengruppe auch die gemeinsame Wanderung der Sueben zusammen mit Vandalen und Alanen in die iberische Halbinsel bezeugt. Folglich ist es nachvollziehbar, dass der Großteil der Quellen, die die Geschichte der drei Stämme auch in Spanien weiterfolgen, den gemeinsamen Weg der Sueben, Vandalen und Alanen auf den Rheinübergang zurückführt. Diese Argumentation führt jedoch nicht zu einer stärkeren Glaubwürdigkeit als die der anderen Autorengruppe. Denn auch ein anderes historisches Szenario ist denkbar. Auf ihrem Marsch zum römischen *limes* durchquerten die germanischen Völker auch das Gebiet der Sueben. „Suebi" ist aber in diesem Zusammenhang unbedingt als Sammelbegriff für mehrere *nationes*, die denselben Ursprung teilen, wie zum Beispiel Gruppen von Quaden, Markomannen und Alamannen, anzusehen. Diese schlossen sich den stärkeren und ethnisch definierten Germanenstämmen wie den Vandalen und den Alanen zum Übergang der Rheingrenze an. Aller Wahrscheinlichkeit nach entwickelte sich ein tieferes Selbstbewusstsein bei den suebischen *nationes*, im Sinne von einer Volkszugehörigkeit, durch ihre Distanzierung zu den anderen Gruppen im Verlauf der Wanderung. Aus einem Agglomerat von Volksabteilungen suebischer Herkunft entstand also stufenweise ein Verband mit einer wachsenden Identität, der mit dem alten, ethnischen Namen der in der cäsarianischen Zeit von Ariovist geführten *gens* der Sueben bezeichnet wurde. Diese These würde auch den Grund erklären, weswegen manche Quellen, die über den Einfall der Sueben in Gallien schweigen, ihre Wanderung über die Pyrenäen hingegen erwähnen.[244] Zusammenfassend ist die suebische Stammesbildung, zu der es in Spanien kam, wo die Gruppe durch die Landnahme und spätere Gründung eines Reiches ihre Einheitlichkeit feststellte, während ihres Aufenthalts in Gallien anzunehmen. Im Rahmen dieses Vorgangs kann wohl auch der Aufstieg des Hermerich und seiner Familie zur suebischen Königswürde datiert werden.[245]

---

perterritae in suis se coeperunt finibus continere, qui dudum crudeliter Gallias infestassent, tam Franci, quam Burgondiones. Nam Vandali vel Alani [...] *ad Gallias transierunt*; PROSP. *Chron.* 1230: *Wandali et Halani Gallias traiecto Rheno ingressi*; CHRON. GALL. *a.* CCCCLII 63: *Galliarum partem Vandali atque Alani vastavere* [...]; CASSIOD. *Chron.* 1177: *His cons. Vandali et Alani transiecto Rheno Gallias intraverunt*; PROSP. HAVN. *a.* 406: *Wandali rege Gunderico transito Reno totam Galliam crudeli persecutione vastant collocatis secum in comitatu Alanis gente moribus et ferocitate aequali.*

244 Z. B. CHRON. GALL. *a.* CCCCLII 64: *Hispaniarum partem maximam Suevi occupavere*; GREG. TUR. *Hist. Franc.* II 2: *Post haec Wandali a loco suo degressi, cum Gunderico rege in Gallias ruunt. Quibus valde vastatis, Spanias adpetunt. Hos secuti Suebi, id est Alamanni, Gallitiam adpraehendunt.*

245 Studien über die suebische Ethnogenese bei HAMANN 1971, 62–68; PAMPLIEGA 1998, 268–274. Für die Thronbesteigung dieser Dynastie zu einem späteren Zeitpunkt s. KULIKOWSKI 2015, 135f.

4.2 Hermerich

4.2.1 Pyrenäenübergang

Constantin III. gelang es, sich in Gallien zu behaupten. Nach dem anfänglichen Erfolg über die Heermeister Justinian und Nebiogastes unterlag Sarus den von Edobich und Gerontius angeführten neuen Truppen des Usurpators und musste sich nach Italien zurückziehen. Siegreich konnte Constantin III. die Stadt Arles, die Hauptstadt der gallischen Präfektur, im Frühjahr 408, also nur ein Jahr nach seiner Landung bei Bononia, betreten. Seine Usurpation erregte jedoch Unzufriedenheit in der iberischen Diözese, die formell der gallischen Präfektur zugehörte. Ursprünglich stammte die theodosianische Kaiserdynastie nämlich aus Spanien, weshalb viele Hispano-Römer dem legitimen Kaiser treu blieben: Didymus und Verinianus, zwei Verwandte des Honorius, konnten einen Widerstand gegen die laufende Expansion des Usurpators in Spanien organisieren. Um die iberische Halbinsel zum Gehorsam zu zwingen, entsandte Constantin III. eine Armee unter der Leitung seines kürzlich zum Caesar erhobenen Sohnes Constans. Die Dissidenten kämpften mit wechselndem Erfolg, wurden aber schlussendlich im Herbst 408 besiegt und nach Arles deportiert. Constans kehrte also nach Gallien zurück, während Gerontius, einer der mächtigsten Feldherren des Westens, der sich selbst an dem Feldzug gegen Didymus und Verinianus beteiligt hatte, die Aufsicht der spanischen Provinzen übernahm. Währenddessen wandte Constantin III. seine Aufmerksamkeit der italischen Front zu, wo die Innenpolitik Westroms eine günstige Wendung für ihn genommen hatte. Es war der barbarenfeindlichen Splittergruppe am Kaiserhof gelungen, Stilicho politisch zu isolieren: Des Misserfolges in der weströmischen Außenpolitik beschuldigt und von seinen Anhängern verlassen, wurde dieser im August 408 festgenommen und enthauptet. Diese von dem *magister officiorum* Olympius veranlasste Exekution hatte schwerwiegende Folgen für Ravenna, da der Westgotenkönig Alarich die Ermordung seines Verbündeten Stilicho zum Anlass für einen weiteren Überfall auf Italien im Winter 408 nahm. Dieser Einfall war gewichtiger als der vorherige von 401–402: Die Westgoten drangen plündernd ins Zentrum Italiens ein und belagerten die alte Hauptstadt Rom. Sie boten eine Aufhebung der Belagerung an unter der Bedingung, dass die Stadtrömer eine große Menge verschiedenartiger Güter zahlten und ein Waffenbündnis mit dem weströmischen Kaiser vermittelten. Die kritische Lage, in der Kaiser Honorius sich aufgrund der mittelgefährlichen Anwesenheit einer barbarischen Armee auf italischem Boden befand, bewegte Constantin III. dazu, die Gunst der Stunde zu nutzen. Der Gegenkaiser schickte Eunuchen als Legaten zum ravennatischen Hof mit einer Bitte um Versöhnung und Vergebung für die Usurpation. Honorius' Antwort war die Absendung von kaiserlichen Insignien. Dies führte zur Anerkennung des Constantin III. als Mitkaiser Westroms (Ende 408).[246] Angesichts der Kontrolle über die gesamte gallische Präfektur und der neuen Rolle als Mitregent scheint dieser also zu diesem Zeitpunkt sein Ziel erreicht und sich folglich als die stärkste Figur im Westen behauptet zu haben. Der politische Erfolg des Constantin III. war nicht von langer Dauer, da er sich schon in der ersten Hälfte des Jahres 409 den Unruhen in Britannien, Nordgallien und Spanien stellen musste. Die Insubordination des Gerontius auf der iberischen Halbinsel stellte aufgrund der zu seiner Verfügung stehenden Kräfte sicherlich das Hauptproblem dar. Ein Grund für seine Rebellion könnte die Furcht vor seiner Ersetzung durch einen bereits nach Spanien marschierenden Justus gewesen sein. Es ist trotzdem nicht auszuschließen, dass es sich wohl nur um reine Herrschsucht handelte. Denn mit der späteren Ausrufung seines Anhängers Maximus zum Kaiser rebellierte er nicht nur gegenüber Constantin III., sondern auch gegenüber dem legitimen weströmischen Kaiser. Letzterer konnte Gerontius' Rebellion begrüßen, da sie eine Schwächung seines Rivalen Constantin III. bedeutete. Dieser konnte hingegen der Initiative des Gerontius nicht gleichmütig gegenüberstehen, weshalb sein Sohn Constans, der inzwischen zum Augustus erhoben worden war, erneut eine Armee nach Spanien führte.

Im Zusammenhang mit der Auseinandersetzung zwischen Gerontius und Constantin III. ist der auf den Oktober 409 datierte Einfall der Barbarenverbände, nicht zuletzt der Sueben, auf die iberische Halbinsel einzuordnen.[247] Warum genau diese Germanen die Pyrenäen überquerten, ist nicht einfach festzustellen. Die These, dass sie von Gerontius gerufen worden, der eine Militärverstärkung für den Feldzug gegen Constantin III. und Constans benötigte, findet großen Anklang in der Forschung. Selbstverständlich hätte auch die turbulente Situation in Gallien eine Rolle spielen können, wo ein sicherer Aufenthalt – einerseits wegen des Konflikts zwischen dem Usurpator Constantin III. und dem Kaiser Honorius, andererseits wegen der möglichen Bedrohung durch andere barbarische Verbände – nicht mehr möglich war. Diese Streitfrage besteht aufgrund des unvollständigen und verworrenen Zustandes der Hauptquellen. Nach Zosimus führte Gerontius die in Gallien angesiedelten Barbaren zum Aufstand gegen Constantin III.; letzterer konnte sich nicht wehren, da sich der größere Teil seiner Armee in Spanien befand.[248]

---

246 Zu den Gründen der Entscheidung Honorius' s. Kap. 5.2.4.

247 HYDAT. *Chron.* 42; CHRON. GALL. *a. CCCCLII* 64; CHRON. GALL. *a. DXI* 552; CASSIOD. *Chron.* 1183; OLYMP. *frg.* 13,2; 15,2; OROS. VII 38, 3; 40, 9; GREG. TUR. *Hist. Franc.* II 2.

248 ZOSIM. VI 5, 2: [...] Γερόντιος [...] ἐπανίστησι Κωνσταντίῳ τοὺς ἐν Κελτοῖς βαρβάρους· πρὸς οὓς οὐκ ἀντισχὼν ὁ Κωνσταντῖνος ἅτε δὴ τοῦ πλείονος τῆς δυνάμεως μέρους ὄντος ἐν Ἰβηρίᾳ [...].

Sozomenos verortet den Zug der Germanen nach Spanien während des Machtverlustes von Constantin III. In diesem Zusammenhang scheinen die Garnisonen bei den Pyrenäenpässen, die sogenannten Honoriaci, eine bestimmte Rolle gespielt zu haben: Nach Sozomenos erfolgte der Übergang der Barbaren auf die iberische Halbinsel aufgrund der Achtlosigkeit dieser Garnisonen, während Orosius ihnen Verrat vorwirft.[249] Olympiodor erzählt von einer Vereinbarung zwischen Gerontius und den barbarischen Stämmen, als Constantin III. und sein Sohn Constans besiegt und in die Flucht geschlagen wurden und bevor der spanische Usurpator seinen Protegé Maximus zum Kaiser proklamierte.[250] Es ist unklar, um welche Niederlage des Constantin III. und seines Sohnes es sich handelt. Das einzige Indiz ist der Hinweis auf die spätere Ausrufung des Maximus zum Kaiser (Spätsommer 410), weshalb nur eine ungefähre Datierung möglich ist. Olympiodor deutet wahrscheinlich die Niederlage des Constans gegenüber Gerontius in Spanien und die des Constantin III. während seines Feldzugs in Italien an, da beide sicherlich vor Ende des Sommers 410 geschahen.[251] Die scheinbaren Abweichungen zwischen den Meinungen der erwähnten Autoren können durch die folgende historische Rekonstruktion zusammengeführt werden: Um seine Herrschaft in Spanien zu konsolidieren, entschied Gerontius, die Hegemonie Constantins III. zuerst in Gallien zu destabilisieren, wofür er die dort etablierten Barbaren miteinbezog. Diese konnten einige gallische Gebiete aufgrund der derzeitigen Militärschwäche des Constantin III. ungestört plündern (Zosimus). Die Germanen ließen sich gerne auf Gerontius' Vorhaben ein, sei es, weil die politische Macht des Constantin III. zu wanken begann, sei es, weil vermutlich die von dem Gegenkaiser versprochene Versorgung ausblieb. Nach den Verwüstungen in Gallien überschritten die Barbaren schließlich die Pyrenäen mit der (aktiven oder passiven) Mitschuld der Honoriaci. Die iberische Halbinsel sollte in ihren Augen ein attraktiveres Ansiedlungsland angesichts ihrer Fruchtbarkeit und ihres Reichtums darstellen (Sozomenos). Dass eine neue Völkerwanderung über den Rhein einen Ansporn zur weiteren Migration nach Westen war, wäre mög-

---

249 OLYMP. *frg.* 15.2: Καταπεσούσης γὰρ τῆς Κωνσταντίνου δυνάμεως ἀναλαβόντες ἑαυτοὺς Οὐάνδαλοί τε καὶ Σουῆβοι καὶ Ἀλανοὶ σπουδῇ τὸ Πυρηναῖον ὄρος κατέλαβον, εὐδαίμονα καὶ πλουσιωτάτην τὴν χώραν ἀκούοντες. παρημεληκότων τε τῶν ἐπιτραπέντων παρὰ Κώνσταντος τὴν φρουρὰν τῆς παρόδου παρῆλθον εἰς Ἰσπανίαν; OROS. VII 40, 9: *igitur Honoriaci* [...] *prodita Pyrenaei custodia claustrisque patefactis cunctas gentes, quae per Gallias uagabantur, Hispaniarum prouinciis inmittunt isdemque ipsi adiunguntur*. Der Ausdruck *Honoriaci*, mit dem Orosius die Garnisonen bei den Pyrenäenpässen nennt, ist nur hier bezeugt.

250 OLYMP. *frg.* 17,1: Ὅτι Κωνσταντίνου τοῦ τυράννου καὶ Κώνσταντος τοῦ παιδός, ὃς πρότερον μὲν Καῖσαρ ἔπειτα δὲ καὶ βασιλεὺς ἐκεχειροτόνητο, τούτων ἡττηθέντων καὶ γότων, Γερόντιος ὁ στρατηγός, τὴν πρὸς τοὺς βαρβάρους ἀσμενίσας εἰρήνην, Μάξιμον τὸν ἑαυτοῦ παῖδα, εἰς τὴν τῶν δομεστίκων τάξιν τελοῦντα, βασιλέα ἀναγορεύει.

251 Anders MODÉRAN 2014, 228f., Anm. 296.

lich, findet jedoch keine Bestätigung in den Quellen. Eine Stelle des Zosimus bezeugt die Angriffe transrheinischer *gentes* in Gallien, aber mit dem Ausdruck οἱ ὑπὲρ τὸν Ῥῆνον βάρβαροι sind die *gentes* gemeint, die das Römische Reich um die Jahreswende 406–407 überfielen.[252] Zosimus berichtet also von den Auswirkungen des von Gerontius angezettelten Aufstands der Barbaren auf Constantin III. in Gallien. Die bedrohliche Anwesenheit von germanischen Gruppen in Spanien stellte nun ein Problem für Gerontius dar, der gleichzeitig mit seinem Krieg gegen Constans beschäftigt war. Dem spanischen Aufrührer gelang es, den Sohn von Constantin III. aus Spanien in die Flucht zu schlagen. Er wusste aber, dass für den endgültigen Erfolg auch Gallien behauptet werden musste, wo Constantin III. residierte. Vor seinem Feldzug nach Gallien schloss Gerontius ein Abkommen mit den Germanen, die im Herbst 409 eingedrungen waren (Olympiodor). Die Art dieses Friedens ist unbekannt. Olympiodors Bezug[253] auf die spätere Verfolgung des Constans lässt vermuten, dass Gerontius diese Vereinbarung mit den Barbaren als Voraussetzung ansah, um nach Gallien zu marschieren. Der Einfall der Germanen in Spanien war nämlich nicht gewaltlos, und die iberischen Territorien fielen bald Plünderungen zum Opfer. Gerontius bezweckte also einen Waffenstillstand mit den Barbaren, um sich problemlos auf den Feldzug in Gallien konzentrieren zu können. Es ist auch anzunehmen, dass eine militärische Hilfe der Germanen in der Kampagne gegen Constans im Rahmen dieses Waffenstillstandes vorgesehen war.[254] Ein Beweis dafür wäre ein Fragment des Renatus Profuturus Frigeridus bei Gregor von Tours, dessen Bericht über die Rebellion des Gerontius ein Gefolge barbarischer Völker (*cometatu gentium barbararum*) an der Seite des spanischen Usurpators erwähnt[255]. Es kam also zur entscheidenden Phase der Rebellion: Nachdem er im Sommer 410 zuerst einen Frieden mit den Barbaren geschlossen und später seinen Anhänger Maximus zum Kaiser proklamiert hatte, drang Gerontius spätestens Anfang 411 in Gallien ein.[256]

---

252 ZOSIM. VI 5, 2: [...] πάντα κατ' ἐξουσίαν ἐπιόντες οἱ ὑπὲρ τὸν Ῥῆνον βάρβαροι κατέστησαν εἰς ἀνάγκην τούς τε τὴν Βρεττανικὴν νῆσον οἰκοῦντας καὶ τῶν ἐν Κελτοῖς ἐθνῶν ἔνια τῆς Ῥωμαίων ἀρχῆς ἀποστῆναι καὶ καθ' ἑαυτὰ βιοτεύειν, οὐκέτι τοῖς τούτων ὑπακούοντα νόμοις.

253 OLYMP. *frg*. 17,1.

254 AUSBÜTTEL 1991, 2; CESA 1994, 141; VÖSSING 2014, 21f. mit Anm. 49, 154. Dass eine mögliche Kondition des Friedens die Schonung der *Tarraconensis* bei der Aufteilung Spaniens 411 (s. Kap. 3.2.3) war (so AUSBÜTTEL 1991, 4), ist nicht beweisbar und folglich nicht anzunehmen.

255 GREG. TUR. *Hist. Franc.* II 9.

256 Hier eine Auswahl der wichtigsten Beiträge zum historischen Kontext des Barbarenübergangs auf die iberische Halbinsel: PASCHOUD 1989, 36f., Anm. 122; CESA 1994, 134–141; KULIKOWSKI 2000, 337f.; 2004, 158ff.; FRANCOVICH ONESTI 2002, 20f. (zum Interesse der Germanen an den Goldgruben in Nordspanien); ARCE 2003, 137; 2005, 52–56; 2008, 98–101; BERNDT 2007, 105f.; CASTRITIUS 2007, 56ff.; DÍAZ 2011, 51ff.; MODÉRAN 2014, 76–77; VÖSSING 2014, 20ff.; LÓPEZ SÁNCHEZ 2015, 200f.; STEINACHER 2016, 67–68.

4.2.2 Das *foedus* von 411

Die Quellen zeichnen ein grauenvolles Bild der iberischen Halbinsel nach dem Einfall der Germanen. Die gallo-iberische Bevölkerung wurde durch Verwüstungen und Raubzüge heimgesucht, auf welche Hungersnöte und Epidemien folgten.[257] Die barbarischen Plünderungen scheinen ein Bruch des vereinbarten Friedens gewesen zu sein. Das ruchlose Verhalten der Barbaren kann hingegen damit erklärt werden, dass entweder Gerontius nur mit einigen *gentes* zu einem Abkommen gelangte oder er die barbarischen Militärinitiativen tolerierte, damit diese ihre Unterstützung im Rahmen des Kriegs gegen Constantin III. nicht zurückzogen.[258] Allmählich stabilisierte sich die Situation, denn die Quellen erzählen von einer Zusammenarbeit zwischen den Hispano-Römern und den Barbaren.[259] Beide Bevölkerungen wurden sich vermutlich der Unhaltbarkeit des eigenen Zustandes bewusst und erkannten, dass ein friedliches Zusammenleben hingegen günstiger sein konnte. In diesem Zusammenhang spielte die Vereinbarung von 411 sicherlich eine entscheidende Rolle.

Nur zwei Autoren überliefern diesen Vertrag, gemäß dem die über die Pyrenäen wandernden Germanen die iberische Halbinsel unter sich verteilten. Der kurzen Passage des Orosius ist zu entnehmen, dass die damalige Aufteilung Spaniens zur Zeit des iberischen Historikers und Theologen immer noch Wirksamkeit hatte.[260] Die Notiz des Hydatius ist hingegen eine auskunftsreichere Quelle, da sie den Aufbau der Aufteilung berichtet: Die Sueben und die vandalischen Hasdingen erhielten die *Gallaecia* (Asturien, Galicien, die nordwestlichen Provinzen von Kastilien und León und die portugiesischen Gebiete nördlich des Flusses Douro), die Alanen die *Lusitania* (der Großteil Portugals, die südwestlichen Provinzen von Kastilien und León und Extremadura) und die *Carthaginiensis* (Valencianische Gemeinschaft, Murcia, Kastilien-La Mancha, Madrid, die südöstlichen Provinzen von Kastilien und León), die vandalischen Silingen die *Baetica* (Andalusien).[261] Im Rahmen dieser Aufteilung erwähnt Hydatius nicht die *Tarraconensis* (Katalonien, Aragonien, Navarra, La Rioja, das Baskenland, Kantabrien und die nordöstlichen Provinzen von Kastilien und León), weshalb

---

257 HYDAT. *Chron.* 46; 47; 48; OROS. VII 40, 10; 41, 2; OLYMP. *frg.* 29,2; ISID. *Hist. Vand.* 72; SALV. *Gub.* VII 52.

258 Vgl. CESA 1994, 142f.

259 OROS. VII 41, 7; HYDAT. *Chron.* 49; SALV. *Gub.* V 23.

260 OROS. VII 40, 10: [...] *habita sorte et distributa usque ad nunc possessione consistunt.*

261 HYDAT. *Chron.* 49: *Subversis memorata plagarum grassatione Hispaniae provinciis barbari ad pacem ineundam, domino miserante conversi sorte ad inhabitandum sibi provinciarum dividunt regiones. Gallaeciam Vandali occupant et Svevi sita in extremitate oceani maris occidua: Alani Lusitaniam et Carthaginiensem provincias et Vandali cognomina Silingi Baeticam sortiuntur. Hispani per civitates et castella residui a plagis barbarorum per provincias dominantiumse subiciunt servituti*; s. auch ISID. *Hist. Vand.* 73.

festzuhalten ist, dass diese Provinz römisches Territorium blieb. Hier regierte also der von Gerontius wie eine Marionette gelenkte (Gegen-)Kaiser Maximus.

Die äußerst kuriose Landverteilung unter den verschiedenen Barbarenstämmen ist die augenfälligste Information aus dem Bericht des Hydatius: Nur die Alanen durften die zwei größten Provinzen besetzen, während die Silingen die für ihren Reichtum bekannte *Baetica* erhielten; die übrigen Verbände mussten sich hingegen ein armes Gebiet im Nordwesten Spaniens teilen. Die Diskussion über die Gründe dieser ungleichen Aufteilung ist in der Forschung immer noch aktuell. Die Streitfrage liegt in der Bedeutung des Ausdrucks *sorte* bei Orosius und Hydatius. Manche Wissenschaftler schlagen die Übersetzung „per Los" vor, weil nur das Zufallsprinzip diese sonderbare Verteilung erklären könne.[262] Goffart hat in diesem Zusammenhang hingegen einen anderen semantischen Begriff für das umstrittene Wort vorgeschlagen: *sors* sei als „zugewiesener (Land-)Anteil" zu verstehen. Daher schlägt Modéran vor, dass die Quellen sich auf zwei unterschiedliche Besiedlungsphasen beziehen: Zunächst eine, in der die iberischen Provinzen unter den verschiedenen Stämmen neu aufgeteilt werden, auf diese Phase spielt der Terminus *sorte* an, und dann eine Phase der internen Territorialaufteilung aller Provinzen unter den Mitgliedern der respektiven Stämme, diese wird dokumentiert durch die Verben *dividĕre* und *distribuĕre*.[263] Es ist davon auszugehen, dass bei dieser Aufteilung unter den verschiedenen Stämmen weniger das Los eine Rolle gespielt hat als vielmehr die Machtverhältnisse zwischen den einzelnen Stämmen.[264] Die Quellen deuten eine Vorherrschaft der Alanen über die anderen Stämme an, angesichts derer erklärbar wäre, dass diesem Volk ein großes Gebiet in Spanien zugewiesen wurde.[265] Die Sueben waren hingegen wohl die kleinste und unbedeutendste Gruppe, was durch ihre (fast) vollständige Abwesenheit in den Quellen vor dem Einfall in Spanien und ihre späte Ethnogenese bezeugt wird. Daher wurde ihnen eine isolierte und irrelevante

---

262 THOMPSON 1982, 155; AUSBÜTTEL 1991, 4; CESA 1994, 145. Zusätzliche Argumentationen bei ARCE 2002, 79 (ebenso 2003, 140; 2005, 70) für die Aufteilung per Los bestehen darin, dass die Germanen weder geographische, noch wirtschaftliche Kenntnisse über Spanien besaßen (dagegen MODÉRAN 2014, 82) und die zahlenmäßig kleinste *gens* die weitesten Provinzen der Halbinsel bekamen (dagegen GOFFART 2006, 104; MERRILLS - MILES 2010, 44; MODÉRAN 2014, 84).

263 GOFFART 2006, 103f.; MODÉRAN 2014, 82ff. Vgl. auch HAMANN 1971, 85f.

264 KULIKOWSKI 2004, 166f.; GOFFART 2006, 103f.; CASTRITIUS 2007, 62; MERRILLS - MILES 2010, 44; MODÉRAN 2014, 82; VÖSSING 2014, 22; STEINACHER 2016, 73. Auch PAMPLIEGA 1998, 281 und DÍAZ 2011, 54 neigen dazu, trotzdem mit Vorbehalten. Anders HAMANN 1971, 86f.

265 HYDAT. *Chron.* 62: *Alani qui Vandalis et Suevis potentabantur* [...]. Ein weiteres Indiz wäre, dass die Alanen alle anderen Verbände in vielen Auflistungen der germanischen *gentes* vorausgehen (s. HYDAT. *Chron.* 49; OROS. VII 38, 3; 40, 3).

Region übergeben, die sie sich darüber hinaus mit einem ebenso schwachen Verband teilen musste.[266] Es ist auch nicht auszuschließen, dass die Vereinigung zwischen Sueben und Hasdingen von ihnen selbst beschlossen wurde, um die Stärke gegenüber den anderen Germanen zu entwickeln.

Ein weiterer, kontroverser Aspekt des Vertrags von 411 betrifft die römische Rolle bei dieser Gelegenheit. Da beide Quellen – Orosius und Hydatius – darüber schweigen, fand die barbarische Besetzung der iberischen Halbinsel scheinbar ohne irgendeine Absprache mit der römischen Exekutive statt. Eine aufmerksamere Lektüre der Stelle bei Hydatius deutet allerding das Gegenteil an. In der Auflistung der Provinzen Spaniens, in denen die Barbaren sich etablierten, werden die *Tarraconensis*, die *Insulae Baleares* und die *Mauretania Tingitana* nicht erwähnt. Die *Dioecesis Hispaniarum* bestand in der Tat aus sieben Provinzen. Der Ausschluss der *Insulae Baleares* und der *Mauretania Tingitana* lässt sich damit begründen, dass die Sueben, die Vandalen und die Alanen keine See-Erfahrung besaßen. Beide Provinzen - die erste ist ein Archipel, die zweite befindet sich jenseits der Meerenge von Gibraltar - sollten von den Barbaren als weite und unerreichbare Regionen wahrgenommen werden. Mit anderen Worten: Sie stellten kein Interessensgebiet für Völker mit dem Ziel einer dauerhaften Ansiedlung dar. Die Eigenschaften der *Tarraconensis* ähneln hingegen den von den barbarischen Stämmen erhaltenen Provinzen, weshalb ihr Verzicht auf dieses Gebiet suspekt zu sein scheint. Nur eine Vereinbarung mit den römischen Behörden könnte ein Grund sein, weswegen die Germanen die *Tarraconensis* verschonten. Dass die Aufteilung der iberischen Halbinsel unter die Barbaren die römische Einteilung nach Provinzen einhielt, würde auch für eine römische Beteiligung in dieser Situation sprechen. Der römische Ansprechpartner muss aller Wahrscheinlichkeit nach der Gegenkaiser Maximus gewesen sein, da er nun durch die von Gerontius organisierte Usurpation auf der iberischen Halbinsel regierte und tatsächlich in der *Tarraconensis* residierte. Andere Identifikationsoptionen kommen hingegen nicht in Frage. Mit seinem Feldzug gegen Constantin III. beschäftigt, befand sich Gerontius in Südgallien und durch die Ausrufung seines Protegés zum Kaiser stellte er sicher, dass einer seiner Anhänger in seiner Abwesenheit die Herrschaft in Spanien ausüben konnte. Auch jegliche Verantwortung der legitimen Zentralregierung in Ravenna ist auszuschlic ßen. Zu diesem Zeitpunkt bedrängten andere Probleme den Westkaiser Honorius, vor allem die Anwesenheit des Alarich mit seiner Armee in Italien, während Flavius Constantius, der *magister militum* des Honorius, im Rahmen der Auseinandersetzung zwischen Gerontius und Constantin III. agierte.[267] Übrigens deutet auch Olympiodor

266 Die Schwäche der vandalischen Hasdingen ist dem unglücklichen Ergebnis des Konflikts gegen die Franken zuzuordnen. Bei dieser Gelegenheit kamen die Alanen ihnen zur Hilfe.

267 S. ARCE 2003, 141 (ebenso 2005, 69). Anders CESA 1994, 144; BERNDT 2007, 108.

einen Vertrag zwischen Maximus und den Barbaren an, als er dessen Flucht zu den verbündeten Barbaren infolge der Benachrichtigung über den Sturz von Gerontius beschreibt[268]. Ein weiteres Indiz dafür ist bei Orosius zu finden. Dieser berichtet vom Wandel der Barbaren von Plünderern zu Ackerbauern und ihre Begünstigung seitens der übrigen Römer „als Freunde und Bundesgenossen" (*ut socios modo et amicos*).[269] Nach Modéran erinnert dieser Ausdruck an die damaligen römisch-barbarischen *foedera*, die die Germanen *socii et amici populi Romani* (Verbündete und Freunde des Römischen Volks) bezeichneten.[270] Es ist also davon auszugehen, dass es eine Vereinbarung zwischen den über die Pyrenäen gewanderten Barbaren und dem Gegenkaiser Maximus gegeben hat.[271]

4.2.3 Die Beziehung mit Kaiser Honorius

Auch die späteren Ereignisse verweisen auf die Vereinbarung der nun in Spanien etablierten Germanen mit Maximus. Stilichos Nachfolger Flavius Constantius bewies sich als tüchtiger *magister militum*. Sein erster Erfolg war die Regelung der politischen Krise in Gallien, wo die zwei Usurpatoren Gerontius und Constantin III. sich gegenüberstanden. Flavius Constantius durchdrang die Belagerung, die Gerontius gegen Constantin III. bei Arles führte und konnte sich beiden gegenüber behaupten, indem er Gerontius in die Flucht schlug und Constantin III. nach dem siegreichen Einzug in die Stadt gefangen nahm. Der kürzliche Tod des Westgotenkönigs Alarich (spät 410) erleichterte sicherlich seine Aufgabe. Bis dahin hatten die Westgoten sich als Herren

268 OLYMP. *frg.* 17,1: [Γερόντιος] τέλος τόν τε Ἀλανὸν καὶ τὴν γυναῖκα, τοῦτο προθυμουμένους, ἀναιρεῖ, ἐπικατασφάζει δὲ καὶ ἑαυτόν. Μάξιμος δὲ ὁ παῖς ταῦτα μαθὼν πρὸς τοὺς ὑποσπόνδους φεύγει βαρβάρους. Vgl. auch OROS. VII 42, 5: [...] *ipse uero Gerontius a suis militibus occisus est. Maximus exutus purpura destitutusque* [...] *nunc inter barbaros in Hispania egens exulat.*

269 OROS. VII 41, 7.

270 Hierzu s. die Literatur bei MODÉRAN 2014, 230, Anm. 319.

271 HAMANN 1971, 81ff.; CESA 1994, 143f.; PAMPLIEGA 1998, 279ff.; ARCE 2005, 67–72 (mit ausführlicher Literatur); DÍAZ 2011, 53; CONANT 2012, 21 (zur genauen Art der Vereinbarung); MODÉRAN 2014, 80f.; nach CASTRITIUS 2007, 60 und STEINACHER 2016, 73 fand die Ansiedlung der Barbaren nach dem Rechtsinstitut der *hospitalitas* statt, wonach ein Drittel der lokalen Steuer den neuen Herrschern bezahlt werden musste. Gegen den Abschluss eines römisch-barbarischen Vertrags nehmen einige Forscher dennoch Stellung. Nach KULIKOWSKI 2004, 161–167 brauchten die Barbaren angesichts ihrer geringen Anzahl auch nicht die *Tarraconensis*, und Hydatius' Notiz deutet außerdem in keinem Punkt auf irgendeine römische Gewaltausübung bei der Aufteilung hin. GOFFART 2006, 103 versteht Hydatius' Ausdruck *ad inhabitandum* als feste Besetzung, und daher schließt er das Institut der *hospitalitas* - und folglich ein *foedus* - aus. Nach MERRILLS - MILES 2010, 44 würde diese Vereinbarung der späteren (415) Forderung der Anerkennung als *foederati* (s. OROS. VII 43, 14) widersprechen. Unter Verweis auf die spätere Situation im vandalischen Afrika stellen für VÖSSING 2014, 22f. mit Anm. 57, 155 die Erhaltung der römischen Provinzordnung sowie die kontinuierliche römische Herrschaft über die *Tarraconensis* keine überzeugenden Argumente für die Existenz eines Vertrags am Beispiel des späteren Falls im vandalischen Afrika dar.

auf italischem Boden geriert und Kaiser Honorius in Schach gehalten. Nun verzichteten sie auf alle Ansprüche an Italien und planten, die Halbinsel zu räumen. Flavius Constantius nutzte also das Nachlassen des westgotischen Drucks, um Gallien zurückzugewinnen. Die Situation in der gallischen Präfektur blieb dennoch kritisch: Durch Burgunder und Alanen unterstützt, erschien 411 ein neuer Usurpator namens Jovinus, und im Frühjahr 412 betraten die Westgoten auf der Suche nach Wohnsitzen den gallischen Boden. Erneut gelang es Flavius Constantius, die römische Autorität in Gallien zu behaupten. Nach der Beseitigung des Jovinus störte er durch eine Versorgungssperre die Ambitionen der Westgoten, bis sie auf die iberische Halbinsel verbannt wurden. Von Nahrungsmittelmangel entkräftet, erklärten sie sich schlussendlich bereit, einen für sie ungünstigen Vertrag mit Westrom zu schließen (416). Dass die westgotische Rückgewinnung der spanischen Provinzen im Namen des weströmischen Kaisers Teil der Vertragsbedingungen war, ist wohl ein weiteres Indiz für die Existenz der obengenannten Vereinbarung zwischen den in Spanien etablierten Barbaren und dem Gegenkaiser Maximus. Was sonst hätte Flavius Constantius zu einem Militärbündnis mit den Westgoten für einen Angriff auf Spanien bewegt? Selbstverständlich konnte der weströmische Kaiser eine unberechtigte, barbarische Ansiedlung auf römischem Boden nicht tolerieren, zumal diese nach Absprache mit einem Usurpator beschlossen worden war. Die Germanen selbst konstatierten bald ihre prekäre Lage – auch angesichts der neuen politischen Stellung ihres Verbündeten Maximus, dessen Protektor Gerontius im Anschluss an sein Scheitern Selbstmord beging. Sie entschieden sich für diplomatische Verhandlungen mit dem Westkaiser zwecks Anerkennung ihrer 411 vollzogenen Ansiedlung auf der iberischen Halbinsel. Laut Orosius boten die Könige der Alanen, Vandalen und Sueben dem Kaiser Honorius ihre Militärdienste im Tausch für Frieden an.[272] Diese kurzgefasste Notiz erweist sich aus zwei Gründen als sehr bedeutend. Erstens: Durch das Friedensangebot setzten die Barbaren auf Offenheit gegenüber dem legitimen Kaiser. Dies ist wohl das erste Mal in ihrer Geschichte, dass die germanischen Stämme versuchten, auf Eigeninitiative zu handeln. Zweitens: Angesichts der Bedingungen scheint die von den Barbaren verlangte Vereinbarung nur für den Kaiser vorteilhaft gewesen zu sein. Der entscheidende Punkt für das Verständnis des barbarischen Angebots ist das Versprechen, militärischen Dienst zu erbringen. Es ging nicht bloß um ein Friedensangebot, sondern um etwas Präziseres, und zwar, dass die germanischen Verbände ihre Anerkennung

272 OROS. VII 43, 14: *Quamvis et ceteri Alanorum, Vandalorum, Sueuorumque reges eodem nobiscum placito depecti forent, mandantes imperatori Honorio: „Tu cum omnibus pacem habe omniumque obsides accipe: nos nobis confligimus, nobis perimus, tibi vincimus, immortali vero quaestu reipublicae tuae, si utrique pereamus"*.

als Föderaten (West-)Roms bezweckten.[273] Keine Quelle erzählt von irgendeiner Antwort des Westkaisers Honorius auf das Angebot der Germanen. Deswegen ist es zu vermuten, dass er die barbarische Verhandlungsoption nicht berücksichtigte. Dafür würde auch sprechen, dass die Westgoten trotzdem mit dem Ziel, Spanien im Namen des weströmischen Kaisers zurückzugewinnen, spanischen Boden betraten.[274]

Wallias Feldzug in Spanien war ein großer Erfolg. Innerhalb von knapp zwei Jahren (417–418) unterlagen sowohl die Alanen als auch die vandalischen Silingen den Westgoten. Diese Niederlage bedeutete ihr Verschwinden als autonome Volksgruppe: Die Alanen wurden unter die vandalischen Hasdingen aufgenommen, während die Silingen in keiner Quelle mehr erwähnt wurden.[275] Die Sueben und die Hasdingen konnten hingegen ihre Gebiete in Frieden weiter bewohnen, da Flavius Constantius Wallia und seine Truppen nach dem Sieg über Silingen und Alanen von der spanischen Front zurückzog und die Westgoten in Gallien ansiedeln ließ. Einer der Gründe für die Entscheidung des Flavius Constantius war sicherlich die politische Stellung der übrigen Barbarenstämme in den Augen des *patricius*. Die Sueben und die Hasdingen stellten keine Gefahr für das Imperium dar, zumal sie sich eine strategisch irrelevante Provinz, *Gallaecia*, geteilt hatten. Die Meinung mancher Historiker, denen zu Folge eine vorherige Vereinbarung zwischen diesen Stämmen und Ravenna die Verschonung vom gotischen Militärschlag begründen würde, scheint eine extreme These zu sein. Abgesehen davon, dass keine Quelle auf irgendeinen Vertrag hinweist – aus welchem Grund bzw. mit welchem Ziel hätte das Weströmische Reich ein Bündnis mit den Sueben und Hasdingen verfolgen sollen? Dass Ravenna die Sueben und die Hasdingen ausnutzen wollte, entweder für die Verwaltung der *Gallaecia*, da sie den Auftrag der römischen Garnisonen übernommen hätten, oder für die Überwachung der Westgoten, deren Macht der ravennatische Hof

---

273 Trotz des konkreten Vorteils für Westrom glaubt GOFFART 2006, 105 (mit ausführlicher Literatur) nicht an den Föderatendienst der Germanen in diesem Zusammenhang. Ein anderes Argument kann trotzdem angeführt werden. Orosius' Ausdruck *eodem placito depicti forent* erinnert an den Vertrag zwischen dem Imperium und den Westgoten, durch den der ravennatische Hof diese barbarische Gruppe sicherlich als *foederati* anerkannte. BERNDT 2007, 108 stellt das Angebot der Barbaren in Frage, da eine Machtposition Westroms sich daraus ergeben würde und dies wäre kaum vorstellbar. Er lässt wohl das lang begehrte Ziel der Barbaren außer Acht, und zwar ihre Anerkennung seitens der römischen Zentralregierung.

274 Anders GILLETT 1995, 383: Für ihn gab der Kaiser dem Angebot der Alanen und Silingen nicht statt, nahm hingegen dasjenige der Sueben und Hasdingen an. Diese Vermutung würde ihre Verschonung vor der westgotischen Offensive in Spanien erklären. Der Nicht-Angriff der Westgoten beruht hingegen auf anderen Gründen (s. Kap. 5.3.3).

275 HYDAT. *Chron.* 63; 67–68; CHRON. GALL. *a. DXI* 562; 564; OROS. VII 43, 13; SIDON. *Carm.* II 362–365. Der katastrophale Ton mancher Quellen über die Niederlage dieser Barbaren mag übertrieben scheinen, aber das Verschwinden der Alanen und vandalischen Silingen aus dem Blickfeld der Historiographie ist faktisch. Wohl schlossen sich auch die übrigen Silingen zusammen mit den Alanen den Hasdingen an (hierzu CASTRITIUS 2007, 66; VÖSSING 2014, 155, Anm. 68; STEINACHER 2016, 75).

befürchtete, ist wenig plausibel. Es ist tatsächlich schwer zu glauben, dass zum einen der römischen Zentralregierung die Kontrolle einer kleinen und isolierten Provinz am Rande des Reiches so wichtig war, zum anderen, dass die Sueben und Hasdingen, die in den Quellen sogar als schwächer als die Silingen und die Alanen bezeichnet werden, den Westgoten militärische Ressourcen entgegensetzen konnten. Schließlich hatte der weströmische Kaiser Honorius ein Angebot der Sueben und Vandalen für ein *foedus* bereits kurz vor dem westgotischen Einbruch in Spanien ignoriert.[276] In Anbetracht der zu diesem Zeitpunkt datierbaren Eheverbindung zwischen einer Tochter des Westgotenkönigs Wallia und einem namentlich unbekannten, suebischen Adligen vermutet ein guter Teil der Forschung ein suebisch-westgotisches Bündnis. Dieses, das im Übrigen ein weiteres Argument für den Nicht-Angriff der Westgoten auf die Sueben während des Feldzugs in Spanien wäre, schloss dennoch keine Vereinbarung zwischen den Sueben und dem Imperium ein: Dass die Sueben sich mit den Westgoten verbündetet hatten, bedeutete folglich kein Abkommen mit der weströmischen Regierung in Analogie zum römisch-westgotischen Bündnis.[277]

4.2.4 Zwischen Vandalen und Westrom

Nach dem Abzug der Westgoten (418) blieben also nur zwei germanische Gruppen auf der iberischen Halbinsel: Die vandalischen Hasdingen und die Sueben. Schon 419 kam es zu einer Auseinandersetzung zwischen diesen Stämmen, im Zuge derer die Vandalen die Sueben in die Nerbasischen (oder Erbasischen) Berge vertrieben.[278] Die späteren Historiker äußern sich nur in kleinem Umfang über die Gründe der vandalischen Offensive. Gregor von Tours lässt verstehen, dass der Konflikt einfach die Folge ihrer aneinandergrenzenden Niederlassung war (*propinqui sibi erant*). Interessanter ist die Notiz des Bischofs Isidor von Sevilla über einen Vertragsbruch zwischen Sueben und Vandalen (*rupto foedere pacis*), aber der Theologe überliefert keine Details dieses Abkommens und ist ferner die einzige Quelle, die einen Vertrag erwähnt. Es ist eher denkbar, dass angesichts des Abzugs der Westgoten sowie der

276 S. auch Díaz 2011, 64f.; Kulikowski 2004, 170ff. Anders Burns 1992, 52–63 (zur römischen Vereinbarung nur mit den Hasdingen); Gillett 1995, 383; Pampliega 1998, 222 u. 284ff. (zur römischen Vereinbarung mit Sueben und Hasdingen).

277 S. Gillett 1995, 383 (ebenso 2003, 64); Pampliega 1998, 284; López Sánchez 2015, 186f.; Steinacher 2016, 75.

278 Hydat. *Chron.* 71; Chron. Gall. *a. DXI* 567; Greg. Tur. *Hist. Franc.* II 9; Isid. *Hist. Vand.* 73. Die Lokalisierung dieses Berggebietes ist bislang unsicher; hierzu s. Díaz 2011, 64 u. 154; Steinacher 2016, 380, Anm. 190; Kötter - Scardino 2017, 232–233.

noch nicht beendeten faktischen Machtübernahme Ravennas die Vandalen die Gewinnung neuer Territorien anstrebten. In dieser Hinsicht war der Angriff auf die schwachen suebischen Nachbarn die erste Etappe eines geplanten Expansionsprozesses.[279] Auf die aggressive Initiative der Vandalen reagierte das Imperium energisch, woraufhin der *comes Hispaniarum* Asterius zum Kriegsschauplatz marschierte und dort die Sueben mit seinen Truppen flankierte. Durch die römische Unterstützung gelang es den Sueben, sich von der Belagerung der Vandalen zu befreien. Diese entschieden sich daraufhin für einen Rückzug nach Süden.[280] Das Eingreifen Westroms zugunsten der Sueben legt jedoch nicht zwangsläufig die Vermutung nahe, dass es irgendeine Vereinbarung zwischen diesem Barbarenstamm und dem Kaiserhof gegeben habe. Die Unruhen im Nordwesten Spaniens bewegten Ravenna zu einem energischen Engagement, um eine mögliche Machtstellung der Vandalen auf der Halbinsel einzudämmen. Daher rührt die römische Unterstützung für die Sueben. Darüber hinaus erschien der alte Usurpator Maximus, der wohl mit Hilfe der Vandalen den Purpur zum zweiten Mal annahm, erneut auf der Bildfläche.[281]

Zusammenfassend lässt sich feststellen, dass trotz der letzten Rückgewinnung der iberischen Halbinsel durch die Westgoten die politische Situation dort sehr instabil blieb, einerseits aufgrund der vandalischen Initiative, andererseits durch die Usurpation des Maximus – beides Gründe für Ravenna, eine Intervention zu planen. Auch die vandalische Ankunft und darauffolgende Ansiedlung in der *Baetica* (Andalusien), der reichsten und strategisch wichtigsten Region Spaniens, blieb am Kaiserhof nicht unbemerkt. Die Vandalen überlebten 422 jedoch auch den letzten weströmischen Versuch, sie durch den *comes domesticorum* Castinus endgültig zu unterwerfen.[282] Ihre Konsolidierung vor Ort, für die die Ressourcen des andalusischen Gebietes und der Zugang zum Mittelmeer eine wichtige Rolle spielten, erfolgte in den folgenden Jahren und bildete den Grundstein für den Übergang nach Afrika. Daneben flaute das vandalische Interesse für die nördlichen Regionen, aus denen sie ursprünglich kamen, ab, und in der Folge hörten die Feindseligkeiten mit den Sueben auf.

Mit Ausnahme des Gefechtes zwischen einem gewissen Hermigar und Geiserich[283] gibt es kaum weitere Informationen über die Geschichte der Sueben in den 420er Jahren. Die zentrale Frage ist, ob und wie die Sueben in der Lage waren, die *Gallaecia* zu beherrschen – durch eine echte, strukturierte politische Kontrolle oder

---

279 Vgl. Díaz 2011, 65; Steinacher 2016, 78. Anders Hamann 1971, 90f.; Pampliega 1998, 223 u. 290.

280 Hydat. *Chron.* 74; Greg. Tur. *Hist. Franc.* II 2; s. auch Isid. *Hist. Vand.* 73.

281 Chron. Gall. *a. CCCCLII* 85. Zur Identifizierung des hier erwähnten Maximus mit dem Usurpator von 409 s. Kötter - Scardino 2017, 136.

282 Hydat. *Chron.* 77; Prosp. *Chron.* 1278; Gall. *a. CCCCLII* 107 (zum Jahre 431 irrtümlicherweise datiert); Salv. *Gub.* VII 11, 46.

283 Hierzu s. Kap. 4.2.5.

einfach durch Verwüstungen und Plünderungen? Umstritten ist auch ihre Beziehung zur weströmischen Zentralgewalt. Nach López Sánchez gewannen die Sueben in den Augen der Römer durch das Bündnis mit den Westgoten Glaubwürdigkeit und Zuverlässigkeit. Honorius erkannte also Hermerich als *rex* an und überließ ihm die Verwaltung der *Gallaecia*. Das Gleiche tat der Westgotenkönig Wallia. Pampliega glaubt an die Existenz eines echten *foedus* zwischen den Sueben und der ravennatischen Regierung, wodurch sie ihre Autorität *in loco* konsolidieren konnten. Gegen die Aufteilung des landwirtschaftlichen Eigentums zwischen ihnen und der lokalen Bevölkerung gewährleisteten die Sueben dem weströmischen Hof die Anwesenheit von Militär auf dem Territorium. Das Hauptargument für diese Vermutung ist das Schweigen der Quellen zu irgendeinem römischen Rückgewinnungsversuch der *Gallaecia*. Mit anderen Worten: Der Grund der mangelhaften Informationen über die Sueben bis 431 besteht darin, dass sie in diesem Zeitraum grundsätzlich friedlich auf römischem Boden lebten. Abgesehen davon, dass keiner der älteren Autoren auf diesen römisch-suebischen Vertrag hinweist, ist ein ruhiges Zusammenleben zwischen den Sueben und den Galiciern keineswegs ein entscheidender Beweis für die Existenz eines *foedus* mit der römischen Zentralregierung. Es ist hier erneut zu betonen, dass die Außenpolitik Westroms sich kaum für eine strategisch irrelevante Provinz interessierte bzw. eine Militärreserve investierte, zumal die spanische Hauptfront gegen die Vandalen im Süden lag. Außerdem waren die Sueben in Bezug auf Anzahl und Kriegspotential der schwächste Stamm unter den germanischen Gruppen auf der iberischen Halbinsel, weshalb sie keine Bedrohung für Westrom darstellen konnten. Vermutlich haben die Sueben sich direkt mit der lokalen Bevölkerung geeinigt. Nach Hydatius fängt die suebische Expansionsphase mit dem Bruch einer *pax* an, deren Kontrahenten von römischer Seite nicht genauer angegeben werden. Der Hinweis dieser Stelle auf die *plebs* der *Gallaecia* sowie eine andere Notiz des Hydatius über einen späteren, mit den Galiciern abgeschlossenen Frieden würden also für die lokale Bevölkerung als Vertragspartner der Sueben sprechen.[284] Die vereinbarte *pax* sollte das ruhige Nebeneinander zwischen Barbaren und Römern – wohl einschließlich der Aufteilung von Landbesitzen – regeln, und ihr Ende wurde von Hydatius, dem Haupthistoriker der suebischen Geschichte, als ein bedeutendes Ereignis berücksichtigt.[285]

---

284 HYDAT. *Chron.* 91; 96.

285 Zu dieser *pax* s. DÍAZ 2011, 72f. (insbes. Anm. 27); vgl. TRANOY 1974, 63. Anders PAMPLIEGA 1998, 293ff.; LÒPEZ SÁNCHEZ 2015, 189.

4.2.5 Expansionsphase

Trotz fehlender Aufklärung durch die Quellen sind die Gründe für eine feindselige Haltung der Sueben 429–430 leicht zu vermuten: Außer einer anzunehmenden Unterversorgung stellte die innenpolitische Entwicklung auf der iberischen Halbinsel mit dem progressiven Verschwinden von Römern und Vandalen aus dem lokalen Kriegsschauplatz den optimalen Anlass dafür dar. Die weströmische Zentralregierung hatte zu diesem Zeitpunkt andere Prioritäten als die Kontrolle über die *Gallaecia*, einer Provinz am Ende des Reiches. Am ravennatischen Hof erreichte der interne Machtkampf zwischen dem *magister utriusque militiae* Flavius Felix, dem *magister militum per Gallias* Aëtius und dem *comes Africae* Bonifatius nämlich seinen Höhepunkt: Aufgrund eines doppelten Spiels des Aëtius wurden Flavius Felix und Bonifatius Opfer einer Intrige, die in einem Zusammenstoß endet, als Flavius Felix eine Armee gegen Bonifatius nach Afrika sandte. In denselben Jahren eskalierte dazu die Situation der Westgoten in Südgallien, insbesondere durch häufige Angriffe auf Arles, die wichtigste Stadt der ganzen Region. Auch die Vandalen, die Hauptgegner der Sueben in der Auseinandersetzung um die Vormacht in der *Gallaecia*, schienen auf diese Ecke Nordspaniens verzichtet zu haben. In der *Baetica*, wo sie sich mittlerweile durchgesetzt hatten, konnten sie dank der Reichtümer dieser Provinz endlich Kraft schöpfen, und ihr politisches Interesse richtete sich weiter nach Süden, nämlich nach Afrika. Das letzte Argument ist wohl der entscheidende Punkt: Die ersten Streifzüge der Sueben außerhalb der eigenen Territorien erfolgten laut einiger Notizen des Hydatius in Gebiete, die unter dem Einfluss der Vandalen standen. Während der Vorbereitung für die Überfahrt nach Afrika (429) wurde der Vandalenkönig Geiserich darüber informiert, dass ein Suebe namens Hermigar die Grenzen zu den benachbarten Provinzen überschritten habe und die *Lusitania* plündere. Durch einen sofortigen Militäreinsatz konnte Geiserich die Ordnung wiederherstellen, und auf der Flucht fand Hermigar selbst den Tod.[286] Es handelt sich hier um einen beispielhaften Fall: Es ist kaum vorstellbar, dass Hermigar die Initiative im Auftrag Westroms bzw. aufgrund einer Vereinbarung mit dem Reich ergriff. Eher stellte Geiserichs Wanderungsplan nach Afrika die perfekte Gelegenheit für die Sueben dar, die eigene Herrschaft auf Kosten der Vandalen auszudehnen. Mit seiner nun nach Süden orientierten Außenpolitik hätte der Vandalenkönig nach Hermigars Vorstellung den Griff auf die nördlichen, an das suebischen

286 HYDAT. *Chron.* 90: *Gaisericus, rex de Baeticae provinciae littore, cum Wandalis omnibus, eorumque familiis, mense Maio ad Mauritaniam, et Africam relictis transit Hispaniis. Qui prius quam pertransiret, admonitus Hermigarium Suevum vicinas in transitu suo provincias depraedari, recursu cum aliquantis suis facto, praedantem in Lusitania consequitur. Qui haud procul de Emerita, quam cum sanctae martyris Eulaliae injuria spreverat multis per Gaisericum caesis, ex his quos secum habebat, arrepto, ut putavit, Euro velocius fugae subsidio, in flumine Ana divino brachio praecipitatus interiit. Quo ita exstincto, mox quo coeperat Gaisericus enavigavit.*

Territorium angrenzenden Gebiete gelockert. Daran schließt sich die folgerichtige Frage nach der Begründung des Gegenschlags von Geiserich an – besonders hinsichtlich der Tatsache, dass die iberischen Provinzen sein politisches Interesse scheinbar nicht mehr auf sich zogen. Die wahrscheinliche, wenn auch banale Erklärung ist der Plan des Geiserich, die Meerenge von Gibraltar unter den bestmöglichen Umständen zu überqueren: Die Unruhen in Lusitanien stellten eine potentielle Gefahr für eine sichere und vollständige Abreise nach Afrika dar. Schließlich ist auch die Identität des Hermigar, welcher nur in diesem Zusammenhang erscheint, zu untersuchen. Aufgrund der Führungsrolle im Rahmen eines Feldzugs lässt sich seine Zugehörigkeit zur suebischen Aristokratie vermuten. Ob es sich um einen weiteren, gleichrangingen Suebenkönig, der zusammen mit Hermerich regierte, handelte, ist es fraglich, da entscheidende Beweise für die Diarchie als suebische Regierungsform fehlen. Es handelte sich wohl eher um einen suebischen Häuptling mit Kriegergefolge, der entweder ein adliger Anhänger des Königs Hermerich oder der Anführer einer eigenständigen suebischen Gruppe war.[287] Infolge des Misserfolgs der Initiative Hermigars änderten die Sueben ihre Expansionspläne. Hydatius lokalisiert ihre neuen Eroberungsziele im Kern der *Galleacia* (*medias partes Gallaeciae*). Die genaue Abgrenzung wird von dem galicischen Bischof nicht überliefert, aber es handelt sich zweifellos um die Gegend, die die Vandalen vor ihrem Zug nach Süden bewohnt hatten. Den suebischen Plünderungen konnte die lokale Bevölkerung einen so zähen Widerstand leisten, dass die Sueben sich dazu gezwungen sahen, die gebrochene *pax* wiederherzustellen (430). Die Bedingungen dafür blieben höchstwahrscheinlich unverändert[288].

Die Sueben ließen von ihrem Expansionsvorhaben trotzdem nicht ab und brachen bereits ein Jahr später (431) wieder den Frieden. Durch die suebischen Verwüstungen erneut heimgesucht, entschied sich die römische Bevölkerung nun für die Suche nach Hilfe und entsandte deshalb den Bischof Hydatius zu dem neuen *magister utriusque militiae* Aëtius[289]. Die Wahl eines Bischofs war sehr vernünftig. In einer Zeit,

287 Zur Identität des Hermigar vgl. HAMANN 1971, 95f.; PAMPLIEGA 1998, 297–299; DÍAZ 2011, 67f. u. 104. Überzeugend ist die Argumentation von DÍAZ gegen die Existenz der suebischen Diarchie unter Zugrundelegung des fehlenden Hinweises darauf bei Hydatius. Interessant ist auch seine These über die Gleichartigkeit von Hermigar mit dem Westgoten Anaolsus für die Rolle und das Verhältnis zum eigenen König; zu Anaolsus s. Kap. 5.4.1. Nach TORRES RODRÍGUEZ 1977, 59 u. 68 wäre Hermigar der suebische Ehemann einer der Töchter des Westgotenkönigs Wallia, aus deren Ehe (417–418) Ricimer hervorging.

288 HYDAT. *Chron.* 91: *Suevi sub Hermerico rege medias partes Gallaeciae depraedantes, per plebem quae castella tutiora retinebat, acta suorum partim caede, partim captivitate, pacem quam ruperant, familiarum quae tenebantur, redhibitione restaurant.* Zur Lokalisierung der *medias partes Gallaeciae* s. TRANOY 1974, 63; PAMPLIEGA 1998, 299; DÍAZ - MENÉNDEZ-BUEYES 2015, 153.

289 HYDAT. *Chron.* 96: *Rursum Suevi initam cum Gallaecis pacem libata sibi occasione conturbant. Ob quorum depraedationem Idatius episcopus ad Aetium ducem qui expeditionem agebat in Galliis, suscipit legationem.*

in der die römischen Zivilbehörden in der *Gallaecia* fehlten[290], brauchten die Galicier für eine Erfolg versprechende Gesandtschaft eine herausragende Persönlichkeit, die nur ein Geistlicher verkörpern konnte. Hydatius' Handlung ist also ein Beweis für die politische Rolle, die die katholische Kirche langsam übernahm: In den Augen der Bevölkerung erschienen die Bischöfe als zuverlässige Ansprechpartner und Vertreter.[291] Dass Hydatius sich an Aëtius anstatt an den ravennatischen Hof, den Sitz der römischen Zentralregierung, wandte, hat viele, miteinander zusammenhängende Gründe. Die iberische Halbinsel gehörte in administrativer Hinsicht zur gallischen Präfektur, und ein Einsatz aus Arles wäre aufgrund der geographischen Distanz außerdem sicherlich schneller gewesen als eine Aktion aus Ravenna. Mit einem Feldzug gegen die Franken und die Westgoten beschäftigt, befand sich Aëtius in Gallien, wo er durch eine Reihe von politischen und militärischen Erfolgen kurz vor dem Höhepunkt seiner Macht stand. Hydatius konnte sich also keinen besseren Ansprechpartner für seinen Zweck wünschen. Der Inhalt seiner Gesandtschaft bleibt jedoch unbekannt. Aus der Quelle lässt sich nicht schließen, ob Hydatius einen römischen Militäreingriff oder eine diplomatische Unterstützung des Aëtius anforderte. Vermutlich teilte er dem römischen Feldherrn einfach die Natur des Problems mit: Welche Maßnahmen Aëtius dagegen ergriffen hätte, sollte ihn nicht interessieren, wenn diese zur Beendigung der suebischen Unruhen geführt hätten.[292]

4.2.6 Censorius' Gesandtschaften und die *paces* von 433 und 438

Hydatius' Erwartungen an Aëtius wurden am Ende erfüllt. Nach der Beseitigung der Franken ging Aëtius das Problem der Sueben an, indem er den *comes* Censorius als seinen Gesandten zu ihnen schickte (432).[293] Der römische Heermeister entschied sich offensichtlich für eine diplomatische Verhandlung, da eine bewaffnete Intervention die bereits mangelhafte Militärkraft neuralgischer Punkte Westroms wie Gallien und Italien weiter entkräftet hätte. Es ist sehr wahrscheinlich, dass Aëtius die Situation der *Gallaecia* angesichts der Bedeutung der Provinz an sich und

---

290 Im 5. Jh. n. Chr. sind zwei Ämter in Spanien bekannt, der *comes Hispaniarum* und der *vicarius Hispaniae*. Der *comes Hispaniarum* war ein außerordentliches Militäramt, während der *vicarius Hispaniae* verantwortlich für die iberischen Provinzen war, wo die römische Zivilgerichtsbarkeit galt, also keineswegs zu diesem Zeitpunkt in der *Gallaecia*. Hierzu s. ZECCHINI 1983, 188; SCHARF 2005, 155–157 (zum *comes Hispaniarum*).

291 Warum genau Hydatius für die Gesandtschaft an Aëtius gewählt wurde, erklärt UBRIC 2004, 65ff. mit überzeugenden Argumenten.

292 Vgl. TRANOY 1974, 65; ZECCHINI 1983, 69f. u. 187f.; DÍAZ 2011, 74.

293 HYDAT. *Chron.* 98: *Superatis per Aetium in certamine Francis et in pace susceptis, Censorius comes legatus mittitur ad Suevos, supra dicto secum Idatio redeunte.* Zu Censorius s. Kap. 6.1.3.

des Potentials des suebischen Stammes als ein zweitrangiges Problem betrachtete. Außerdem gehörte das Verhandeln zu Aëtius' traditioneller Politik gegenüber den Barbaren, deren tragende Idee eine stufenweise und friedliche Integration anstelle eines Gefechts war.[294] Deshalb lässt sich der Inhalt des Vorschlags von Censorius trotz des Schweigens der Quellen rekonstruieren. Zusammen mit der Befriedung der Provinz bezweckte Aëtius wohl auch die rechtliche Einordnung der Sueben im Rahmen ihrer Beziehung mit dem Weströmischen Reich.

Censorius war trotzdem nicht in der Lage, seinen Auftrag zum Abschluss zu bringen, da er nach kurzer Zeit zum Kaiserhof zurückkehrte.[295] Hydatius, der ihn zu den Sueben begleitet hatte, gibt den Grund der Abreise nicht an, aber Censorius' Rückkehr steht sicherlich in Zusammenhang mit dem mittlerweile zum Höhepunkt gekommenen Machtkampf am ravennatischen Hof. Hier stellten sich Aëtius und Bonifatius endlich nach dem Tod des Flavius Felix für die militärische, und folglich politische Führung der westlichen Hälfte des Römischen Reiches entgegen. Es ist dennoch unklar, wer Censorius abberufen hat. Aëtius wollte wahrscheinlich einen zuverlässigen Anhänger wie Censorius in der entscheidenden Phase des Machtkampfs an seiner Seite haben, aber es ist nicht auszuschließen, dass Bonifatius, der 432 zum *magister utriusque militiae* ernannt wurde, die Entscheidung für die Entfernung des Censorius aus seinem Amt traf. Durch diese Maßnahme schränkte der neue *magister* den politischen Einfluss des Aëtius ein und entzog ihm die Legitimität, sei es dadurch, dass er Censorius durch einen eigenen Getreuen ersetzte, sei es dadurch, dass er zu einer bewaffneten Lösung des suebischen Problems griff.[296]

Hermerich nutzte die Abreise des Censorius aus, um die Feindseligkeiten in der *Gallaecia* wieder aufzunehmen. Durch die Vermittlung der lokalen Bischöfe kam es 433 zu einem Frieden, den die Galicier durch die Stellung von Geiseln ihrerseits besiegelten.[297] Die Rolle der galicischen Bischöfe, deren Identität Hydatius aber ausließ, scheint an dieser Stelle entscheidend gewesen zu sein. Dass sich diese Geistlichen als fähige Diplomaten erwiesen, zeugt von der politischen Funktion, die die hispanische Kirche mittlerweile übernommen hatte. Die von einigen Forschern vermutete Beteiligung des Censorius ist hingegen mit Sicherheit zu verwerfen, da er Hydatius zufolge zur Zeit der Friedensunterzeichnung bereits abgereist war.[298] Tranoy hält die Klausel der Geiselstellung seitens der Galicier angesichts der Tatsache, dass ihm zufolge eine Übergabe von Geiseln für die Friedensgarantie hingegen

294 S. etwa ZECCHINI 1983, 189.

295 HYDAT. *Chron.* 100: *Regresso Censorio ad palatium* [...].

296 Vgl. HAMANN 1971, 100; TRANOY 1974, 67; ZECCHINI 1983, 189f.; anders UBRIC 2004, 67.

297 HYDAT. *Chron.* 100: [...] *Hermericus pacem cum Gallaecis quos praedabatur assidue, sub interventu episcopali datis sibi reformat obsidibus.*

298 Zur Zuschreibung des Friedensschlusses an Censorius s. PAMPLIEGA 1998, 302; DÍAZ 2011, 74.

eher vonseiten der Sueben – aufgrund ihrer Rolle als Plünderer – zu erwarten gewesen wäre, für paradox. Dass diese Klausel entgegen Tranoys Meinung durchaus begründet ist, zeigt sich in der Vorherrschaft der Sueben gegenüber der römischen Bevölkerung bei dieser Gelegenheit, weshalb die Barbaren eine Machtposition ausüben konnten. Deswegen lassen sich trotz mangelnder Hinweise der Quelle günstige Bedingungen für die Sueben annehmen, wie zum Beispiel eine neue Versorgung bzw. eine gerechte Landaufteilung. Ob der Frieden Sonderbedingungen einschloss, ist aufgrund der mangelnden Quellen fraglich.[299]

Interessanterweise wurde ein Bischof namens Symphosius im Anschluss der Vereinbarung der *pax* als Gesandter an den ravennatischen Hof geschickt. Das Ziel seiner Mission wird von den Quellen nicht verraten, und bekannt ist nur, dass er mit leeren Händen dastand.[300] Höchstwahrscheinlich bezweckte er im Auftrag des Hermerich die Anerkennung des mit den Galiciern vereinbarten Friedens – und folglich ihrer legitimen Anwesenheit in der Provinz –, vonseiten der römischen Zentralregierung.[301] Unklar ist der Grund des Scheiterns der Gesandtschaft des Symphosius. Dass Ravenna eine von keinem kaiserlichen Vertreter vereinbarte *pax* nicht tolerierte, ist plausibel; ebenso wahrscheinlich ist, dass die Lage einer Randprovinz nicht die Priorität des ravennatischen Hofs war, wo die politischen Unruhen nicht aufgehört hatten[302]. Das eine schließt jedenfalls das andere nicht aus. Die Wahl eines Bischofs zum suebischen Missionsträger ist eine weitere Bestätigung für die zunehmende Wichtigkeit der Kirchenmitglieder in der Politik, insbesondere im diplomatischen Bereich – dies zeigt sich daran, dass sogar der König eines Germanenstammes auf sie rekurrierte. Es ist auch nicht zu unterschätzen, dass die Sueben am Beispiel dieser Episode auf Repräsentanten des galicischen Episkopats zählen konnten. Dies spricht für das Bewusstsein zumindest eines Teils der Galicier, mit den Sueben irgendwie umgehen zu müssen, da die Zukunft der *Gallaecia* bereits mit diesen unvermeidlich verbunden zu sein schien. Die Identität des Symphosius wird trotzdem kontrovers diskutiert. Seine Identifizierung mit dem gleichnamigen Bischof aus Astorga, einem Exponenten der in Spanien entstandenen asketischen Bewegung namens Priscillianismus, lässt sich aus chronologischen Gründen nur mit

---

299 Zu den Geiseln s. Tranoy 1974, 67; Gillett 2003, 56, Anm. 70. Zur hypothetischen Aufteilung der galicischen Gebiete zwischen den Sueben und der lokalen Bevölkerung im Rahmen der betreffenden *pax* s. Ubric 2015, 212 (mit ausführlicher Literatur).

300 Hydat. *Chron.* 101: *Symphosius episcopus per eum ad comitatum legatus missus, rebus in cassum frustratur arreptis.*

301 Vgl. Ubric 2004, 68 (ebenso 2015, 214). Andere Vermutungen über den Inhalt der Symphosius' Gesandtschaft sind hingegen die Forderung des Föderatenstatus (Pérez Prendes 1991, 50) oder neuer Wohnsitze (Pampliega 1998, 302). Diese Meinungen überzeugen jedoch nicht, da die Sueben nicht in der (Macht-)Lage zu sein scheinen, solche Bewilligungen vonseiten Ravennas zu verlangen.

302 Zecchini 1983, 190 schreibt die Verantwortung der von dem neuen *magister militum* Sebastianus geführten barbarenfeindlichen Partei zu. Nach Tranoy 1974, 101 und Díaz 2011, 74 hatte Aëtius hingegen die Macht zu diesem Zeitpunkt bereits wiedererhalten.

Vorbehalt annehmen. Da dieser bereits als Bischof an den Konzilen von Saragossa 380 und von Toledo 400 teilnahm, wäre sein Alter zur Zeit der Gesandtschaft in Ravenna (433) zu fortgeschritten gewesen, zumal er im Rahmen des Konzils in Toledo als *senex* bezeichnet wird.[303] Das entscheidende Argument für seinen Ausschluss ist trotzdem ein anderes. Es ist tatsächlich kaum zu glauben, dass Hermerich ein so naiver Fehler unterlaufen konnte wie die Beauftragung eines häretischen Bischofs mit einer delikaten diplomatischen Mission. Eine solche Entscheidung hätte von Anfang an den Misserfolg der Gesandtschaft bedeutet, da höchstwahrscheinlich niemand am Kaiserhof mit einem Priscillianer verhandelt hätte. Es ist also nachvollziehbar, dass es sich um einen anderen Symphosius handelte, der ohnehin aufgrund des letzten Arguments kein Priscillianer gewesen sein konnte.[304]

Die Überlegungen zu der Gestalt des Symphosius sind auch für die Identifizierung der an der *pax* von 433 beteiligten Bischöfe hilfreich. Zu diesem Zeitpunkt war der religiöse Konflikt zwischen der katholischen Orthodoxie und der priscillianischen Häresie soweit gekommen, dass dessen Auswirkung auf die galicische Gesellschaft auch auf politischer Ebene spürbar war. Daher stellt sich die Frage, ob eine von diesen Fraktionen von einer Zusammenarbeit mit den Sueben profitieren konnte. Die Priscillianer konnten sicherlich die Hilfe der Sueben ausnutzen, um den eigenen Glauben gegen die durch die römischen Obrigkeiten herrschende Orthodoxie durchzusetzen. Ihrerseits konnten die Sueben ihre Position innerhalb der Region verstärken, indem sie eine Minderheit unterstützten, die der Politik der weströmischen Zentralregierung aus religiösen Gründen ablehnend gegenüberstand. Wie die obengenannte Episode des Symphosius gezeigt hat, bestand aber das Ziel des suebischen Königs in der kaiserlichen Anerkennung der Ansiedlung seiner *gens* in Galizien. In dieser Hinsicht wäre eine Form der Kollaboration mit den priscillianistischen Dissidenten sicherlich kontraproduktiv gewesen. Es ist überdies unwahrscheinlich, dass ein stolzer Orthodoxer wie Hydatius einen durch die Vermittlung priscillianistischer Bischofe stipulierten Frieden gutgeheißen hätte. Dies alles spricht vielmehr für die Intervention katholischer Bischöfe in den römisch-suebischen Verhandlungen, was im Übrigen die Beteiligung des Hydatius selbst vermuten lässt.[305]

303 *Exempl. Prof.* 52; 140. Hierzu s. UBRIC 2004, 69, Anm. 57.

304 Zur Identifizierung mit dem gleichnamigen Bischof von Astorga s. TRANOY 1974, 68; BECKER 2013, 140. Andere Identifizierungen: Bischof in Astorga sowie Nachkomme und Nachfolger des bekannteren Symphosius von Astorga (so ISLA 2001, 85); Bischof in Braga (so UBRIC 2004, 68, Anm. 57; 2015, 214). S. auch HAMANN 1971, 101f.; ZECCHINI 1983, 190; DÍAZ 2011, 181f. u. 217, Anm. 53.

305 Zur Hydatius' möglichen Teilnahme an den Verhandlungen s. GILLETT 2003, 43f.; UBRIC 2004, 68 (ebenso 2015, 212); DÍAZ 2011, 74.

437 reiste Censorius als römischer Legat erneut zu den Sueben, dieses Mal in Begleitung eines weiteren Gesandten namens Fretimund.[306] Nun, da sich die politische Situation am ravennatischen Hof mit der Machtzurückgewinnung des Aëtius stabilisiert hatte, bestanden endlich günstige Umstände für die Regelung des suebischen Problems in der *Gallaecia*. Censorius wurde höchstwahrscheinlich beauftragt, seine vor einigen Jahren abgebrochene Mission zu beenden bzw. Stellung zu der 433 durch die bischöfliche Vermittlung abgeschlossenen *pax* zwischen den Sueben und den Galiciern zu nehmen.[307] 438 wurde die *pax* von 433 endlich bestätigt, doch bleibt die Rolle des Censorius fraglich. Denn Hydatius schreibt hierzu, dass die Sueben die Friedensbestätigung mit dem feindlichen Teil der galicischen Bevölkerung vereinbarten.[308] Weder wird Censorius im Zusammenhang mit dem Friedensschluss gesetzt, noch bestand die *pax* zwischen den Sueben und dem Römischen Reich. Dass eine Bestätigung des vorherigen Friedens vereinbart wurde, spricht auch dafür, dass das Imperium nicht daran beteiligt war. Dessen Ziel konnte keineswegs die Anerkennung eines inoffiziellen Abkommens sein. Scheinbar handelte es sich also um einen „privaten" Vertrag zwischen den Sueben und den Galiciern, welcher mit unveränderten Bedingungen als Bestätigung der Vereinbarung von 433 galt.

Aus der Stelle Hydatius' lässt sich auch entnehmen, dass trotz der bischöflichen Mediation manche Galicier die vorherige Vereinbarung im Jahre 433 nicht anerkannt hatten. Aufgrund der katholischen Identität der Unterhändler sollten die in der besprochenen Stelle erwähnten Galicier dem Flügel der Priscillianer gleichkommen. Die Autoren, die die Kollaboration zwischen Sueben und Priscillianern vertreten, kommen dagegen zum Schluss, dass es sich um die katholische Faktion handelte.[309] Im Fokus der Überlegungen stand also grundsätzlich die Religion. Anhand eines anderen Eintrags des Hydatius scheint jedoch eine andere Vermutung überzeugend zu sein. Im Hinblick auf die suebischen Plünderungen am Ende der 420er Jahre erzählt der Chronist über den energischen Widerstand der *plebs*, die die sichereren befestigten Ortschaften (*castella tutiora*) besaß.[310] Daraus ergibt sich eine Spaltung der galicischen Gesellschaft, von der ein Teil der suebischen Herrschaft deutlich feindlich gegenüberstand. Diese Spaltung muss aber nicht unbedingt auf

---

306 HYDAT. *Chron.* 111: *Rursus Censorius et Fretimundus legati mittuntur ad Suevos.* Zu Fretimund s. Kap. 6.1.3.

307 Nach PAMPLIEGA 1998, 302 ist der Grund für die erneute Intervention des Censorius (und Fretimund) eine Verletzung des Abkommens von 433: Hydatius solle in einer Zäsur von zwei Versen (*lacuna duorum versuum*) zwischen *Chron.* 110 und *Chron.* 111 darüber erzählen. Die Vermutung von Pampliega scheint aufgrund einer verdrehenden Interpretation fehlender Verse trotzdem sehr spekulativ zu sein.

308 HYDAT. *Chron.* 113: *Suevi cum parte plebis Gallaeciae cui adversabantur, pacis iura confirmant.*

309 TRANOY 1974, 44f. u. 74; ZECCHINI 1983, 191; DÍAZ - MENÉNDEZ-BUEYES 2015, 153. Vgl. HAMANN 1971, 102.

310 HYDAT. *Chron.* 91. Studien über die Bedeutung der *plebs* bei GILLETT 2003, 59f.; DÍAZ 2011, 169ff. (mit Untersuchung über die *castella tutiora*).

religiösen Gründen basieren, sondern erklärt sich einfach durch die politische Einstellung der Galicier zu den Sueben. Mit Hydatius' Ausdruck *pars plebis* sind höchstwahrscheinlich die Sympathisanten des Imperiums zu verstehen, nämlich eine „konservative" Partei, die für die römische Sache kämpfte und die Präsenz der Sueben nicht tolerierte. Hydatius hat hier kein Interesse für eine religiöse Kennzeichnung dieser Partei. Aus der Perspektive dieser Loyalisten betrachtet, galt die Ankunft eines durch den weströmischen Machthaber Aëtius berechtigten Gesandten als Garantie für den Abschluss eines von der ganzen galicischen Bevölkerung anerkannten Abkommens.[311]

4.3 Rechila

Der Frieden hielt nicht lang an. Im selben Jahr sah Hermerich sich wegen einer schweren Krankheit dazu gezwungen, seinen Sohn Rechila zum Mitkönig zu erheben.[312] Dieser nutzte den prekären Gesundheitszustand des Vaters, um eine De-facto-Alleinherrschaft zu führen, obwohl der Vater das Königsamt immer noch innehatte. Rechila teilte nämlich die lokale, auf die *Gallaecia* ausgerichtete Politik des Vaters nicht und eröffnete seine romfeindlichen Aktionen mit einer Reihe von Militäroffensiven nach Süden: Insbesondere die *Baetica* stellte ein verlockendes Ziel dar, weil diese einerseits für ihren Reichtum bekannt war, andererseits die römische Kontrolle im Vergleich zu der *Carthaginiensis* und der *Tarraconensis* hier schwächer war. Die Situation war außerdem für die Sueben günstig, da Ravenna gleichzeitig mit dem Krieg gegen die Westgoten in Gallien beschäftigt war und nun kein anderer, gefährlicher Germanenstamm mehr die iberische Halbinsel bewohnte.[313] Am Fluss Singillio (heute Genil, in Andalusien) erzielte Rechila seinen ersten, großen Militärerfolg gegen Andevotus, dessen

311 An dieser Stelle wird keineswegs die Rolle des religiösen Konfliktes zwischen Katholiken und Priscillianern in der Geschichte der *Gallaecia* geleugnet. Die in der Forschung vertretene Meinung, dass die Sueben nur die Priscillianer (oder nur die Katholiken) unterstützt hätten, muss aber bestritten werden. Um ihr Ziel zu erreichen, nämlich die Konsolidierung und Anerkennung der eigenen Herrschaft, nahmen die Sueben eine Stellung ein, die zwischen der Zusammenarbeit mit den Katholiken und der Annäherung an die Priscillianer pendelte. Diese Beispiele zeigen deutlich die suebische Kollaboration mit beiden Gruppierungen. In der vorliegenden Arbeit, hinsichtlich der *pax* von 433, ist der Fall einer suebisch-katholischen Mitarbeit vorgestellt worden. Die Intervention der Sueben in den Spannungen zwischen der katholischen Orthodoxie und der priscillianischen Häresie hatte also keine religiöse, sondern politische Ursachen. Zu diesem Thema s. SELVAGGI 2020.

312 HYDAT. *Chron.* 114.

313 Zu einem möglichen Einfluss des römisch-westgotischen Konflikts auf die suebischen Expansionsaktionen s. LÓPEZ SÁNCHEZ 2015, 191.

Identität umstritten ist: Dieser war entweder ein römischer Feldherr, und zwar der aktuelle *comes Hispaniarum*, oder wahrscheinlicher ein vandalischer Fürst, der nach der Abfahrt seiner *gens* 429 nach Afrika mit seinem Gefolge in Spanien geblieben war, sei es zwecks eigener Streifzüge, sei es im Söldnerdienst der lokalen Bevölkerung.[314] Die suebische Expansion schien unter Rechila unaufhaltsam zu sein, denn im Zeitraum von wenigen Jahren wurden Mérida (439), Mértola (440) und Sevilla (441) erobert. Daran lässt sich die Strategie des Suebenkönigs erkennen: Mit der Einnahme der Hauptstadt der *Lusitania* (Mérida), einer Flusshafenstadt (Mértola) und einer der wichtigsten Städte der *Baetica* (Sevilla) hielt Rechila die politisch und wirtschaftlich neuralgischen Punkte Südspaniens unter Kontrolle. Eklatant war auch die Kapitulation des Censorius (440), der als römischer Legat bei den Sueben agiert hatte. Ob er einen diplomatischen oder militärischen Auftrag bei der Gelegenheit hatte, ist anhand des Berichts von Hydatius nicht festzustellen. Seine Anwesenheit in Mértola zur Zeit des Angriffs Rechilas ist jedoch ein Beweis dafür, dass die suebische Expansionsdrohung dem ravennatischen Hof bekannt war. Die Gefangenannahme des Censorius hatte für Rechila eine zweifache Bedeutung, weil dieser einerseits über eine hochrangige Geisel verfügte, andererseits durch die Festnahme eines römischen Vertreters die Anerkennung der Herrschaft über die neuen Gebiete anstreben konnte.[315] Nach Hydatius gelang es Rechila letzten Endes, die gesamte *Baetica* und *Carthaginiensis* zu besetzen. Ob trotz des Ausdrucks des Historikers (*in suam redigit potestatem*) tatsächlich von einer effektiven Herrschaft der Sueben in beiden Provinzen gesprochen werden kann, ist aufgrund des geringen Potentials dieses Stammes im Vergleich zu der Ausdehnung der betreffenden Gebiete sehr fraglich. Eher als eine Landnahme sind systematische Plünderungen, bei denen die Städte Mérida und Sevilla die Ausgangsbasis waren, vorstellbar.[316]

Der Erfolg der suebischen Expansion lag bestimmt auch an dem passiven Verhalten der weströmischen Regierung gegenüber ihrer Offensive, wohl weil eine andere, gefährlichere Bedrohung auf der iberischen Halbinsel entstand, und zwar die Bagauden. Darauf reagierte der ravennatische Hof entschlossen mit der Entsendung zunächst des Asturius (441) und später des Merobaudes (443), beide als *dux utriusque militiae*. Der Grund, weswegen Ravenna eine Aufmerksamkeit lieber auf die Bagauden als auf die Sueben richtete, besteht darin, dass das betroffene Gebiet die *Tarraconensis*

314 HYDAT. *Chron.* 114; ISID. *Hist. Sueb.* 85. Zu Andevotus s. ZECCHINI 1983, 191f. (als *comes Hispaniarum*); PAMPLIEGA 1998, 306 (als germanischer, wohl vandalischer Söldner im Dienst der lokalen Bevölkerung); KULIKOWSKI 2004, 180 mit Anm. 22, 373 (als Exponent der lokalen Landaristokratie); DÍAZ 2011, 75f. (als vandalischer Anführer einer plündernden, polyethnischen Barbarenschar).

315 HYDAT. *Chron.* 119; 121; 123. Vgl. PAMPLIEGA 1998, 307f. (zur Militärrolle des Censorius); DÍAZ 2011, 76f. (zur diplomatischen Rolle des Censorius).

316 Hierzu s. HAMANN 1971, 105f.; TRANOY 1974, 78; PAMPLIEGA 1998, 308ff.; KULIKOWSKI 2004, 181 (zur suebischen Herrschaft durch Steuereinnahme); DÍAZ 2011, 76f.

war. Trotz der Völkerwanderung war diese Provinz ständig unter römischer Kontrolle geblieben: Sie wurde von der Aufteilung Spaniens unter den Barbarenstämmen 411 verschont, und dort residierte der Vertreter der römischen Herrschaft auf der iberischen Halbinsel. Sowohl Asturius als auch Merobaudes führten einen siegreichen Feldzug, waren aber trotzdem nicht in der Lage, das Phänomen der Bagauden zu beseitigen, denn diese traten einige Jahre später (449) erneut auf.[317]

446 entschied Ravenna endlich, den Sueben offen entgegenzutreten. Die diplomatische Politik der vorherigen Jahre wurde zugunsten einer bewaffneten Intervention zurückgestellt, wahrscheinlich weil die barbarenfeindliche Partei am ravennatischen Hof zu diesem Zeitpunkt den größten Einfluss auf den weströmischen Kaiser hatte. Außerdem kam man angesichts eines scheinbar stabileren Gleichgewichts der Reichspolitik dank einer Reihe von Vereinbarungen mit den anderen auf römischem Boden etablierten Barbarengruppen (Westgoten, 439; Vandalen, 442; Burgunder, 443) in Ravenna zu der Überzeugung, die von den Sueben bedrängten Provinzen zu befreien. Der hierfür ernannte *magister utriusque militiae* Vitus erreichte mit einem großen Kontingent und unterstützt durch gotische Hilfstruppen die *Carthaginiensis* und *Baetica*, wo er massive Plünderungszüge unternahm. Die Niederlage seines gotischen Gefolges gegen die Armee Rechilas zwang ihn aber zur Flucht, woraufhin die Sueben die Verwüstungen in beiden Provinzen wieder aufnahmen.[318]

4.4 Rechiar

4.4.1 Aggressive Außenpolitik und die *pax* von 452

Der Nachfolger des 448 verstorbenen Rechila wurde sein Sohn Rechiar trotz der versteckten Frontstellung eines Teils der suebischen Oberschicht, deren Misstrauen auf dem katholischen Glauben des neuen Herrschers beruhte. Die Quellen überliefern keine Erklärung für diesen epochalen Religionswechsel. Ein politischer Grund scheint nahezuliegen: Das Teilen der selben Religion bedeutete die Annäherung des

[317] HYDAT. *Chron.* 125; 128; 141; 142. Zu Asturius s. RE II.2, 1878 (2); PLRE II, 174–175. Zu Merobaudes s. RE XV.1, 1039–1047 (3); RE Suppl. XII, 863–866; PLRE II, 756–758. ZECCHINI 1983, 192ff. glaubt versehentlich an einer Aktion beider ravennatischen Abgesandten ursprünglich gegen die Sueben.

[318] HYDAT. *Chron.* 134. Zu Vitus s. RE IX A.1, 494 (1); RE Suppl. XII, 641; PLRE II, 1179. Zur Bedeutung der Vitus' Plünderungen vgl. PAMPLIEGA 1998, 311f.; KULIKOWSKI 2004, 183f.; DÍAZ 2011, 77f.

Suebenkönigs sowohl an die bis dahin suebenfeindlichen Hispano-Römer, als auch an die Bischöfe, deren politisches Gewicht sich in den letzten zwanzig Jahren im lokalen Bereich merklich verstärkt hatte.[319] Der Thron- und Religionswechsel brachte jedoch keine Änderung in der Außenpolitik des Suebenreiches mit sich; im Gegenteil verschärfte Rechiar den Druck auf das Imperium, zum einen durch die Fortsetzung heftiger Plünderungen, zum anderen durch ein Bündnis mit den Westgoten. Die allererste Aktion des neuen Suebenkönigs bestand in einem Einfall in die *regiones ulteriores* im gleichen Jahr seines Herrschaftsantritts. Gemeint sind höchstwahrscheinlich Gebiete der *Baetica*: Hydatius' Ausdruck ruft den alten Namen dieser Region in Erinnerung, nämlich *Hispania Ulterior*, zudem residierte der Bischof von Aquae Flaviae während der Abfassung seiner Chronik in der *Gallaecia* und kann somit nicht diese gemeint haben.[320] Im darauffolgenden Jahr befahl Rechiar Überraschungsangriffe auf die *Tarraconensis*, genauer zuerst im Februar auf die baskischen Gebiete (*Vasconiae*), und später im Juli auf die Gegend um Saragossa (*regio Caesaraugustana*) sowie die Stadt Lérida, letztere in Zusammenarbeit mit einem Bagaudenanführer namens Basilius.[321] Anfang 449 kam es außerdem zu einer Allianz zwischen Sueben und Westgoten durch die Heirat Rechiars mit einer Tochter des Westgotenkönigs Theoderich I.[322] Diese Allianz ist als politische Reaktion auf das mittlerweile durch den Vertrag von 442 und danach die Verlobung des vandalischen Prinzen Hunerich mit der Kaisertochter Eudocia festgelegte römisch-vandalische Bündnis zu betrachten. Dieses hatte für Reibungspunkte mit den Westgoten gesorgt, da sie sich bis dahin auf gute Beziehungen verlassen konnten, sowohl zum Weströmischen Reich wegen des erst vor einigen Jahren (439) geschlossenen Vertrags zwischen König Theoderich I. und dem *magister militum* Aëtius, als auch zu den Vandalen aufgrund des Ehebundes zwischen einer der Töchter Theoderichs I. und Geiserichs Erstgeborenem Hunerich.[323] Der Bedarf neuer und zuverlässiger Verbündeter gegen den römisch-vandalischen Block bewegte also die Westgoten zu einer Annäherung an die Sueben. Ihrerseits erlangte Rechiars *gens* die Neutralität der Westgoten und folglich Handlungsfreiheit auf der iberischen Halbinsel. Die bereits erwähnten Streifzüge in der *Tarraconensis* bestätigen dies. Im Rahmen der suebisch-westgotischen Allianz ist wohl auch der Mord des Censorius zu begründen[324]: Durch die provokante Exekution des langjährigen Beauftragten Westroms für die

---

319 Hydat. *Chron.* 137. Vgl. Pampliega 1998, 314; Díaz 2011, 78. Anders Hamann 1971, 107.

320 Hydat. *Chron.* 137. Hierzu s. Tranoy 1974, 84; Díaz 2011, 78. Anders: Torres Rodríguez 1977, 116 (Meseta Norte, Asturien, Kantabrien); Burgess 1993, 99 und Pampliega 1998, 315 (*Gallaecia*).

321 Hydat. *Chron.* 140; 142.

322 Hydat. *Chron.* 140.

323 Diese namentlich unbekannte westgotische Prinzessin wurde aufgrund des Vergiftungsversuchs ihres Ehemannes Hunerich zu ihrem Vater verstümmelt zurückgeschickt (Iord. *Get.* 184).

324 Hydat. *Chron.* 139.

suebischen Angelegenheiten vermittelten Rechiar und Theoderich I. die deutlichste Botschaft ihres Bündnisses an die weströmische Zentralregierung, verstärkt durch die Tatsache, dass Censorius durch einen Goten namens Agiulf, einen späteren Anhänger des Westgotenkönigs Theoderich II., in einer Stadt ermordet wurde, die in den Händen der Sueben (Sevilla) war.[325]

Dies alles geschah, ohne dass irgendeine Antwort aus Ravenna kam. Die gefährliche Steigerung der suebischen Macht durch die Bündnisse mit den Westgoten und den Bagauden hätte jedoch auffallen müssen. Der momentane Verzicht Westroms auf eine Intervention in Spanien liegt sicherlich in der Sorge um die nordöstliche Front aufgrund der hunnischen Bedrohung begründet. Nach einer Zeit, in der gute Beziehungen zwischen Hunnen und Römern bestanden hatten, änderte sich die Situation mit der Thronbesteigung des Attila (445), der eine angriffslustige Politik gegenüber dem Römischen Reich begann. Am Anfang übte er starken Druck auf die östliche Hälfte des Imperiums aus, und ihm gelang es, einen vorteilhaften Frieden mit dem Ostkaiser Theodosius II. zu vereinbaren. Die Anstiftung eines Bagaudenführers namens Eudoxius zum Einfall in den Westen, der Bruch des Friedens mit Konstantinopel durch den neuen Ostkaiser Markian, die Bitte um Hilfe vonseiten der Schwester des Kaisers Valentinian III. Honoria: Dies alles bewegte Attila zum Zug nach Westrom. Die hunnische Gefahr führte zu einer Annäherung Ravennas an die Westgoten. Diese verkörperten die idealen Alliierten bei dieser Gelegenheit, zum einen angesichts ihres Kriegspotentials, zum anderen aufgrund ihrer alten Feindschaft mit den Hunnen. Durch die Vermittlung des in den römisch-westgotischen Verhandlungen erfahrenen Avitus schlossen der Westkaiser Valentinian III. und der Westgotenkönig Theoderich I. ein hunnenfeindliches Militärbündnis, das sich als einer der Bausteine für den späteren Erfolg des Aëtius gegenüber Attila in der Schlacht bei den Katalaunischen Feldern (451) erwies.[326] Von der hunnischen Bedrohung momentan befreit, konnte Aëtius seine Aufmerksamkeit wieder auf die Lage auf der iberischen Halbinsel wenden. Der Moment war günstig auch angesichts der jüngsten, hunnenfeindlichen Allianz mit den Westgoten, die einerseits zur Entspannung der römisch-westgotischen Beziehungen, andererseits zum Bruch des vorherigen Bündnisses zwischen Sueben und Westgoten geführt hatte. 452 wurden also die *comites* Mansuetus (dieser genauer als *comes Hispaniarum*)

325 Zur Gegenüberstellung zwischen dem suebisch-westgotischen und dem römisch-vandalischen Bündnis vgl. HAMANN 1971, 107ff.; TRANOY 1974, 87; ZECCHINI 1983, 195f.; DÍAZ 2011, 79.

326 Für die Vertiefung dieses historischen Kontexts s. Kap. 5.4.3.

und Fronto nach Spanien abgesendet mit dem Ziel, Frieden mit den Sueben zu vereinbaren.[327] Letzterer, der als römischer Legat auch in einer späteren Stelle bei Hydatius vorkommt, folgte wohl dem ermordeten Censorius nach. Unklar äußert sich Hydatius über die Friedensklauseln (*conditiones iniunctas*). Der Hinweis auf die Wiederherstellung von bereits vereinbarten Bedingungen ist möglich[328], in sprachlicher Hinsicht jedoch nicht sicher erwiesen. Einige Indizien sprechen hingegen für eine andere Interpretation des Friedens, und zwar keine Erneuerung eines vorherigen *foedus*, sondern ein Vertrag unter gleichgestellten Kontrahenten. In erster Linie ist die Entscheidung des ravennatischen Hofs für die Entsendung einer hochrangigen Abordnung zu betonen, da dies auf die neue rechtliche Wahrnehmung des Suebenreiches in der weströmischen Zentralregierung hindeutet. Es handelt sich hier um die erste, explizite Botschaft des römischen Imperiums an das Suebenreich.[329] In Bezug auf den späteren Bruch dieses Friedens bezeugen außerdem Hydatius und Jordanes die Besitzungen der Vertragspartner: Der Bischof von Aquae Flaviae erzählt von der Rückgabe der *Carthaginiensis* an die Römer; der römisch-gotische Historiker erwähnt die Grenzen des suebischen Territoriums akkurat, woraus folgt, dass die Sueben die *Gallaecia*, die *Lusitania* und einen Teil der *Baetica* (bis Mérida und Sevilla) kontrollierten, während sich folglich das Imperium über die *Tarraconensis*, die *Carthaginiensis* und das Küstengebiet der *Baetica* erstreckte.[330] Der Frieden von 452 besteht also in der Aufteilung der iberischen Halbinsel unter zwei paritätischen politischen Einheiten. Ein weiterer Beweis für die staatsrechtliche Anerkennung des suebischen Reiches ist die spätere Gesandtschaft des Justinian 454[331], durch die der weströmische Kaiser Valentinian III. die Bestätigung des jüngsten Friedens bezweckte. Valentinians III. Hauptsorge war nämlich die Wiederaufnahme der Feindseligkeiten vonseiten der auf römischem Boden etablierten Barbaren angesichts der Ermordung des Aëtius, ihres Ansprechpartners und Förderers einer Integrationspolitik durch Verträge.

---

327 HYDAT. *Chron.* 155: *Ad Suevos Mansuetus comes Hispaniarum, et Fronto similiter comes, legati pro pace mittuntur et obtinent conditiones iniunctas.* Zu Mansuetus und Fronto s. Kap. 6.1.3.

328 So BURGESS 1993, 103; PAMPLIEGA 1998, 317; s. auch ZECCHINI 1983, 197.

329 HAMANN 1971, 111.

330 HYDAT. *Chron.* 168: *Suevi Carthaginienses regiones quas Romanis reddiderant, depraedantur*; IORD. *Get.* 230: *Quibus antea Gallicia et Lysitania sedes fuere, quae in dextro latere Spaniae per ripani Oceani porriguntur, habentes ab oriente Austrogonia, ab occidente in promuntorio sacrum Scipionis Romani ducis monumentum, a septentrione Oceanum, a meridie Lysitaniam et fluvium Tagum, qui harenis suis permiscens auri metalla trahit cum limi vilitate divitias.* Zum Bericht Jordanes' und seinen scheinbaren Widersprüchen s. DÍAZ 2011, 118f.

331 HYDAT. *Chron.* 161: *His gestis legatos Valentinianus mittit ad gentes, ex quibus ad Suevos venit Iustinianus.* Zu Justinian s. Kap. 6.1.3.

4.4.2 Römisch-westgotische Zusammenarbeit gegen die Sueben

Der Tod Valentinians III. (455) ließ Westrom erneut ins Chaos stürzen. Rechiar entschied, die politische Ungewissheit am ravennatischen Hof für einen neuen Angriff auf die *Carthaginiensis* auszunutzen.[332] Der Tod des Kaisers stellte den idealen Anlass für den Suebenkönig dar, da dieser folglich den vorherigen Vertrag mit dem Imperium als erloschen betrachtete. Die römische Reaktion ließ nicht lange auf sich warten, denn auf Befehl des neuen Kaisers Avitus begab sich der *comes* Fronto erneut zu den Sueben. Auch der Westgotenkönig Theoderich II. schickte seine eigenen Gesandten zu Rechiar. Das Ziel beider Botschaften war die Beachtung des Schwurvertrags vonseiten der Sueben, wurde aber nicht erreicht, weil Rechiars Truppen kurz nach dem Fortgang des Fronto und der westgotischen Legaten in die *Tarraconensis* eindrangen.[333] In diesem Zusammenhang ist die Sprache des Hydatius über die Art des Vertrags eindeutig: Es handelt sich um ein *foedus pacis*, das die Parteien sich unter Eid verpflichteten einzuhalten. Die römisch-westgotische Zusammenarbeit stand bei der Gelegenheit von vornherein fest. Zuallererst konnte Avitus den Kaiserpurpur mit der Unterstützung des Theoderich II. nehmen, zumal zwischen ihnen gute Beziehungen aufgrund der langjährigen Erfahrung des Avitus am westgotischen Hof bestanden – und hierbei vor allem seine Funktion als römischer Diplomat von Bedeutung war.[334] Die römisch-suebische Auseinandersetzung involvierte außerdem die Intervention des Theoderich II. zwangsläufig, sei es aufgrund seines Bündnisses mit Westrom (Hydatius bezeichnet ihn als *fidus Romano imperio*), sei es angesichts des Heiratsvertrags von 449 mit dem Herrscherhaus Rechiars. Selbstverständlich verfolgte der König der Westgoten in Wirklichkeit die Interessen seines Reiches. Sein Plan war die Ausdehnung des politischen Einflusses der Westgoten auch auf der iberischen Halbinsel, einerseits da die Sueben nicht als gefährliche Gegner betrachtet wurden, andererseits da die römische Autorität in diesem Gebiet sank. Im Übrigen waren die Westgoten bereits zuvor (454) auf spanischem

---

332 HYDAT. *Chron.* 168.

333 HYDAT. *Chron.* 170: *Per Augustum Avitum Fronto comes legatus mittitur ad Suevos. Similiter et a rege Gothorum Theudorico, quia fidus Romano esset imperio, legati ad eosdem mittuntur, ut tam secum quam cum Romano imperio, quia uno essent pacis foedere copulati, iurati foederis promissa servarent. Remissis legatis utriusque partis atque omni juris ratione violata, Suevi Tarraconensem provinciam quae Romano imperio deserviebat, invadunt.*

334 Zur Aktivität des Avitus als Diplomat bei den Westgoten s. Kap. 5.4.2 u. 5.4.3; zur Thronbesteigung des Avitus s. Kap. 5.5.1

Boden tätig gewesen, als Friederich, der Bruder des Theoderich II., im römischen Auftrag (*ex auctoritate Romana*) die Bagauden besiegte.[335]

Wie oben gesagt, fuhren die Sueben trotz der römisch-westgotischen Friedensverhandlungen mit den Plünderungen fort, folglich kam eine zweite Gesandtschaft zum Hof Rechiars. Während Hydatius über ihren Inhalt schweigt, erzählt Jordanes über die friedliche Aufforderung des Theoderich II.: Rechiar solle nicht nur auf die fremden Gebiete verzichten, sondern auch nicht versuchen, sie anzugreifen.[336] Dass diese Gesandtschaft ausschließlich westgotisch war, zeigt das große Engagement des Theoderich II. für die suebische Frage; dieses war höchstwahrscheinlich aus reinem Eigeninteresse motiviert. Ob Theoderich II. auf eigene Initiative hin tätig wurde oder nach Absprache mit Kaiser Avitus, lässt sich nicht entnehmen, ist aber auch wenig relevant, da Kaiser Avitus weder das Interesse noch die Kraft hatte, die Aktion des Theoderich II. zu verhindern. Erneut stellte sich Rechiar taub gegenüber den Worten seiner Feinde und beschäftigte sich mit weiteren, massiven Raubzügen in der *Tarraconensis*, dieses Mal sogar mit der Deportation von Gefangenen nach Galizien. Dies alles schien im Übrigen umso provokanter angesichts der Tatsache, dass Rechiars Angriff während des Verbleibs der westgotischen Legaten am suebischen Hof erfolgte.[337]

Auf diese letzte Provokation antwortete Theoderich II. mit einem kolossalen Feldzug. Im Herbst 456 fiel der Westgotenkönig mit einer riesigen Armee auf die iberische Halbinsel ein und trat Rechiar bei Astorga am Fluß Orbigo entgegen. Die Schlacht endete katastrophal für die Sueben: Viele wurden getötet oder gefangen genommen, während die Übrigen, unter denen sich Rechiar selbst befand, in die Flucht geschlagen wurden. Auch wenn die Überlebenden scheinbar den Großteil des suebischen Heers darstellten, waren sie nicht in der Lage, sich neu zu gruppieren und die westgotischen Truppen konnten ungestört bis Braga marschieren. Knapp einen Monat nach dem obengenannten Kampf fiel die suebische Hauptstadt in die Hände der Westgoten und wurde massiv geplündert. Auch das Schicksal des Rechiar war bereits vorgezeichnet: Trotz eines letzten verzweifelten Fluchtversuchs

335 HYDAT. *Chron.* 158. Durch die Aktion des Friederich scheinen die Bagauden endgültig bezwungen zu sein, weil diese Notiz des Hydatius die letzte Erwähnung des Phänomens ist.

336 HYDAT. *Chron.* 172: *Legati Gothorum rursum veniunt ad Sueuos* [...]; IORD. *Get.* 231: *Cui* (Rechiar) *Theodoridus cognatus suus, ut erat moderatus, legatos mittens, pacifice dixit, ut non solum recederet a finibus alienis, verum etiam nec temptare presumeret, odium sibi tali ambitione adquirens. Ille vero animo pretumido ait: „Si hic murmuras et me venire causaris, Tolosam, ubi tu sedes, veniam; ibi, si vales, resiste".*

337 HYDAT. *Chron.* 172. Jordanes (*Get.* 231) erwähnt keine Kampfhandlung, sondern die Rede, mit der Rechiar sich für einen Angriff gegen Theoderich II. bereit erklärt.

auf dem Seeweg wurde er bei Portum Cale (das heutige Porto) verhaftet und Theoderich II. übergegeben, bei dem er im Gefängnis den Tod fand.[338] Nach Hydatius betrat der Westgotenkönig den iberischen Boden auf Willen und Befehl des Kaisers Avitus (*cum voluntate et ordinatione Aviti imperatoris*). Es ist jedoch schwer zu glauben, dass die Intervention des Theoderich II. ausschließlich im Interesse des Kaisers lag, da die Vernichtung der Sueben dem Westgotenreich tatsächlich die Erweiterung des eigenen Einflussbereiches sicherte. Es ist im Übrigen denkbar, dass Theoderich II. angesichts der momentan geringen politischen Kraft Westroms auch ohne kaiserliche Einwilligung handeln konnte. Wahrscheinlich hätte Avitus seinerseits trotzdem eine autonome Initiative des Theoderich II. akzeptiert, da die Kontrolle der iberischen Halbinsel in letzter Konsequenz von einem Verbündeten übernommen worden wäre. Abgesehen von diesen Vermutungen ist die Stelle des Hydatius auf alle Fälle ein Beweis für die große politische Annäherung zwischen Tolosa und Ravenna zu diesem Zeitpunkt.

4.5 Nach Rechiar: Letzte Kontakte zwischen Sueben und Westrom

4.5.1 Kaiser Maiorianus

Nach der Chronik des Hydatius scheint das suebische Debakel am Fluss Orbigo einen Wendepunkt in der Geschichte dieses Stammes dargestellt zu haben, da der Bischof tatsächlich in diesem Zusammenhang von der Vernichtung und dem Ende des Suebenreiches (*regnum destructum et finitum est Sueborum*) spricht. Der Ausdruck ist jedoch übertrieben, weil die suebische Herrschaft keineswegs gestorben war und Hydatius selbst berichtet später über die neue Zeit der suebischen Macht. Offensichtlich hatte die Auflösung der Dynastie Hermerichs eine große Bedeutung, wohl aufgrund der Tatsache, dass das direkte und indirekte Wirkungsfeld der Sueben enger geworden und grundsätzlich auf Galicien und Lusitanien eingeschränkt war. Es handelt sich trotzdem um eine wichtige historische Zäsur, denn durch diese tiefe innere Umstrukturierung konnte es zu einer Wiederbelebung der suebischen Herrschaft kommen. Auch die Außenpolitik wurde einer großen epochalen Änderung unterzogen. Die

[338] HYDAT. *Chron.* 173–175; IORD. *Get.* 231–232; CHRON. CAES. *a.* 458; PROSP. HAVN. *a.* 457. Eine umfangreiche Behandlung des Feldzugs Theoderichs II. in Spanien findet sich bei PAMPLIEGA 1998, 321–326.

Westgoten intervenierten nun ins suebische Politikum immer öfter an vorderster Front, sei es dadurch, dass sie die Kontrolle der iberischen Halbinsel anstrebten, sei es dadurch, dass sie langsam die römische Zentralregierung in den diplomatischen Beziehungen mit den Sueben ersetzten. Der turbulente Zustand Galiciens lag nicht nur an den inneren Machtkämpfen um die politische Erbschaft Rechiars, sondern auch an den ständigen Konflikten zwischen den Sueben und den lokalen Hispano-Römern.[339] Das Imperium konnte sich seinerseits wegen seiner aussichtslosen und dem Niedergang geweihten Lage keinerlei Einsatz mehr leisten: Nach dem kürzlich erfolgten Verlust Afrikas an die Vandalen machte Westrom seine Autorität auch in den stark romanisierten Gebieten Südgalliens nur mit Mühe geltend und wurde permanent durch innere Machtkämpfe belastet; deshalb verschwand Spanien stufenweise aus dem Blickfeld des ravennatischen Kaisers. Dessen ungeachtet sollen die wenigen Spuren der römisch-suebischen Beziehungen ab Mitte 450er noch kurz erwähnt werden.

Kaiser Avitus, der Verbündete des Theoderich II. und Förderer von dessen bewaffneter Intervention auf der iberischen Halbinsel, wurde entthront und dazu gezwungen, das Amt des Bischofs von Piacenza zu bekleiden. Einer der Verantwortlichen war der *comes domesticorum* Maiorianus, der den Purpur Ende 457 offiziell nahm. Angesichts seines Wiedereroberungsplans hinsichtlich der in den letzten Jahren verlorenen Provinzen, vor allem des unter der vandalischen Domination stehende Großteils der *Dioecesis Africae*, ist er wohl als der letzte Kaiser zu betrachten, unter dessen Führung das Weströmische Reich die Bestätigung seiner alten Autorität suchte. Maiorianus' Plan sah die iberische Halbinsel als Ausgangspunkt für den Feldzug gegen die Vandalen vor. Nach dem Aufmarsch in der *Carthaginiensis* sammelte sich eine riesige Flotte an der Küste dieser Provinz.[340] Durch ein Abkommen mit dem Westgotenkönig Theoderich II. sorgte der Westkaiser nicht nur für Ruhe in einem neuralgischen Gebiet wie Gallien, sondern auch für Unterstützung im Rahmen der Vorbereitungen in Spanien für die Offensive nach Afrika. Diese römisch-westgotische Zusammenarbeit ist aufgrund der gemeinsamen Gesandtschaft des *magister militum* Nepotianus und des westgotischen *comes* Sunierich, der respektiven Vertreter des Kaisers Maiorianus und Theoderich II. in Spanien, eindeutig. Damit wurden die Galicier über das neue Bündnis zwischen Westrom und den Westgoten nach dem letzten Konflikt informiert.[341] Die genaue Identität der Ansprechpartner (*Gallaeci*) für die römisch-westgotischen Legaten lässt sich aus Hydatius' Stelle nicht entnehmen. Ob es

---

339 HYDAT. *Chron.* 188.

340 PRISC. *frg.* 36,1; HYDAT. *Chron.* 200; CHRON. GALL. *a. DXI* [634]; MARIUS AVENT. *a.* 460; ISID. *Hist. Vand.* 76; SIDON. *Carm.* V 441–448.

341 HYDAT. *Chron.* 197: *Legati a Nepotiano magistro militiae et a Sunerico comite missi veniunt ad Gallaecos nuntiantes Maiorianum Augustum et Theudoricum regem firmissima inter se pacis iura sanxisse Gothis in quodam certamine superatis.*

sich um die galicische Bevölkerung im Ganzen oder eine lokale politische Entität handelte, bleibt aufgrund des undeutlichen Ausdrucks des Chronisten fraglich. Die Benachrichtigung von der römisch-westgotischen Entente sollte also in den Augen des Nepotianus und des Sunierich als moralische Unterstützung für die lokalen Hispano-Römer fungieren. Dabei erreichten die zwei Feldherren trotzdem ein weiteres, wohl wichtigeres Ziel, und zwar eine beabsichtigte Einschüchterung der Sueben, der eine Militäraktion später folgte. Mit der Vorbereitung für das Unternehmen gegen die Vandalen beschäftigt, wollte sich der Westkaiser Maiorianus dem Risiko eines suebischen Angriffs nicht aussetzen. Durch eine Einschüchterungsaktion bezweckte er also zum einen die völlige Konzentration auf den Feldzug nach Afrika, zum anderen die Einschränkung der suebischen Bedrohung. Dieser Stamm konnte tatsächlich die Auseinandersetzung des Maiorianus mit den Vandalen sowohl für ihre politische Konsolidierung in Spanien, als auch für eine direkte Attacke auf die iberischen Provinzen Westroms ausnutzen.[342]

Mit dem Scheitern der Rückgewinnung Afrikas durch Maiorianus und mit seinem konsequenten Rückzug nach Italien endete auch jedes römische Engagement auf der iberischen Halbinsel, ab diesem Zeitpunkt wurde das Schicksal Spaniens eine Angelegenheit, die ausschließlich Sueben und Westgoten betraf. Auch wenn der Großteil der *Dioecesis Hispaniae* rechtlich immer noch dem Imperium gehörte, übten die Westgoten nun die politische Hauptautorität in ganz. Ein Beweis dafür ist, dass Arborius, der neue *magister militum* und Nepotianus' Nachfolger, von Theoderich II. ernannt wurde und sich nur vor diesem verantwortete.[343] Seinerseits schien der Westgotenkönig die gemäßigte Politik Westroms gegenüber den Sueben fortzusetzen, da er sich immer öfter für Verhandlungen durch Gesandtschaften entschied.[344]

4.5.2 Remismund

Rechiars Tod (456) hatte eine große politische Instabilität in der suebischen Region hervorgebracht. Zuerst regierte Theoderichs II. Gefolgsmann Agiulf, durch den der Westgotenkönig die Kontrolle über das Territorium der Sueben anstrebte, auch wenn dieses offiziell selbstständig blieb. Agiulf rebellierte trotzdem bald mit dem Ziel einer eigenen Herrschaft. Theoderichs II. Militärreaktion war rasch und energisch: Westgotische Truppen verwüsteten einige suebische Gebiete und Agiulf

342 S. HAMANN 1971, 127f.; DÍAZ 2011, 89f.; vgl. auch VALVERDE CASTRO 2000, 59; OPPEDISANO 2013, 257 u. 267. S. auch HYDAT. *Chron.* 201 (zum Militärangriff des Nepotianus und Sunierich gegen die Sueben).

343 HYDAT. *Chron.* 213; 230.

344 Etwa HYDAT. *Chron.* 219; 220; 226; 230; 237.

wurde kurz danach exekutiert. Zu diesem Zeitpunkt und unter unklaren Umständen geschah im Übrigen auch eine Spaltung des suebischen Stammes, die noch ausgeprägter wurde, als es zu einem Gegenkönigtum kam. Maldra und Framta, von denen jeder die Leitfigur einer anderen suebischen Gruppe war, brachten das Volk der Sueben zu einem Bürgerkrieg, den die Westgoten zu eigenen Zwecken ausnutzten. Die politischen Innenunruhen endeten mit der Thronbesteigung des Remismund (463), dem es gelang, eine Alleinherrschaft über alle Sueben innezuhaben. Durch ein Bündnis mit Theoderich II. erreichte er darüber hinaus die westgotische Anerkennung seiner Autorität und eine relative Unabhängigkeit.[345]

Unter Remismund erfolgte nach Hydatius eine vorsichtige Wiederaufnahme der diplomatischen Kontakte zwischen den Sueben und dem Weströmischen Reich. Der Tod des Theoderich II., Alliierter des Suebenkönigs, durch die Hand seines Nachfolgers Eurich (466) stellte für Remismund den idealen Anlass dar, um sich von der westgotischen Oberherrschaft zu befreien. Remismund durfte seinen Vertrag mit dem Westgotenreich aufgrund des Mordes des westgotischen Kontrahenten Theoderich II. als erloschen betrachten. In diesem Zusammenhang lehnte der Suebenkönig die westgotische Gesandtschaft ab, mit der Eurich ihn und den Westkaiser Anthemius über seine Krönung und wohl auch über die Absicht auf die Erneuerung der Bündnisse benachrichtigen wollte. Seinerseits entsandte Remismund seine Legaten zu Anthemius und zu den Vandalen.[346] Durch diese diplomatische Aktion beabsichtigte er, zum einen seine neue politische Machtstellung hervorzuheben, zum anderen potenzielle Interessenten an einem antiwestgotischen Bündnis zu sich hinüber zu ziehen. Inzwischen wurden die suebischen Plünderungen in den benachbarten Gebieten wieder aufgenommen, weshalb die Westgoten sich für einen Militäreinsatz entschieden. Der Schauplatz der Auseinandersetzung zwischen Sueben und Westgoten war insbesondere Lusitanien, dessen Städte von beiden Völkern heftig geplündert wurden. Im Konfliktverlauf wendete Remismund sich 469 erneut an Kaiser Anthemius und schickte ihm seine Vertreter unter der Begleitung des Lusidius.[347] Dieser war ein römischer Bürger von Olisipo (das heutige Lissabon), wahrscheinlich ihr Gouverneur, der diese Stadt den Sueben kampflos übergegeben hatte.[348] Hydatius schweigt über den Inhalt der suebischen Botschaft, die Lusidius übergegeben wurde. Es ist allerdings zu vermuten, dass er um Hilfe

345 Über die turbulente und dichte Zeit zwischen Rechiars Tod und Remismunds Machtübernahme s. HAMANN 1971, 123–134; PAMPLIEGA 1998, 327–346; DÍAZ 2011, 84–98.

346 HYDAT. *Chron.* 238: *Euricus pari scelere quo frater, succedit in regnum: qui honore provectus et crimine, legatos et ad imperatorem et ad regem dirigit Suevorum, quibus sine mora a Remismundo remissis, ejusdem regis legati ad imperatorem, alii ad Wandalos, alii diriguntur ad Gothos.* Für die Identität des *imperator* mit Kaiser Anthemius s. Kap. 5.6.1.

347 HYDAT. *Chron.* 251: *Lusidius per Remismundum cum suis hominibus Suevis ad imperatorem in legatione dirigitur.*

348 HYDAT. *Chron.* 246.

bat, sei es, dass Remismund sich militärische Unterstützung wünschte, sei es, dass sein Ziel die Mediation des Westkaisers bei dem Westgotenkönig Eurich war. Man mag sich nun verwundert fragen, warum der Suebenkönig als Bote gerade denjenigen wählte, der durch die Übergabe von Olisipo seine Untreue gegenüber dem Imperium gezeigt hatte. Welche Erfolgsaussicht hätte eine Gesandtschaft unter der Leitung eines Betrügers gehabt? Remismund glaubte wohl, dass die Anwesenheit des Lusidius einen Vorteil darstellen konnte. Denn nur ein römischer Bürger konnte bestmöglich mit seinen Landsmännern am Kaiserhof umgehen.[349] Der zweifache Versuch des Remismund, die Unterstützung des Kaisers zu erhalten, ist beachtenswert. Denn der Suebe sollte über den untergehenden Zustand des Weströmischen Reiches informiert gewesen sein, und folglich über dessen äußerst geringes militärisches Potential. Daraus lässt sich folgern, dass Remismund eher auf die moralische Autorität Westroms zählte. Die große Bedeutung dieser Folgerung besteht darin, dass ein Barbarenkönig, und zwar der Suebenkönig dem Westkaiser auch kurz vor dem endgültigen Untergang des Weströmischen Reiches eine starke politische Anerkennung zuteilwerden ließ.

---

349 Vgl. Díaz 2011, 99; Becker 2013, 140. Anders Pampliega 1998, 358.

Die Westgoten

Im Unterschied zu den anderen in dieser Arbeit vorgestellten Germanenstämmen fing die Geschichte der Beziehungen zwischen (West-)Rom und den Westgoten nicht mit dem Rheinübergang 406–407 an. Das Auftreten der Westgoten im westlichen Teil des Römischen Reiches fand 401 statt, als sie unter ihrem König Alarich zum ersten Mal in Italien einfielen. Sie waren den römischen Kaisern aber schon seit langer Zeit im Osten bekannt, da die Goten, von denen die Westgoten ein (Unter-)Verband sind, bereits im 3. Jh. an der Donaugrenze auftauchten. Ihre Geschichte entwickelte sich jedoch im Westen im Positiven. Nach den massiven Plünderungen in Italien am Anfang des 5. Jhs. erhielten die Westgoten ein Ansiedlungsterritorium in Aquitanien, welches den Grundstein einer langfristigen westgotischen Herrschaft auf römischem Boden bildete, zuerst im Südwesten Frankreichs (Tolosanisches Reich) und später in Spanien (Toledanisches Reich). Ihr Reich war das langlebigste unter denen der Germanen, da es erst als Folge der islamischen Invasion der iberischen Halbinsel im 8. Jh. unterging. Vom ersten Angriff auf Italien bis zum Fall Westroms pflegten Westgoten und Römer so zahlreiche und intensive Beziehungen, dass die Westgoten das germanische Volk mit der größten Anzahl von bezeugten Verträgen mit dem Imperium sind.

5.1 Die Zeit vor Alarich

Um die Geschichte der Westgoten im Westen einzuleiten und besser zu begreifen, ist es notwendig, sich auch Einblicke in die gotisch-römischen Beziehungen in den vorherigen Epochen zu verschaffen. Diese werden aber nur skizziert, da der Gegenstand dieser Arbeit die Verträge zwischen den Germanen und Westrom ist.

Der erste sicher bezeugte Vertrag fand 332 statt. Im Rahmen der Befriedung der Donaugrenze, die kontinuierlich von Gotenscharen bedroht war, trat Kaiser Constantin den Terwingen im Sarmatenland entgegen und besiegte sie in einer großen Schlacht. In dem darauffolgenden *foedus* erlaubte Constantin den Terwingen, in ihren Wohnsitzen zu bleiben. Sie behielten also das eigene Land zusammen mit der Souveränität nach dem Vorbild eines Klientelstaates. Der Vertragsabschluss, dem wohl eine *deditio* vorangegangen war, wurde mit der Geiselstellung von Angehörigen der gotischen Führungsschicht sanktioniert. Keine weiteren Vertragsbedingungen wurden überliefert.[350] Das *foedus* von 332 führte zu friedlichen Beziehungen zwischen den Römern und Westgoten und kann als erster Schritt auf einem Weg von Koexistenz und

350 EXC. VAL. VI [31]. Laut einigen Forschern impliziert ein Bericht des Eusebius (EUS. *vita Const.* IV 5–7) Tributleistungen seitens Roms und Waffenhilfe seitens der Goten in Bezug auf dieses *foedus*. Es gibt aber keine direkte und

Integration betrachtet werden. Die zunehmende Handelsintensität ab diesem Zeitpunkt beweist es.[351]

Die Situation an der Donaufront wird rund dreißig Jahre später wieder kritisch. Da die Terwingen den Usurpator Procopius unterstützten, entschied sich Kaiser Valens für einen direkten Angriff. Der Konflikt aber kam zu keinem endgültigen Ende, und deswegen schlossen Valens und der Westgotenkönig Athanarich 369 einen Vertrag bei Noviodunum. Beide Parteien behielten die ursprünglichen Territorien, die Barbaren durften aber den römischen Boden nicht betreten. Außerdem musste sich der Handel innerhalb zweier Städte halten. Schließlich wurden die Zahlung jährlicher Tribute römischerseits und scheinbar die Stellung von Hilfstruppen gotischerseits annulliert.[352] Im Wesentlichen wurde das *foedus* von 332 in ein Freundschaftsverhältnis umgewandelt. Folglich endeten die guten Verhältnisse zwischen Goten und Römern und vor allem verblasste der Einfluss Roms nördlich der Donau.[353]

Währenddessen stieg der Druck der Hunnen aus Nordosten. Aufgrund der Schwierigkeiten, den hunnischen Angriffen erfolgreich entgegenzutreten, suchten die Westgoten unter Fritigern Schutz und einen Lebensraum bei Rom. Kaiser Valens stimmte zu: Gegen die Gewährung Thrakiens als Ansiedlungsland erhielt er die Einhaltung des Friedens und eine Militärhilfe. Seine Intention war die Errichtung eines Bollwerks gegen die Hunnen. Es fand also eine *deditio* statt, und 376 überquerten die Westgoten die Donaugrenze. Die Situation wurde bald chaotisch, zum einen wegen der unkontrollierbaren Anzahl der Einwanderer und ihrer großen Versorgungsbedürfnisse, zum anderen wegen der Desorganisation und des korrupten und erpresserischen Verhaltens der römischen Beamten, die vom Geschäft profitieren wollten. Deswegen rebellierten die Goten und fingen an, Thrakien zu plündern. Valens entschied, ohne Hilfe des westlichen Mitkaisers Gratian einzugreifen. 378 wurde er von den Westgoten bei Adrianopel schwer besiegt und starb sogar in der Schlacht. 382 schloss Valens' Nachfolger Theodosius I. ein *foedus* mit den Westgoten, gemäß dem sie Siedlungsland in den Provinzen Dakien und Thrakien bekamen. Da durften sie autonom wohnen, obwohl das Land rechtlich immer noch dem Römischen Reich gehörte. Außerdem erhielten sie eine Steuerbefreiung und profitierten von Geschenken. Als Gegenleistung mussten sie die römische Armee militärisch unterstützen.

---

konkrete Erwähnung darüber, sondern einfach eine mögliche Andeutung. Zur Diskussion darüber s. LIPPOLD 1992, 384–387; LENSKI 2002, 123ff.

351 Zur vollständigen Analyse des *foedus* von 332 s. BROCKMEIER 1987, 79–100; LIPPOLD 1992, 371–391; KAMPERS 2008, 50–51; DELAPLACE 2015, 83–85 (mit ausführlicher Literatur).

352 Nach vielen Forschern wurden diese Leistungen im Rahmen des Vertragsabschlusses 332 ausgehandelt. Die Quelle darüber (THEM. *Or.* X 135a-c) berichtet nur ihre Abschaffung. Ob sie das *foedus* von 332 oder eine spätere Vereinbarung betreffen, kann nicht entschieden werden.

353 Zum *foedus* von Noviodunum s. LENSKI 2002, 132ff.; KAMPERS 2008, 52–53; DELAPLACE 2015, 85–88.

Diese Vertragsform (Ansiedlung gegen Militärdienst) stellte fortan den Präzedenzfall für die Vereinbarungen zwischen dem Römischen Reich und den Barbaren dar.[354]

395 brach der Westgotenkönig Alarich das vorherige *foedus* von 382 und zog gegen Konstantinopel. Die Gründe für diese Entscheidung waren einerseits die erneute Drohung der Hunnen, andererseits Alarichs Ambition und Überzeugung, von den Römern nicht die angemessene Achtung zu erfahren. Den Westgoten gelang es, Makedonien und Thessalien aufgrund der Spannung zwischen West- und Ostrom unbehindert zu plündern: Alle erfolgreichen Eingriffe des Heermeisters des Westens, Stilicho, wurden von dem Ostkaiser Arcadius vereitelt, der Stilichos Einmischung als inakzeptabel ansah, da Illyrien zur östlichen Hälfte des Römischen Reiches gehörte. 397 kam es zwischen Alarich, der mittlerweile in Epirus eingefallen war, und Arcadius, dessen Politik von dem *praepositus sacri cubiculi* Eutropius stark beeinflusst war, zu einem Vertrag. Der Westgotenkönig erhielt für sich den Titel und den Rang eines *magister militum per Illyricum*, für sein Volk Makedonien als Ansiedlungsgebiet. Eine gotische Militärhilfe an Konstantinopel als Gegenleistung ist unsicher.[355]

5.2 Alarich

5.2.1 Erster Einfall in Italien

Die Ursachen des Zuges von Alarich und seiner Gruppe in den westlichen Teil des Römischen Reiches beschäftigen die Forschung bis zum heutigen Tage. Das Ende der gotenfreundlichen Politik des Ostkaisers, die unter Theodosius I. begonnen hatte, spielte sicherlich eine entscheidende Rolle. Diese politische Änderung war die Konsequenz des Militärputschs von Gainas. 399 rebellierte ein Offizier ostgotischer Herkunft namens Tribigild gegen Konstantinopel aufgrund ausstehender Zahlungen und plünderte sofort Phrygien und Pisidien. Eutropius, der der faktische Regent des Oströmischen Reiches anstatt des legitimen Kaisers Arcadius war, beauftragte Gainas mit der Niederschlagung der Revolte Tribigilds. Gainas war ein westgotischer Feldherr, der Eutropius politisch bekämpfte und Stilicho unterstützte. Dieser Auftrag

---

354 Hier eine Auswahl der Studien über die Schlacht bei Adrianopel: HEATHER 1991, 157–192 (zu den Konsequenzen); LENSKI 2002, 341–355 (zu den Ursachen); KAMPERS 2008, 87–97; DELAPLACE 2015, 88–94 (mit ausführlicher Literatur).

355 Zur vollständigen Tätigkeit Alarichs im Osten s. HEATHER 1991, 193–208; CESA 1994, 54–76; KAMPERS 2008, 98–10; HUGHES 2010, 76–100.

stellte für ihn die Gelegenheit für Eutropius' Sturz dar. Gainas verbündete sich also mit Tribigild und forderte die Ermordung des Eutropius, um den Konflikt zu beenden. Der Eunuch wurde folglich hingerichtet und Gainas konnte Konstantinopel besetzen. Seine Regierung dauerte trotzdem nur wenige Monate, weil es der antigermanischen Hofpartei in Konstantinopel gelang, einen städtischen Aufstand zu organisieren. Gainas konnte fliehen, wurde aber von dem neuen *magister militum*, dem Terwingen Fravittas, verfolgt und geschlagen, als er mit seinen Soldaten versuchte, über den Hellespont zu fahren. Gainas zog sich dann nördlich der Donau zurück, wo er von den Hunnen angegriffen wurde und im Kampf fiel. Gainas' Ermordung brachte den Hunnen die Zuneigung des Ostkaisers ein. Die Folgen des Aufstandes von Gainas waren also katastrophal für Alarich, obwohl er sich darauf nicht einließ: Er verlor seinen machtvollen Alliierten am Kaiserhof, Eutropius, und musste mit der neuen hunnenfreundlichen Politik der oströmischen Regierung rechnen. Gleichzeitig verschlechterte sich auch die wirtschaftliche Situation der Westgoten. Die Aussetzung ihren Subsidien aus Konstantinopel sowie der schlechte Zustand Makedoniens aufgrund ihrer bisher intensiven Plünderungen bewirkten sicherlich Alarich und seinem Verband Versorgungsprobleme. Darum schaute er auf Italien, das in seinen Augen voll von Schätzen und eine leuchte Beute war. Eine wirtschaftliche Begründung schließt selbstverständlich nicht die politische aus, sondern beide haben an der Entscheidung Alarichs mitwirken können. Zusammenfassend: Aus verschiedenen Gründen war die Lage der Westgoten im Osten nicht mehr sicher und günstig wie früher, und deswegen marschierte Alarich nach Westen, wo viele Provinzen von den barbarischen Feldzügen noch nicht betroffen worden waren.[356]

Alarichs Tat bedeutete deutlich den Bruch des Vertrags von 397 mit dem Ostkaiser Arcadius. Ein Teil der Forschung spricht aber auch von einer möglichen Vereinbarung zwischen dem Westgotenkönig und Stilicho. Diese wurde 397 abgeschlossen, als Stilicho sich nach seinem zweiten Einsatz gegen Alarich in Griechenland nach Westen zurückzog. Mit seinem Angriff auf Italien brach also Alarich eigentlich den Vertrag mit Westrom, gemäß dem er versprochen hatte, Westillyrien nicht zu überfallen. Dass ein Vertrag unter diesen Bedingungen zwischen Stilicho und Alarich 397 tatsächlich geschlossen worden war, ist aber kaum glaubwürdig. Die Quellen, auf die sich diese Hypothese stützt, sind ein Vers Claudians und eine Notiz bei Orosius. Laut dem römischen Dichter verspottete Alarich die Verträge und verhandelte mit beiden römischen Höfen. Der christliche Theo-

356 Hier eine Auswahl der bedeutendsten Beiträge darüber: BAYLESS 1976, 65–67; CESA 1994, 54–76 (zu den Hunnen als Hauptgrund der westgotischen Flucht nach Westen); GIESE 2004, 31; JANßEN 2004, 127–132; KAMPERS 2008, 101f.; HUGHES 2010, 133–135; DELAPLACE 2015, 122f.

loge und Historiker behauptet, dass Stilicho ihn und seine *gens* absichtlich nach einer der Schlachten in Griechenland freiließ. Beide sind aber einfach Andeutungen über einen möglichen Vertrag zwischen Stilicho und Alarich, der aber nie deutlich erwähnt wird. Deswegen kann er nicht als historischer Beweis gelten. Außerdem ist es schwierig, sich die Gegenleistungen vonseiten Stilichos vorzustellen. Zu diesem Zeitpunkt war Alarichs größtes Interesse, der römischen Ämterhierarchie beizutreten und das konnte Stilicho ihm nicht anbieten.[357] Auch Grumel nimmt die Existenz einer Vereinbarung zwischen Stilicho und Alarich auf, gründet aber seine Argumentation auf einen anderen und scheinbar deutlicheren Vers Claudians. Hier warf ein gotischer Veteran Alarich vor, dass der Westgotenkönig die Abmachung verletzte und nicht in Imathia (vermutlich eine Synekdoche für Makedonien) ruhig blieb.[358] Grumel präzisiert aber, dass Claudian keinen richtigen Vertrag meint, sondern einfach einen Waffenstillstand. Grumels Vermutung scheint zwar plausibel, Claudians Notiz enthält dennoch keine klaren Hinweise auf die Identität des Vertragskontrahenten von Alarich. Darüber hinaus war sicherlich der Ostkaiser oder irgendein Repräsentant des Oströmischen Reiches der richtige Ansprechpartner für Alarich, damit dieser seinen Zweck verfolgen konnte. Der gotische Veteran meinte also den Vertrag von 397 zwischen Alarich und Ostrom.[359]

Im Herbst 401 fielen die Westgoten in Italien ein. Zu diesem Zeitpunkt befand sich Stilicho mit seinen Truppen in Rätien aufgrund eines Angriffes der Vandalen und Alanen auf diese Provinz. Davon profitierte Alarich, der in die italische Halbinsel einmarschierte, während sie schutzlos war. Nach dem Übergang über die *Alpes Juliae* marschiert er plündernd durch Venetien bis Mailand, wo der Westkaiser zu dieser Zeit residierte. Aus Furcht vor einer Belagerung Mailands durch die Westgoten wählte Kaiser Honorius Ravenna als neue Hauptstadt, die ihm eine sicherere Residenz zu sein schien. Aufgrund der Rückkehr Stilichos, der die Unruhen in Rätien erfolgreich geregelt hatte, gelang es Alarich jedoch nicht, Mailand einzunehmen. Alarich verzichtete auf die Belagerung und zog nach Südwesten in Richtung Ligurien.[360] Stilicho, der mit seiner Armee Alarich verfolgt hatte, trat ihm im Kampf am Ostersonntag 402 bei Pollentia entgegen. Die Schlacht endete ohne „richtige" Sieger, Alarich zog sich trotzdem nach Westen zurück. Erst einige Monate später

357 Claud. *de bell. Got.* 566–567; Oros. VII 37, 2.

358 Claud. *de bell. Got.* 496–497: *saepe quidem frustra monui, seruator ut icti | foederis Emathia tutus tellure maneres.*

359 Zur Existenz eines Vertrags zwischen Alarich und Westrom s. Mazzarino 1942, 69; Grumel 1951, 36 mit Anm. 3; O'Flynn 1983, 36 u. 55; Norwich 1988, 128f.; Roberto 2010, 171f. datiert den Vertrag im Jahr 399, argumentiert aber nicht. Die überzeugenderen und vollständigeren Beiträge dagegen bei Cameron 1970, 168–180; Hughes 2010, 99; Delaplace 2015, 121.

360 Es ist nicht klar, was genau Alarich mit dem Zug nach Ligurien bezweckte, und genauer, ob er nach Toskana auf dem Weg nach Rom (und später nach Afrika) oder nach Gallien ziehen wollte. Hierzu s. Cesa-Sivan 1990, 367; Hughes 2010, 139f.

(Sommer 402) fand ein weiterer Kampf bei Verona statt. Dieses Mal war Stilichos Einsatz energischer und erfolgreicher: Alarich wurde schwer besiegt und kehrte endgültig nach Illyricum zurück.[361]

5.2.2 Die Vereinbarungen mit Stilicho

Die Beziehungen zwischen Stilicho und Alarich während des ersten gotischen Einfalls in Italien sind umstritten. Claudian erzählt, dass die Schlacht bei Verona die Folge des Bruches der nach Pollentia abgeschlossenen Vereinbarung vonseiten Alarichs gewesen sei.[362] Obwohl er den Gegenstand des Abkommens nicht vertieft, sind manche Angaben seines Textes sehr hilfreich für die Einordnung dieser Vereinbarung. Alarich nennt die Römer *socii*, sieht dennoch das *foedus* schlimmer als eine Versklavung an, wahrscheinlich, weil er zur Aufgabe Italiens gezwungen wurde und gotische Frauen, Kinder und Schätze sich in römischen Händen befanden.[363] Diese Darstellung zeigt das Imperium in einer klaren Machtstellung gegenüber den Westgoten, da Alarich die Vereinbarungskonditionen als belastend betrachtet. Wegen des enkomiastischen Tons in seinem Werk für die Taten des Kaisers Honorius müssen Claudians Worte aber relativiert werden. Es ging wohl einfach um ein Abkommen, damit Alarich die italische Halbinsel ohne weitere Plünderungen verließ und die von den Römern entführten Personen und Güter als Garantie für die Befolgung des Vertrags vonseiten Alarichs gelten sollten. Es besteht die Möglichkeit, dass die-

---

361 IORD. *Get.* 152–156 bietet eine völlig andere Rekonstruktion des Geschehens. Dieser erzählt über einen Vorschlag Alarichs durch Legaten: Die Westgoten wären bereit, friedlich in Italien zu wohnen und folglich ein einziges Volk mit den Römern zu bilden; im gegenteiligen Fall musste gekämpft werden. Nach Absprache mit dem Senat stellte Kaiser Honorius ein Gegenangebot: Alarich durfte für sein Volk die Provinzen Galliens und Spaniens erhalten, unter der Voraussetzung, dass er sie von der vandalischen Kontrolle befreite. Trotz der *sacro oraculo* abgeschlossenen Vereinbarung wurden die Westgoten von den Römern bei der Stadt Pollentia überraschend angegriffen, konnten sie jedoch besiegen. Auf diesen Verrat folgten Plünderungen und Verwüstungen und sie drangen bis nach Rom vor. Jordanes' Bericht ist deutlich voller historischer Widersprüche (z. B. die Rolle des Senats, der vandalische Einfluss über Gallien und Spanien, der westgotische Sieg bei Pollentia), deswegen wurde er von der Forschung wenig berücksichtigt. Einige glaubwürdige Elemente sind trotzdem erkennbar (hierzu s. AMICI 2002, 64–73). Im Kontext dieser Untersuchung ist jedoch darauf hinzuweisen, dass auch Jordanes auf das westgotische Ziel einer Ansiedlung im Westen hinweist; s. auch CESA 1994, 95.

362 CLAUD. *VI Cons. Hon.* 204–211: *Hic rursus, dum pacta movet, damnisque coactus | extremo mutare parat praesentia casu* [...] *oblatum Stilicho violato foedere Martem | omnibus arripuit votis* [...].

363 CLAUD. *de bell. Got.* 144: [...] *victumque relegat; Cons. Hon. VI* 132: *Turpe retexit iter* [...]; 298–309: *Romanus, carasque nurus, praedamque tenebat* [...] *foedera saevo | deteriora iugo* [...] *Mars gravior sub pace latet, capiorque vicissim | fraudibus ipse meis. Quis iam solacia fesso | consiliumve dabit? Socius suspectior hoste.*

ses Abkommen das von Orosius erwähnte *occultum foedus* zwischen Stilicho und Alarich ist. In Bezug auf dieses „heimliche Bündnis" weist der spanische Theologe auf die Bitte der Westgoten um Frieden und irgendwelche Wohnsitze hin.[364] Diese Stelle des Orosius befindet sich nach dem Exkurs über Radagaisus, der dem Bericht über die Schlacht bei Pollentia folgt. Deswegen vermutet Burns, dass der *occultum foedus* sich auf diese Schlacht bezieht. Eine weitere Argumentation ist das Schweigen Orosius' über die Schlacht bei Verona.[365] Zusammenfassend: Damit die Westgoten Italien tatsächlich verließen, erlaubte Stilicho ihnen eine Ansiedlung auf (west-)römischem Boden.

Die Gründe des Bruches dieses *foedus* vonseiten Alarichs sind unbekannt. Ebenso unklar ist der Grund, weswegen er sich auf dem Rückmarsch nach Osten in der Nähe von Verona hielt. Abgesehen davon ist es plausibel, dass weitere Verhandlungen zwischen Stilicho und Alarich nach der Schlacht bei Verona stattfanden. Nach Sozomenus erhielt Alarich für sein aufgrund des Debakels bei Verona dezimiertes Volk einige Ansiedlungsgebiete in Westillyricum (höchstwahrscheinlich in *Pannonia II* oder *Pannonia Savia*) und für sich selbst den Titel eines römischen Generals.[366] Die wahrscheinliche Lokalisierung der westgotischen Wohnsitze in *Pannonia II* oder *Pannonia Savia* lässt sich daraus erschließen, dass Sozomenus von Pannonien in Verbindung mit Dalmatien spricht und weder *Pannonia I* noch *Pannonia Valeria* an *Dalmatia* angrenzen. Außerdem gehörten sowohl *Pannonia Savia* als auch *Pannonia II* der alten Provinz Pannonia an. Der Eindruck ist also, dass Sozomenus mit Dalmatien und Pannonien keine Provinzen, sondern einfach geographische Gebiete meint.[367] Der von Alarich erhaltene Militärrang war der eines *comes rei militaris*.

364 OROS. VII 38, 2: *Quamobrem Alaricum cunctamque Gothorum gentem, pro pace optima et quibuscumque sedibus suppliciter ac simpliciter orantem, occulto foedere fovens, publice autem et belli et pacis copia negata, ad terrendam terendamque rempublicam reservavit.*

365 BURNS 1994, 194 mit Anm. 33, 353f. Vgl. CESA 1994, 94f, dem zufolge die Datierung dieses heimlichen Bündnisses anhand der Parteilichkeit und Ungenauigkeit des Orosius fraglich ist: Sie schlägt lieber die Identifizierung mit anderen Vereinbarungen entweder von 404–405 oder von 408–409) vor; s. auch AMICI 2002, 69, Anm. 41.

366 SOZOM. VIII 25, 3–4: καὶ στρατηγοῦ Ῥωμαίων ἀξίωμα παρὰ Ὀνωρίου προξενήσας Ἀλαρίχῳ τῷ ἡγουμένῳ τῶν Γότθων Ἰλλυριοῖς ἐπανέστησεν [...] παραλαβὼν δὲ Ἀλάριχος τοὺς ὑπ' αὐτὸν ἐκ τῆς πρὸς τῇ Δαλματίᾳ καὶ Παννονίᾳ βαρβάρου γῆς, οὗ διῆγεν, ἧκεν εἰς τὰς Ἠπείρους; IX 4, 2–4: καὶ στρατηγοῦ Ῥωμαίων ἀξίαν προξενήσας Ἀλαρίχῳ τῷ ἡγουμένῳ τῶν Γότθων προυτρέψατο καταλαβεῖν τοὺς Ἰλλυριούς [...] καὶ ὁ μὲν Ἀλάριχος ἐκ τῆς πρὸς τῇ Δαλματίᾳ καὶ Παννονίᾳ βαρβάρου γῆς, οὗ διῆγεν, παραλαβὼν τοὺς ὑπ' αὐτὸν ἧκεν εἰς τὰς Ἠπείρους; hierzu s. LIEBESCHUETZ 1990, 64; HEATHER 1991, 210; BURNS 1994, 353, Anm. 30. Nach manchen Forschern (LIEBESCHUETZ 1990, 64; HUGHES 2010, 144) schließt Sozomenus' Bericht auch die Abführung von *annona* für Alarich ein. Dieser Vermutung muss man aber mit Vorsicht folgen, da Sozomenus' Text in diesem Punkt nicht eindeutig ist.

367 S. LIEBESCHUETZ 1990, 64; HEATHER 1991, 210; BURNS 1994, 353, Anm. 30.

Diese Vermutung basiert auf einer Stelle bei Orosius, in der Alarich als *comes* charakterisiert wird.[368] Unter Bezug auf Flavius Merobaudes schließt Liebeschuetz, dass die Vereinbarung bei dieser Gelegenheit mit einem gegenseitigen Geiseltausch besiegelt wurde.[369] Der Vertragsschluss mit solchen Vorteilen für die Westgoten trotz des militärischen Siegs Westroms ist nicht absurd. Stilicho folgte nämlich einem präzisen außenpolitischen Plan und durch diesen Vertrag erzielte er sowohl die Befreiung Italiens von der westgotischen Bedrohung als auch eine wertvolle Unterstützung auf dem östlichen Kriegsschauplatz.[370]

Die Verhältnisse zwischen den zwei Hälften des Römischen Reiches wurden währenddessen noch kritischer. Stilicho, nach dessen Meinung Ostillyricum dem Westkaiser Honorius gehören sollte, plante endlich eine Expedition gegen den Ostkaiser Arcadius für die Rückgewinnung dieses Gebietes. Dafür wollte er auf die Westgoten zählen und verbündete sich folglich mit Alarich. Auf Stilichos Befehl fiel also der Westgotenkönig von seinen Wohnsitzen in Westillyricum in die beiden Provinzen Epirus ein und blieb dort in Erwartung der Ankunft Stilichos mit einer Armee aus Italien.[371] Eine große Forschungsdebatte betrifft die Datierung dieser Vereinbarung zwischen Stilicho und Alarich. Das Problem liegt darin, dass die betreffende Hauptquelle, Zosimus, oft chronologisch unpräzise ist. Genau bei dieser Gelegenheit ist sein Bericht lückenhaft, weil eine angemessene Behandlung für den Zeitraum von 397 bis zu dem betreffenden Abkommen fehlt. Der byzantinische Autor informiert nur darüber, dass es vor Radagaisus' Einfall in Italien geschlossen wurde. Folglich soll der *terminus ante quem* sich irgendwann in dem Zeitfenster 402–405 befinden, das heißt zwischen dem vorherigen römisch-westgotischen Vertrag und der Invasion des Radagaisus. Da diese um 405/406 datierbar ist, ist also die plausibelste Datierung der Vereinbarung um das Jahr 404/405. Dafür spricht weiterhin, dass der westgotische Aufenthalt in den Provinzen Epirus höchstwahrscheinlich zum selben Zeitpunkt zu datieren ist. Eine frühere Datierung ist kaum vorstellbar. Es ist tatsächlich schwer zu glauben, dass eine andere Vereinbarung kurz nach der von 402 abgeschlossen wurde. Das würde auch mit sich bringen, dass

368 OROS. II 3, 3: [...] *a Gothis et Alarico rege eorum, comite autem suo* [...]. S. BURNS 1994, 181 u. 193; HUGHES 2010, 144, der aber auch den Titel eines *dux Pannoniae secundae* vorschlägt; DELAPLACE 2015, 124.

369 MEROBAUD. *Carm.* IV 42–46: [...] *quod vix puberibus pater sub annis | obiectus Geticis puer catervis, | bellorum mora, foederis sequester | intentas Latio faces removit | ac mundi pretium fuit paventis.* Hierzu s. LIEBESCHUETZ 1990, 64.

370 Zu den vertraglichen Beziehungen zwischen Stilicho und Alarich während der westgotischen Invasion Italiens s. MOMMSEN 1903, 101–115; CAMERON 1970, 184–187; PELLICIARI 1982, 25, Anm. 6; LIEBESCHUETZ 1990, 63f.; BURNS 1994, 181 u. 193 mit Anm. 34, 354; VALVERDE CASTRO 2000, 30f.; HALSALL 2007, 201f.; HUGHES 2010, 137–149; DELAPLACE 2015, 123f. Gegen die Existenz irgendeines Vertrags s. DEMOUGEOT 1951, 365; HEATHER 1991, 208f.; O'FLYNN 1983, 52; WOLFRAM [5]2009, 159ff.

371 SOZOM. VIII 25, 3–4; IX 4, 2–4; ZOSIM. V 26, 1–3.

sich Alarichs Aufenthalt in den Provinzen Epirus über einen langen Zeitraum erstreckte. Die Vereinbarung sah aber ein Eingreifen Stilichos zu einem bestimmten Zeitpunkt vor. Schließlich läge der Zeitpunkt zu weit von dem Angriff Radagaisus' entfernt, der der einzige chronologische Anhaltspunkt sowie der Grund der ausstehenden Unterstützung Stilichos ist.[372] Es handelte sich bei dieser Gelegenheit dennoch nicht um einen Vertrag im engeren Sinne. In Hinblick auf die Wortwahl des Zosimus (σύνθημα; συνθήκας) hält Burns, gefolgt von Delaplace, die Interpretation als *foedus* für fraglich. Darüber hinaus bekleidete Alarich zu diesem Zeitpunkt das Amt des *comes rei militaris*, und zwischen einem römischen Feldherrn – wie es Stilicho war – und einem Untergebenen hätte kein Vertrag geschlossen werden können. Es ging also lediglich um eine Absprache zwischen einem Oberbefehlshaber und einem Untergeordnetem bezüglich der Organisation eines Feldzuges.[373]

Stilichos Unternehmen nach Osten wurde allerdings aufgrund aufkommender Bedrohungen für den westlichen Teil des Römischen Reiches verschoben. Ende 405 oder Anfang 406 führte ein Gote namens Radagaisus eine barbarische Schar in die italische Halbinsel. Nach einer Zeit von Plünderungen und Verwüstungen in Norditalien wurde er von Stilicho bei Faesulae (die heutige Fiesole in der Nähe von Florenz) vernichtend besiegt. Eine andere Gefahr erschien plötzlich an der Rheingrenze, als zahlreiche und verschiedene Stämme von Germanen (Alanen, Burgunder, Vandalen, Sueben) in der Silvesternacht 406–407 ins römische Territorium eindrangen. Außerdem proklamierten die römischen Truppen in Britannien ihren General Flavius Constantinus zum Kaiser Constantin III. 407 betrat der Usurpator gallischen Boden und marschierte mit seiner Armee Richtung Süden. Zuerst der Schutz Italiens vor einem direkten Angriff und danach die prekäre politische Situation aufgrund der letzten Ereignisse in Gallien stellten die neuen Prioritäten für Stilicho dar. Darum musste er auf die Heerfahrt nach Osten verzichten.

Alarich, der währenddessen wegen des gestrichenen Militärplans Stilichos nach Noricum rückte, verlangte durch eine Gesandtschaft eine Vergütung für seine Aufenthaltskosten in Epirus. Stilicho zog den römischen Senat zu Rate, dessen Mehrheit sich für den Krieg gegen Alarich aussprach. Mit soliden Argumentationen gelang es Stilicho aber, alle davon zu überzeugen, dass es besser sei, einen Friedensvertrag zu schließen. Eine Summe von 4000 Pfund Gold wurde letzten Endes gezahlt. Nach Zosimus lag die endgültige Zusage des römischen Senats darin begründet, dass die Senatoren eine tiefe Furcht vor Stilicho hatten.[374] Das würde den

372 S. RIDLEY 1982, 215, Anm. 84 (zur vorherigen Literatur darüber); PASCHOUD 1986, 198f., Anm. 54; LIEBESCHUETZ 1990, 65; HEATHER 1991, 211; BURNS 1994, 194 mit Anm. 34, 354; DELAPLACE 2015, 124f. Eine spätere Datierung (407) aufgrund der historischen Unglaubwürdigkeit des Sozomenus (so auch HUGHES 2010, 159–161) bei DEMOUGEOT 1951, 364–369 (ebenso 1981, 251).

373 BURNS 1994, 194; s. auch DELAPLACE 2015, 124.

374 ZOSIM. V 29; OLYMP. *frg*. 7,2.

immer noch starken Einfluss des Stilicho auf der politischen Bühne des Westreiches zu diesem Zeitpunkt beweisen. Der wahre Grund muss aber ein anderer gewesen sein. Infolge der vorherigen Vereinbarung bestanden gute Verhältnisse zwischen Stilicho und Alarich, und es lag tatsächlich in Stilichos Interesse, diese gute Beziehung zu Alarich zu bewahren. Alarichs Truppen hätten nämlich eine wertvolle Militärressource für Westrom darstellen können, da sie sowohl für die Kontrolle der östlichen Front als auch für einen Feldzug gegen Constantin III. eingesetzt werden konnten. Darüber hinaus konnte sich das Weströmische Reich zwei Kriege gleichzeitig und an zwei verschiedenen Fronten nicht leisten.[375] Im westlichen Teil des Römischen Reiches wurde also eine gotenfreundliche Politik weitergeführt.

Das Szenario änderte sich drastisch mit der Ermordung des Stilicho (August 408). Die neue starke Figur auf der politischen Bühne Westroms, der *magister officiorum* Olympius, der Stilicho in den Ruin getrieben hatte, war ein intransigenter Katholik und stolzer Angehöriger der barbarenfeindlichen Partei. Er förderte die Barbarenverfolgung und -isolation und strebte die Befreiung des Römischen Reiches von barbarischen Völkern an. Der Integrationsprozess, dessen Haupturheber Stilicho gewesen war, stagnierte. Alarichs Lage selbst änderte sich plötzlich: Zum einen verlor er den Verhandlungspartner und Alliierten am römischen Hof und konnte folglich nicht mehr auf eine gotenfreundliche Politik vonseiten Westroms zählen, zum anderen konnte er seine Truppen mit den vor der römischen Verfolgung fliehenden Barbaren und den Veteranen Stilichos verstärken. Trotz des neuen politischen Szenarios behielt Alarich seine versöhnliche Einstellung zum weströmischen Kaiser Honorius bei. Er erklärte seine Treue gegenüber dem Imperium aufgrund seiner Freundschaft mit Stilicho und zum Gedenken an den mit ihm geschlossenen Vertrag. Deswegen schlug Alarich durch eine Gesandtschaft eine Erneuerung des Bündnisses unter den folgenden Konditionen vor: Gegen Zahlung einer geringen Geldsumme und Austausch von Geiseln würde er den Frieden nicht brechen und seine Armee von Noricum nach Pannonien umsiedeln.[376] Durch dieses Angebot bezweckte Alarich seine Bestätigung als *comes* in Illyricum. Außerdem konnte er damit Wohnsitze für seine *gens* besorgen und dieses Ziel würde die Geldforderung begründen. Schließlich sollte der Austausch von Geiseln als Garantie gelten. In diesem Zusammenhang übergab Alarich einige nicht identifizierte Adlige und verlangte im Gegenzug zwei hochrangige Personen: Aëtius und Iason, die Söhne von Gaudentius und Iovius. Gaudentius bekleidete 399 das Amt des *comes Africae* und außerdem zu einem späteren, aber ungewissen Zeitpunkt das des *magister equitum per Gallias*. Iovius erhielt 405 den Titel eines *praefectus praetorio Illyrici*

---

[375] ZOSIM. V 31, 5–6.

[376] ZOSIM. V 36, 1.

im Rahmen des Plans Stilichos für die Rückgewinnung Ostillyricums und schloss bei dieser Gelegenheit eine tiefe Freundschaft mit Alarich, und zwar als beide sich in Epirus befanden.[377] Es liegt also die Vermutung nahe, dass Alarichs Wahl absichtlich auf die Söhne von solchen prominenten Persönlichkeiten fiel, einerseits, weil je größer der Wert der Geiseln war, desto größer waren die Möglichkeiten, dass Ravenna die Abmachung einhielt, andererseits, weil es sich um zuverlässige Personen handelte (Aëtius war bereits einige Jahre früher Geisel von Alarich gewesen und Iason war der Sohn eines guten Freundes von Alarich).

Trotz der nicht übertriebenen Forderungen lehnte Kaiser Honorius Alarichs Angebot ab.[378] Der westgotische Anführer befand sich also in einer schwierigen Lage: Sein größter Alliierter am römischen Hof, Stilicho, war verstorben, und die vorherige Vereinbarung mit Ravenna war nicht mehr gültig. Folglich bekleidete er keinen Rang mehr in der römischen Ämterhierarchie und wurde wieder der Feldherr einer barbarischen Söldnerarmee, an deren Dienst momentan keiner interessiert war. Ein militärischer Einsatz schuf für Alarich die einzige Möglichkeit, sich politisch vor dem Kaiser zu rehabilitieren und über ein neues Abkommen mit ihm zu verhandeln.

5.2.3 Zweiter Einfall in Italien

Alarich nahm Honorius' schroffe Weigerung seines Angebots und die Ermordung seines Verbündeten Stilicho als Vorwand eines neuen Angriffs auf den westlichen Teil des Römischen Reiches. Im Winter 408 drangen die Westgoten folglich erneut in Italien ein – dieses Mal aber mit einer neuen Strategie: Angesichts der Konzentration des Großteils der römischen Truppen in Norditalien und der Uneinnehmbarkeit der Hauptstadt Ravenna aufgrund ihrer geographisch günstigen Lage marschierte Alarich stattdessen nach Rom. Die Verlegung der weströmischen Hauptstadt nach Ravenna ca. 402 hatte Schritt für Schritt den politischen und wirtschaftlichen Verfall für die Stadt Rom bedeutet, deren militärisches Potenzial sich folglich beträchtlich verringert hatte. Ihr Prestige blieb trotzdem aufgrund ihrer jahrhundertealten Geschichte und der Tatsache, dass sich dort der Sitz des Römischen Senats und des Papsttums befand, relativ unversehrt. Zum einen die geringe militärische Stärke, zum anderen die geschichtliche Bedeutung machten diese

---

377 Zu Gaudentius s. RE VII.1, 859 (6); RE Suppl. XII, 641; PLRE II, 493–494 (5). Zu Iovius s. Kap. 6.1.4. Weitere Auskünfte über beide bei PASCHOUD 1986, 247f., Anm. 82; REBENICH - VEH 1990, 381, Anm. 87; BURNS 1994, 363, Anm. 11. Bei Zosimus wird Gaudentius nur bei dieser Gelegenheit erwähnt, Iovius hingegen öfter (z. B. V 48, 2, zur Freundschaft zwischen Alarich und Iovius).

378 ZOSIM. V 36, 2–3.

Stadt zum idealen Ziel für Alarich und seine Zwecke. Der Angriff konnte noch einfacher dank der Nähe der Hafenstadt Ostia an Rom geplant werden, über die eine regelmäßige Versorgung arrangiert wurde.

Der detaillierteste Bericht über die Belagerung Roms vonseiten der Westgoten findet sich bei Zosimus. Sie belagerten Rom erfolgreich, indem sie alle Zugangswege zur Stadt – sogar den Fluss Tiber – blockierten, damit den Belagerten keine Versorgung geliefert werden konnte. Innerhalb Roms brachen sehr bald Hungersnot und Pest aus. Angesichts der prekären Lage der Stadt beschlossen die Römer, Alarich eine Gesandtschaft mit folgender Botschaft zu schicken: Die Stadt Rom wäre für einen gemäßigten Frieden, aber noch mehr für den Krieg. Als Gesandte wurden der Statthalter Basilius und der Tribun Johannes gewählt, der erste wohl aufgrund seiner politischen Stellung, der zweite sicherlich aufgrund seiner Bekanntschaft zu Alarich.[379] Im Rahmen der Verhandlungen erklärte Alarich sich bereit, die Belagerung unter der Voraussetzung aufzuheben, dass ihm alles Gold und Silber sowie alle beweglichen Güter und barbarischen Geiseln aus der Stadt geliefert würden. Der Römische Senat beabsichtigte nicht, dem überhöhten Anspruch des Alarich nachzugeben, aber die Situation der Stadt war bereits kritisch. Eine zweite Gesandtschaft wurde also ins gotische Lager geschickt[380] und dieses Mal wurde letzten Endes eine Übereinstimmung getroffen, gemäß der Rom 5000 Pfund Gold, 30 000 Pfund Silber, 4000 seidene Gewänder, 3000 rot gefärbte Felle und 3000 Pfund Pfeffer zahlen sollte.[381] Es handelte sich um eine unverhältnismäßige Forderung[382], der die Stadt Rom mit den ihr zur Verfügung stehenden öffentlichen Mitteln nicht nachkommen konnte. Darum wurden die Senatoren selbst dazu bewogen, zur Deckung der Zahlung beizutragen, und der fehlende Rest wurde durch den Schmuck der Statuen der Götter ergänzt. Bevor der ganze Betrag an die Westgoten abgegeben wurde, schickten die Römer eine Gesandtschaft an den Kaiser, um ihn von den erfolgreichen Verhandlungen mit den Westgoten zu informieren. Darüber hinaus überbrachte sie Alarichs Angebot, nicht nur einen Frieden (εἰρήνη), sondern auch ein Waffenbündnis (ὁμαιχμία) mit dem Kaiser zu schließen, sofern er Kinder aus vornehmen Kreisen als Geiseln erhalten würde. Kaiser Honorius nahm Alarichs Vorschlag an und so bekamen die Westgoten die Gelder, die ihnen im

---

379 Zu Basilius s. RE III.1, 48 (3); PLRE I, 149 (3); vgl. auch CHASTAGNOL 1962, 246f. Zu Johannes s. RE IX.2, 1744 (4); PLRE I, 459 (2). Weitere Auskünfte über beide bei PASCHOUD 1986, 272f., Anm. 93.

380 Obwohl Zosimus die Identität der Legaten dieser zweiten Gesandtschaft nicht ausdrücklich erwähnt, lässt eine philologische Untersuchung der betreffenden Stelle schlussfolgern, dass es sich um dieselben Personen der ersten Gesandtschaft, das heißt Basilius und Johannes, handelte. S. auch MASUR 1952, 64.

381 SOZOM. IX 6, 7 spricht einfach von unzähligen Geschenken (πλεῖστα δῶρα); HIER. *Epist.* 123, 16, 1 schreibt von einer nicht angegebenen Menge Gold und von allen Gegenständen.

382 Bei PASCHOUD 1986, 281f., Anm. 96 eine hervorragende Erläuterung des Grundes, weswegen Alarichs Förderung als übertrieben zu betrachten ist.

Rahmen der Verhandlungen versprochen wurden. Alarich hielt sein Wort, hob die Belagerung Roms auf und zog sich nach Etrurien zurück.[383]

Die Besonderheit dieses Vorfalls besteht darin, dass die Verhandlungen mit Alarich nicht vom Kaiser selbst oder irgendeinem kaiserlichen Vertreter, sondern von der belagerten Stadt Rom durchgeführt wurden, deren Einwohner unabhängig von der Zentralregierung in Ravenna handelten. Alarichs eigentliches Ziel war eine Vereinbarung mit dem weströmischen Kaiser, genauer die Erneuerung seines Vertrags mit dem Reich unter bestimmten Bedingungen. Durch die Belagerung Roms hatte der Westgotenkönig geplant, Kaiser Honorius unter Druck zu setzen und ihn so zu einem Abkommen zu bewegen. Da der Kaiser nicht in Rom erschien, um die Stadt zu schützen, arbeitete Alarich eine neue Strategie aus, indem er die Einwohner Roms als Vermittler an den Kaiser ausnutzte. Von der Stadt Rom konnte er also nur materielle Güter erhalten, weil die ehemalige Hauptstadt keine römische Amtsgewalt repräsentierte. Ihr Einfluss auf den ravennatischen Hof konnte Alarich dennoch nützlich sein, dessen Anerkennung rechtlich nur über den Kaiser laufen durfte. Durch eine von römischen Bürgern gebildete Gesandtschaft kam Alarichs Vorschlag eines Waffenbündnisses an Honorius, gemäß dem die Westgoten sich verpflichteten, im Fall einer Kriegserklärung an das Römische Reich an der Seite der Römer zu kämpfen.[384] Im Wesentlichen handelte es sich um die Erneuerung der mit Stilicho geschlossenen Vereinbarung – nur in Verbindung mit einem neuen Feind: Alarich glaubte nämlich, dass Honorius eine militärische Unterstützung für seinen Einsatz gegen Constantin III. brauchen könnte, und hoffte, Wohnsitze für seine *gens* im Tausch seiner militärischen Hilfe zu bekommen. Zosimus' Text zeigt keinen Hinweis auf ein Ansiedlungsland für die Westgoten als Gegenleistung im Rahmen dieser Vereinbarung. Dass Alarich und seine *gens* aber keine Belohnung für ihren Militärdienst erhielten, ist nach Parallelen wenig plausibel. Die wahrscheinlichste Gegenleistung ist genau die Zuweisung irgendwelcher Wohnsitze, da bereits Alarichs erstes Vertragsangebot diese Bedingung enthielt.[385]

5.2.4 Die Verhandlungen mit Kaiser Honorius

Trotz der Zahlung seitens der Stadt Rom und der anfänglichen Zustimmung des Kaisers wurde der Frieden noch nicht bestätigt, weil Honorius letzten Endes die Vertragsbedingungen nicht einhielt, da er weder die Geiseln stellte, noch alle anderen

383 Zosim. V 37–42. Die Darstellung der Vorgänge bei Sozom. IX 6 ist beinahe identisch mit der Erzählung des Zosimus, nur wird sie in einer trockeneren Art überliefert.

384 Bemerkungen zu Zosimus' Ausdruck ὁμαιχμία bei Burns 1994, 366, Anm. 52.

385 Vgl. Liebeschuetz 1990, 70; Delaplace 2015, 140.

Forderungen erfüllte. Der Grund für das geänderte Verhalten des Honorius liegt an der neuen politischen Situation an der westlichen Front, da sich der Gegenkaiser Constantin III. für Friedensverhandlungen mit Ravenna bereit erklärte. Durch eine von Eunuchen gebildete Gesandtschaft bat Constantin III. den Kaiser um Verzeihung für seine Usurpation mit der Begründung, die Schuld wäre nicht ihm, sondern den Soldaten zuzuschreiben. Honorius ging nicht nur auf die Bitten des Usurpators ein, sondern schickte ihm auch einen Kaisermantel. Honorius' Geste bedeutete die Anerkennung von Constantin III. als Mitkaiser. Nach Zosimus wurde Honorius aufgrund zweier Faktoren dazu gezwungen: Das Risiko eines zusätzlichen Kriegs und das Schicksal seiner Verwandten, die von Constantin III. als Geiseln genommen worden waren. Olympiodor spricht hingegen einfach von gegenwärtigen Schwierigkeiten (διὰ τὰ ἐνεστηκότα δυσχερῆ).[386] Die Tatsache, dass die Konsuln für das Jahr 409 der Westkaiser Honorius und der Ostkaiser Theodosius II. waren, zeigt aber den wahren Zweck des Honorius: Höchstwahrscheinlich hatte Honorius keine Absicht, einen Usurpator offiziell anzuerkennen, sondern er wollte einfach Zeit gewinnen, um die kritische Situation in Italien zu regeln.[387] Genau zu diesem Zeitpunkt rief er zum Schutz Roms einige Truppen aus Dalmatien zurück, die den Kern der römischen Armee bildeten und von einem erfahrenen Feldherrn namens Valens geführt waren.[388]

Das vom Kaiser getriebene Doppelspiel, zum einem mit Alarich, zum anderen mit Constantin III.[389], beunruhigte den Senat Roms, der mögliche Konsequenzen durch Alarich für die Stadt aufgrund der Missachtung seiner Vereinbarung mit Honorius fürchtete. Caecilianus, Priscus Attalus und Maximillianus wurden deswegen im Januar 409 nach Ravenna geschickt, mit der Aufgabe, den Kaiser zur Beachtung der Vertragsbedingungen aufzufordern.[390] Diese Botschaft scheiterte an der Reaktion des *magister officiorum* Olympius, dessen gotenfeindliche Politik immer noch am ravennatischen Hof herrschte.[391] Alarich versuchte also den toten Punkt zu überwinden, indem er Rom eine neue Blockade auferlegte, infolge derer die Einwohner die Stadt nicht verlassen durften. Im Februar 409 schickte der römische Senat erneut eine Gesandtschaft nach Ravenna: Zum neuen diplomatischen Korps zählten

---

386 ZOSIM. V 13; OLYMP. *frg*. 13, 1.

387 BURNS 1994, 235.

388 ZOSIM. V 45, 1–2.

389 DELAPLACE 2015, 141 schließt nicht aus, dass es sich einfach um die diplomatische Unfähigkeit des Kaisers handelte. Honorius' Entscheidungen entsprachen aber deutlich einer präzisen politischen Strategie, und zwar einem Zeitgewinn. Es ist anzuzweifeln, dass diese Strategie tatsächlich wirkungsvoll sein konnte, aber nicht, dass sie Folge von Honorius' Inkompetenz war.

390 Zu Caecilianus s. RE III.1, 1173 (8); PLRE II, 244–246 (1). Zu Priscus Attalus s. RE II.2, 2177–2179 (19); PLRE II, 180–181 (2). Zu Maximillianus s. RE XIV.2, 2533 (7); PLRE II, 739 (2). Weitere Auskünfte über diese drei Figuren bei PASCHOUD 1986, 289ff., Anm. 101; BURNS 1994, 235.

391 ZOSIM. V 44.

der Bischof Roms und einige Barbaren, die von Alarich als militärische Bedeckung mitgegeben wurden.[392] Mit Hilfe einerseits der religiösen Höchstautorität, andererseits mancher Angehörigen Alarichs hielt der römische Senat eine Meinungsänderung des Kaisers für möglich. Die Wahl des Papsts zum ersten Mal als Vermittler deutet auf die große politische Bedeutung hin, die dieses Amt mittlerweile erreicht hatte, und folglich auf die eskalierende Rolle des Christentums in der Geschichte. Die Anwesenheit einer westgotischen Eskorte zeigt, dass das tatsächliche Ziel Alarichs die Erzielung einer Vereinbarung mit Kaiser Honorius blieb und seiner Meinung nach die Blockade Roms das einfachste Mittel dafür war. Auch diese Botschaft war erfolglos, und das Verhältnis zu Alarich verschlechterte sich sogar, weil die Goten im Dienste von Athaulf, dem Schwager und Alliierten Alarichs, auf Befehl des Olympius bei Pisa hingeschlachtet worden waren.[393]

Allerdings wurde manchen Angehörigen des kaiserlichen Hofs langsam deutlich, dass die intransigente, gotenfeindliche Politik des Olympius das Reich in den Ruin trieb. Unter Einfluss einiger Eunuchen setzte Kaiser Honorius Olympius ab und plante die Wiederaufnahme der Gespräche mit Alarich. Der Förderer dieser politischen Initiative Honorius' war der *praefectus praetorio Italiae* Iovius. Dieser war nun der starke Mann am römischen Hof nach der Verbannung des Olympius, da er mittlerweile das Vertrauen des Honorius anlässlich einer Rebellion der Armee in Ravenna gewonnen hatte. Durch Legaten lud Iovius Alarich und Athaulf im April 409 nach Ariminum (das heutige Rimini) ein, damit es zu einem Friedensschluss käme. Alarich selbst führte die Verhandlung: Seine Anforderungen bestanden in einer jährlichen Goldsumme, einer Lieferung von Getreide und der Erlaubnis, sich zusammen mit seiner ganzen Gruppe in den beiden Venetien (Βενετίας ἄμφω)[394], in Noricum und Dalmatien zu etablieren. Iovius leitete Alarichs Anforderung dem Kaiser weiter – aber mit einem persönlichen Ratschlag: Honorius sollte Alarich zum *magister utriusque militiae* ernennen, sodass dieser nach Erlangung dieses Amtes mildere Vertragsklauseln vorschlug. Honorius' Antwort war entschieden: Iovius dürfte die Menge Gold und Getreide, die an Alarich geliefert werden musste, festsetzen, aber kein römischer Titel oder irgendeine Anerkennung sollten ihm oder einem seiner Angehörigen gewährt werden.[395]

---

392 Zosim. V 45, 4–5; Sozom. IX 7, 1. Der betreffende Papst war Innozenz I.; zu ihm s. PCBE II.1, 1045 (7); LThK V, 514–515; BBKL II, 1280. Nach Matthews 1975, 292 war auch der obengenannte Priscus Attalus wieder ein Delegationsmitglied.

393 Zosim. V 45, 6.

394 Zu dieser Formulierung s. Paschoud 1986, 311, Anm. 110; Rebenich - Veh 1990, 388, Anm. 114.

395 Olymp. *frg.* 8.1; Zosim. V 48. Der Bericht des Sozomenus ist wortkarger (z. B. kein Hinweis auf Alarichs Gebietsforderung), überliefert aber eine zusätzliche Einzelheit: Die Begegnung zwischen Alarich und Iovius fand nicht innerhalb der Stadt Ariminum, sondern vor den Stadtmauern statt.

Die Quellen betonen das diplomatische Prozedere durch Briefe zwischen den Akteuren. Alarich wurde durch die Briefe des Kaisers Honorius und des Iovius nach Ariminum eingeladen und zwischen den Letztgenannten selbst bestand ein Briefwechsel über den Verlauf der Verhandlungen. Bei dieser Angelegenheit spielte der *praefectus praetorio Italiae* Iovius offensichtlich die Hauptrolle, nicht nur aufgrund des von ihm bekleideten Amtes, sondern auch der Freundschaft, die er mit Alarich zu Zeiten ihres gleichzeitigen Aufenthalts in Epirus (405) geschlossen hatte. Darum gelang es ihm, den wirklichen Zweck Alarichs, der sich hinter seiner scheinbar wahnsinnigen Forderung verbarg, zu erahnen. Der westgotische Anführer war sich tatsächlich bewusst, dass der Kaiser niemals seine Ansprüche auf die geforderten Länder befriedigen würde. Die von Alarich erlangten Provinzen, und zwar die beiden Venetien, Noricum und Dalmatien, bildeten nicht nur ein riesiges Gebiet um die *Alpes Juliae*, sondern stellten auch eine konkrete Gefahr für das Weströmische Reich dar: Die Kontrolle darüber bot die Möglichkeit, Druck auf den römischen Hof auszuüben, da eine der betreffenden Provinzen sich innerhalb des italischen Territoriums befand, sogar in unmittelbarer Nähe zur weströmischen Hauptstadt Ravenna. Alarich hoffte also, ein Feldherrnamt als Gegenleistung für seinen Verzicht auf die Wohnsitze für seine *gens* zu bekommen. Die Zugehörigkeit zu der römischen Ämterhierarchie war immer noch Alarichs Priorität: Grundsätzlich strebte er bei Honorius die gleiche Anerkennung an, die er zuerst von Eutropius und dann von Stilicho erhalten hatte. Alarichs Plan wurde von seinem alten Bekannte Iovius schnell erahnt, der daraufhin entschied, den Kaiser mittels eines Privatbriefs darüber zu informieren.[396]

Die schroffe Weigerung des Kaisers brachte Alarich in Wut, welcher darum wieder nach Rom marschierte, da er sich durch Honorius' Behandlung beleidigt fühlte. Unversehens ließ er aber von seinem Vorhaben ab und versuchte, neue Verhandlungen aufzunehmen. Die Quellen schweigen über den möglichen Grund des plötzlichen Planwechsels Alarichs. Nach Zosimus entschärfte Kaiser Honorius die Drohung Alarichs, indem er zehntausende Hunnen zur Hilfe rief.[397] Außerdem

---

396 Nach BURNS 1994, 239 missdeutet Iovius Alarichs Absichten und folglich bauschte er sie auf. Der westgotische Führer gab sich nämlich höchstwahrscheinlich mit einem niedrigeren Militäramt zufrieden, was tatsächlich später zur Zeit des Attalus geschah. Burns' Meinung ist kaum nachzuvollziehen, da sie Alarichs Ambitionen mindern würde. Das würde gegen Alarichs bisheriges Verhalten sprechen, dessen Hauptziel es war, den bestmöglichen Vorteil aus den zufälligen Umständen herauszuschlagen und zu diesem Zeitpunkt war der Titel eines *magister utriusque militiae* eine konkrete Gelegenheit. Vgl. VÁRADY 1969, 243f.; PASCHOUD 1986, 310, Anm. 110; DELAPLACE 2015, 141.

397 ZOSIM. V 50, 1. Diese Notiz des Zosimus ist aber fragwürdig. Die Anzahl der rekrutierten Hunnen, mit deren Lebensunterhalt Dalmatien beauftragt wurde, scheint übertrieben zu sein, auch weil ihre Versorgung selbst eine wohlhabende Provinz wie Dalmatien überfordert hätte. Außerdem werden diese hunnischen Föderaten in keiner anderen Quelle erwähnt, und Zosimus selbst führt sie nicht mehr im Laufe des Be-

konnte er voraussichtlich auf die Unterstützung des Usurpators Constantin III.[398] und die Verstärkungstruppen aus Ostrom zählen.[399] All dies scheint aber nicht der Grund zu sein, denn der griechische Historiker selbst bringt Alarichs' Entscheidung nicht in Zusammenhang mit den Militärvorbereitungen des Honorius. Eine einfachere Erklärung ist wohl, dass Alarich lieber auf die alte Politik der Verträge zurückkam, weil er nur damit sein Hauptziel, das heißt einer Vereinbarung mit dem ravennatischen Hof erreichen konnte. Darüber hinaus wurde er sich wahrscheinlich der Tatsache bewusst, dass ein Angriff auf Rom keinen konkreten Vorteil mit sich brachte.[400] Alarich versuchte also nochmal eine Vereinbarung zu schließen – dieses Mal aber unter für Honorius günstigeren Bedingungen: Er verlangte weder Amt noch Würde und bat nur um die beiden Noricum für seine *gens*; außerdem wollte er kein Gold, sondern nur Getreide, deren Menge der Kaiser selbst festsetzen sollte; schließlich bot er eine Freundschaft und ein Militärbündnis zwischen ihm und den Römern an, falls irgendwer dem (West-)Reich den Krieg erklären würde.[401] Alarichs Vorschläge wurden dem Kaiser durch eine von Bischöfen gebildete Gesandtschaft unterbreitet, wahrscheinlich, weil sogar ein Barbar wie Alarich sich der Autorität bewusst geworden war, die die Repräsentanten der Kirche ausüben konnten.[402] Der Unterschied zu den Verhandlungen in Ariminum fällt eindeutig auf. Alarich verzichtete auf seinen größten Wunsch, das heißt irgendein Amt in der römischen Militärhierarchie zu bekleiden, verringerte merklich die materiellen

---

richts an. Schließlich, ob es sich um Hunnen innerhalb (so VÁRADY 1969, 256f.) oder außerhalb (so DEMOUGEOT 1979, 457 u. 514) der Reichsgrenzen handelte, ist auch ungewiss. Zu dieser Stelle bei Zosimus s. auch PASCHOUD 1986, 313f., Anm. 112.

398 ZOSIM. VI 1, 2. Nach PASCHOUD 1989, 18, Anm. 114 war Honorius sich nicht bewusst, dass ein möglicher Einsatz des Constantins III. eine Gefahr nicht nur für Alarich, sondern für ihn selbst darstellte.

399 ZOSIM. VI 8, 2. Die Datierung der Ankunft oströmischer Truppen ist umstritten. Darum kann sie nicht mit Sicherheit in Verbindung mit diesem Streit zwischen Honorius und Alarich gebracht werden. Hierzu s. PASCHOUD 1989, 50ff., Anm. 129.

400 PASCHOUD 1986, 314, Anm. 112; BURNS 1994, 240.

401 OLYMP. *frg*. 8.1; ZOSIM. V 50, 3. Olympiodor erwähnt die beiden Noricum nicht explizit, sondern redet nur von Gebieten, an die die Römer kein großes Interesse hatten.

402 ZOSIM. V 50, 2. Zosimus' Formulierung (Ἀλάριχος [...] τοὺς κατὰ πόλιν ἐπισκόπους ἐξέπεμπε) ist kurios. Die plausibelste Übersetzung ist, dass ein Bischof aus jeder Stadt entsendet wurde (so z. B. MATTHEWS 1975, 294; PASCHOUD 1986, 72). Daraus folgt die Frage zu der Anzahl der Bischöfe, die an der Gesandtschaft teilnahmen. Zu diesem Zeitpunkt bestanden bereits viele Bischofsstädte (hierzu s. GAUDEMET 1958, 324f.; DANIELOU - MARROU 1963, 407). Es ist kaum vorstellbar, dass ein Bischof von jeder Stadt kam, es sei denn, man nimmt eine sehr große Gesandtschaft an. Es handelt sich sicherlich um eine Übertreibung des Zosimus. Die gemeinten Städte sind wohl diejenigen, die sich zwischen Ariminum und Rom befanden, nämlich wo Alarich derzeit wirkte und sein Einfluss stark war. Vgl. auch BURNS 1994, 240.
SOZOM. IX 8,1 weiß von zwei bischöflichen Gesandtschaften: Laut ihm begleiteten also einige Bischöfe Alarich für die Verhandlungen in Ariminum. Wie bei Zosimus gibt es auch bei Sozomenus keine präzisen Angaben über die betreffenden Bischöfe (τινων ἐπισκόπων). SABBAH 2008, 412 glaubt, dass die Gesandtschaften aus gotischen und katholischen Bischöfen bestanden.

Forderungen und bat um ein minderwertiges Gebiet, da die beiden Noricum weit entfernt sowie ständigen Raubzügen ausgesetzt waren und beschränkte Abgaben entrichteten. Mit anderen Worten: Alarich hätte für seinen Stamm den Klientelstatus erhalten, da diese Bedingungen an diejenigen erinnern, unter deren die Gruppen in der frühen Kaiserzeit an der Rhein- und Donaugrenze wohnten. Damit wurden also Alarichs Westgoten eher als *amici* denn als *foederati* behandelt.[403]

Honorius lehnte auch dieses Angebot des Alarich ab. Dieser marschierte daraufhin im Sommer 409 nach Rom, belagerte die Stadt und rief einen Gegenkaiser aus. Der Westgotenkönig attackierte aber nicht sofort, sondern versuchte zuerst, die Einwohner der Stadt im Rahmen eines gemeinsamen Angriffs auf Ravenna auf seine Seite zu bringen. Da diese zögerten, schritt Alarich zur Tat: Er nahm den Hafen Portus ein und bemächtigte sich des ganzen städtischen Lebensmittelvorrats. Da hatte der römische Senat keine andere Wahl, als Alarichs Auflagen zu akzeptieren, von denen die bedeutendste in der Proklamation des Stadtpräfekten Priscus Attalus bestand.[404] Mit überzeugenden Argumentationen weist Paschoud nach, dass Galla Placidia, die Schwester des Kaisers, nicht in die Hände der Westgoten infolge der späteren Plünderung Roms 410 – wie der Großteil der antiken Quellen mit der Ausnahme von Zosimus bezeugt – sondern aufgrund einer Vereinbarung in Rahmen der betreffenden Verhandlungen fiel. Eine Geiselstellung gehörte also auch zu Alarichs Forderungen gegenüber der Stadt. Dank der Ausrufung des Attalus zum Kaiser konnte Alarich endlich erreichen, was er lange angestrebt hatte, denn Attalus ernannte ihn zum *magister militum*. Außerdem glaubte der westgotische Anführer, eine effektivere Rolle auf der politischen Bühne Italiens spielen zu können, davon überzeugt, Attalus wäre völlig unter seiner Kontrolle gewesen, da dieser durch ihn an die Macht gekommen war. Alarichs Kalkül entsprach aber nicht den Tatsachen, und zwar war es nicht Attalus' Absicht, ein Werkzeug in Alarichs Händen zu sein. Vor allem erlaubte Attalus den Goten nicht, nach Afrika zu ziehen; dann fing er an, mit Kaiser Honorius unabhängig von Alarich zu verhandeln. Alarich setzte ihn folglich ab und bat den Kaiser um neue Verhandlungen: Die demonstrative Absetzungszeremonie des Attalus bei Ariminum sollte Honorius beweisen, dass

---

403 Vgl. DELAPLACE 2015, 141f.: *dediticii*. BURNS 1994, 368, Anm. 79 glaubt an das Klientelverhältnis, aber meint außerdem, dass das Waffenbündnis in den Augen Alarichs auch als Garantie einer römischen Unterstützung im Fall eines Angriffs gegen die Westgoten galt. Anhand einer philologischen Analyse des von Zosimus verwendeten Wortschatzes (οἰκεῖν, πρὸς οἴκησιν) bezweifelt LIEBESCHUETZ 1990, 70f. eine regelrechte Ansiedlung der Westgoten und nimmt lieber die Möglichkeit einer einfachen Einquartierung an. Seine Argumentationen sind aber nicht überzeugend (hierzu s. HEATHER 1991, 217f.).

404 PASCHOUD 1989, 64f., Anm. 136. S. ZOS. VI 12, 3 (Galla Placidias Gefangenschaft bereits zur Zeit des Gegenkaisers Priscus Attalus); vgl. OLYMP. *frg.* 6; OROS. VII 40, 2; 43, 2; IORD. *Rom.* 323; *Get.* 159; PROSP. *Chron.* 1259; CHRON. GALL. *a. CCCCLII* 77; *a. DXI* 553; HYDAT. *Chron.* 44; MARC. COM. *Chron. a.* 410 (Galla Placidias Gefangenschaft nach der Plünderung Roms).

Alarich sich bereit erklärte, einen Frieden mit ihm zu schließen. Unter welchen Konditionen geht aus den Quellen nicht hervor. Dieses Schweigen ist mit der Tatsache zu begründen, dass man nie zu einem Frieden kam, weil die Verhandlungen vom Kaiser unterbrochen wurden. Der Kaiser traf diese Entscheidung infolge der Einmischung des Sarus. Dieser war ein Gote, der lange im römischen Dienst, besonders unter Stilicho gekämpft hatte und persönlich mit Alarich und seinem Schwager Athaulf verfeindet war. Sarus sah ein mögliches Bündnis zwischen Alarich und dem römischen Kaiser als Gefahr für sich und seine Schar. Es gelang ihm, dass Honorius von dem Vorhaben einer Vereinbarung mit Alarich abließ, indem er selbst zu einem Abkommen mit ihm kam. Auf dem Weg von Ariminum nach Ravenna, wo der Frieden mit Honorius hätte abgeschlossen werden müssen, wurde Alarich deshalb von Sarus angegriffen.[405] Irritiert steuerte Alarich erneut auf Rom hin, auch weil ihn das wiederholte Scheitern eines Abkommens mit dem Kaiser aufrieb. Ihm wurde wohl klar, dass eine Kooperation zwischen seinen Goten und dem ravennatischen Hof nicht möglich war. Ende August 410 folgte die verheerende Plünderung Roms.

5.3 Alarichs Nachfolger: Athaulf und Wallia

5.3.1 Der Ansiedlungsversuch in Gallien

Die Einnahme Roms brachte Alarich politisch und materiell keine konkreten Vorteile. Darum verließen die Westgoten bald die Stadt und zogen plündernd weiter nach Süden. Höchstwarscheinlich strebte Alarich an, zuerst Sizilien und danach wohl Afrika zu erreichen, um die Versorgungsprobleme seiner *gens* dank der Fruchtbarkeit dieser Gebiete zu beheben. Mit der Landung in Afrika, der Kornkammer des Reiches, hätte Alarich darüber hinaus den Kaiser wieder unter Druck gesetzt. Noch in Kalabrien, genauer in Bruttien, starb er aber unerwarteterweise.

405 OLYMP. *frg.* 6; 10.1; 10.2; 10.3; 11.1; 11.2; 14; ZOSIM. VI 6–13; SOCR. VII 10, 5; PROK. *BV* I 2, 36. Die scheinbaren Widersprüche in den hier genannten Fragmenten des Olympiodor lassen sich durch die Instrumentalisierung seines Werks durch die tradierenden Autoren (Photios, Sozomenos, Philostorgios, Prokop) erklären. Zu Priscus Attalus s. Anm. 390. Ein Überblick über die Kaiserpolitik des Attalus bei MALLA 1983–84, 47–55; CESA 1992–93, 29ff. (ebenso 1994, 115ff.); DELAPLACE 2015, 143ff. Zu Sarus s. RE II A.1, 54 (1); RE Suppl. XII, 637–639; PLRE II, 978–979; vgl. auch PASCHOUD 1986, 223f., Anm. 68; 1989, 66ff., Anm. 138; REBENICH - VEH 1990, 377, Anm. 71; DELAPLACE 2015, 146ff.

Als Alarichs Nachfolger wurde sein Schwager Athaulf gewählt, unter dessen Führung die Westgoten nach Norden zurückgingen[406] und nach Gallien zogen. Hier dauerte immer noch eine chaotische und für das römische Reich kritische Situation an, obwohl der *magister militum* Flavius Constantius (der spätere Kaiser Constantius III.) sowohl den Usurpator Constantin III. als auch dessen General Gerontius, die bereits miteinander im Krieg waren, besiegt hatte. 411 erhob sich nämlich ein Exponent der gallischen Aristokratie namens Jovinus zum Kaiser mit Hilfe der Burgunder und der Alanen, zwei unter den Barbarenstämmen, die um die Jahreswende 406–407 den Rhein überschritten hatten. Es bestanden diplomatische Kontakte zwischen Jovinus und Athaulf, weil der Usurpator die Westgoten ausnutzen wollte, indem er damit die Zentralregierung in Ravenna noch mehr unter Druck setzte. Mit der Ankunft der Westgoten in Gallien hatte Jovinus aber nicht gerechnet und distanzierte sich darum von ihnen.[407] Die Möglichkeit einer konkreten Einigung zwischen Jovinus und Athaulf schwand, und der Gotenführer wechselte auf die Seite des legitimen Kaisers Honorius. Durch eine Gesandtschaft bot Athaulf Frieden und die Übergabe des Usurpators Jovinus und seines Bruders und Mitregenten Sebastianus an. Honorius akzeptierte, und das Abkommen wurde durch Schwüre bekräftigt.[408] Die einzige betreffende Quelle, Olympiodor, erwähnt die Klausel dieser Vereinbarung nicht deutlich, eine Rekonstruktion davon scheint dennoch möglich. In zwei anderen Fragmenten deutet Olympiodor die Nichtzahlung von Getreide vonseiten Ravennas als den Grund für den Bruch des Friedens an. Der römische Kaiser hatte sich also verpflichtet, den Westgoten Getreideabgaben abzuliefern. Ein Ausdruck des Olympiodor (τῶν πρὸς Ἀδαοῦλφον ὑποσχέσεων μὴ περαιουμένων, καὶ μάλιστα τῆς σιτοπομπίας) lässt außerdem vermuten, dass weitere Konditionen eingeschlossen waren.[409] Dass eine davon die Zusicherung eines Ansiedlungslands war, ist plausibel, weil dieses seit Alarichs Zeit das Hauptziel der Westgoten gewesen war; des Weiteren bezeichnet eine solche Belohnung im Zusammenhang mit einem Militärdienst als Gegenleistung ein Föderatenverhältnis, dessen Charakteristika der betreffenden Situation entsprechen. Der Großteil der Forschung schlägt *Aquitania II* als die den Westgoten zugewiesene

---

406 Raubzüge und Verwüstungen fanden auch auf der Rückreise statt, grundsätzlich wegen der Versorgung. Jordanes' Notiz über eine zweite heftigere Plünderung Roms ist aber nicht anzunehmen (hierzu AMICI 2002, 83–90).

407 Plausibele Gründe für die Reibung zwischen Jovinus und Athaulf bei MARCHETTA 1987, 147; CESA 1992–93, 41 (ebenso 1994, 151f.); SCHARF 1993, 5f.; ARCE 2005, 73; KAMPERS 2008, 105; DELAPLACE 2015, 153.

408 OLYMP. *frg*. 20.1: [...] καὶ πέμπει Ἀδάουλφος πρὸς Ὀνώριον πρέσβεις ὑποσχόμενος τάς τε τῶν τυράννων κεφαλὰς καὶ εἰρήνην ἄγειν. Ὧν ὑποστρεψάντων καὶ ὅρκων μεσιτευσάντων Σεβαστιανοῦ μὲν πέμπεται τῷ βασιλεῖ ἡ κεφαλή, Ἰοβῖνος δὲ ὑπὸ Ἀδαούλφου πολιορκούμενος ἑαυτὸν ἐκδίδωσι.

409 OLYMP. *frg*. 22.1; 22.2.

Provinz vor[410], in die sie nach dem System der *hospitalitas* einquartiert wurden, nachdem sie ihren Dienst, das heißt die Unterdrückung des Jovinus, absolviert hatten. Höchstwahrscheinlich wurde dieses Gebiet gewählt, sei es, weil die Westgoten genug weit entfernt von der Mittelmeerküste und Italien bleiben sollten, sei es, weil sie im Kampf gegen die Bagauden eingesetzt werden konnten. Mittlerweile hatte Athaulf – wie oben gesagt – immer noch keine Versorgung von der römischen Regierung erhalten, zum einen weil diese nicht in der Lage war, ihre Verpflichtungen zu erfüllen[411], und zum anderen weil zuerst die Rückgabe der Schwester des Kaisers, Galla Placidia, die währenddessen dem *magister militum* Flavius Constantius zur Frau versprochen worden war, verlangt wurde.[412] Ob diese letzte Bedingung zur ursprünglichen Vereinbarung gehörte oder später gestellt wurde, ist anhand der Fragmente des Olympiodor nicht leicht festzustellen. Beide Szenarien sind möglich.[413] Besonders auf der Gefangenschaft der Galla Placidia konzentrierten sich aber die diplomatischen Verhandlungen: Durch die Verschärfung seiner Anforderungen (βαρυτέρας προὔτεινεν αἰτήσεις), die Ravenna aus westgotischer Perspektive nicht hätte erfüllen können, maß der westgotische König sich das Recht bei, Galla Placidia bei sich zu behalten.[414] Inwiefern die neuen Ansprüche römischerseits so belastend betrachtet wurden, überliefert Olympiodor auch nicht. Anhand der vorherigen Erwartungen und Anforderungen der Westgoten handelte es sich wohl um das Verlangen nach einer Einquartierung nicht nach dem Institut der *hospitalitas*, sondern nach einer stabileren Siedlung. Angesichts des ravennatischen Zögerns für die Erfüllung dieser Forderung griffen die Westgoten 413 zur Ausrufung eines Gegenkaisers in der Hoffnung, sie könnten ihr Ziel mit Hilfe einer Marionette erreichen. Die Wahl fiel auf Priscus Attalus selbst, der bereits einige Jahre früher den Purpur mit Hilfe der Westgoten genommen hatte. Die Situation änderte sich aber nicht, und die Not leidenden Westgoten zogen nach der Plünderung von Bordeaux über die *Narbonensis* nach Süden. Das Endziel waren die Hafenstädte der Mittelmeerküste, über die die Versorgung für die ganze Region lief und mit deren Einnahme die Westgoten die Lösung ihres Vorräteproblems planten. Damit, insbesondere mit dem Angriff auf Marseille, scheiterte Athaulf aber aufgrund

---

410 S. CESA 1994, 152 (mit ausführlicher Literatur); GIESE 2004, 38; DELAPLACE 2015, 155. Vgl. CHRON. GALL. *a. CCCCLII* 73: *Aquitania Gothis tradita.*

411 Die ravennatische Nichteinhaltung lag an der turbulenten Situation Afrikas, wo Heraclianus Anfang 413 im Rahmen seines Aufstands gegen die römische Zentralregierung die entscheidenden Getreidelieferungen nach Italien unterband. Hierzu OOST 1966, 236–242. Nach DELAPLACE 2015, 154 begründet das von den Quellen überbewertete afrikanische Problem allein nicht die Nichterfüllung vonseiten Ravennas: Der Kaiser wollte wohl keine Germanen gegen Militärdienst kantonieren, und die Westgoten hatten die Aufgabe bereits absolviert.

412 Galla Placidia befand sich bereits seit einigen Jahren bei den Westgoten; s. Kap. 5.2.4, insbes. Anm. 404.

413 Zur Rückgabe der Galla Placidia als eine der ursprünglichen Klauseln vgl. OOST 1968, 118; MARCHETTA 1987, 148f.; als spätere Bedingung vgl. CESA 1992–93, 47 (ebenso 1994, 154).

414 OLYMP. *frg.* 22.3.

des erfolgreichen Widerstands der römischen Streitkräfte. Zu diesem Zeitpunkt entschied er also, Galla Placidia zu heiraten. In seinen Augen hätte die Ehe mit einem Mitglied aus der theodosianischen Kaiserdynastie einen dreifachen Vorteil bedeutet: Die Zustimmung der gallo-römischen Aristokratie, die Anerkennung der Kontrolle über die *Narbonensis* und einen langfristigen Frieden mit Ravenna.[415]

5.3.2 Zug nach Spanien und der Vertrag von 416

Athaulfs Hoffnungen wurden enttäuscht. Trotz seiner ehelichen Verbindung mit Galla Placidia blieb die Politik des kaiserlichen Hofs grundsätzlich gotenfeindlich. Außerdem dauerte die Versorgungssperre an. Athaulf entschied sich also, seine *gens* im Winter 414/415 über die Pyrenäen auf die iberische Halbinsel zu führen. Möglicherweise war Athaulfs Initiative das Ergebnis einer Vereinbarung zwischen ihm und Flavius Constantius. Einige Quellen lassen tatsächlich vermuten, dass der Zug nach Spanien mit der Einwilligung Ravennas stattfand. Die Westgoten wurden in Barcino (dem heutigen Barcelona) angesiedelt, in welcher Form wird von den Quellen aber nicht überliefert. Im Gegenzug dieser Ansiedlung musste Athaulf Attalus fallen lassen, durfte aber Galla Placidia behalten. Dass die westgotische Wanderung nach Spanien problemlos lief, und zwar behindert weder durch einen Eingriff der in Nordwestspanien wohnenden Barbaren noch durch einen Widerstand der Römer aus der *Tarraconensis*, würde für die These der Vereinbarung sprechen.[416] Trotz des neuen Wohnsitzes blieb die Situation bei den Westgoten dennoch kritisch, zum einen wegen des internen Konflikts um die Thronfolge, zum anderen wegen des dauerhaften Versorgungsproblems, das die Westgoten mit einem misslungenen Versuch eines Übergangs nach Afrika lösen wollten.[417] Unter diesen schwierigen Umständen sah der neue König Wallia keine andere Alternative, als sich um Hilfe an den Kaiser zu wenden.

---

415 Diese chronologische Rekonstruktion des westgotischen Aufenthalts in Gallien stützt sich auf die überzeugende Arbeit von CESA 1992–93, 40ff. (ebenso 1994, 149–161). Bei ihr wird auch ein ausführlicher Überblick über andere Forschungsmeinungen skizziert.

416 OROS. VII 41, 1–3, IORD. *Get.* 163; PROSP. *Chron.* 1256; HYDAT. *Chron.* 60. Vgl. CESA 1994, 157 (zur Neutralität sowohl der Barbaren in Nordwestspanien als auch der Römer in *Tarraconensis*); BURNS 1994, 259; ARCE 2005, 79ff. (zur Art der Siedlung); DELAPLACE 2015, 155.

417 Anhand des Berichtes Orosius' (VII 43, 11–12) ist es umstritten, ob dieser Übergang nach Afrika Wallia mit seinem ganzen Volk oder einfach nur eine Gruppe von Westgoten (so KULIKOWSKI 2004, 168f.; ARCE 2005, 88; DELAPLACE 2015, 155) betraf. Der Kern der Frage ändert sich aber nicht: Das Bedürfnis nach Versorgung blieb für die Westgoten in allen Fällen hoch und eine Vereinbarung mit dem römischen Kaiser war die einzige Lösung dafür.

Zahlreiche Quellen berichten über die 416 zwischen Wallia und der weströmischen Regierung abgeschlossene Vereinbarung. Nach Orosius gab der westgotische König besonders auserwählte Geiseln ab, unter denen Galla Placidia war, und vesprach die Rückeroberung der von den anderen Germanenstämmen besetzten Provinzen Spaniens im Namen Roms.[418] Hydatius und die Gallische Chronik sind im Allgemeinen lakonischer, aber in Bezug auf die Aufgabe des Wallia präziser: Dieser musste die *Lusitania* und die *Baetica* von den Alanen und den vandalischen Silingen befreien; der spätantike Chronist macht aber keine Andeutung über Galla Placidia.[419] Prosper erwähnt hingegen nur die Rückkehr der Gallia Placidia nach Ravenna als Bedingung für den Friedensschluss.[420] Auch Olympiodor lässt die westgotischen Militärleistungen aus, ist aber die einzige Quelle, in der die Rückgabe der Schwester des Kaisers an die Zahlung von 600 000 Scheffeln Getreide geknüpft war; außerdem überliefert er den Namen eines gewissen Euplutius, einem μαγιστριανός, der den Frieden römischerseits aushandelte[421]. Schließlich berichtet Jordanes über diesen Vertrag in seinen beiden Werken: In den *Romana* greift er auf die Chronik des Marcellinus Comes zurück und bezeugt einfach die *pax* und die damit verbundene Rückgabe der Galla Placidia; in den *Getica* gibt er hingegen weitere Details an, und zwar die Gegenleistung des Wallia und den Ort des Friedensschlusses. Nicht nur die Rücksendung der Gallia Placidia, sondern auch eine Militärhilfe im Notfall versprach Wallia. Diese Übereinkunft wurde durch Gesandtschaften beider Seiten bei den Pässen der Pyrenäen erzielt, wohin zum einen Wallia aus Spanien, zum anderen Flavius Constantius aus Gallien mit einer großen Armee gekommen waren.[422] Es ist aber unwahrscheinlich, dass der Frieden unten den von Jordanes überlieferten Umständen abgeschlossen wurde. Abgesehen davon, dass dieser Historiker sich oft (zum Beispiel chronologisch) als unglaubwürdige Quelle erweist, scheint sein

---

418 OROS. VII 43,12–13: [...] [Wallia] *pacem optimam cum Honorio imperatore, datis lectissimis obsidibus, pepigit; Placidiam imperatoris sororem honorifice apud se honesteque habitam fratri reddidit; Romanae securitati periculum suum obtulit, ut aduersus ceteras gentes, quae per Hispanias consedissent, sibi pugnaret et Romanis uinceret.*

419 HYDAT. *Chron.* 60: [...] *cui succedens Vallia in regno cum patricio Constantio pace mox facta Alanis et Vandalis Silingis in Lusitania et Baetica sedentibus adversatur*; CHRON. GALL. *a. DXI* 562: [...] *qui mox pace cum Constantio patricio facta Alanis et Wandalis, qui Lusitaniam et Baetica tenebant, bellum infert.*

420 PROSP. *Chron.* 1259: *Placidiam Theodosii imperatoris filiam, quam Romae Gothi ceperant quamque Athaulfus coniugem habuerat, Wallia pacem Honorii expetens reddit eiusque nuptias Constantius promeretur.*

421 OLYMP. *frg.* 30: Ὅτι Εὐπλούτιος ὁ μαγιστριανὸς πρὸς Οὐάλιον, ὃς τῶν Γότθων ἐχρημάτιζε φύλαρχος, ἀποστέλλεται ἐφ' ᾧ σπονδάς τε θέσθαι εἰρηνικὰς καὶ ἀπολαβεῖν τὴν Πλακιδίαν· ὁ δὲ ἑτοίμως δέχεται καὶ ἀποσταλέντος αὐτῷ σίτου ἐν μυριάσιν ἑξήκοντα, ἀπολύεται Πλακιδία παραδοθεῖσα Εὐπλουτίῳ πρὸς Ὁνώριον τὸν οἰκεῖον αὐτῆς ἀδελφόν.

422 MARC. COM. *Chron. a.* 414: *Valia rex Gothorum facta cum Honorio principe pace Placidiam sororem eius eidem viduam reddidit*; IORD. *Rom.* 326: *Valia rex Vesegotharum facta pace cum Honorio Placidiam sororem eius reddidit* [...]; *Get.* 165: *Cui Vallias rex Gothorum non cum minori procinctu ad claustra Pyrenei occurrit; ubi ab utraque parte legatione directa ita convenit pacisci, ut Placidiam sororem principis redderet suaque solacia Romanae rei publicae, ubi usus exegerit, non denegaret.*

Bericht teilweise tatsächlich romanhaft. Insbesondere ist zu hinterfragen, ob er besser als Orosius und Hydatius, zwei spanische und dem Frieden zeitnahe Historiker, informiert gewesen sein soll. Mit seiner detaillierten und emphatischen Erzählung verfolgt Jordanes offensichtlich das Ziel, dieser Vereinbarung eine große Bedeutung zu geben bzw. diese mit den berühmtesten und wichtigsten Verträgen zwischen Römern und Goten gleichzustellen.[423] Aus dem Vergleich der verschiedenen Quellen ergibt sich also folgende Rekonstruktion: Bei Barcino[424] kamen Wallia und Flavius Constantius im Namen des Kaisers Honorius durch die Vermittlung des Euplutius zu einem Frieden, nach dem die Westgoten gegen die Zahlung von 600 000 Scheffeln Getreide Galla Placidia und andere prominente Geiseln abgeben und die auf der iberischen Halbinsel einquartierten Alanen und vandalischen Silingen im Namen Ravennas bekämpfen mussten. Dass der Frieden für die Westgoten ungünstig war, geht aus dem Kontext eindeutig vor. Zum einen stand ihnen eine schwierige und riskante Militäraufgabe bevor, zum anderen erhielten sie dafür nur eine Getreidelieferung, ohne dass in den Verhandlungen von einer Zuteilung von Siedlungsland die Rede war. Des Weiteren bleibt unklar, ob es sich um eine einmalige oder jährlich zu leistende Zuwendung handelte. Zahlreiche Forscher sind zu verschiedenen Schlussfolgerungen gekommen, stimmen aber zurecht im selben Punkt überein, dass es sich um eine bescheidene Belohnung mit Blick auf die aktuellen Bedürfnisse der Westgoten handelte.[425] Schließlich waren allein die Westgoten verpflichtet, maximale Gewähr für den Friedensschluss durch eine Geiselstellung zu geben, und durch die Rückgabe der Galla Placidia entzog der ravennatische Hof dem westgotischen König ein politisches Druckmittel zu dessen eigenem Schaden. Der Frieden sieht hingegen extrem vorteilhaft für den Kaiser aus, und das würde rechtfertigen, weshalb Orosius von einer *pax optima* spricht. Aus dieser ganzen Untersuchung lässt sich also folgern, dass es sich 416 um ein *foedus iniquum* handelte.[426]

---

423 Delaplace 2015, 157f.

424 Wegen der oben argumentierten Unzuverlässigkeit des Jordanes ist nicht nachvollziehbar, dass diese Vereinbarung bei den *claustra Pyrenei* geschlossen wurde. Barcino ist ein plausibler Ort für diesen Friedensschluss; hierzu Kulikowski 2004, 169.

425 Ein Überblick über die zahlreichen Untersuchungen zum Thema der Getreidelieferungen bei Cesa 1994, 159 mit Anm. 138.

426 Vgl. Schulz 1993, 86f.; Cesa 1994, 158f.; Valverde Castro 2000, 40; Arce 2005, 89.

5.3.3 Der Vertrag von 418

Wallia hielt die Vereinbarung und in dem folgenden Zeitraum von zwei Jahren beschäftigten sich die Westgoten mit der Befreiung Spaniens von den dort etablierten Barbarenstämmen. Ihnen gelang es, die Alanen und die vandalischen Silingen zu vernichten und folglich die *Lusitania*, die *Baetica* und den Großteil der *Carthaginiensis* einzunehmen.[427] Diese waren die reichsten und am stärksten romanisierten Provinzen Spaniens, deren Rückgewinnung die wesentlichen Elemente einer Wiedereinführung der römischen Autorität auf der iberischen Halbinsel war. Die Eroberung der von Sueben und vandalischen Hasdingen bewohnten *Gallaecia* war hingegen nicht geplant, da diese isolierte Provinz kein großes Interesse Ravennas erregte. Sueben und Hasdingen wurden überdies in Ravenna nicht als Bedrohung wahrgenommen. Auf Befehl des Flavius Constantius zogen die Westgoten 418 wieder nach Gallien. Die Gründe ihres Rückrufs sind zahlreich. Vor allem hatte Wallia den mit dem römischen *magister militum* vereinbarten Auftrag erfüllt und die Situation Spaniens schien nun stabilisiert zu sein. Zweitens bestand in Ravenna die Furcht, dass ein auch über die Sueben und die vandalischen Hasdingen davongetragener Sieg der Westgoten eine Gefahr werden konnte, da die ganze iberische Halbinsel folglich in ihre Hände gefallen wäre – zwei für Ravenna riskante Konsequenzen daraus wären der Zugriff der Westgoten auf die aus den reichen iberischen Provinzen kommenden Steuereinnahmen und ein erneuter möglicher Übergangsversuch nach Afrika gewesen. Schließlich plante Flavius Constantius, sich der Westgoten zu bedienen, um die fortdauernde Instabilität Galliens zu regeln.

Die westgotische Ansiedlung 418 in Gallien wird von wenigen Quellen überliefert. Nach Prosper wurde der Frieden zwischen Wallia und Flavius Constantius durch die Zuweisung der *Aquitania II* und mancher Städte der Nachbarprovinzen an die Westgoten bestätigt.[428] Hydatius spricht von westgotischen Wohnsitzen in dem Bereich zwischen Toulouse und der Atlantikküste. Daraus folgt, dass die Westgoten die ganze *Aquitania II* und die daran angrenzenden Teile der *Novempopulana* und der *Narbonensis I* erhielten.[429] Die Wahl der römischen Regierung fiel aus geographisch-strategischen Gründen auf diese Gebiete. Aquitanien lag nämlich in gleicher Entfernung von Spanien und vom Kern Galliens. Folglich konnten die Westgoten so-

---

427 HYDAT. *Chron.* 63; 67–68; CHRON. GALL. *a. DXI* 562; 564; OROS. VII 43, 13; SIDON. *Carm.* II 362–365.

428 PROSP. *Chron.* 1271: *Constantius patricius pacem firmat cum Wallia data ei ad inhabitandum secunda Aquitanica et quibusdam civitatibus confinium provinciarum.*

429 HYDAT. *Chron.* 69: *Gothi* [...] *sedes in Aquitanica a Tolosa usque ad Oceanum acceperunt.* Die von Hydatius erwähnte Stadt Toulouse befand sich in der *Narbonensis I.* Die *Novempopulana* lag zwischen Aquitanien und Spanien, und durch die Kontrolle über einige ihrer Städte hätten die Westgoten einen der von Flavius Constantius zugewiesenen Aufträge besser erfüllen können; s. *infra*. Vgl. DELAPLACE 2015, 175.

wohl in einen erneut möglichen Konflikt gegen die anderen auf der iberischen Halbinsel verbliebenen Barbaren als auch zwecks Befriedung der verschiedenen Unruhen in Gallien rasch eingesetzt werden. Gleichwohl hatte Aquitanien keinen Zugang zum Mittelmeer und befand sich außerdem genug entfernt von Italien; die Gefahr einer direkten Bedrohung für die Zentralregierung war damit abgewendet. Angesichts des Wortlauts beider Quellen ist die Überlegenheit der Römer gegenüber den Westgoten ersichtlich, denn bei Prosper „übergaben“ die Römer die gallischen Gebiete (*data ei* [Wallia] *secunda Aquitanica et quibusdam civitatibus confinium provinciarum*) und bei Hydatius „erhielten“ die Barbaren sie (*Gothi sedes in Aquitanica acceperunt*). Durch die Wortwahl wird also die überlegene Rolle Westroms betont. Dass die Gebietsbewilligung schon unter den Bestimmungen des *foedus* von 416 eingeplant worden war[430], ist wohl nicht anzunehmen. Es gibt tatsächlich keinen Anhaltspunkt für diese Deutung in den Quellen, welche ausschließlich andere Bedingungen für das *foedus* von 416 wiedergeben. Entscheidend ist die Stelle des Prosper, laut der Constantius den Frieden mit Wallia 418 bestätigte (*pacem firmat*). Im Vertrag dieses Jahres ist also eine Erneuerung der vorherigen Vereinbarung von 416 zu sehen, mit der Landvergabe an die Westgoten als Bedingung.[431]

Mit Ausnahme der geographischen Elemente über die den Westgoten zugewiesenen Territorien sind die Quellen über den Vertrag von 418 sehr mangelhaft. Sie sprechen nur von der westgotischen Ansiedlung, und die Ausdrücke *ad inhabitandum* (Prosper) und *sedes* (Hydatius) sind ein klares Indiz dafür. In erster Linie fehlt irgendein Hinweis auf die Modalitäten dieser Ansiedlung. Hierzu stehen zwei Thesen im Gegensatz zueinander in der Forschung: die Real- und die Fiskalteilung. Mit dem ersten Begriff wird eine Landteilung zwischen Römern und Westgoten wohl nach dem *hospitalitas*-Prinzip genannt. Klare Beweise für eine Landteilung gibt es nicht, aber eine Notiz des Philostorgios und einige Gesetze des *Codex Euricianus*, der ca. um 475 vom Westgotenkönig Eurich erlassenen Rechtskodifikation, würden dafür sprechen. Nach dem Kirchenhistoriker erhielten die Westgoten einen Teil Galliens für den Ackerbau.[432] Dass manche Stellen des *Codex Euricianus* sich mit Grenzstreitigkeiten

---

430 So Krieger 1992, 48f.

431 Dagegen Delaplace 2015, 159f. u. 167: Der Vertrag von 418 sei „une application technique“ des Vertrags von 416, weshalb man folglich nur von einem einzigen Vertrag auszugehen hat.

432 Philostorg. XII 4: Ἐκ τούτου τὸ βάρβαρον πρὸς Ὀνώριον σπένδεται· καὶ τὴν οἰκείαν ἀδελφὴν καὶ τὸν Ἄτταλον τῷ βασιλεῖ παρατίθενται αὐτοί, σιτήσεσί τε δεξιωθέντες καὶ μοῖράν τινα τῆς τῶν Γαλατῶν χώρας εἰς γεωργίαν ἀποκληρωσάμενοι. Dass die Rückgabe der Gallia Placidia und die Ablieferung von Unterhaltsmitteln bei derselben Stelle erwähnt sind, ist ein Beweis für Philostorgios’ Vermengung der Bedingungen der Verträge von 416 und 418; im Gegensatz zu Hydatius und Prosper gibt er außerdem das den Westgoten zugestandene Gebiet nicht genau an.

zwischen Römern und Goten befassen, bringt eine physische Teilung von Landbesitzen zwischen ihnen mit sich.[433] Angesichts des mehrmaligen, internen Rechtsverweises auf eine fünfzigjährige Verjährung (*CE* 277: *intra L annis*) ist anzunehmen, dass die ersten Konflikte über das Land genau einige Jahre nach der Ansiedlung 418 entstanden. Deswegen ist eine Landaufteilung zwischen Römern und Westgoten im Rahmen der Vereinbarung von 418 – auch wenn nicht als Bestimmung, sondern als Folge – nachvollziehbar. Die Hauptfrage bei der Realteilung betrifft die Art der den Westgoten übertragenen Ländereien (*sortes Gothorum*). Die Zuteilung der *agri deserti*, das heißt der aus verschiedenen Gründen nicht mehr bebauten Ackerflächen, ist eine plausible Möglichkeit, aber sogar Besitzungen der römischen *possessores*, unter denen auch die gallo-römische Aristokratie zu verstehen ist, konnten eingeschlossen sein. Die Fiskalteilung schlägt hingegen eine Aufteilung der Steuereinnahmen zwischen Römern und Westgoten vor. Für diese Deutung sprechen das Schweigen der Quellen über einen vorstellbaren Widerstand und die Weigerung der römischen Landbesitzer gegenüber der Landzwangsenteignung zugunsten der Westgoten. Die westgotische Zerstreuung in der ganzen Region aufgrund ihrer landwirtschaftlichen Beschäftigung hätte überdies ihre Militärfähigkeit untergraben, während die vereinbarte Ansiedlung an ihren Kriegsdienst für Westrom gebunden war. In Wirklichkeit schließt die Annahme einer Meinung die andere nicht unbedingt aus. Eine Landteilung zwischen Römern und Goten geschah tatsächlich, aber die den Barbaren zugewiesenen Ländereien bestanden nicht nur aus Ackerfläche an sich, sondern auch aus den von diesen *sortes* erbrachten Steuereinnahmen.[434]

---

433 *CE* 275–277.

434 Zur Realteilung: GAUPP 1844, 197ff.; LOT 1928, 975–1011. Zur Fiskalteilung: GOFFART 1980, 127–161 (mit Überarbeitungen 2006, 119ff., 131–134 u. 143–155; 2013, 45–56); DURLIAT 1988, 49–55 (mit Überarbeitungen 1997, 153–179). Zur Debatte über die westgotische Ansiedlung in Gallien s. KRIEGER 1992, 29–75; CESA 1994, 161–175; LIEBESCHÜTZ 1997, 135–152; KULIKOWSKI 2001, 26–38; HALSALL 2007, 417–454 (ebenso 2010, 99–112); KAMPERS 2008, 121–125; DELAPLACE 2015, 174–179. An dieser Stelle sei daran erinnert, dass die vorliegende Arbeit sich nicht mit den Modalitäten der Ansiedlung der germanischen *gentes* auf römischem Boden befasst. Dieses Thema, das eine separate Untersuchung verdient, wird nur angesichts der in dieser Arbeit behandelten römisch-barbarischen Beziehungen skizziert.

5.4 Theoderich I.

5.4.1 Die Offensiven gegen Arles

Der Tod zuerst des Flavius Constantius (421), später des Kaisers Honorius (423) hinterließ plötzlich eine große Machtlücke. Das Weströmische Reich versank rasch ins Chaos. Die zwanziger Jahre des 5. Jhs. n. Chr. waren in der Tat von verschiedenen internen Konflikten um die politische Führung Westroms gekennzeichnet. Eine äußerst wichtige Rolle spielte Galla Placidia, die Schwester des Honorius und Witwe des Westgotenkönigs Athaulf, die sich durch ihre Intrigen als raffinierte Politikerin erwies. Von Anfang an war ihr Hauptrivale am ravennatischen Hof Flavius Constantius' Nachfolger, der *magister militum* Castinus, dessen Innen- und Außenpolitik als äußerst barbarenfeindlich einzuordnen ist. Gallia Placidias Antipathie für Castinus offenbarte sich bereits kurz nach dem Tod des Constantius aus Anlass des römischen Feldzuges auf die iberische Halbinsel. Um die dortige Situation besser in den Griff zu bekommen, entschied sich die römische Zentralregierung für einen Militäreinsatz in der von den Vandalen bedrohten *Baetica*. Mit diesem Unternehmen beauftragt, scheiterte Castinus damit zuerst aufgrund der Desertion des *tribunus scholarum* Bonifatius und seiner Männer kurz vor der Abfahrt nach Spanien, und dann am unerwarteten Verrat der westgotischen Hilfstruppen im Laufe des Kriegs.[435] Hinter beiden Frontwechseln verbarg sich genau Gallia Placidia. Diese konnte zum einen als Königin der Westgoten die Unterstützung dieser Gruppe nutzen, zum anderen auf die Treue des von ihrem verstorbenen Ehemann Flavius Constantius favorisierten Bonifatius zählen. Trotz des Scheiterns der Kampagne in Spanien verlor Castinus nicht das Vertrauen des Kaisers: Ihm gelang es tatsächlich, die Schuld an der Niederlage den politischen Machenschaften der Galla Placidia zuzuschreiben. Daraus folgte ihre Verbannung nach Konstantinopel auf Befehl ihres Bruders. Castinus' Erfolg blieb selbst nach dem Tod des Honorius erhalten. Der Ostkaiser Theodosius II., unter dem das Römische Reich wiedervereinigt wurde, da der Westkaiser Honorius ohne Erben verstorben war, wählte ihn als seinen Vertreter im Westen. Hier dauerte trotzdem eine kritische Situation an. Die Barbaren hielten unter eigener Kontrolle einen guten Teil Spaniens, in Gallien bestand die Unzufriedenheit weiter und Afrika war in Bonifatius' Hände gefallen. Gleichzeitig nahm ein Zivilbeamter namens Johannes den Purpur in Rom. Wegen dieser Umstände besorgt, gab Theodosius II. dem Drängen der bei ihm verbannten Galla Placidia nach.

[435] Die Anwesenheit eines westgotischen Kontingentes unten Castinus' Truppen ist höchstwahrscheinlich mit dem vorherigen römisch-gotischen Vertrag zu begründen.

Er erkannte ihren fünfjährigen Sohn Valentinian III. als Westkaiser an und entsandte ihn unter dem Schutz einer Armee nach Italien. Galla Placidia selbst fuhr mit, da sie aufgrund des jugendlichen Alters ihres Sohnes als Regentin mitwirken musste.

Von dieser innerrömischen Instabilität profitierten die Westgoten, die Arles 425 angriffen. Höchstwahrscheinlich rechtfertigte Wallias Nachfolger Theoderich I. den Friedensbruch mit dem Erlöschen des vorherigen Vertrags wegen des Ablebens eines der Kontrahenten, des Kaisers Honorius. Die Stadt Arles war der Sitz des *praefectus praetorio Galliarum* und Hauptstadt der *Dioecesis Septem Provinciarum*; außerdem befand sie sich in einer optimalen Lage als Kreuzungspunkt von verschiedenen Verkehrs- und Handelswegen. Die Gründe der westgotischen Offensive sind eindeutig. Durch die Einnahme dieser Stadt gewannen die Westgoten ein strategisches Gebiet, vor allem angesichts des sehr begehrten Zugangs zum Mittelmeer, und ein Druckmittel auf den ravennatischen Hof. Worin ihre Priorität bestand, ist aufgrund der mangelhaften Quellen nur schwierig festzustellen. Es ist nicht auszuschließen, dass die Westgoten zu diesem Zeitpunkt ein derartiges politisches Geschick erreichten, dass sie beide Ziele als gleich wichtig betrachteten.[436] Zur Rettung von Arles schickte Galla Placidia den *comes domesticorum* Aëtius. Dieser befreite die Stadt von der westgotischen Belagerung mit Hilfe seiner hunnischen Söldner, die er aber ursprünglich zur Unterstützung des Gegenkaisers Johannes angeworben hatte.[437] Auf diesen Konflikt bei Arles beziehen sich außerdem einige Verse des Sidonius Apollinaris über eine Übergabe gallischer Geiseln an den Westgotenkönig. Es wird deutlich, dass ein Frieden unter ungünstigen Bedingungen für Ravenna im Anschluss an die Befreiung der Stadt vereinbart wurde. Die Übergabe der Geiseln sollte als Garantie für die Erhaltung dieses Friedens gelten, um die Westgoten von weiteren Offensiven gegen Arles abzuhalten. Dies zeigt also, dass die Westgoten eine Machtposition gegenüber Westrom trotz ihres Rückzugs beibehielten.[438]

Am Beispiel der politischen Wirren infolge der Usurpation des Johannes versuchten die Westgoten einen erneuten Angriff auf Arles, als ein neuer innerrömi-

---

436 Diese Möglichkeit wird von KAMPERS 2008, 127 interessanterweise nicht in Betracht gezogen. Auch BECKER - KÖTTER 2016, 236 nahm keine Stellung dazu.

437 PROSP. *Chron.* 1290; CHRON. GALL. *a. CCCCLII* 102.

438 SIDON. *Carm.* VII 215–220: *Variis incussa procellis | bellorum regi Getico tua Gallia pacis | pignora iussa dare est, inter quae nobilis obses | tu, Theodore, venis; quem pro pietate propinqui | expetis in media pelliti principis aula | tutus, Avite, fide.* GILLETT 2003, 99; s. auch ANDERSON 1963, 136f., Anm. 1. Nach AMICI 2002, 138f., Anm. 22 wurden im Gegenteil westgotische Geiseln übergegeben, diese These ist aber anhand der Sprache Sidonius' nicht nachvollziehbar. Die Datierung dieser Episode an 418 (so LOYEN 1942, 39–43; 1960, 183, Anm. 38) und an 439 (so STEIN 1928, 482) sind aufgrund der chronologischen Bezüge im Panegyrikus Sidonius' auszuschließen. Vgl. auch SIRAGO 1961, 273. Die einzige namentlich erwähnte Geisel, Theodorus, ist sonst unbekannt. Vgl. SIDON. *Epist.* III 10, 1; hierzu LOYEN 1970, 99, Anm. 30; GIANNOTTI 2016, 201.

scher Machtkampf die Zentralregierung heimsuchte. Der neue *magister utriusque militiae* Flavius Felix geriet bald in Konflikt zuerst mit Bonifatius und später mit Aëtius. Bonifatius war mittlerweile *comes Africae* geworden und verfügte durch die Kontrolle über Afrika über ein starkes Machtmittel, da der Großteil der Getreideversorgung Italiens aus dieser Region kam. Felix nahm Bonifatius' Absage einer Einladung nach Ravenna, wo er sich gegen eine Beschuldigung einer Verschwörung gegen das Reich verteidigen musste, zum Vorwand, Bonifatius den Krieg zu erklären. Ein erstes Unternehmen unter der Führung von Mavortius, Gallio und Sanoeces scheiterte kläglich, vor allem wegen der Spannungen zwischen den drei Feldherrn. Ein neuer Versuch wurde ein Jahr später gestartet – dieses Mal aber unter der Leitung einer einzigen Person, des *comes* Segisvult. Diesem gelang es, Bonifatius in die Defensive zu drängen und ihn zu einem Vergleich zu zwingen. Die folgenden Verhandlungen brachten einen Frieden und die Rehabilitation des Bonifatius am ravennatischen Hof. Eine andere Drohung für Felix trat inzwischen in Erscheinung. Dank einer Reihe von militärischen Erfolgen in Gallien erfreute der *magister militum per Gallias* Aëtius sich rasch großer Beliebtheit sowohl bei seinen Truppen, als auch bei der lokalen Aristokratie. Er unterhielt überdies gute Beziehungen zu den Hunnen, auf deren Militärunterstützung er also zählen konnte. Über seinen Aufstieg besorgt, plante Felix seine Beseitigung.

Die schwierige Lage der römischen Regierung schaffte eine günstige Gelegenheit für die Westgoten, die 430 erneut nach Arles marschierten. Durch einen energischen Militäreinsatz vereitelte Aëtius die Gefahr, der westgotische Anführer Anaolsus wurde sogar gefangen.[439] Unsicher ist, ob dieser Häuptling aus eigener Initiative oder auf Befehl Theoderichs I. handelte. Hydatius spricht tatsächlich einfach von einer *Gothorum manus*. Darüber hinaus führten die gotischen Adligen manchmal Aktionen unabhängig von dem Willen ihres Königs durch. Dass eine einzige und isolierte gotische Schar die Einnahme der wohl wichtigsten Stadt Südgalliens ohne jede Unterstützung plante, scheint wenig plausibel.[440]

Beide Offensiven auf Arles haben eine tiefere Bedeutung. Der durch den Vertrag von 418 angenommene Status sowie die damit verbundenen römischen Zusagen reichten den Westgoten nicht. Sie nutzten also die politischen Schwächeanfälle der römischen Zentralregierung, um die eigene Stellung zu verbessern. Wohl sahen sie auch die wachsende Rolle der Hunnen als römische Alliierte aufgrund ihrer guten Beziehungen mit Aëtius als konkrete Gefahr. Welche Maßnahmen Ravenna gegen die Westgoten nach jedem Sieg ergriff, wird nicht überliefert. Es ist die Erhaltung des

439 HYDAT. *Chron*. 92.

440 Vgl. STICKLER 2002, 204; DELAPLACE 2013, 36.

Status quo bzw. die Bestätigung des vorherigen *foedus* von 418 anzunehmen. Angesichts seiner militärischen und politischen Schwäche war das Weströmische Reich nicht in der Lage, strafende Bedingungen zu diktieren sowie auf wertvolle Hilfstruppen zu verzichten. Die Tatsachen des Jahres 433 liefern den Beweis. Nachdem es Aëtius gelungen war, zuerst Felix, danach Bonifatius zu beseitigen, flüchtete er wegen eines Attentats des neuen *magister militum* und Galla Placidias Favoriten Sebastianus zu den Hunnen. Mit hunnischer Unterstützung marschierte er nach Italien zurück. Sebastianus konnte ihm und seinen Truppen nicht allein entgegentreten und rief darum die Westgoten zu Hilfe. Die Nutzung westgotischer Kontingente war eigentlich eine Bedingung der alten Vereinbarung.[441] Ob Theoderich I. auf Sebastianus' Hilferufe antwortete oder nicht, lässt sich aus den Quellen nicht entnehmen. Höchstwahrscheinlich brachten der sofortige Einfall des Aëtius und das folgende Debakel des Sebastianus den westgotischen König davon ab, in den Krieg einzugreifen.

5.4.2 Der „gotische Krieg“ und der Vertrag von 439

436 überschritten die Westgoten erneut die Grenze, besetzten mehrere benachbarte Städte und schritten schließlich zur Belagerung des reichen Narbonne.[442] Der Grund dieses neuen Vertragsbruchs seitens der Westgoten bleibt unbekannt. Auffällig ist, dass er genau in der Zeit fiel, als zum einen die Bagauden, zum anderen die Burgunder die römischen Truppen beschäftigten. Die Quellen weichen in der Anerkennung des Verdiensts für die Rettung von Narbonne voneinander ab. Die Stadt wurde nach Prosper von dem *comes rei militaris* Litorius mithilfe seiner hunnischen Reiterei, nach Sidonius Apollinaris aber durch die diplomatische Vermittlung des *magister militum per Gallias* und zukünftigen Westkaisers Eparchius Avitus befreit.[443] Dass die Auskunft des Sidonius Apollinaris in der Lobrede auf seinen Schwiegervater Avitus enthalten ist, lässt an der Glaubwürdigkeit dieser Quelle zweifeln. An einer anderen Stelle desselben Carmen erwähnt der gallo-römische Aristokrat den Militäreinsatz des Litorius bei der Gelegenheit.[444] Somit ist zu schlussfolgern, dass Litorius die militärische

---

441 CHRON. GALL. *a. CCCCLII* 113: *Gothi ad ferendum auxilium a Romanis acciti*. Hierzu vgl. MUHLBERGER 1990, 172f. u. 182; STICKLER 2002, 56; KÖTTER - SCARDINO 2017, 152–153.

442 PROSP. *Chron*. 1324; HYDAT. *Chron*. 107. Nach IORD. *Get*. 176 brachen die Römer den Frieden. Da jedoch diese Militärinitiative als eine Reaktion auf die gotische Unruhe bezeichnet wird, ist die Schuld für den Vertragsbruch nicht den Römern zuzuschreiben.

443 PROSP. *Chron*. 1324; SIDON. *Carm*. VII 475–480. HYDAT. *Chron*. 110 schreibt den Erfolg bei Narbonne Aëtius zu. Durch die Analyse der Manuskripte über Hydatius hat TRANOY 1974, 73 bewiesen, dass sich der von dem Chronisten überlieferte Sieg nicht auf den Konflikt mit den Westgoten, sondern den Burgundern bezieht. Zu Litorius s. RE XIII.1, 783–784 (1); PLRE II, 684–685.

444 SIDON. *Carm*. VII 475–480.

Operation führte, der einige diplomatische Verhandlungen durch Avitus folgten. In anderen Worten: Sidonius übertreibt die in Wirklichkeit geringe Rolle des Avitus bei der Befreiung von Narbonne.[445] Welchen Beitrag Avitus leistete, geht aus dem Kontext nicht hervor, wobei zu vermuten wäre, dass er sich um eine prorömische Politik der Westgoten bemühte: Die gotischen Offensiven auf römische Territorien sollten definitiv ein Ende haben.

Der römische Erfolg bei Narbonne schwächte trotzdem nicht die westgotische Widerstandskraft. Eine römische Kriegstätigkeit gegenüber den Westgoten in Südgallien dauerte also an. Diese Phase erreichte ihren Höhepunkt 438. Zu diesem Jahr weisen Prosper und Hydatius auf gelungene Militäraktionen der Römer hin. Beide Chronisten beziehen sich höchstwahrscheinlich auf die von Flavius Merobaudes gepriesene Schlacht am *Mons Colubrarius*. Hier fand ein überwältigender römischer Sieg statt; Hydatius spricht sogar von einem Massaker an 8000 Westgoten.[446] Die römische Offensive war dennoch noch nicht beendet, da Litorius mit seinen Männern zum westgotischen Hauptquartier Toulouse zog. Zecchini begründet den Angriff des Litorius mit der nun in Italien herrschenden barbarenfeindlichen Kaiserpolitik. Unter dem Einfluss des mächtigen Adelsclans der Caeionii-Decii entschied Kaiser Valentinian III. sich für eine aggressive Außenpolitik. Diese Initiative ist wiederum ein Indiz für die Unstimmigkeit zwischen dem Kaiserhof und Aëtius mit Blick auf seine barbarenfreundliche Politik. Dieser betrachtete den Konflikt mit den Westgoten nach der Schlacht am *Mons Colubrarius* wohl als beendet; außerdem hatte er überhaupt kein Interesse an der Vernichtung von Alliierten. Die letzten Erfolge in Gallien brachten Ravenna hingegen dazu, die Westgoten endgültig zu besiegen. Beauftragt wurde Litorius aufgrund seines Ehrgeizes und Wunsches, dem Aëtius voraus zu sein. Er brach also 439 in Aquitanien ein[447], sein Feldzug war aber eine Katastrophe. Dazu führten verschiedene Faktoren: Zum einem der unerwartete Widerstand der Westgoten bei Toulouse, zum anderen Litorius' Unvorsichtigkeit und Siegesgewissheit, deretwegen er sowohl auf Aëtius' Unterstützung verzichtete, als auch den durch den Bischof von

---

445 Hier eine Auswahl der bedeutendsten Beiträge (mit ausführlicher Literatur) zum Thema: LOYEN 1942, 46f.; ZECCHINI 1983, 218; HARRIES 1994, 68, Anm. 45; AMICI 2002, 143, Anm. 29; STICKLER 2002, 205; DELAPLACE 2015, 189f.

446 PROSP. *Chron.* 1326; 1333; HYDAT. *Chron.* 112; MEROBAUD. *Paneg.* I, fr. II B 16–24. Der Grund, weswegen der generell über die Geschichte Galliens gut informierte Prosper über den Gotenkrieg der 430er Jahre summarisch berichtet, besteht in dem größeren Interesse des Chronisten für die Vandalen zu diesem Zeitpunkt; hierzu s. BECKER - KÖTTER 2016, 263f., 267f., 274 u. 283. Zu der Schlacht am *Mons Colubrarius* s. CLOVER 1971, 41; ZECCHINI 1983, 218 mit App. I, 291–294; STICKLER 2002, 205, Anm. 1092; PLOTON-NICOLLET 2005, 22–26 (mit ausführlicher Literatur); DELAPLACE 2015, 190 bezweifelt hingegen eine Verbindung dieser Schlacht mit dem Gotenkrieg der 430er Jahre.

447 In Rahmen dieser kämpferischen Außenpolitik Westroms marschierte der Heermeister Andevotus gleichzeitig gegen die Sueben in die *Baetica*.

Auch, Orientius, übermittelten Friedensvorschlag Theoderichs I. verweigerte. Letzten Endes wurde Litorius sogar festgenommen und danach umgebracht.[448] Es war dennoch eher ein Kampf ohne wahre Sieger.[449] Die Westgoten selbst erlitten während des gesamten Konflikts große Verluste. Daraus ergibt sich, dass sie die weströmische Armee in ihrem vollen Potential immer noch nicht übertroffen hatten.[450] Andererseits wäre eine weitere Offensive für Aëtius aufgrund der beträchtlichen Verluste während der letzten Schlacht zu riskant gewesen. Außerdem erforderte die Entwicklung der afrikanischen Front, wo die Vandalen die Hauptstadt Karthago erobert hatten, seine prompte Intervention. Die logische Konsequenz war deshalb der Wille von beiden Seiten, zu einer Vereinbarung zu kommen.

Die Chronisten berichten darüber kurz und bündig. Die Gallische Chronik bezeugt das Ende des Konflikts, weist aber auf kein Abkommen hin. Hydatius und Prosper erwähnen lediglich den Friedensschluss. Nach dem Zweitgenannten waren die Goten diejenigen, die demütig um den Frieden nachgesucht hatten. Prosper hat hier aber eine falsche Vorstellung von der Situation, da – wie oben geschrieben – die römische Seite selbst Interesse an einem Frieden hatte.[451] Der Panegyriker Sidonius Apollinaris scheint hingegen über die ganze Angelegenheit besser informiert zu sein.[452] Im Unterschied zu dem von Hydatius und Prosper überlieferten Wort *pax* spricht er von einem *foedus*, das der mittlerweile zum *praefectus praetorio Galliarum* beförderte Eparchius Avitus römischerseits aushandelte. Der Hinweis auf eine Schrift (*pagina / littera*) liefert jedoch keinen Nachweis für einen Vertragstext. Wahrscheinlicher ist einfach der Bezug auf die schriftlichen Verhandlungen des Avitus.[453] Die Vertragsklauseln werden nicht erwähnt, Sidonius Apollinaris' Formulierung *foedus [...] novas* lässt aber verstehen, dass es sich um die Erneuerung des *foedus*

---

448 PROSP. *Chron.* 1335; HYDAT. *Chron.* 116; CASSIOD. *Chron.* 1232; VITA ORIENT. III (AASS Mai I, 61); SALV. *Gub.* VII 9, 39–44; IORD. *Get.* 177. Zur Niederlage Litorius' s. SANTOS 2001, 213–236.

449 Nach PROSP. *Chron.* 1335 ist der Sieg Theoderich I. zuzuschreiben, ausschließlich weil Litorius gefangen genommen wurde. Es ist hingegen unklar, ob die *anceps pugna* bei PROSP. *Chron.* 1338 sich auf diese Schlacht oder auf den ganzen gotischen Krieg bezieht; vgl. ZECCHINI 1983, 221f., Anm. 37; BECKER - KÖTTER 2016, 283. IORD. *Get.* 177 spricht von einem unentschiedenen Ausgang der Schlacht. Die Möglichkeit, dass Jordanes auf eine spätere durch Aëtius geleitete und gewonnene Schlacht hinweist (so LOYEN 1934, 412; ZECCHINI 1983, 221; AMICI 2002, 147f.), ist nicht beweisbar; hierzu s. DELAPLACE 2015, 187.

450 ELTON 1992, 167ff.; STICKLER 2002, 206.

451 CHRON. GALL. *a.* CCCCLII 123: *Pacatis motibus Galliarum, Aetius ad Italiam regreditur*; HYDAT. *Chron.* 117: *Inter Romanos et Gothos, pax efficitur*; PROSP. *Chron.* 1338: *Pax cum Gothis facta, cum eam post ancipitis pugnae lacrimabile experimentum humilius quam umquam antea poposcissent.*

452 SIDON. *Carm.* VII 306–311: *Postquam undique nullum | praesidium ducibusque tuis nil, Roma, relictum est, | foedus, Avite, novas; saevum tua pagina regem | lecta domat; iussisse sat est te, quod rogat orbis. | Credent hoc umquam gentes populique futuri? | littera Romani cassat quod, barbare, vincis.*

453 Hierzu DELAPLACE 2015, 193. Sidonius' Stelle enthält tatsächlich keinen deutlichen Anhaltspunkt für die Existenz eines Vertragstexts. Außerdem scheint das Wort *littera* hier eher eine Metapher für die ganze

von 418 handelte.[454] Zusätzliche Bedingungen sind trotzdem nicht auszuschließen, insbesondere angesichts einiger späterer Ereignisse. Beide Seiten trennten sich nämlich von ihren Verbündeten: Theoderich I. von dem alten innenpolitischen Rivalen des Aëtius, Sebastianus, der inzwischen am westgotischen Hof eingetroffen war[455]; die Römer von dem treuen und geschickten Amaler Vetericus, der einen Konkurrenten um den westgotischen Thron für Theoderich I. darstellte.[456] Überdies ließ Aëtius sich von Pelagia scheiden und heiratete eine namentlich unbekannte Tochter Theoderichs I. Dass das Gesagte alles kurz nach 439 geschah, spricht für die Verbindung mit dem betreffenden Vertrag als Garantie für seine Einhaltung.[457]

Der Vertrag von 439 hielt also den Status quo, stellte trotzdem sowohl für Aëtius als auch für Theoderich I. einen Erfolg dar. Die Befriedung der gallischen Front erleichterte die Rückkehr des Aëtius nach Italien, wo dringende Angelegenheiten seine Anwesenheit erforderten, insbesondere die kritische Situation Afrikas. Außerdem hatte der römische Heermeister den Westgoten keine weiteren Landgebiete abgegeben bzw. gewährt[458] und dabei erzielte er ein erneutes Bündnis mit ihrem König, das zusätzlich durch eine Heirat gefestigt worden war. Genau diese gelungene Hochzeitspolitik stellte den Hauptsieg Theoderichs I. dar. Dadurch gelang es ihm, sich eng mit der stärksten Persönlichkeit am Kaiserhof zu verbinden. Dies verschaffte ihm die

---

römische Kultur zu sein. Sidonius meint also, dass kein barbarischer Militärerfolg an die römische Kulturgröße heranreichen kann. S. auch GILLETT 2003, 102.

454 Vgl. IORD. *Get.* 177: [...] *datis dextris in pristina concordia redierunt, foedusque firmatum ab alterutrum fida pace peracta recessit uterque*). Auch dieser erzählt von einer „Rückkehr zur alten Eintracht“ und verwendet dafür das Wort *foedus*, er ist aber ein späterer Geschichtsschreiber.

455 IORD. *Get.* 176. Die Anwesenheit des Sebastianus anhand dieser Jordanes' Stelle ist aber aufgrund der Erwähnung eines Gainas problematisch. Eine überzeugende sowie entscheidende Erläuterung darüber ist bei CLOVER 1979, 70f.; s. auch SCHARF 1989, 151f.; DEVILLERS 1995, 115f.; STICKLER 2002, 208; DELAPLACE 2015, 192, Anm. 18. Zur Chronologie des Sebastianus s. DE LEPPER 1941; anders RE II A.1, 954–955 (1); PLRE II, 983–984 (3).

456 IORD. *Get.* 176; PROSP. *Chron.* 1337. Ob es sich bei beiden Quellen um dieselbe Person namens Vetericus handelt, ist nach BECKER-KÖTTER 2016, 282 unklar (dagegen CASTRITIUS 1984, 10; SCHARF 1989, 151f.; STICKLER 2002, 207f.). Seine Argumentationen beruht auf der fehlenden Nennung dieser Figur außerhalb der obengenannten Quellen und die Vermutung von MUHLBERGER 1990, 105f., Anm. 109 über eine spätere Interpolation des Eintrags Prospers. Die Annahme der Authentizität dieser Prospers Notiz würde außerdem eine implizite Kritik an Aëtius einschließen und das Indiz dafür sein, dass der römische Heermeister die Goten keineswegs als gefährlich ansah. Diese Folgerungen scheinen aber kühn angesichts der Tatsache, dass die kurze Stelle des Prosper einfach die Treue und den Einsatz des Vetericus bezeugt.

457 SCHARF 1989, 152; STICKLER 2002, 207f.; DELAPLACE 2015, 194. ZECCHINI 1983, 222 vermutet auch eine Geiselstellung vonseiten der Westgoten, es fehlt aber eine überzeugende Begründung. Zur Heirat des Aëtius s. ZECCHINI 1983, 222, Anm. 39 (mit ausführlicher Literatur).

458 BAYLESS 1978, 141 glaubt an eine Vereibarung unter großzügigen Bedingungen zugunsten der Westgoten, konkret an die Abgabe eines guten Teils der Novempopulana vonseiten der Römer. Keine einzige Quelle weist aber darauf hin.

Möglichkeit, die Innenpolitik Westroms mitzugestalten. Ein weiterer und wohl wichtigerer Vorteil war die Verstärkung seiner Autorität gegenüber den *optimates* seiner *gens*. Innerhalb dieses gentilen Verbands waren die internen Konflikte immer noch aktuell, insbesondere bezüglich der Thronfolge. Der Druck der westgotischen Hauptfamilien auf den König war so groß, dass seine Außenpolitik eine mögliche Rebellion hätte verursachen können. Des Weiteren ist nicht auszuschließen, dass Theoderich I. von der positiven Wirkung profitierte, die seine Verwandtschaft mit Aëtius auf die gallo-römische Aristokratie hätte haben können.[459]

5.4.3 Die römisch-westgotische Koalition gegen die Hunnen

Der Vertrag von 439 führte zu einer Friedenszeit im römisch-westgotischen Verhältnis. Es gibt tatsächlich keine Spur irgendeiner militärischen Aktion von beiden Seiten. Dies bedeutet allerdings nicht einen völligen Mangel an Spannungen zwischen dem Westgotenkönig und der römischen Zentralregierung. In den 440er Jahren begründete Theoderich I. eine neue außenpolitische Linie für die Stärkung seiner Stellung auf dem internationalen Schauplatz. Durch die Ehe seiner Töchter einerseits mit Hunerich, dem Sohn des Vandalenkönigs Geiserich (435–439[460]), andererseits mit dem Suebenkönig Rechiar (448) steuerte er ein strategisches Bündnis gegen Ravenna an. Ob das Endziel Theoderichs I. eine Militäraktion gegen Westrom war, eventuell mit Hilfe der anderen verbündeten Barbarenstämme, ist eine naheliegende Frage, die leider angesichts der folgenden Entwicklung der Beziehungen zwischen den germanischen Gruppen nicht sicher zu beantworten ist. Allerdings brach Geiserich das Bündnis mit den Westgoten, indem er die Tochter Theoderichs I. verstieß und verstümmelt zum Vater zurückschickte. Auch die Verbindung mit den Sueben scheint keine konkreten politischen Folgen gehabt zu haben.[461] All dies zeigt, dass eine gemeinsame

---

459 STICKLER 2002, 206ff. (mit ausführlicher Literatur). Vgl. DELAPLACE 2015, 194, Anm. 25. TRANOY 1974, 76 hebt zu Recht die enge Abhängigkeit der römisch-westgotischen Verhältnissen von der „attitude personnelle du roi des Wisigoths" hervor.

460 Die Datierung der Ehe zwischen dem vandalischen Prinz Hunerich und der namentlich unbekannten westgotischen Prinzessin ist immer noch sehr diskutiert. Aufgrund seiner sehr überzeugenden Argumentationen wird hier der Vorschlag von VÖSSING 2014, 54f. angenommen; s. auch KAMPERS 2008, 128; MERRILLS - MILES 2010, 113. Anders: HARTMANN 2009, 6; WOLFRAM ⁵2009, 181; STEINACHER 2016, 89 (Datierung in der Zeit vor dem vandalischen Einfall in Afrika); DELAPLACE 2015, 200 (keine Ehe zwischen Hunerich und einer Tochter Theoderichs I.).

461 Zum Misserfolg des westgotisch-vandalischen Bündnisses s. VÖSSING 2014, 54f. Zur westgotisch-suebischen Verbindung s. DÍAZ 2011, 79f.

Strategie der Germanenvölker mit dem Ziel der Vernichtung des Weströmischen Reiches eher auszuschließen ist. Diese Ehepolitik ist wohl eher der Versuch der Westgoten, sich politisch stark und aktiv gegenüber dem Weströmischen Reich zu zeigen.

Anfang der 450er Jahre kollaborierten Theoderich I. und Aëtius wieder miteinander. Der Grund dafür war die in der letzten Zeit eskalierte Hunnengefahr. Bis zu diesem Zeitpunkt hatten Römer und Hunnen grundsätzlich Freundschaftsbeziehungen miteinander unterhalten. Die Anwesenheit hunnischer Kontingente als Hilfstruppen in der weströmischen Armee ist in den Quellen mehrfach bezeugt und Aëtius selbst hatte persönliche und freundschaftliche Kontakte zum Hunnenkönig Rua. Die Situation änderte sich 445 mit der Machtübernahme des Attila. Im Gegensatz zu seinen Vorgängern und seinem von ihm ermordeten Bruder und Mitregent Bledas reichten diesem der Teil Pannoniens und der Föderatenstatus nicht, die die Hunnen damals von den Römern bekommen hatten. Er schlug folglich einen neuen Kurs der römisch-hunnischen Beziehungen mit einer aggressiven und romfeindlichen Politik ein. Am Anfang wandte Attila seine Aufmerksamkeit auf den östlichen Teil des Römischen Reiches, wo es ihm gelang, die Donauprovinzen und Thrakien massiv zu plündern. Besorgt um einen möglichen Angriff auf Konstantinopel, handelte der Ostkaiser Theodosius II. für ihn sehr harte Friedensbedingungen aus, und zwar die Zahlung hoher Tribute und die Respektierung einer militärfreien Pufferzone an der Donaugrenze. Verschiedene Faktoren bewogen Attila jedoch schnell, nach Westen zu ziehen. Einer war die Anstiftung dazu vonseiten des 448 zu den Hunnen geflüchteten Bagaudenführers Eudoxius. Ein anderer war die Einstellung der Zahlungen aus Konstantinopel auf Befehl des neuen Ostkaisers Markian ab 450. Am Schluss stand die sogenannte Honoria-Affäre. Diese war die Schwester des Westkaisers Valentinian III., die in einen Hofskandal verwickelt wurde. Die von ihrem Bruder verhängte „Bestrafung" (Zwangsverlobung mit einem politischen bedeutungslosen Senator) veranlasste sie, ein Hilfegesuch an Attila zu richten. Die Anfrage Honorias bot den besten Vorwand für Attila, dass dieser sich berechtigt fühlte, im Westen zu intervenieren. Damit konnte er einerseits die von den Westgoten bei der Schlacht von Toulouse niedergemetzelte hunnische Hilfstruppe rächen, andererseits für Aëtius als Generalissimus des Westens einspringen.

Im Frühjahr 451 erschien also ein riesiges Heer von Hunnen an der Rheingrenze. Die hunnische Drohung betraf sowohl die Westgoten, als auch das Weströmische Reich, und darum war es logisch, dass es zu einem Bündnis gegen den gemeinsamen Feind kam. Auch bei dieser Gelegenheit wie bei schon im Jahre 439 übernahm Eparchius Avitus die Rolle des Vermittlers. Sidonius Apollinaris erzählt von der in einer öffentlichen Rede geäußerten Bitte des Aëtius um die Mitarbeit des Avitus an einer Vereinbarung mit den Westgoten. Trotz der bekannten panegyrischen Absicht des Sidonius ist seine Aussage nicht zu bezweifeln, da Avitus aufgrund seiner guten Beziehungen zu Theoderich I. tatsächlich der ideale Mann dafür war. Außerdem ist Sidonius eine zeitgenössische Quelle und über die gallischen Angelegenheiten sehr gut informiert. Auch Jordanes und Paulus Diaconus berichten über die Verhandlungen zwischen Ravenna und den Westgoten, Avitus wird aber im Zusammenhang mit der für die Vermittlung beauftragten Gesandtschaft von beiden nicht erwähnt. Der römische Ansprechpartner Theoderichs I. war nach Paulus Diaconus Aëtius, nach Jordanes Kaiser Valentinian III., dessen Briefwechsel mit dem westgotischen König sogar wörtlich wiedergegeben wird. Die verschiedenen Quellen sind nicht widersprüchlich, sondern ergänzen sich: Im Namen des Westkaisers Valentinian III. schloss der Bevollmächtigte Aëtius ein Bündnis mit Theoderich I. durch die Vermittlung des Senators Avitus.[462] Alle Autoren schweigen letztlich über die Bedingungen der Vereinbarung. Es handelte sich wohl um ein hunnenfeindliches Militärbündnis, das unabhängig von dem theoretisch immer noch gültigen *foedus* von 418 bzw. 439 vereinbart wurde. Es wäre ansonsten schwierig, die diplomatische Mission des Avitus zu begründen, wenn Ravenna die westgotische Hilfe infolge der vorherigen *pax* für gewährleistet ansah. Die Allianzverpflichtung des bestehenden *foedus* musste zu diesem Zeitpunkt erloschen gewesen sein, wohl aufgrund des unklaren Zustandes der römisch-westgotischen Beziehungen nach den letzten Spannungen. Deswegen war ein förmlich separater und situationsbezogener Vertrag nötig. Diese Vermutung wird tatsächlich durch die Terminologie mancher Quellen (*in pace societas* bei Hydatius, *qui cum eo pacis foedera sociarent* bei Paulus Diaconus) bestätigt.[463]

Aëtius und seine Verbündeten (Westgoten, Burgunder, Rheinfranken u.a.) traten der durch ostgotische Auxiliartruppen verstärkten Armee Attilas bei den Katalaunischen Feldern entgegen. Aëtius gewann die Schlacht, der Sieg war jedoch nicht entscheidend für den gesamten Konflikt gegen die Hunnen. Attila gelang es, bevor seine *gens* vernichtet wurde, sich zurückzuziehen, und so konnte er ein Jahr später wieder kampffähig auf römischem Boden erscheinen, dieses Mal aber in Italien. Der Grund, weswegen Aëtius die Hunnen nicht bedrängte, ist ein aktuelles und umstrittenes Thema. Damit verbunden sind auch die römisch-westgotischen Beziehungen. Im Laufe der obengenannten Schlacht fiel der Westgotenkönig Theoderich I. und das Heer wählte seinen Sohn Thorismund durch Akklamation als neuen König. Dieser verließ rasch den Kampfplatz und kehrte nach Toulouse zurück, wo seine Brüder um die Thronfolge Komplotte schmiedeten. Ohne die Militärunterstützung der Westgoten war Aëtius nicht in der Lage, die Hunnen endgültig zu vernichten. Ein Teil der

---

462 SIDON. *Carm.* VII 328–356; IORD. *Get.* 187–189; PAUL. DIAC. *Hist. Rom.* XIV 3. Die römisch-westgotische Einigung wird, wenn auch mit kurzen Worten, bei HYDAT. *Chron.* 150 und PROSP. *Chron.* 1364 erwähnt.

463 Vgl. SCHULZ 1993, 89ff.; STICKLER 2002, 137f.

Forschung sieht in dem Rückzug Thorismunds eine Aëtius-feindliche Politik, die im Gegensatz zu der seines Vaters stand.[464] Dies werde durch spätere Geschehnisse bestätigt, zum einen die westgotischen Militäraktionen in Gallien unter Thorismund, zum anderen seine Ermordung zur Wahrung der guten Beziehungen zu den Römern. Delaplace hat die Schwäche dieser Argumentationen hervorragend aufgezeigt. Vor allem muss die westgotische Offensive in Gallien (Angriff auf die mit Westrom alliierten Alanen, Belagerung von Arles) der Historikerin zur Folge relativiert, wenn auch nicht verleugnet werden.[465] Darüber hinaus bezeugt nur Prosper die romfeindliche Politik Thorismunds.[466] Dieser folgt aber einer präzisen ideologischen Propaganda, nämlich der Überlieferung eines positiven Images von Theoderich I. als „Freund Roms", indem er dessen Sohn als Bedrohung für die römisch-westgotische Freundschaft vorstellt. Prosper wollte die Tragweite eines guten Verhältnisses zwischen Römern und Westgoten betonen.[467] Die neue Bewertung der Aussagen Prospers angesichts dieser Interpretation spricht gegen die Verwendung derselben Notiz als Beweis für eine Neustipulation des römisch-westgotischen Bündnisses auf Initiative der Nachfolger Thorismunds. Andere Wissenschaftler sind hingegen der Meinung, dass Aëtius selbst Thorismund die Heimkehr vorschlug. In den Augen des römischen Feldherrn hätte die Vernichtung der Hunnen durch die Westgoten das politische Gleichgewicht unter allen Barbarenstämmen bedroht, da sich die gotische Übermacht ausgezeichnet hätte.[468] Diese Vermutung fußt jedoch auf einer späteren und gotenfreundlichen Tradition[469], und darum ist sie mit Vorsicht zu betrachten. Ob Thorismund die Entscheidung des Rückzugs auf eigene Initiative oder auf Anraten des Aëtius traf, liegt also im Unklaren. Ebenso lassen die Quellen nicht erkennen, ob die angeblichen Aktionen in Gallien absichtlich gegen Westrom geführt wurden. Leichter ist es wohl anzunehmen, dass Thorismund einfach aus Eigennutz handelte (zuerst sein Recht auf den Thron, danach sein Volk zu schützen), ohne dass dies eine explizite und erklärte romfeindliche Politik bedeutet.

464 TÄCKHOLM 1969, 270ff.; ZECCHINI 1983, 271ff.; STICKLER 2002, 142ff.

465 Zum Konflikt mit den Alanen: PROSP. HAVN. *a.* 457; GREG. TUR. *Hist. Franc.* II 7; zur Belagerung der Stadt Arles: CHRON. GALL. *a. DXI* 621; SIDON. *Epist.* VII 12, 3. Alle diese sind spätere Notizen, keine zeitgenössische Quelle weist auf diese Ereignisse hin. Die einzige Ausnahme ist die Stelle bei Sidonius. Die Äußerungen in seinem Brief sind aber zu bezweifeln, da er damit Aëtius in Misskredit bringen will und folglich die Fakten „manipuliert".

466 PROSP. *Chron.* 1371.

467 DELAPLACE 2015, 207ff. Dass die Verantwortung für das positive Bild des Theoderich I., und folglich für das negative seines Sohnes, auf Thorismunds Nachfolger zurückgeht, ist eine beeindruckende sowie plausible Hypothese. Vgl. auch MUHLBERGER 1990, 124.

468 So BECKER - KÖTTER 2016, 318. Vgl. AMICI 2002, 165f.

469 IORD. *Get.* 216; GREG. TUR. *Hist. Franc.* II 7.

5.5 Theoderich II.

5.5.1 Das Abkommen mit Kaiser Avitus

Bereits kurz nach der Schlacht bei den Katalaunischen Feldern änderte sich das römisch-westgotische Verhältnis erneut drastisch. Die politischen Hauptfiguren der letzten Dezennien beiderseits starben nacheinander im Verlauf weniger Jahre: Theoderich I. 451, Aëtius 454, Valentinian III. 455. Der neue Westkaiser war ein Exponent der italischen Senatorenaristokratie namens Petronius Maximus. Dieser war sich ganz bewusst, weder die Mittel und noch die Fähigkeiten für eine langfristige Regierung zu besitzen. Seine Strategie bestand also einerseits darin, eine verwandtschaftliche Beziehung zur Kaiserdynastie zu begründen, indem er mit der kaiserlichen Witwe Licinia Eudoxia in den Stand der Ehe eintrat, andererseits in der Militärunterstützung der germanischen Verbündeten. Für die Verhandlungen mit den Westgoten, deren neuer König Theoderich II., der Bruder und einer der Auftraggeber des Mords Thorismunds 453 war, wendete Petronius Maximus sich an Eparchius Avitus, der gegenüber der westgotischen Elite immer noch über großen Einfluss verfügte. Avitus wurde also zum *magister militum praesentalis* ernannt und kurz danach als kaiserlicher Vertreter zum westgotischen Hof geschickt.[470] Petronius Maximus' Furcht war höchstwahrscheinlich, dass die Westgoten den vorherigen Vertrag mit den Römern als erloschen ansahen, denn auf beiden Seiten waren die Kontrahenten verstorben. Im Übrigen befürchtete auch die westgotische Führungsschicht das Ende des Friedens, als Avitus bei Toulouse erschien.[471] Dieser verlangte aber einfach die Einhaltung der alten Vereinbarung[472], also eine Erneuerung des Vertrags von 439.[473] Die Antwort des Theoderich II. ist deutlich: Er knüpfte seine Zusage an die Bedingung, dass Avitus den Purpur annahm. Nur in diesem Fall wären die Westgoten bereit, für das Weströmische Reich zu kämpfen.[474] Ob Avitus' Forderung im Namen des Petronius Maximus vorgebracht wurde, ist jedoch unsicher. Die Quellen bieten tatsächlich keinen Anhaltspunkt für die Feststellung, ob Avitus' Worte den Willen des Petronius

470 SIDON. *Carm.* VII 377–378: [...] *peditumque equitumque magistrum te sibi, Avite, legit* [...]; 400–402: [...] *succincto referens diplomate Avitum | iam Geticas intrare domus* [...] *legati iura subisse.*

471 SIDON. *Carm.* VII 403f.: *Obstupuere duces pariter Scythicusque senatus | et timuere suam pacem ne forte negaret.*

472 SIDON. *Carm.* VII 469–471: *Foedera prisca precor, quae nunc meus ille teneret, | iussissem si forte, senex* [Theoderich I.] *cui semper Avitum | sectari crevisse fuit.*

473 Vgl. OPPEDISANO 2013, 72. Anders LOYEN 1942, 54f.: Petronius Maximus war bereit, einige Gebiete den Westgoten gegen Militärhilfe zu bewilligen. Keine Quelle, selbst die von ihm erwähnten Stellen Sidonius Apollinaris', weisen aber darauf hin.

474 SIDON. *Carm.* VII 508–512: [...] *si tu, dux inclite, solum | Augusti subeas nomen* [...] *sed contestamur: „Romae sum te duce amicus, | principe te miles".*

Maximus widerspiegelten oder seiner eigenen Politikstrategie entsprachen. Inzwischen endete die Regierungszeit des Petronius Maximus bereits wenige Monate nach ihrem Beginn am 17. März 455: Ende Mai wurde er nämlich unter unklaren Umständen ermordet und gleichzeitig war der Vandalenkönig Geiserich bis vor die Tore Roms gekommen. War Avitus darüber informiert? Dass er im Gegensatz zu dem vor ihm stehenden Theoderich II. nicht von den Neuigkeiten aus Rom benachrichtigt wurde, ist kaum glaubhaft. Ihm hätte bekannt sein müssen, dass Petronius Maximus' Autorität fragil und die vandalische Drohung konkret war. Außerdem erfolgte seine Ausrufung zum Kaiser ungefähr fünf Wochen nach der Ermordung von Petronius Maximus. Es gab also eine ausreichende Zeitspanne, in der er darüber hätte Bescheid bekommen können. Der entscheidende Beweis ist bei Sidonius Apollinaris. Dieser ordnet die Gesandtschaftsreise Avitus' zum westgotischen Hof zeitlich zirka drei Monate nach seiner Ernennung zum *magister militum praesentalis* ein, das heißt frühestens Mitte/Ende Juni.[475] Zu diesem Zeitpunkt war Petronius Maximus bereits verstorben.[476] Dies zeigt also, dass Avitus in genauer Kenntnis der neuen politischen Situation Westroms handelte. Abgesehen vom Plan (und dann Ableben) des Petronius Maximus war eine Vereinbarung bzw. eine Militärhilfe der Westgoten immerhin notwendig für den westlichen Teil des Römischen Reiches. Zum einen dank seiner guten Verhältnisse zu diesem Stamm, zum anderen wegen der betreffenden Angelegenheit befand sich Avitus in der optimalen Lage für den Abschluss eines Vertrags mit den Westgoten. Dieser ist also als erste politische Tätigkeit des Avitus als Kaiser des Weströmischen Reiches zu betrachten.

Die Einhaltung des *foedus* vonseiten Theoderichs II. erwies sich als opportunistisch. Nach Hydatius unternahm er auf Befehl des Avitus eine militärische Operation gegen die Sueben in Spanien im Rahmen seines Bündnisses mit Rom.[477] Eine Befriedung der iberischen Halbinsel, wo eine aggressive Expansionsphase der Sueben begonnen hatte, lag sowohl im Interesse des Theoderich II. als auch des Avitus. Die Absicherung Spaniens hatte für den Westkaiser aber eine tiefere Bedeutung als die reine Vernichtung der Sueben. Denn über Spanien plante Avitus einen Feldzug gegen die Vandalen. Diese waren die Hauptsorge nicht nur Westroms, sondern aller Staaten mit einem direkten Zugang zum Mittelmeer geworden. Avitus hatte schon ihrem König Geiserich mit einer durch seine Verbündete unterstützten bewaffneten Intervention bedroht.[478] Diese außenpolitische Unternehmungslust des

475 SIDON. *Carm.* VII 391ff.

476 GILLETT 2003, 105.

477 HYDAT. *Chron.* 170: [...] *a rege Gothorum Theodorico, quia fidus Romano esset imperio* [...]; 173: [...] *Hispanias rex Gothorum Theodoricus, cum ingenti exercitu suo et cum voluntate et ordinatione Aviti imperatoris, ingreditur.*

478 PRISC. *frg.* 31,1.

Avitus ist zu relativieren. Seine Stellung war sehr schwach, da infolge der Proklamation in Gallien seine kaiserliche Autorität mit Müh und Not von dem Senat Roms, überhaupt nicht von dem Ostkaiser Markian anerkannt wurde. Außerdem hatte Rom eine schwere Plünderung durch die Vandalen (455) überstanden, und verschiedene Provinzen des Reiches waren andauernd der Gefahr eines barbarischen Angriffs ausgesetzt. Hatte Avitus also ausreichende Ressourcen für einen Feldzug in Afrika und gegen einen Feind, mit dem selbst der Ostkaiser – dessen Regierung stärker und stabiler als die seines Westkollegen war – Schwierigkeiten hatte? Ein glaubhafteres Szenario war anders. Der westgotische Einfall in Spanien kann eine autonome Initiative dieses Volks gewesen sein. Die Westgoten handelten nur nominell im Dienst Westroms, sie verfolgten vielmehr eigene Interessen: zum einen die Einschränkung der suebischen Expansionspolitik, von der zu befürchten war, dass sie sich bis zu den westgotischen Gebieten ausdehnen würde; zum anderen die Ausübung einer politischen Kontrolle über Spanien. Selbstverständlich profitierte Avitus selbst von der Befreiung Spaniens durch die Westgoten. Erstens wurde die Expansion der Sueben unterbrochen, die wieder in die westlichen Gebiete der iberischen Halbinsel zurückgeschlagen wurden. Zweitens konnte Avitus die Vandalen unter Druck setzen: Spanien, von wo aus theoretisch ein Feldzug nach Afrika ausgehen konnte, kam langsam unter die Kontrolle der Westgoten, der Verbündeten Westroms, die das eigene Militärpotenzial gezeigt hatten. In diesem Zusammenhang schickte Avitus zu Geiserich eine Gesandtschaft mit einer Kriegsdrohung durch seine Alliierten; den Plan eines konkreten Angriffs hatte er aber wohl nicht.[479]

Bei einer anderen Gelegenheit hielt Theoderich II. dennoch die Abmachung von 455 nicht ein. Eine Notiz des Hydatius über das Ende der Regierung des Avitus berichtet, die Westgoten hätten es an der versprochenen Unterstützung fehlen lassen. An anderer Stelle beachtet Hydatius, ihre Hilfe sei von Avitus durch eine Gesandtschaft des *tribunus* Hesychius erbeten worden.[480] Delaplace spricht sich gegen die Verbindung beider Stellen des Hydatius aus, da die Notiz 177 – ihrer Meinung nach – keinen deutlichen Hinweis auf eine Bitte um Hilfe enthält. Es ist jedoch schwer zu glauben, dass Avitus einen Gesandten zu Theoderich II. schickte, nur um ihn von dem Sieg über die Vandalen zu informieren. Dass Hesychius wertvolle Geschenke mitnahm, ist ein Indiz für die Intention des Avitus nicht nur einer Benachrichtigung, sondern auch einer Bitte. Der Westkaiser konnte auf die westgotische Militärhilfe nicht verzichten, wenn er eine effektive und aggressive Außenpolitik führen wollte. Die Annahme sowie die Ablehnung dieser Vermutung entwertet dennoch

479 Anders DELAPLACE 2015, 270f. Vgl. CLOVER 1966, 164ff.; KAMPERS 2008, 130; OPPEDISANO 2013, 75ff.

480 HYDAT. *Chron.* 183: *Avitus* [...] *caret imperio Gothorum promisso destitutus auxilio* [...]; 177: *Hesychius tribunus legatus ad Theodoricum cum sacris muneribus missus ad Gallaeciam venit, nuntians ei id quod supra, in Corsica, caesam multitudinem Vandalorum et Avitum de Italia ad Gallias Arelate successisse.*

nicht den Kernpunkt der Notiz 183 des Hydatius, das heißt die Nichtentsendung westgotischer Hilfe an Avitus. Der Grund dafür besteht wohl in einer bestimmten Einschätzung der politischen Lage vonseiten Theoderichs II. Diesem sollte die schwache Stellung des Avitus langsam bekannt sein (s. *supra*). Er verstand deshalb, dass einerseits Avitus trotz seines kaiserlichen Amts kein starker Alliierter war, andererseits die Unterstützung für eine Figur, die grundsätzlich als Usurpator angesehen wurde, kontraproduktiv werden konnte.[481] Aus dem Vergleich zwischen dieser und der vorherigen Situation folgt also, dass die Einhaltung des Vertrags mit Avitus von dem eigenen Vorteil Theoderichs II. abhängig war.

5.5.2 Die Beziehungen zu Kaiser Maiorianus

Avitus verblieb nur wenige Monate im Amt. Sein Sturz war das Werk des *magister militum* Ricimer und des *comes domesticorum* Maiorianus. Diese nutzten einerseits die Volksunzufriedenheit für einige innenpolitische Maßnahmen des Avitus, andererseits das militärische Prestige ihrer langen Karriere unter Aëtius sowie des Ricimers Erfolge gegenüber den Vandalen auf Korsika und Sizilien aus. Nach Absprache mit dem Senat Roms marschierten sie gegen Avitus und setzten ihn 456 nach einer siegreichen Schlacht bei Piacenza ab. Nach einem sechsmonatigen Interregnum wurde der Römer Maiorianus als neuer Kaiser Westroms gewählt, da Ricimer selbst wegen seiner barbarischen Herkunft für den Kaiserthron nicht in Frage kam. Ein Jahr später erkannte auch der neue Ostkaiser Leo I. die Ausrufung des Maiorianus zum Westkaiser an.

Laut der Forschung ist Maiorianus der letzte Westkaiser, der konkret versuchte, das Schicksal des Weströmischen Reiches wieder zum Guten zu wenden. Sein Plan sah die Rückgewinnung der westlichen Provinzen – Gallien, Spanien, Afrika – vor. Alle diese Gebiete gehörten nominell immer noch zum Römischen Reich, praktisch waren sie aber unter Kontrolle der dort angesiedelten Germanenstämme. Die erste Etappe war Gallien, sei es, weil die mächtige Lokalaristokratie Maiorianus als legitimen Nachfolger des Avitus nicht anerkannt hatte, sei es, weil die Burgunder und die Westgoten erneut zu den Waffen griffen. Beide Gruppen hatten nämlich von dem Bruch zwischen der gallo-romischen Elite und der weströmischen Zentralregierung profitiert, um einige Gebiete Galliens zu besetzen: die Burgunder die *Lugdunensis I* (nach Absprache mit dem örtlichen Landadel), die Westgoten die Region von Arles. Da die Sueben keine große Gefahr mehr darstellten, konnten die Westgoten ihre in

481 S. DELAPLACE 2015, 218f.; zur Notiz 177 von Hydatius vgl. TRANOY 1974, 105f.

Spanien befindlichen Streitkräfte für eine Offensive in Gallien freistellen. Höchstwahrscheinlich nutzte Theoderich II. auch die gewaltsame Absetzung des Avitus aus, um den laufenden Vertrag mit Ravenna als erloschen zu betrachten.

Unter der Führung des *magister militum* Aegidius verjagten die römischen Truppen die Burgunder mühelos aus Lyon. Anstrengender war hingegen der Konflikt mit den Westgoten. Die Quellen bieten kein klares Bild der Ereignisse. In der *Vita Martini* erzählt Paulinus Petricordis von einer erfolgreichen Belagerung der Römer durch die Westgoten, indem letztere Aegidius Verstärkung und Versorgung verwehrten. Die Befreiung des römischen Feldherrn war später nur dank des wundersamen Einsatzes des Heiligen Martin von Tours möglich. Der Ort der Belagerung wird aber nicht erwähnt. Es gibt Grund zur Annahme, dass es sich um Arles handelte. Diese Stadt war wegen ihrer strategischen Lage das Machtzentrum der ganzen Region, und ihr Besitz gewährleistete die Kontrolle über das Gebiet bis zur Mittelmeerküste. Das Gefecht zwischen Aegidius und den Westgoten ist also hier anzunehmen. Paulinus Petricordis' Hinweis auf eine bewegliche Brücke aus Schiffen über die Rhone ist ein weiteres Indiz für die Identifizierung der belagerten Stadt mit Arles. Ferner war es in Arles, wo sich eine hagiographische Überlieferung über den Heiligen Martin von Tours stark entwickelt hatte.[482]

Nach der Befriedung Galliens richtete Kaiser Maiorianus seine Aufmerksamkeit auf die iberische Halbinsel. Von hier sollte die Rückeroberung Afrikas von den Vandalen anfangen, deren Bedrohung durch Piraterie und Versuche, sich der westlichen Mittelmeerküsten zu bemächtigen, neulich eskaliert war. Unter den in Spanien gesammelten Truppen Westroms war auch ein Kontingent von Westgoten. Seine Anwesenheit war eine Folge des bei Hydatius zitierten Friedens zwischen Theoderich II. und Maiorianus nach der Belagerung Arles'.[483] In Wirklichkeit spricht der Chronist einfach von dem römischen Sieg über die Westgoten in einer gewissen Schlacht (*in quodam certamine*), ohne weitere genauere Angaben darüber zu machen. Anhand der Quellen war die Belagerung von Arles tatsächlich die einzige

---

482 PAULIN. PETRIC. *vita Mart.* VI 111–120; cfr. GREG. TUR. *Mirac. Mart.* I 2. Eine überzeugende Rekonstruktion der Belagerung und Befreiung Arles' ist bei OPPEDISANO 2013, 230–232. Anders DELAPLACE 2015, 227. Für sie beeinträchtigt der hagiographische Inhalt der betreffenden Quellen deutlich die historische Glaubwürdigkeit, denn das Werk des Paulinus Petricordis ist im Rahmen des ideologischen und politischen Kampfs des Bischofs von Tours Perpetuus gegen den Arianismus und die westgotische Expansion zu verstehen. Diese Meinung ist aber zu radikal. Der panegyrische Charakter der Quelle schließt die Historizität des Vorfalls nicht unbedingt aus. In eine hagiographische Überlieferung gehen sicherlich historische Tatsachen ein, auch wenn diese zu ideologischen Zwecken verzerrt werden. Dies scheint bei Paulinus Petricordis und seinem Bericht über die Belagerung des Aegidius der Fall zu sein.

483 HYDAT. *Chron.* 197: *Legati a Nepotiano magistro militiae et a Sunerico comite missi veniunt ad Gallaecos nuntiantes Maiorianum Augustum et Theudoricum regem firmissima inter se pacis iura sanxisse Gothis in quodam certamine superatis.* S. auch PRISC. *frg.* 36,1 (= JOH. ANTIOCH. *frg.* 203): Ὅτι ὁ Μαιοριανὸς ὁ τῶν ἑσπερίων Ῥωμαίων βασιλεύς, ὡς αὐτῷ οἱ ἐν Γαλατίᾳ Γότθοι σύμμαχοι κατέστησαν [...].

militärische Auseinandersetzung zwischen Römern und Westgoten zu diesem Zeitpunkt. Nur darauf kann Hydatius also anspielen. Der Hinweis auf einen anderen römisch-westgotischen Konflikt scheint kaum glaubhaft zu sein, denn die Folgerung wäre, dass er über ein wichtiges Ereignis – wie es der römische Erfolg in Arles war – nicht unterrichtet gewesen wäre. Die Bedingungen des Friedens nach dieser Schlacht schlossen also die westgotische Militärunterstützung für das Unternehmen des Maiorianus gegen den Vandalenkönig Geiserich ein. Der Kaiser schickte den *magister militum* Nepotianus nach Spanien, damit dieser mit Hilfe der westgotischen Verbündeten den Weg für die Überfahrt des Großteils der römischen Armee nach Afrika ebnete. Ihre Hauptaufgabe sollte höchstwahrscheinlich darin bestehen, die Sueben in Schach zu halten, damit sie sich nicht in Maiorianus' Pläne einmischten. Die Truppenkonzentration Westroms an der vandalischen Front hätte tatsächlich eine konkrete Möglichkeit für die Sueben darstellen können, ihre eigene Stellung auf der iberischen Halbinsel zu festigen.[484]

5.5.3 Das *foedus* mit Agrippinus

Das Scheitern des Unternehmens gegen die Vandalen und der daraus folgende Vertrag unter ungünstigen Bedingungen für Westrom kam Maiorianus teuer zu stehen. Ricimer ließ ihn ermorden und suchte nach einem Nachfolger, der als eine Marionette in seinen Händen agieren sollte. Die Wahl fiel auf den Senator Libius Severus. Aegidius und der *comes* Marcellinus, beide verschworene Anhänger des Maiorianus, erkannten den neuen Kaiser nicht an. Während Marcellinus sich nach Dalmatien zurückzog, das formal zum westlichen Teil des Römischen Reiches gehörte, praktisch allerdings unter Einfluss des oströmischen Kaisers lag, stellte Aegidius eine gefährlichere Bedrohung für Ricimer dar. Denn sein Aktionsfeld war Gallien, und dieses Gebiet hatte sich in den letzten Jahrzehnten als Angelpunkt für die Geschicke Westroms erwiesen. Deshalb ernannte Ricimer zum *magister militum per Gallias* Agrippinus, einen alten Rivalen sowie Amtsvorgänger des Aegidius in Gallien. Agrippinus' Strategie gegenüber der Insubordination des Aegidius bestand in einem Angriff mit gotischer Beteiligung. Um sich die Hilfe der Westgoten zu sichern, übergab er ihnen 461 die Stadt Narbonne – und folglich wohl einen kleinen Teil der *Narbonensis I*.[485] In Namen des Westreiches handelte Agrippinus also mit Theoderich II. das typische *foedus* aus, demgemäß eine barbarische Volksgruppe

---

484 VALVERDE CASTRO 2000, 59; OPPEDISANO 2013, 257 u. 267. Hierzu s. auch Kap. 4.5.1.

485 HYDAT. *Chron.* 217 (= ISID. *Hist. Goth.* 33 = [FRED.] *Chron.* II 56): *Agrippinus Gallus comes civis Aegidio comiti viro insigni inimicus, ut Gothorum mereretur auxilia, Narbonam tradidit Theudorico.*

eine Militärleistung zugunsten des Römischen Reiches gegen Belohnung in Form von Landzuweisung brachte. Der Abschluss dieses Vertrags zeigt eindeutig, dass die Militäraktionen Westroms nicht mehr auf die westgotische Unterstützung verzichten konnten und folglich das Schicksal Galliens als römisches Territorium in den Händen der Westgoten lag. Das römische Zugeständnis war überdies hochwertig, denn mit der Kontrolle über Narbonne erreichten die Westgoten endlich das lang begehrte Ziel eines direkten Zugangs zum Mittelmeer. Ihrerseits hielten sie das Abkommen ein und griffen gegen Aegidius zu den Waffen. Dieser hatte sich inzwischen nach Nordgallien zurückgezogen, wo sich eine gallo-römische Enklave unter seinem Befehl in der Region um Soissons bildete. Hier konnte er außerdem auf die Allianz mit einer steigenden Macht zählen, die in den kommenden Jahrzehnten zum Hauptfeind der Westgoten wurde: die Franken.

5.6 Eurich

5.6.1 Einhaltung und Bruch des Friedens mit Rom

Mit der Herrschaft Eurichs, dem Nachfolger Theoderichs II., tat die westgotische Herrschaft den entscheidenden Schritt vom Bestandteil des Römischen Reiches zum autonomen Staat. Dies ging mit der bereits unaufhaltsamen Agonie des Westreiches einher, das in die letzte Phase seiner Existenz eintraf.

Eurich gelangte an die Macht 467[486], indem er seinen älteren Bruder Theoderich II. beseitigte. Eine der darüber berichtenden Notizen des Hydatius informiert auch über die Entscheidung des Eurich, einige Legaten kurz nach seiner Erhebung zum Suebenkönig und *ad imperatorem* zu senden.[487] Auch wenn dieser Kaiser bei Hydatius nicht namentlich erwähnt ist, ist nicht zu bezweifeln, dass es sich um den zu diesem Zeitpunkt regierenden Westkaiser Anthemius (467–472) handelt. Dieser war von dem Ostkaiser Leo I. nach Italien geschickt worden, um der Vakanz des westlichen Kaiserthrons seit dem Tod des Libius Severus 464 ein Ende zu bereiten und damit die internationale Politikszene zu stabilisieren.[488] Der Inhalt der Botschaft ist unbekannt. Die Forschung ist sich darin einig, dass Eurich damit seinen

486 Das genaue Datum der Thronbesteigung Eurichs (466 oder 467) ist umstritten. Hier wird die von GILLETT 1999, 2–19 vorgeschlagene und sehr überzeugende Chronologie angenommen; s. auch DELAPLACE 2015, 240f.

487 HYDAT. *Chron.* 238.

488 Hierzu HENNING 2006, 181–185.

Herrschaftsantritt einem der wichtigsten Gesprächspartner der Westgoten mitteilen wollte. Im Übrigen entsprach dies dem Protokoll.[489] Es ist außerdem sehr wahrscheinlich, dass Eurich durch diese Gesandtschaft auch seinen Willen bekundete, die Abmachungen seiner Vorgänger mit dem Weströmischen Reich zu beachten. Am Anfang der Regierung Eurichs ist ein Kurswechsel in den römisch-westgotischen Beziehungen in der Tat nicht zu sehen. Kein einziges Gefecht gegen die Römer wird in diesen Jahren erwähnt, und ihre Verpflichtung, die Sueben auf der iberischen Halbinsel zu bewachen, blieb unverändert. Darüber hinaus konnten sie für Anthemius keine Gefahr darstellen, da sich dieser auf die Vorbereitung des Feldzugs gegen die Vandalen konzentrieren konnte. Sogar bei Sidonius Apollinaris in seinem zeitgenössischen Werk (Panegyrikus für Anthemius) ist keine Erwähnung der Westgoten als mögliche Bedrohung für den Westkaiser zu finden. Diese Beweise sprechen schließlich dafür, dass ein Eroberungsplan nicht die Absicht des Eurich war und dass seine Politik gegenüber Westrom der seines Vorgängers folgte.[490]

Die römisch-westgotische Einigung dauerte bis zu Beginn einer großen Expansionsphase des Tolosanischen Reiches. Anfang der 470er Jahre wurde die Außenpolitik Eurichs gegenüber dem Westreich tatsächlich langsam aggressiver. Die Gründe dafür sind leicht vorstellbar. Ein bedeutender Faktor war sicherlich die Veränderung des sozialen und kulturellen Gefüges in Gallien. Hier war der Wunsch einer politischen Unabhängigkeit von der römischen Zentralregierung in der letzten Zeit deutlich gestiegen, auch durch die Tatsache unterstützt, dass das Weströmische Reich am Rand des Zusammenbruchs war. Dass sich zum einen die gallo-römischen Beziehungen zu Westrom entspannten und zum anderen zu den Westgoten enger wurden, stellte also die optimale Gelegenheit für eine westgotische Gebietsexpansion dar. Ein neuer interner Kampf um die Macht suchte außerdem das Westreich heim: Kaiser Anthemius und Ricimer gerieten in Gegensatz zueinander, und ihre Rivalität warf das Reich ins Chaos. Eurich gelang es, auch diese Situation zu seinen Gunsten auszunutzen.

Das Quinquennium der westgotischen Expansion ist jedoch chronologisch sehr schwierig zu rekonstruieren.[491] Die erste Unstimmigkeit zwischen Eurich und der weströmischen Regierung scheint der gelungene westgotische Angriff gegen die

489 Tranoy 1974, 124; Gillett 1999, 32; Delaplace 2015, 241.

490 Loyen 1942, 85–95; Gillett 1999, 24; Valverde Castro 2000, 61. Loyen (insbes. 93ff.) schlägt außerdem vor, dass Sidon. *Carm* II 378 sich auf eine militärische Aktivität der Westgoten gegen die romfeindlichen Streitkräfte in Nordgallien bezieht. Nach Gillett sind die Westgoten genau deswegen als Verbündete Westroms zu bezeichnen. Beide Forscher selbst geben jedoch den hypothetischen Charakter ihrer Vermutung zu.

491 Hierzu s. z. B. Wolfram ^{5}2009, 190; Gillett 1999, 26.

Bretonen zu sein. Diese bewohnten die Gebiete nördlich der Loire und waren Verbündete Westroms.[492] Später fingen auch die Einfälle in die *Narbonensis I* und die *Aquitania I* an, unter denen die jährlichen (471–474) Belagerungen Clermonts in der Auvergne hervorstachen.[493] Damit lag ein offener Vertragsbruch durch die Westgoten vor. Seine Initiativen blieben jedoch nicht unbemerkt in Rom, denn Kaiser Anthemius entschloss sich zu einem Militäreinsatz in der Provence, indem er eine Armee unter Befehl seines Sohnes Anthemiolus nach Arles sendete. Zuallererst versuchte der Westkaiser, die Situation auf diplomatischem Wege zu regeln. Dafür wurde ein gallischer Senator namens Avitus, ein Cousin des Sidonius Apollinaris, zu den Westgoten geschickt. Die Westgoten boten die Übergabe der bisher eroberten Gebiete (hier unter dem Namen *Septimania*[494]) im Tausch gegen die Auvergne an. Die römische Antwort ist nicht bekannt, aber Sidonius Apollinaris schrieb an Avitus, keine Kompromisse auszuhandeln: Der Kaiser solle lernen, diese Art von Forderungen abzulehnen und die Westgoten auf das zu verzichten, was ihnen verweigert werde.[495] Die Verhandlungen scheiterten, wohl weil die westgotischen Wünsche nicht erfüllt wurden, und die Parteien lieferten sich bei Arles ein Gefecht. Dieser ist der erste datierbare Konflikt zwischen Eurich und dem Weströmischen Reich (471) und er endete mit einem deutlichen Sieg der Westgoten.[496] Nach einem Teil der Forschung fanden die Verhandlungen zwischen Eurich und Avitus nicht vor, sondern nach der Schlacht statt, im Sinne des Versuchs des Anthemius, einen günstigen Frieden trotz des Debakels auszuhandeln. Diese These ist anhand der obengenannten Stelle des Sidonius Apollinaris unwahrscheinlich: Mit einer Niederlage hinter sich war der römische Vermittler in einer deutlich schwächeren Position gegenüber Eurich. Der Bischof von Clermont forderte jedoch Avitus auf, den westgotischen Forderungen nicht nachzukommen. Dies kann nur einem politischen Szenario entsprechen, in dem Avitus auf der gleichen Stufe wie Eurich stand. Dies hätte aber keineswegs nach einer Niederlage geschehen können. Zu dem Zeitpunkt, in dem Sidonius den Brief schrieb, hatte also noch keine Schlacht stattgefunden.[497]

---

492 IORD. *Get.* 237–238; GREG. TUR. *Hist. Franc.* II 18. Dass die Westgoten die Bretonen auf Bitten des Kaisers bekämpften, da dieser seine unbequemen Verbündeten loswerden wollte (so DELAPLACE 2015, 249f.), ist anhand der Stelle des Jordanes nicht glaubhaft. Außerdem sprechen auch die späteren Ereignisse (s. *infra*) gegen eine römisch-westgotische Vereinbarung.

493 Zu den ersten westgotischen Einfällen: SIDON. *Epist.* III 1, 5; VII 1, 1; 5; 9. Zu den Belagerungen Clermonts: SIDON. *Epist.* III 3, 3–8; V 6, 2; 7, 1; 16, 3; VII 10, 1; GREG. TUR. *Hist. Franc.* II 24; IORD. *Get.* 240. Vgl. STEVENS 1933, 130–160 u. 197–207; LOYEN 1970, XIII–XXI; HARRIES 1994, 222–238; VAN WAARDEN 2010, 12–14; GIANNOTTI 2016, 133f.

494 S. LOYEN 1970, 222, Anm. 22; GIANNOTTI 2016, 119.

495 SIDON. *Epist.* III 1, 4–5. Hierzu s. GIANNOTTI 2016, 121.

496 CHRON. GALL. *a. DXI* 649.

497 STEVENS 1933, 149f.; LOYEN 1970, XIX; DELAPLACE 2015, 250; GIANNOTTI 2016, 109. Anders ANDERSON 1965, 7, Anm. 2; HARRIES 1994, 225.

Nach Delaplace kamen Eurich und Anthemius zu einer Vereinbarung nach der Schlacht bei Arles, unter der Bedingung, dass die Westgoten sich hinter die Rhone zurückzogen und fortan im Dienst Westroms kämpften. Die Existenz eines solchen Vertrags, dessen Klauseln günstiger für den besiegten Westkaiser als für die siegreichen Westgoten aussehen, ist sehr fraglich. Eurich verließ tatsächlich die kürzlich verwüsteten Gebiete, aber der Grund war eher das Einschreiten der Burgunder an der Seite der römischen Soldaten. Außerdem gibt es kein Indiz für irgendeinen späteren Einsatz der Westgoten als Föderaten des Anthemius. Delaplace erwähnt diesbezüglich den erfolglosen Feldzug des *rector Galliarum* Bilimer für die Befreiung des in Rom von Ricimer belagerten Westkaisers.[498] Die westgotische Herkunft des sonst unbekannten Bilimer ist aber nicht beweisbar. Dass die Westgoten in manchen Quellen als gallische Armee angeführt werden, ist auch keine überzeugende Argumentation für ein Engagement der Westgoten auf römischer Seite.[499]

Die Beziehung zwischen dem Westkaiser Anthemius und dem *magister militum* Ricimer hatte mittlerweile irreversible Schäden erlitten. Mit der Unterstützung seines Neffen, des Burgunders Gundobad, der das Amt des *magister militum per Gallias* bekleidete, marschierte Ricimer 472 auf Rom, wo Anthemius einen zähen, aber erfolglosen Widerstand leistete. Dieser wurde nämlich besiegt, abgesetzt und am Ende ermordet. Das Weströmische Reich fand trotzdem keine Ruhe. Im selben Jahr starben auch Ricimer und der mittlerweile von ihm zum Kaiser ernannte Anicius Olybrius, ein Mitglied der theodosianischen Dynastie, der von dem Ostkaiser Leo I. nach Westen entsendet worden war, um die dortigen politischen Streitigkeiten zu schlichten. Gundobad blieb also der einzige und unangefochten Herr auf der politischen Bühne Westroms, gestärkt auch durch den unter Kaiser Olybrius erhaltenen Titel des *magister militum*. Aus eigener Initiative erhob er deshalb 473 den *comes domesticorum* Glycerius zum Kaiser. Das wechselhafte und folglich instabile politische Klima am weströmischen Kaiserhof regte die Expansionsambitionen des Eurich erneut an. Im selben Jahr, als Glycerius zum Kaiser proklamiert wurde, richteten sich seine Offensiven auf Spanien und die übrigen römischen Gebiete in Südgallien: In die Hände der Westgoten fielen die ganze *Tarraconensis* und ein guter Teil der *Carthaginiensis* auf der iberischen Halbinsel, Arles und Marseille in der Provence. Vor allem die Eroberungen in Gallien hatten einen großen Wert. Damit sicherten sich die Westgoten nämlich das politische Machtzentrum Galliens – ihr Hauptziel seit einigen Jahrzehnten – und einen zweiten Zugang zum Mittelmeer (nach Narbonne). Der westgotische Vorstoß schien unaufhaltsam. Sogar an der Grenze Italiens tauchten westgotische Truppen

498 PAUL. DIAC. *Hist. Rom.* XV 4. Mit dem Ausdruck *rector Galliarum* ist das Amt des *magister militum per Gallias* zu verstehen. Zur Belagerung des Westkaisers Anthemius durch Ricimer s. *infra*.

499 DELAPLACE 2015, 250f. Zu Bilimer s. PLRE II, 230.

auf, wurden hier aber besiegt.[500] Der Versuch eines Einfalls auf die italische Halbinsel ist damit zu begründen, dass Eurich wohl der am weströmischen Kaiserhof steigende Rolle des Burgunders Gundobad entgegenwirken wollte. Mittlerweile waren die Burgunder tatsächlich die Hauptverbündeten Westroms geworden, wie auch ihr Einsatz genau gegen die Westgoten zu Gunsten des Reiches beweist. Im Übrigen hatte sich der Wirkungskreis der Westgoten im Rahmen ihres Expansionsprozesses bis vor die Türe des entstehenden Burgunderreiches ausgedehnt. Mit einem direkten Einsatz im Kern des Weströmischen Reiches konnte Eurich sich eines unbequemen Gegners entledigen und der Herrscher über die politische Bühne im westlichen Teil des Römischen Reiches werden.[501]

5.6.2 Die *amicitia* mit Kaiser Julius Nepos

Erneut entschied sich also der Ostkaiser Leo I. für einen energischen Einsatz in der weströmischen Angelegenheit, indem er den *magister militum Dalmatiae* Julius Nepos nach Italien entsandte. 474 landete dieser in der Nähe von Rom und nahm den Purpur, nachdem er den de facto nie als Kaiser anerkannten Glycerius kampflos abgesetzt hatte. Dem neuen Kaiser war sofort klar, dass die Geopolitik Galliens sich infolge der letzten Ereignisse tief verändert hatte, denn die Macht der Westgoten und der Burgunder in dieser Region war bereits konsolidiert. Sich der voraussichtlich römischen Militärunterlegenheit gegenüber den Westgoten bewusst, handelte Julius Nepos auf diplomatischem Wege. Sidonius Apollinaris informiert über eine erste römische Mission zu dem westgotischen König Eurich, mit der der *quaestor sacri palatii* Licinianus beauftragt wurde. Der Inhalt der Botschaft ist unbekannt, aber die Berichterstattung über die kritische Situation in der Auvergne wegen des westgotischen Drucks lassen die Absicht des Westkaisers vermuten, die Beendigung des Kriegszustandes auszuhandeln.[502] Die Verhandlungen waren erfolglos, denn kurz danach entsandte Julius Nepos eine zweite Gesandtschaft – dieses Mal unter der Leitung des Bischofs Epiphanius von Pavia nach Absprache mit dem *consilium Liguriae*.[503] Der Grund für den Misserfolg des Licinianus ist jedoch unbekannt. Es ist denkbar, dass das ravennatische Angebot für Eurich, der sich seiner Machtposition gegenüber Ravenna bewusst war, von geringem Interesse war. Der

---

500 Zu Spanien: CHRON. GALL. *a. DXI* 651; 652; zu Arles und Marseille: CHRON. CAES. *a.* 473; zu Italien: CHRON. GALL. *a. DXI* 653. Die westgotischen Feldzüge in Spanien und nach Italien wurden von dem *dux* Vincentius geleitet. Zu Vincentius s. PLRE II, 1168 (3); vgl. VASSILI 1938, 56–59; KÖTTER - SCARDINO 2017, 257–259.

501 S. auch VASSILI 1938, 57f. Anders DELAPLACE 2015, 252.

502 SIDON. *Epist.* III 7, 2–4. Zu Licinianus s. Kap 6.1.4. Nachvollziehbar ist die These von HENNING 1999, 307: Für ihn sollte Licinianus Eurich auch die Thronbesteigung des Julius Nepos mitteilen.

503 ENNOD. *Vita Epiph.* 81–82. Zu Epiphanius von Pavia s. Kap. 6.1.4.

Westgotenkönig strebte nämlich höhere Ziele als einen „einfachen“ Frieden an.[504] Die Wahl auf Epiphanius von Pavia erwies sich hingegen als die richtige Entscheidung: Durch sein Verhandlungsgeschick kamen die Parteien im Frühjahr 475 zu einer Vereinbarung.[505] Dieses Ereignis stellt eine historische Wende dar, weil die Art der römisch-westgotischen Beziehungen sich ab diesem Zeitpunkt völlig verändert. Die Quellen sprechen nämlich von keinem *foedus* mehr zwischen dem Westgotenkönig und dem Westkaiser: Laut Ennodius akzeptierte Kaiser Julius Nepos, sich *amicus* des Eurich zu nennen; bei Sidonius Apollinaris ist die betreffende Vereinbarung tatsächlich als *amicitia* definiert.[506] Dieses Rechtsinstitut bezeichnete eine freie Form friedlicher Beziehungen zwischen dem Reich und dem germanischen Stamm, welcher dadurch den Klientelstatus erhielt. Die Bedeutung, die die Verwendung des Begriffs *amicitia* einschließt, ist eindeutig. Mit dem Erlöschen des Föderatenverhältnisses sowie dem Übergang zu einer *amicitia* mit dem Westkaiser zuwies das Weströmische Reich der westgotischen Anwesenheit auf römischem Boden eine rechtlich höhere Anerkennung, was den Beginn einer faktischen Unabhängigkeit des Westgotenreiches[507] verursachte, auch wenn diese erst durch den späteren Vertrag mit Odoaker (477) staatsrechtlich legitimiert wurde. Aller Wahrscheinlichkeit nach war gerade das Angebot einer *amicitia* der entscheidende Faktor, damit Eurich sich überzeugte, den Friedensvertrag zu schließen. Es ist plausibel, dass Epiphanius durch sein Charisma und seine Beredsamkeit am Gelingen der Verhandlungen mitwirkte. Er spielte aber sicherlich nicht die ausschlaggebende Rolle, wie Ennodius im Rahmen seiner hagiographischen Biographie des Bischofs vielleicht etwas übertreibend behauptet. Der Vertrag brachte grundsätzlich konkrete Vorteile für beide Seiten: Zum einen befreiten sich die Westgoten von allen Bündnispflichten und legitimierten ihre Herrschaft. Zum anderen erreichte Westrom die Sicherheit der am stärksten romanisierten Provinzen Südgalliens und schützte somit den Zugang auf die italische Halbinsel. Dies ist sicherlich der Grund,

---

504 Anders: HENNING 1999, 307f. begründet das Scheitern der Verhandlungen mit den gleichzeitigen Einschüchterungsversuchen des Julius Nepos, die Eurich als reine Provokation betrachtete, CESA 1988, 166 gibt als Grund das unnachgiebige Verhalten des Licinianus an.

505 ENNOD. *Vita Epiph.* 85–89; s. auch PAUL. DIAC. *Hist. Rom.* XV 5: *Eo tempore cum apud Tolosam Wisegotharum populis Euricus regnaret ac pro Italiae Galliaeque finibus inter Nepotem et Euricum litium fomenta creuissent bellumque e diuerso utrique praepararent, interueniente Epiphanio, de quo praemissum est, Ticinensi episcopo, foederis inter eos iura firmata sunt.*

506 ENNOD. *Vita Epiph.* 88: *sufficiat, quod eligit aut certe patitur amicus dici, qui meruit dominus appellari*; SIDON. *Epist.* VII 6, 10: *Agite, quatenus haec sit amicitiae concordia principalis* [...]. Vgl. VAN WAARDEN 2010, 331f.

507 Mit diesem Begriff ist hier die Gesamtheit der römischen Territorien, die die Westgoten seit 418 bewohnten, zu verstehen, d.h. die *Aquitania I*, die *Aquitania II*, die *Novempopulania*, die *Narbonensis I* und Teil der *Lugdunensis* in Gallien, *Tarraconensis* und Teil der *Carthaginiensis* in Spanien.

weswegen Ennodius und Paulus Diaconus den Vertrag begrüßten.[508] Es ist jedoch nicht zu bestreiten, dass das Abkommen vielmehr ein Erfolg des Eurich war, da der Westgotenkönig dadurch endlich die Rechtsstellung seiner *gens* grundlegend änderte und eine De-facto-Regierung in einem guten Teil Galliens führen konnte.

Eine dritte Gesandtschaft erschien kurz nach der Abreise des Epiphanius am westgotischen Hof. Vier Bischöfe aus der Provence, und zwar Graecus von Marseille, Leontius von Arles, Faustus von Riez, Basilius von Aix[509], begaben sich zu Eurich, um die genauen Bedingungen der durch Epiphanius vermittelten Vereinbarung, die die Entlassung der Westgoten aus dem Föderatenstatus festgelegt hatte, auszuhandeln. Neben einigen Fragen von Kirchenpolitik – wie zum Beispiel das Recht auf die Ordination der Bischöfe in den westgotischen Gebieten – wurden besonders die Territorialansprüche beider Seiten geregelt. Gegen die Übergabe der lang begehrten Auvergne verpflichteten sich die Westgoten, die kürzlich besetzte Provence zu räumen.[510] Darauf weist Sidonius Apollinaris deutlich in einem Brief an Graecus von Marseille hin, indem er ihn und die anderen drei Bischöfe wütend des Verrats bezichtigte. Der Vorwurf des Sidonius Apollinaris bezieht sich insbesondere darauf, dass die vier Kleriker die lokalen und eigenen Interessen vor die Wahrung des (West-)Römischen Reiches stellten. Die Aufgabe der Auvergne war seiner Meinung nach ein Schaden für Westrom.[511] Allem Anschein nach hatte Kaiser Julius Nepos selbst die Übergabe der Auvergne nicht eingeplant. Der Bericht des Jordanes, die nämlich die einzige Quelle über das Schicksal dieser Region darstellt, erzählt von einer gewaltsamen Einnahme durch die Westgoten. Der *magister militum* Ecdicius, der bis dahin hartnäckigen Widerstand im Auftrag des Kaisers geleistet hatte, musste den Westgoten das Land überlassen und sich in sicherere Gegenden zurückziehen. Darüber informiert, rief Kaiser Julius Nepos Ecdicius zu sich

---

508 ENNOD. *Vita Epiph.* 94; PAUL. DIAC. *Hist. Rom.* XV 5. Hierzu s. HENNING 1999, 311.

509 Zu den vier Bischöfen s. Kap. 6.1.4.

510 Eine zusätzliche Klausel kann nach HENNING 1999, 310f. die Absetzung des Ecdicius, des römischen Anführers des Widerstandes in Auvergne, gewesen sein. Diese vertretbare Vermutung findet allerdings keine Bestätigung in den Quellen.

511 SIDON. *Epist.* VII 6, 10: *tu sacratissimorum pontificum, Leontii Fausti Graeci, urbe ordine caritate medius inveniris; per vos mala foederum currunt, per vos regni utriusque pacta condicionesque portantur. agite, quatenus haec sit amicitiae concordia principalis, ut episcopali ordinatione permissa populos Galliarum, quos limes Gothicae sortis incluserit, teneamus ex fide, etsi non tenemus ex foedere* [...]; 7, 4–5: *pudeat vos, precamur, huius foederis, nec utilis nec decori. per vos legationes meant; vobis primum pax quamquam principe absente non solum tractata reseratur, verum etiam tractanda committitur. veniabilis sit, quaesumus, apud aures vestras veritatis asperitas, cui convicii invidiam dolor eripit. parum in commune consulitis; et, cum in concilium convenitis, non tam curae est publicis mederi periculis quam privatis studere fortunis* [...] *quapropter vel consilio, quo potestis, statum concordiae tam turpis incidite. adhuc, si necesse est, obsideri, adhuc pugnare, adhuc esurire delectat. si vero tradimur, qui non potuimus viribus obtineri, invenisse vos certum est quid barbarum suaderetis ignavi.*

und ersetzte ihn durch Flavius Orestes.[512] Aus dem Engagement des Westkaisers für die Verteidigung der Auvergne lässt sich also schließen, dass diese Region gegen seinen Willen übergeben wurde. Demzufolge ist es nicht spekulativ, die Urheberschaft der Schenkung der Auvergne, wohl auf explizitem Antrag des Eurich, den vier Bischöfen zuzuschreiben, die dadurch die Verschonung der Provence bezweckten. Ihnen sollte das Opfern der Auvergne für die Rettung der Provence nicht schwer gefallen sein, was gerade den vorwerfenden Worten des Sidonius Apollinaris über den Eigennutz der Bischöfe entsprechen würde.[513]

Der Vertrag zwischen Julius Nepos und Eurich war der letzte in der Geschichte der römisch-westgotischen Beziehungen. Kurz danach fiel der Kaiser einem von dem Oberbefehlshaber Flavius Orestes organisierten Militärputsch zum Opfer. Da er wegen seiner germanischen Abstammung den Purpur nicht nehmen durfte, ließ er seinen Sohn Romulus Augustus, danach mit dem Spottnamen Augustulus aufgrund des jungen Alters benannt, zum Kaiser ernennen. Romulus Augustulus' spätere Absetzung durch einen weströmischen Offizier vom Stamme der Skiren namens Odoaker (476) gab Eurich den Anlass, den mit Julius Nepos vereinbarten Vertrag als erloschen zu erklären. Folglich überschritten seine Truppen die Grenze in die südliche Provence, den einzigen noch nicht unter die Herrschaft der Westgoten gefallenen Teil Galliens. Der Konflikt endete 477 mit einem Abkommen, durch das Odoaker die westgotischen Gebietserweiterungen auf Kosten der Römer und Burgunder legitimierte. Damit war die Bildung des Westgotenreiches endlich abgeschlossen.

512 IORD. *Get.* 240–241: [...] *Huius ergo filius Ecdicius, diu certans cum Vesegothis nec valens antestare, relicta patria maximeque urbem Arevernate hosti, ad tutiora se loca collegit. Quod audiens Nepus imperator praecepit Ecdicium relictis Galliis ad se venire loco eius Orestem mag. Mil. ordinatum* [...].

513 Vgl. GILLETT 2003, 167. Anders CESA 1988, 168. Dagegen HENNING 1999, 308ff.

Die germanischen Stämme im Vergleich

6.1 Die Mediatoren

6.1.1 Römische Mediatoren bei den Burgundern

Zwischen den späten 430er und frühen 440er Jahren fand ein tiefer Umbruch in der Geschichte der römisch-burgundischen Beziehungen, und folglich des burgundischen Stammes, statt. Infolge ihrer Rebellion und Einfalls in die *Belgica I* (435) erlitten die Burgunder den Gegenangriff des Aëtius, für den eine strenge Kontrolle der Grenzprovinzen, einschließlich derjenigen, in denen die Burgunder sich etabliert hatten, den Grundstein der Außenpolitik Westroms darstellte. Die Niederlage durch den Heermeister Aëtius und die spätere, hypothetische Vernichtung des gesamten Volks stellten eine fundamentale Zäsur für die burgundische Geschichte dar, weil sich ihre offizielle Ansiedlung in der Sapaudia, also auf römischem Boden, einige Jahre später (443) daraus ergab.

In dieser entscheidenden Phase der burgundischen Geschichte fällt die Rolle des Aëtius auf. Dieser war ein geschickter Heermeister, der sich einerseits durch eine Reihe von militärischen Erfolgen, andererseits durch die Ausschaltung seiner politischen Rivalen – der *magister militum* Flavius Felix und der *comes Africae* Bonifatius – als faktischer Regent des Westens durchsetzte. Denn die Hauptämter und -Titel (*magister militum, patricius, consul*) waren endlich in seiner Hand konzentriert und darum konnte er höchstpersönlich die Militär- sowie Politikgeschäfte Westroms führen. Mit den Burgundern vereinbarte Aëtius zuerst eine *pax*, um die ihn der burgundische König Gundahar nach einer Niederlage angefleht hatte, und danach ihre Einquartierung in der Sapaudia unter Gundahars Nachfolger Gundioch.[514] Obwohl beide Aktionen den persönlichen Politikplan des Aëtius widerspiegelten, agierte er selbstverständlich im Namen des Westkaisers Valentinian III. und im Interesse des Imperiums. Den Quellen zufolge – sowie wohl aus burgundischer Perspektive betrachtet – war Aëtius der römische Kontrahent bei diesen Vereinbarungen, aber in juristischer Hinsicht schlossen die Barbaren ein Abkommen mit der weströmischen Zentralregierung, und zwar mit dem Kaiser. Aëtius fungierte also als Kaiservertreter sowie als Verantwortlicher für solche Verträge. Die Frage ist nun ob er höchstpersönlich die Verhandlungen mit den einzelnen Burgunderkönigen führte oder jemanden dafür delegierte. Es ist denkbar, dass tatsächlich ein Offizier wie er, der sich durch seine Persönlichkeit und seine lange Militärtätigkeit in Gallien hervorgehoben hatte, unter anderem in den burgundischen Gebieten, an vorderster Front in den Verhandlungen stand. Aufgrund der Abwesenheit klarer Indizien in den Quellen bleibt die Frage unbeantwortet.

---

514 Zu dieser *pax*: PROSP. *Chron.* 1322; CASSIOD. *Chron.* 1226; PAUL. DIAC. *Hist. Rom.* XIII 12. Zu der Einquartierung in der Sapaudia: CHRON. GALL. *a. CCCCLII* 128.

In anderen, späteren Verhandlungen mit den Burgundern wird hingegen der Name des römischen Unterhändlers ausdrücklich erwähnt. Am Ende der 450er Jahre ersann der Westkaiser Maiorianus einen grandiosen Plan für die Rückgewinnung einiger westlicher Provinzen, die in die Hände der Barbaren gefallen waren. Sein Plan sah aber von der Stabilisierung der turbulenten Situation in Gallien ab. Die Westgoten und die Burgunder hatten nämlich diese Region praktisch unter sich aufgeteilt: Die Westgoten besaßen die gallische Küste, während die Burgunder sich in der *Lugdunensis I* etabliert hatten. Der perfekte Anlass für die Expansion beider Barbarenstämme war der Bruch zwischen der gallo-römischen Aristokratie und dem Kaiserhof. Mit dem Ziel einer politischen und ökonomischen Unabhängigkeit von Ravenna, wandte sich die lokale Elite an die Burgunder, bei denen gallo-römische Legaten mit der Bitte um Militärhilfe auftraten. Die Identität dieser Gesandten ist den Quellen zufolge unbekannt. Es ist plausibel, dass sie Exponenten des gallo-römischen Adels waren, der das Bündnis mit den Burgundern gefördert hatte. Auf diese burgundisch-gallische Einigung reagierte Kaiser Maiorianus mit einem Angriff auf die Stadt Lyon, die aufgrund ihrer strategischen Position den Ausgangspunkt seines Feldzugs in Gallien darstellen sollte.

Nach der Eroberung Lyons durch die Belagerung des *magister militum per Gallias* Aegidius war ein gewisser Petrus der römische Hauptakteur in den Verhandlungen während der Nachkriegszeit.[515] Petrus war ein geschätzter Literat, der unter Kaiser Maiorianus als *magister epistularum* amtierte. Dieses Amt war dem *magister officiorum* für die Kommunikation bzw. Korrespondenz des Kaisers, während dem *quaestor sacri palatii* für die Abfassung der kaiserlichen Stellungsnahmen zu juristischen Anfragen von Beamten (*consultationes*) unterstellt.[516] Sidonius Apollinaris betont die politische Tüchtigkeit des Petrus, der trotz des Zivilamts Militäraufgaben anging und als Mediator in der Lage war, den Willen Westroms den Burgundern aufzuzwingen. Unter Militäraufgaben ist jedoch sicherlich nicht die Leitung der Truppen zu verstehen, womit der Kaiser Maiorianus eher einen Zivilbeamten beauftragt hätte. Letzterer hatte dafür den *magister militum* Aegidius zur Verfügung, welcher sich im Übrigen bereits mit den gallischen Angelegenheiten beschäftigt hatte. Sidonius meint also nur, dass Petrus sich als erfahrener Politiker auch in einem Militärkontext beweisen konnte. Schließlich kam dieser nach der Kampfhandlung des Aegidius nach Lyon, um die neue Situation im Namen des Kaisers politisch zu meistern, sowohl gegenüber den Burgundern als auch gegenüber der lokalen Bevölkerung. Erstaunlich ist allerdings, dass eine schwierige Aufgabe – wie die Verhandlung mit einem barbarischen Stamm – dem *magister epistularum* anvertraut wurde. Diplomatische Aufträge überschritten

---

515 Zu Petrus s. RE XIX.2, 1320 (14); PLRE II, 866 (10).

516 Zu dem *magister epistularum* s. ODLA II, 942; vgl. auch JONES 1964, 504f.; DEMANDT ²2007, 278.

nämlich die Kompetenzen dieses Beamten. Es ist denkbar, dass Kaiser Maiorianus die renommierte *ars oratoria* des Petrus in Anspruch nehmen wollte. Der Kaiser verfügte aber schon über einen ausgebildeten Funktionär, da der derzeitige *quaestor sacri palatii* ein Dichter namens Domnulus war, der angesichts seiner Beschreibung als feiner Redner (*quaestor disertus*) bei Sidonius Apollinaris die geeignete Person für die Verhandlung sein konnte.[517] Des Weiteren bestand wohl eine enge Verbindung zwischen ihm und Lyon, bestätigt durch seine Ernennung zum Bischof der Stadt am Anfang des 6. Jhs. Aller Wahrscheinlichkeit nach hätte ein lokaler Exponent einen entscheidenden Beitrag zum Gelingen der Verhandlungen geleistet.[518] Schließlich gehörte auch Domnulus – sowie Sidonius Apollinaris und Petrus – zu dem Kreis der gallischen Dichter, unter denen Kaiser Maiorianus seine zuverlässigsten Mitarbeiter auswählte, um die Sympathie der Gallo-Römer für das Imperium zum Nachteil der Barbaren zurückzugewinnen.[519] Petrus scheint jedoch kein gewöhnlicher *magister epistularum* zu sein. Sein Bild bei Sidonius Apollinaris ist imposant: Petrus war in Poesie sowie in Prosa ausgezeichnet (*in utraque disciplina satis institutus auctor*), fungierte als Wortführer des Kaisers Maiorianus (*cuius dignatus ab ore / Caesar in orbe loqui*), verdiente die Gleichstellung mit dem berühmten Gaius Maecenas (*at mihi Petrus erit Maecenas temporis huius*).[520] Das überschwängliche Lob des Sidonius für Petrus ist auf ihre wahrscheinliche Freundschaft zurückzuführen. Beide gehörten zu einer Gruppe von Prominenten, die im Dienst des Maiorianus standen, und Sidonius erhielt ferner Steuerentlastungen vonseiten des Kaisers durch das Eingreifen des Petrus. Trotz der wohl tendenziösen Beschreibung des Sidonius sind allerdings die Eigenschaften des Petrus anhand seines regelmäßigen Auftretens in der Politik des Maiorianus unbestreitbar. Schließlich handelte es sich um eine einflussreiche Persönlichkeit, die das ungeteilte Vertrauen des Kaisers genoss. Das ist die mögliche Erklärung für Petrus' Übernahme der Verhandlungen in Lyon. Mit anderen Worten: Kaiser Maiorianus zog seinen geschickten und vertrautesten Anhänger dem eigentlich zuständigen Funktionär als Unterhändler vor.[521]

---

517 SIDON. *Carm.* V 570. Zu dem *quaestor sacri palatii* s. Anm. 554.

518 Dagegen MATHISEN 1991, 184, Anm. 69.

519 Hier wird die Identität des Domnulus mit Rusticius Helpidius Domnulus sowie mit Rusticius Helpidius angenommen. Hierzu s. HARRIES 1994, 91f. u. 122–124; OPPEDISANO 2013, 241–242; s. auch PLRE II, 374 (1). Der Dichterkreis des Kaisers schloss auch Severianus (s. PLRE II, 374 (3)) und Lampridius (PLRE II, 656–657 (2)) ein. Sidonius (*Epist.* IX 13, 5) erwähnt ein berühmtes Symposium in Lyon, an dem alle diese Literaten teilnahmen. Hierzu s. MATHISEN 1991, 181–184.

520 SIDON. *Epist.* IX 13, 5; *Carm.* V 569–570; *Carm.* III 5.

521 Vgl. LOYEN 1942, 79ff.; OPPEDISANO 2013, 217–220 u. 242–245.

6.1.2 Römische Mediatoren bei den Vandalen

Die Namen der kaiserlichen Delegierten, die im Auftrag des Westkaisers Verhandlungen mit den Vandalen führten oder mit diesen Verträge schlossen, werden von den Quellen selten überliefert. Die einzige Ausnahme ist Prosper von Aquitanien mit der Erwähnung des römischen Bevollmächtigten Trygetius, dem der Vertragsabschluss von 435 zwischen dem Westkaiser Valentinian III. und dem Vandalenkönig Geiserich zuzuschreiben ist.

Trygetius war 423 *comes rerum privatarum*, der Minister der kaiserlichen Privatkasse; Er hatte also bereits ein wichtiges Amt am Kaiserhof bekleidet und daher ist davon auszugehen, dass er über Kompetenz und Zuverlässigkeit verfügte. Dies würde die Entscheidung des Kaisers Valentinian III. erklären, ihn mit der komplizierten Mission der Verhandlungen mit den Vandalen zu beauftragen. Leider überliefert keine Quelle, welches Amt Trygetius bei dieser Gelegenheit innehatte. Angesichts seines diplomatischen Erfolgs im Jahr 435 ist außerdem denkbar, dass er 442 auch anlässlich des späteren Vertragsabschlusses den Westkaiser vertrat, obwohl Prosper ihn in diesem Zusammenhang nicht explizit erwähnt. Durch seine gelungene Mediation bei den Vandalen erwies er sich also als tüchtiger Diplomat und anerkannter Politiker im Rahmen der römisch-barbarischen Beziehungen. Deswegen nahm er 452 an einer römischen Gesandtschaft teil, die den kaiserlichen Auftrag hatte, die Plünderung durch die Hunnen in den norditalischen Gebieten zu beenden und einen möglichen Aufmarsch nach Süden zu verhindern.[522] Trotz der Niederlage gegen den *magister militum* Aëtius in der Schlacht auf den Katalaunischen Feldern (451) konnte Attila nämlich auf eine immer noch kampffähige Armee zählen und mit dieser brach er ein Jahr später in Norditalien ein, wo in wenigen Monaten viele Städte in seine Hände fielen. Neben Trygetius bestand die römische Legation auch aus dem Papst Leo I. und dem *vir consularis* Gennadius Avienus.[523] Die Anwesenheit

---

522 PROSP. *Chron.* 1367: [...] *Sed cum hoc plenum dedecoris et periculi videretur, continuit verecundia metum et tot nobilium provinciarum latissima eversione credita est saevitia et cupiditas hostilis explenda nihilque inter omnia consilia principis ac senatus populique Romani salubrius visum est, quam ut per legatos pax truculentissimi regis expeteretur. Suscepit hoc negotium cum viro consulari Avieno et viro praefectorio Trygetio beatissimus papa Leo auxilio dei fretus, quem sciret numquam piorum laboribus defuisse. Nec alius secutum est, quam praesumpserat fides. Nam tota legatione dignanter accepta ita summi sacerdotis praesentia rex gavisus est, ut et bello abstinere praeciperet et ultra Danuvium promissa pace discederet.* Zu Trygetius s. PLRE II, 1129; RE VII A.2, 711–712.

523 Zu Papst Leo I. s. PCBE II.2, 1271–1272 (7); LThK VI, 820–822; BBKL IV, 1425–1435; TRE XX, 737–741. Zu Gennadius Avienus s. PLRE II, 193–194 (4); dieser bekleidete das Konsulat 450 zusammen mit dem Kaiser Valentinian III. Weitere Berichte über diese Gesandtschaft, aber ohne Angabe der Anwesenheit des Trygetius und Gennadius Avienus bei: VICT. TUNN. *Chron.* 449; *Liber pontif.* XLVII; IORD. *Get.* 223; PAUL. DIAC. *Hist. Rom.* XIV 11–12.

der christlichen Hauptautorität des Westens erklärt sich durch seine zusätzliche Zivilfunktion – im vorliegenden Fall in der Stadt Rom – und sein diplomatisches Geschick, das er bereits in anderen Angelegenheiten gezeigt hatte. Selbstverständlich war die Absicht des Valentinian III., auch das Prestige des Leo I. als religiöse Persönlichkeit auszunutzen. Prosper von Aquitanien betont die entscheidende Rolle des Papsts für das Gelingen der Verhandlung. Dieser spätantike Schriftsteller war aber auch der Kanzleischreiber von Papst Leo I., weshalb seine Parteilichkeit durch hagiographische Absichten zu erklären ist.[524] Man muss hingegen den politischen Beitrag des Trygetius – sowie des Gennadius Avienus – besonders berücksichtigen. Dieser agierte in der Tat als dezidierter Anhänger des Kaisers Valentinian III., indem er am Beispiel des Vertragsabschlusses mit den Vandalen die Verhandlungen im Namen des weströmischen Kaisers führte. Die Apposition *vir praefectorius* – ob sie ein zuvor bekleidetes Präfekturamt oder einfach einen Ehrentitel bezeichnete – bestätigt die enge politische Bindung des Trygetius an den Kaiserkreis. Für Becker und Kötter schreibt Prosper durch die Anspielung auf das *senatus populusque romanus* deutlich die Vorrangstelle der Stadt Rom im Rahmen der Verhandlungen mit Attila zu.[525] Auch wenn die ehemalige Hauptstadt des Imperiums eine gewisse politische Selbstständigkeit bereits gezeigt hatte – zum Beispiel in den Verhandlungen mit dem Westgotenkönig Alarich während seines zweiten Einfalls in Italien 408–409 –, ist die Teilnahme des Trygetius und des Gennadius Avienus ein klarer Beweis dafür, dass der Kaiser der Befürworter der Delegation war. Es ist sonst kaum denkbar, dass die Stadt Rom die Dienste von zwei so wichtigen Getreuen des Kaisers hätte in Anspruch nehmen dürfen. Der entsprechende Rückzug des Attila aus Italien war also eher das Resultat der geschickten Mediation dieser erfahrenen Politiker als der charismatischen Anwesenheit des Papsts, sicherlich durch die hagiographischen Quellen emphatisch ausgesprochen.[526] Aller Wahrscheinlichkeit nach erzielten Trygetius und Gennadius Avienus ihren Erfolg durch die Zahlung von Tributen an den Hunnenkönig.

Das Schweigen der Quellen über die Identität der römischen Diplomaten bei allen anderen Gelegenheiten kann nicht als Argument für ihre Abwesenheit gezählt werden. Der römische Ansprechpartner der Barbaren war juristisch der Westkaiser, aber dieser ließ sich sicherlich bei einzelnen Anlässen vertreten. Paradigmatisch sind zwei Stellen bei Priskos, in denen sowohl der Kaiser Avitus, als auch der

---

524 S. auch Gillett 2003, 114f.

525 Becker - Kötter 2016, 313f.

526 Dagegen Becker 2014, 123: Für sie spielt Papst Leo I. die entscheidende Rolle für das Gelingen der Mission, auch wenn sie später die zweifelsfreien Verhandlungsfähigkeiten des Trygetius erkennt (127). Anders Wirth 1999, 109ff.

magister militum und de facto Regent Westroms Ricimer den Vandalenkönig Geiserich durch Gesandtschaften um die Beachtung eines vorherigen Vertrags baten.[527] Ebenso vielsagend ist eine Notiz des Hydatius, in der einige Legaten einen Frieden mit Geiserich im Namen des Kaisers Maiorianus aushandelten.[528] Im Gegensatz zu Prosper nennen diese beiden Autoren jedoch nicht den Namen der kaiserlichen Gesandten. Dies liegt nicht an der mangelnden Sorgfalt des Priskos und Hydatius, sondern vielmehr an der historischen Bedeutung des berichteten Vorfalls bei Prosper. Dieser erwähnt gerade den Vertrag, der sich als Eckstein für die römisch-vandalischen Beziehungen erwies, da die betreffende Vereinbarung die erste rechtliche Anerkennung der Vandalen seitens der römischen Zentralregierung darstellte. Dieser Wendepunkt verdiente die akkurate Überlieferung Prospers, die deswegen auch den Namen des Delegierten, der diese Vereinbarung im Namen Westroms abschloss, enthalten muss.

6.1.3 Römische Mediatoren bei den Sueben

Die erste suebische Expansion (Ende der 420er / Anfang der 430er Jahre) erfolgte, als die Kontrolle Spaniens sicherlich keine Priorität für die übrigen Mächte mit Besitzungen auf der iberischen Halbinsel darstellte: Zum einen plante der Vandalenkönig Geiserich die Überfahrt seines Volks nach Afrika, was implizit den Verzicht der Vandalen auf irgendeine Herrschaft in Spanien bedeutete. Zum anderen wütete ein Bürgerkrieg im Westreich, an dem sich auf der Achse Gallien-Italien-Afrika die prominenten Persönlichkeiten des Westens, und zwar der *magister utriusque militiae* Flavius Felix, der *magister militum per Gallias* Aëtius und der *comes Africae* Bonifatius, beteiligten. Dass das Imperium die suebische Expansion in ihrer Anfangsphase grundsätzlich ignorierte, hatte insbesondere für die galicische Bevölkerung negative Folgen, die schutzlos den barbarischen Plünderungen ausgesetzt war. Nach einem ersten, erfolgreichen Widerstand, dem übrigens eine vorübergehende *pax* folgte, waren die Galicier bald nicht mehr in der Lage, den Sueben alleine entgegenzutreten. Deswegen entschieden sie sich für eine Gesandtschaft an denjenigen, der in ihren Augen für die Rettung der *Gallaecia* sorgen konnte, nämlich den neuen *magister utriusque militiae* Aëtius.

Sobald die unruhige Situation Galliens sich durch seinen Militäreinsatz stabilisierte, berücksichtigte Aëtius die Bitte um Hilfe, die die Galicier an ihn durch den Bischof Hydatius gerichtet hatten. Um seine probarbarische Politik, die darauf

527 PRISC. *frg.* 31,1; *frg.* 38,1.
528 HYDAT. *Chron.* 209.

zielte, mittel Verhandlungen die germanischen Stämme zu integrieren, auch gegenüber den Sueben umzusetzen, entsandte er einen gewissen Censorius als seinen Vertreter in die *Gallaecia*. Ab diesem Zeitpunkt (432) bis zu seinem Tod (440) war Censorius ein starker Akteur bei den römisch-suebischen Beziehungen, in denen er grundsätzlich die römische Seite verkörperte. Unpräzise äußert sich Hydatius aber über die Stellung des Censorius, der von dem Bischof von Aquae Flaviae lediglich als *comes* bezeichnet wird.[529] Dessen ungeachtet scheint Censorius zu dem engeren Kreis des Aëtius gehört zu haben. Exemplarisch für diese Vermutung sind die Umstände, die ihn zwangen, seinen Auftrag bei den Sueben abzubrechen. Warum Censorius kurz nach seiner Anreise in Galicien plötzlich zum Kaiserhof zurückkehren musste, wird nicht gesagt. Es ist nicht spekulativ, den Grund für seine Abreise in der politischen Instabilität am ravennatischen Hof zu suchen. Hier rivalisierten Aëtius und Bonifatius um die Herrschaft im Westreich miteinander. Sei es, dass Aëtius alle seine Loyalisten an seiner Seite zu der entscheidenden Kampfphase haben wollte, sei es, dass Bonifatius durch die Amtshebung eines Gefolgsmannes seines Rivalen die politische Macht des Aëtius delegitimieren wollte – beide Möglichkeiten sprechen eindeutig für die enge Bindung zwischen Censorius und Aëtius. Ein weiterer Hinweis ist die spätere Entscheidung des Aëtius, erneut Censorius mit diplomatischen Aufgaben zu den Sueben zu schicken (437). Hatte Aëtius ein so großes Vertrauen in ihm, so dürfte Censorius einer der zuverlässigsten Mitarbeiter des Heermeisters gewesen sein. Auch die Erfahrung, die Censorius in der vorherigen Reise bei den Sueben gesammelt hatte, begründete aller Wahrscheinlichkeit nach die Wahl des Aëtius. Dies alles würde darüber hinaus das Schicksal des Censorius erklären, der von den Sueben zuerst gefangen genommen und später hingerichtet wurde. Durch die Gefangenschaft des Censorius verfügten die suebischen Könige über ein wirksames politisches Druckmittel auf Aëtius. Denn Censorius war nicht nur der römische Vertreter in den außenpolitischen Beziehungen mit den Sueben, sondern in der Tat ein angesehener Anhänger des Regenten des Westens.[530]

In Bezug auf die zweite Mission bei den Sueben (437) schreibt Hydatius, dass ein gewisser Fretimund den *comes* Censorius begleitete. Es ist sehr schwierig, die Rolle des Fretimund in diesem Kontext zu klären. Die Schwierigkeit liegt in der nicht zu greifenden Identität dieser Persönlichkeit, die nirgendwo anders erwähnt wird. Ohne Zweifel ist der Ursprung des Namens gotisch, aber die Teilnahme eines westgotischen Vertreters an den römisch-suebischen Verhandlungen ist aufgrund des damaligen Kriegszustandes zwischen Westrom und den Westgoten unwahrscheinlich. Deswegen ist die Vermutung von Pampliega plausibel, Fretimund sei ein Mitglied der westgotischen Militäraristokratie gewesen, genauer der dem legitimen

529 HYDAT. *Chron.* 98.

530 Zu Censorius s. RE III.2, 1911 (6); PLRE II, 174–175.

König Theoderich I. feindselig gesinnten Gruppe und daher ein Anhänger des Imperiums mit dem Ziel, bei der Machtübernahme im Westgotenreich mitzuwirken. Wahrscheinlich sollte er als militärische Eskorte des Censorius fungieren.[531]

Der Mord an Censorius stellte nicht nur eine Beleidigung der kaiserlichen Autorität dar, sondern beraubte auch die römische Zentralregierung eines erfahrenen Politikers sowie römischen Experten für die Suebenfrage. Die Rolle des Censorius scheint der *comes* Fronto übernommen zu haben, da dieser bei zwei besonderen Anlässen die römisch-suebischen Beziehungen pflegte. Leider mangelt es an Angaben über diesen *comes*: Neben seinem Amt, das durch eine Stelle bei Hydatius überliefert ist, ist nur seine Abstammung aus der Auvergne bekannt – übrigens unter der Voraussetzung, dass er tatsächlich mit dem gleichnamigen Arverner, den Sidonius Apollinaris in einem seiner Briefe erwähnt, zu identifizieren ist.[532] 452 wurde er nach Spanien geschickt, um einen Frieden mit den Sueben zu schließen.[533] Der Expansionsplan des Suebenkönigs Rechiar konnte nämlich in Ravenna nicht weiter ignoriert werden, vor allem, weil suebische Kontingente unter strenger Kontrolle der Römer (zum Beispiel die *Tarraconensis*) die iberischen Provinzen betreten hatten. Neben Fronto bestand die weströmische Legation auch aus dem *comes Hispaniarum* Mansuetus, der nur im vorliegenden Fall erwähnt wird.[534] Geht man davon aus, dass Fronto der kaiserliche Verantwortliche für die Verhandlungen war, so wäre es sinnvoll, Mansuetus einen militärischen Auftrag zuzuschreiben. In anderen Worten: Um die Erfolgsaussichten eines Friedensabschlusses zu erhöhen, schickte Ravenna einen Diplomaten (Fronto) mit der militärischen Unterstützung des *comes Hispaniarum* (Mansuetus).[535] In einer späteren Notiz bestätigt Hydatius die ausschließlich diplomatische Funktion des Amtes, das Fronto als *comes* bekleidete. Aufgrund des Todes des Kaisers Valentinian III. (455), mit dem der obengenannte Frieden formell geschlossen worden war, erklärte der Suebenkönig Rechiar die eigenen Verpflichtungen gegenüber Westrom für hinfällig und nahm die Feindseligkeiten wieder auf. Um die Sueben an die Achtung des vereinbarten Friedens zu erinnern, entsandte 457 der neue

---

531 PAMPLIEGA 1998, 302f.; vgl. HAMANN 1971, 102; DÍAZ 2011, 74, Anm. 38; BECKER 2013, 118. Zur Germanenonomastik s. SCHÖNFELD 1911, 93; PIEL – KREMER 1975, 313. Interessant ist auch die Vermutung von TORRES RODRÍGUEZ 1977, 78 über Fretimund als Dolmetscher.

532 Zu Fronto s. RE VII.1 112 (11); PLRE II; s. auch HYDAT. *Chron.* 170; SIDON. *Epist.* IV 21, 4.

533 HYDAT. *Chron.* 155.

534 Zu Mansuetus s. RE XIV.1, 1252 (1); PLRE II, 706. Der *comes Hispaniarum* war ein außerordentliches Militäramt; hierzu s. ZECCHINI 1983, 188; SCHARF 2005, 155–157.

535 DÍAZ 2011, 80 schließt nicht kategorisch aus, dass Mansuetus selbst nur diplomatische Funktionen ausführte. Diese Vermutung ist aber nicht nachvollziehbar, da das Amt des *comes Hispaniarum* grundsätzlich Militäraufgaben hatte. Nach BECKER 2013, 118 bekleidete Fronto auch ein Militäramt. Es fällt aber schwer zu glauben, dass beide Gesandten aus Ravenna Militärs waren. Denn dies würde voraussetzen, dass der letztlich erfolgte Friedensschluss ursprünglich nicht das primäre Ziel Westroms gewesen war.

Westkaiser Avitus erneut Fronto nach Spanien.[536] Aus politischer Sicht handelte es sich um eine logische Entscheidung: Wer hätte besser mit den Sueben umgehen können als der Legat, als dessen Verdienst das Gelingen der vormaligen Verhandlungen zu werten war? Die zusätzliche Mission einiger westgotischer Gesandter kann nicht überraschen, denn zu diesem Zeitpunkt ist eine politische Synergie zwischen dem Imperium und den Westgoten festzustellen. Der Grund dafür ist die enge, im Laufe der Jahre konsolidierte Bindung zwischen Avitus und dem westgotischen Hof.[537] Selbstverständlich deckten sich die Interessen des Westgotenkönigs Theoderich II. mit denen des Westkaisers, solange beide ein gemeinsames Ziel hatten, und zwar die suebische Offensive zurückzudrängen. Theoderich II. war sich sicherlich der voraussichtlichen Unfähigkeit des Imperiums, sich gegenüber den Sueben durchzusetzen bewusst. Ein Einsatz an der Seite Westroms stellte für den Westgotenkönig also in erster Linie die konkrete Möglichkeit dar, seinen politischen Einfluss auch auf der iberischen Halbinsel auszudehnen. Aus diesem Grund entsandte Theoderich II. seine eigenen Vertreter zum Suebenkönig Rechiar.

Hydatius erwähnt noch einen anderen kaiserlichen Legaten, der sich zwischen den zwei Reisen des Fronto zu den Sueben begab. 454 schickte der Westkaiser Valentinian III. Diplomaten zu allen *gentes*, die sich auf römischem Boden niedergelassen hatten. Die Sorge, die den weströmischen Kaiser zu dieser politischen Initiative bewegt hatte, war die Furcht vor einer Rebellion der verschiedenen Barbarengruppen. Denn diese hätten die eigenen Verträge mit Westrom angesichts des Todes des römischen Kontrahenten, des *magister militum* Aëtius, als hinfällig erachten. Die weströmischen Gesandten wurden deshalb von dem Kaiser beauftragt, die Bestätigung der geltenden Vereinbarungen zwischen dem Imperium und den einzelnen Stämmen zu erzielen. Am suebischen Hof reiste ein gewisser Justinian an, dessen genaue Identität unbekannt ist, da sein Name nur in der vorliegenden Stelle bei Hydatius vorkommt.[538] Angesichts seiner Mission, nämlich eine reine Zustimmung zu einem bereits stipulierten Frieden, erscheint es plausibel, dass er ein Zivilbeamter mit bürokratischen Funktionen war.

6.1.4 Römische Mediatoren bei den Westgoten

Der zweite Aufenthalt des Westgotenkönigs Alarich in Italien (408–410) ist von intensiven diplomatischen Aktivitäten gekennzeichnet. Im Gegensatz zum ersten Einfall auf die italische Halbinsel (401–402) gelang es Alarich nun, dank einer neuen

536 HYDAT. *Chron.* 170.

537 Zur Beziehung zwischen Avitus und den Westgoten s. Kap 5.4.2, 5.4.3 u. 5.5.1.

538 HYDAT. *Chron.* 161. Zu Justinian s. PLRE II, 645 (3). Vgl. TRANOY 1974, 97; BECKER 2013, 29f.

Strategie einen stärkeren politischen Druck auf den Kaiser auszuüben. Seine Entscheidung für eine Belagerung der alten Hauptstadt Rom anstatt eines militärischen Engagements in Norditalien erwies sich als richtig, weil Kaiser Honorius unvorbereitet getroffen wurde und einem westgotischen Überfall im Zentrum Italiens direkt ausgesetzt war. Durch die Stationierung seiner Truppen vor den Toren Roms hatte Alarich die Absicht, den Kaiser zu einer Vereinbarung zu bewegen, nämlich zu der Erneuerung des alten Vertrags mit Stilicho. Dies war das Hauptziel des Westgotenkönigs, weshalb er die Eroberung der Stadt nicht forcierte. Die Abwendung der hypothetischen Einnahme Roms durch die Westgoten schien aber nicht im Interesse des Kaisers zu sein, sei es, dass dieser gemäß einem atavistischen Prinzip der römischen Außenpolitik ein Abkommen mit einem bewaffneten Feind auf italischem Boden widerwillig schloss, sei es, dass die Entwicklung der politischen Situation in Gallien wohl die Priorität für den Kaiserhof darstellte. Aus der Haltung beider Seiten ergab sich also ein Stillstand, in dem sich die führende Vermittlungsrolle der Stadt Rom abzeichnete. Der Stadtsenat leitete diplomatische Verhandlungen zuerst mit dem Westgotenkönig, dann mit dem Kaiser ein, damit diese zu einer Vereinbarung kämen. Mit Alarich wurde die Aufhebung der westgotischen Belagerung gegen die Mediation Roms auf ein Abkommen mit Honorius ausgehandelt. Dies besagt aber nicht, dass die alte Hauptstadt in Vertretung des Kaisers mit dem Westgoten verhandelte. Rom handelte grundsätzlich aus Eigeninteresse und präsentierte sich bei der Gelegenheit als autonome politische Einheit. Auch ihr späterer diplomatischer Einsatz in Alarichs Dienst kann angesichts des Endziels nicht überraschen. Mit der Förderung eines römisch-westgotischen Vertrags wollte die alte Hauptstadt nicht über das Schicksal des Imperiums entscheiden, sondern einfach die barbarischen Angriffe auf sich selbst endgültig abwenden. Die politische Bemühung Roms wird in erster Linie durch die fünf Gesandtschaften, die im Zeitraum von wenigen Monaten zu Alarich (zwei) und Honorius (drei) erfolgten, offenbart. Anhand des Quellenberichts wird außerdem deutlich, dass der römische Senat die Legaten für die einzelnen Delegationen sorgfältig auswählte.[539]

Alle Mediationsversuche der Stadt Rom scheiterten hauptsächlich wegen des starken politischen Einflusses des Olympius am Kaiserhof. Dieser war der *magister officiorum*, der den Tod des Stilicho ausnutzte, um eine aggressive barbarenfeindliche Politik im Westen erfolgreich einzuführen. Von der Schädlichkeit der politischen Stellung Olympius' langsam überzeugt, setzte Kaiser Honorius ihn ab und daraus folgte der Aufstieg des *praefectus praetorio Italiae* Iovius, welcher in Namen des Kaisers Honorius neue diplomatische Verhandlungen mit Alarich einleitete. 399

539 Hier wird keine Untersuchung über die römischen Gesandten angestrebt, da das Thema dieser Arbeit die kaiserlichen Vermittler betrifft. Für einen Überblick über diese römischen Unterhändler s. Kap. 5.2.3 u. 5.2.4.

hatte Iovius als Beauftragter des Kaiserhofs den *comes Africae* Gaudentius bei einer Zerstörungsaktion von heidnischen Götzen und Tempeln in den afrikanischen Provinzen flankiert. 405 war er von Stilicho zum *praefectus praetorio Illyrici* ernannt worden und nach Epirus gezogen, um den damaligen Alliierten Roms, Alarich, bei dem Feldzug für die ravennatische Rückgewinnung Ostillyricums zu unterstützen. Genau bei dieser Gelegenheit war eine ehrliche Freundschaft zwischen Iovius und dem Westgotenkönig entstanden. Kraft dieser engen Bindung verlangte Alarich 408 die Übergabe des Sohnes Iovius' als Geisel im Rahmen der Verhandlungen für die Erneuerung seines Bündnisses mit Ravenna nach der Hinrichtung des Stilicho. 409 erfolgte letztendlich die Ernennung des Iovius zum *praefectus praetorio Italiae* und er erhielt auch den Titel *patricius*.[540]

Anschließend stellt sich die Frage, ob die diplomatische Verpflichtung des Iovius gegenüber den Westgoten angesichts seines aktuellen Amtes berechtigt war. Als *praefectus praetorio Italiae* musste er sich vor dem Kaiser für die Verwaltung der zugehörigen Präfektur verantworten und die (militärische) Sicherheit gehörte wohl auch dazu, weshalb die Stationierung westgotischer Truppen bei Rom ihn direkt ins Spiel brachte. Abgesehen von den genauen Zuständigkeiten seines Amtes[541] verkörperte Iovius trotzdem den idealen römischen Gesprächspartner gegenüber den Westgoten, wie man an seiner Darstellung in den Quellen sieht. Aufgrund seiner Laufbahn hatte er sich auf politischer Ebene stark profiliert und konnte außerdem auch auf seine gute Beziehung zu Alarich zählen. Um die Schwierigkeit eines römisch-westgotischen Abkommens zu überwinden, was in seinen Augen die einzige Lösung für das Problem der westgotischen Anwesenheit auf italischem Boden war, beschloss Iovius also, seine persönliche Freundschaft mit Alarich zu nutzen. Ebenso durch seine Bekanntschaft mit Alarich konnte er während der Verhandlungen (zu Recht) vermuten, dass das Ziel des Westgotenkönigs eher der Erhalt eines römischen Titels als die geforderten Wohnsitze auf römischem Territorium war. Durch einen Privatbrief informierte Iovius den Kaiser Honorius über den Wunsch des Alarich, indem er ihm empfahl, den Westgotenkönig zum *magister utriusque militiae* zu ernennen. Am Ende scheiterte die Mediation des Iovius, da Honorius sich gegen jegliche Gewährung eines Amtes für Alarich aussprach. Die Situation wurde aufgrund des darauffolgenden Fehlers des Iovius noch kritischer. In Erwartung, dass der Kaiser seinen Ratschlag gefolgt wäre, las Iovius den Brief mit der (ablehnenden) Antwort des Honorius Alarich vor und verursachte damit die zornige Reaktion des westgotischen Königs, der den Marsch seiner Truppen auf Rom anordnete. Um die

540 Zu Iovius s. RE IX.2, 2015–2016; PLRE II, 623–624 (3). S. auch Paschoud 1986, 247f., Anm. 82; Rebenich - Veh 1990, 381, Anm. 87; Burns 1994, 363, Anm. 11.

541 Hierzu vgl. RE XXII.2, 2460ff.

(offenbare) Verantwortung für den Misserfolg der römisch-westgotischen Verhandlungen zu meiden, ließ Iovius dem Kaiser schwören, dass sich ein Frieden mit den Westgoten niemals ergeben wird, und er leistete selbst den Eid.[542]

Das opportunistische Verhalten des Iovius bezeichnet die Fähigkeit dieser Persönlichkeit zu politischem Handeln sowie zur Manipulation des Kaisers. Denn es gelang ihm, trotz seines sträflichen Leichtsinns seine starke Rolle am Kaiserhof zu behalten. Emblematisch ist, dass Iovius selbst der kaiserliche Beauftragte für die späteren Verhandlungen mit dem Gegenkaiser Priscus Attalus war, der von Alarich infolge der zweiten Belagerung Roms (Ende 409) zum Kaiser proklamiert wurde. Auch bei dieser Gelegenheit erwies sich Iovius als opportunistischer Politiker: Während er auf diplomatischer Mission im Auftrag vom Kaiser Honorius war, lief er zum Gegenkaiser Attalus über, der ihm ebenfalls das Amt des *praefectus praetorio Italiae* und den Patriziertitel gab. Der Verrat des Iovius ist nicht mit dem Erhalt dieser Ehren zu erklären, da bereits Honorius sie ihm verliehen hatte. Wahrscheinlicher hielt Iovius die aktuelle Stellung des Usurpators für stärker als die des legitimen Kaisers und folglich für günstiger für sich selbst. Dass das politische Verhalten des Iovius am Nützlichkeitsdenken lag, wird auch durch seinen späteren, neuen Gesinnungswechsel bestätigt. In Anbetracht der entstandenen politischen Isolation des Attalus überredete Iovius Alarich, den Gegenkaiser abzusetzen und den Kontakt zu Kaiser Honorius wieder aufzunehmen. Erneut spielte die starke Bindung zwischen Iovius und Alarich eine entscheidende Rolle in der Außenpolitik Westroms.[543]

Der Vertrag von 416 stellt eindeutig einen Wendepunkt in der Geschichte der römischen Verhältnisse zu den Westgoten dar. Nach dem westgotischen Zug von Italien nach Gallien bestanden einige diplomatischen Kontakte zwischen dem König Athaulf, dem Nachfolger Alarichs, und dem *magister militum* Flavius Constantius, dem Machthaber am ravennatischen Hof. Als Gegenleistung für die Gefangennahme und Auslieferung des in Gallien amtierenden Usurpators Jovinus forderten die Westgoten ihre Ansiedlung auf gallischem Boden nach dem System der *hospitalitas*, die auch eine adäquate Versorgung einschloss. Obwohl die Westgoten ihren Teil der Vereinbarung erfüllten, erfolgte der Vertragsschluss jedoch nicht, da Ravenna den vereinbarten Klauseln nicht nachkam. Zudem wurde eine heftige Kontroverse über die Rückgabe der Galla Placidia, der Schwester des Westkaisers Honorius, geführt. Diese war Flavius Constantius zur Frau versprochen worden, aber lag infolge der Verhandlungen vom Sommer 409 zwischen Alarich und dem römischen Senat in den Händen der Westgoten. Durch die Heirat mit Galla Placidia

542 ZOS. V 49, 2. Zu den Verhandlungen des Iovius mit Alarich vgl. PASCHOUD 1986, 309–313, Anm. 110 u. 111.

543 ZOS. VI 8–9; zu den Verhandlungen des Iovius mit Priscus Attalus vgl. PASCHOUD 1989, 48ff., Anm. 128 u. 130; REBENICH - VEH 1990, 394f., Anm. 15.

und später die Wanderung auf die iberische Halbinsel versuchte Athaulf, seine eigene Stellung sowie die seiner *gens* zu verstärken. Beide Aktionen brachten den Westgoten dennoch keine konkrete Verbesserung ihres Zustandes, was eine von den Ursachen für die Ermordung des Athaulf infolge einer Hofintrige war. Wohnsitze und Versorgung blieben immer noch die Hauptbedürfnisse der Westgoten und darum entschied sich der neue König Wallia endlich dafür, den Westkaiser um Hilfe zu bitten.

Wie die Untersuchung im dritten Kapitel aufgezeigt hat, einigten sich Wallia und Flavius Constantius – dieser selbstverständlich im Namen des Kaisers Honorius – auf einen Frieden unter bestimmten Klauseln: Gegen die Zahlung von 600 000 Scheffeln Getreide verpflichteten sich die Westgoten, zum einen Galla Placidia und die anderen anerkannten Geisel zurückzugeben, zum anderen die iberischen Halbinsel von den Alanen und vandalischen Silingen zu befreien. Unter den verschiedenen Quellen, die über diesen Vertrag berichten, erwähnt nur das Fragment des Olympiodor von Theben die Anwesenheit des Euplutius, des römischen Legaten, dem die weströmische Regierung die Verhandlungen mit dem Westgotenkönig übertrug. Da dieser Name nur hier erscheint, lässt sich kein Profil dieser Persönlichkeit rekonstruieren. Durch Olympiodor ist nur das Amt des Euplutius bekannt, nämlich μαγιστριανός. Der Terminus μαγιστριανός kommt bei diesem Geschichtsschreiber lediglich an der vorliegenden Stelle vor. Ohne Vergleichspunkte ist daher der betreffende Ausdruck anhand des Sprachgebrauchs der Zeit zu übersetzen, wobei der μαγιστριανός einem der griechischen Vokabeln für den *agens in rebus* entspricht. Die *agentes in rebus* konstituierten ein militärisch strukturiertes Korps, das in die Zuständigkeit des *magister officiorum* fiel. Ursprünglich waren sie kaiserliche Boten und ihre Pflicht bestand meistens in der Aushändigung von Briefen und Anweisungen des Kaisers. Wohl im Rahmen dieser Aufgaben sammelten die *agentes in rebus* langsam Erfahrung in der Diplomatie und übernahmen darum manchmal auch die Funktion richtiger Gesandter.[544] Euplutius bekleidete also ein Amt mit teilweise diplomatischen Verpflichtungen. Dass dieser *agens in rebus* namentlich erwähnt wird, spricht wohl für die wichtige Rolle, die er in den betreffenden Verhandlungen spielte. Es mag überraschen, dass nur Olympiodor von Euplutius berichtet. Dies lässt sich aber durch eine mögliche Reise des Olympiodor nach Westen erklären. 424 organisierte der Ostkaiser Theodosius II. einen Militärfeldzug nach Italien, wo ein Zivilbeamter namens Johannes infolge des Todes des Westkaisers Honorius den Purpur genommen hatte. Theodosius II. bezweckte, die Usurpation durch die Ausrufung eines legitimen Kandidaten, nämlich Valentinian III., zu beenden, dessen Mutter Galla Placidia von ihrem Bruder Honorius vor einigen Jahren nach Konstantinopel verbannt worden war. Olympiodor nahm also an diesem

---

544 Zu den *agentes in rebus* s. RE I.1, 776–779 (insbes. zur Entwicklung des Amtes); ODB I, 36–37; ODLA I, 34; vgl. auch Jones 1964, 578ff.; Demandt ^{2}2007, 279; Becker 2013, 110f.

Feldzug teil, wohl mit politischen Aufgaben angesichts seiner Erfahrung als Diplomat betraut. Auf den ersten Blick gibt es keinen Beweis in den Quellen für seine Anwesenheit im Westen. Sein Bericht über die weströmischen Angelegenheiten ab 407, insbesondere über den Zustand der Stadt Rom, ist aber sehr sorgfältig und detailliert für einen Historiker aus dem Osten. Daraus kann man grundsätzlich die These seines Aufenthalts in Italien herleiten, weil sich keine sinnvolle Alternative denken lässt, welche seine tiefen Kenntnisse der Geschichte Westroms begründet. Nur vor Ort, nämlich in Rom, standen Olympiodor die entsprechenden Quellen zur Verfügung.[545] Die Möglichkeit für Olympiodor, lokale Quellen zu nutzen, untermauert seine Glaubwürdigkeit, auch hinsichtlich der singulären Erwähnung des Euplutius.

Eine weitere, herausragende Gestalt in den römisch-westgotischen Verhältnissen ist Eparchius Avitus. Bei verschiedenen Anlässen und in einem Zeitraum von ungefähr zwanzig Jahren (Ende der 430er - Ende der 450er Jahre) fungierte er als Kaiserdelegierter für die politische Beziehung Westroms zu den Westgoten sowie als bei den Westgoten angesehener weströmischer Gesprächspartner. Die betreffende Zeitspanne zeigt eine Intensivierung der diplomatischen Kontakte zwischen Ravenna und den Westgoten, da diese ihre Herrschaft auf einen politisch und wirtschaftlich strategischen Bereich, und zwar die südgallischen Gebiete, konsolidierten. Von hier waren sie in der Lage, einen starken Druck auf Italien auszuüben. Sie gewannen folglich stufenweise großen Einfluss auch über die inneren Angelegenheiten des Imperiums. Zu diesem Zeitpunkt stellten also die Westgoten – zusammen mit den Vandalen – wohl die Hauptbedrohung für Westrom, und folglich die Priorität in der Außenpolitik des Reiches, dar.

Aus Clermont in Auvergne gebürtig, gehörte Avitus zu einer renommierten gallischen Senatorenfamilie, die zahlreiche eminente Persönlichkeiten hervorgebracht hatte. Bereits im jungen Alter (*iuvenis*) hatte er die Gelegenheit, sein Talent für die Diplomatie zu zeigen, nämlich als er eine Steuererleichterung für sein Vaterland mit dem *magister militum* Flavius Constantius vereinbarte.[546] Der erste Kontakt zum westgotischen Kaiserhof erfolgte einige Jahre später. Infolge eines Angriffs der Westgoten auf Arles (425) kam eine römische Armee unter der Leitung des *comes domesticorum* Aëtius zur Rettung der Stadt. Die Westgoten verzichteten auf die Belagerung, aber für den Friedensschluss verlangten und erhielten sie die Übergabe römischer Geiseln, unter denen ein Verwandter des Avitus namens Theodorus war. Avitus erschien also am westgotischen Hof, um die Entlassung des Theodorus zu

[545] Hierzu s. MATTHEWS 1970, 80ff.; TREADGOLD 2004, 723–727.

[546] SIDON. *Carm.* VII 208. Die Gesandtschaft des Avitus fand sicherlich vor 421 statt, aber eine genauere Datierung bleibt im Unklaren; hierzu s. LOYEN 1942, 37ff.

verhandeln. Es ist unwahrscheinlich, dass Theoderich I. einen Privatbürger mit einer persönlichen Forderung empfing. Deshalb ist zu vermuten, dass Avitus als Vertreter des Imperiums handelte und sein Auftrag dementsprechend in der Befreiung aller römischen Geiseln in Händen der Westgoten bestand. Es ist außerdem nachvollziehbar, dass er im Hinblick auf seine vorherige gelungene Verhandlung mit Flavius Constantius ausgewählt wurde, bei der er eine hohe Anerkennung für seine diplomatische Fähigkeit gewonnen hatte. Sidonius Apollinaris erzählt, wie beeindruckt Theoderich I. von der Ausstrahlung und der Treue des Avitus zur römischen Sache war.[547] Trotz des Nachdrucks des westgotischen Königs weigerte sich der Gallo-Römer nämlich, das Imperium zu verraten und stattdessen ihm zu dienen. Er blieb jedoch für eine lange Zeit bei Theoderich I., in der er als Erzieher des Prinzen und zukünftigen Königs Theoderich II. tätig war. Angesichts seiner beruflichen Beschäftigung am westgotischen Hof lässt sich annehmen, dass der Aufenthalt des Avitus in Toulouse den Preis für die Entlassung aller römischen Geiseln darstellte.

Avitus absolvierte in den 430er Jahren seine militärische Laufbahn: Er diente in der Armee des *magister militum* Aëtius gegen die Juthungen und Noriker (430–431) sowie gegen die Burgunder (436) – mit welchem Rang lässt sich den Quellen allerdings nicht entnehmen. 437 bekleidete er das Amt des *magister militum per Gallias* und war wieder in der Auvergne, als er einer hunnischen Schar, die die lokale Zivilbevölkerung terrorisierte, entgegentreten musste. Nach dem Sieg über die Hunnen in der Nähe von Clermont beteiligte er sich an der Befreiung der Stadt Narbonne von den Westgoten. Während Westrom zum einen mit den Bagauden, zum anderen mit den Burgundern beschäftigt war, hatte Theoderich I. versucht, die Grenzen seiner Herrschaft zu erweitern. In diesem Zusammenhang war die Eroberung von Narbonne ein wichtiger Schritt. Die Verantwortung für die Verteidigung der Stadt wurde dem *comes rei militaris* Litorius übertragen, während Avitus die darauffolgenden diplomatischen Verhandlungen übernahm. Auch wenn Sidonius Apollinaris das Verdienst des Avitus um die Befreiung von Narbonne bezeugt, ist es nicht zu bestreiten, dass der römische Erfolg ursächlich auf Litorius zurückzuführen ist.[548] Avitus kümmerte sich wohl um die Regelung der römisch-westgotischen Beziehungen im Anschluss an den Rückzug der Westgoten, mit dem Ziel, weitere Angriffe dieses Stammes auf gallo-römische Gebiete abzuwenden. Sein Auftrag scheiterte offensichtlich, da die Feindseligkeiten zwischen Theoderich I. und Ravenna nicht aufhörten.

Avitus erhielt den Titel des *praefectus praetorio Galliarum* 439, als der Krieg zwischen Westgoten und Römern wieder aufflammte. In Anbetracht der letzten Militärerfolge und gleichzeitig scheinbaren Schwierigkeiten der Westgoten ging Litorius mit Genehmigung der antigotischen Partei am ravennatischen Hof zum Gegenangriff

---

547 SIDON. *Carm.* VII 215–226.

548 SIDON. *Carm.* VII 475–480. Hierzu s. Kap. 5.4.2.

über. Sein Feldzug in Aquitanien misslang jedoch und er bezahlte seine Strategie mit dem Tod. Ihrerseits konnten sich die Westgoten allerdings angesichts der zahlreichen Verluste ebenfalls nicht behaupten. Durch den langen Konflikt entkräftet, entschieden sich das Westgotenreich und das Imperium endlich für einen Frieden. Avitus verkörperte den richtigen Mediator für eine solche Angelegenheit. Ravenna beauftragte für die Verhandlungen nicht nur den *praefectus praetorio Galliarum*, sondern auch eine Persönlichkeit, die in großem Ansehen bei Theoderich I. stand. Dabei konnten die Westgoten auf einen römischen Ansprechpartner zählen, der sich infolge seines vorherigen Aufenthalts bei ihnen an ihre Welt gebunden hatte. Der römisch-westgotische Vertrag, der aus der Mediation des Avitus folgte, führte zu einer friedlichen Zeit. Dies spricht für den Erfolg dieses gallo-römischen Aristokraten, dem es offensichtlich gelang, die Bedürfnisse und die Ansprüche beider Seiten zu befriedigen. Wohl auch mit diesem Ergebnis zufrieden – denn der Frieden bestand tatsächlich zwischen Westgoten und Römern –, zog sich Avitus bereits ein Jahr später für eine lange Zeit ins Privatleben zurück.

Anfang der 450 Jahre benötigte das Imperium erneut die Dienste des Avitus als Unterhändler. Die Hunnen des Attila, der im Gegensatz zu seinem Vorgänger Rua eine antirömische Politik einleitete, übten einen immer größeren Druck auf die weströmischen Reichsgrenzen aus, bis sie den Rhein überschritten. Der römische Machthaber Aëtius war sich der Tragweite der hunnischen Gefahr bereits bewusst und die Nachricht ihres Einfalls traf ihn nicht unvorbereitet. Denn Aëtius hatte bereits eine große, polyethnische Armee mit der Unterstützung einiger barbarischer Verbündeter, einschließlich des Theoderich I., gebildet. Um die Westgoten zu überreden, sich den römischen Truppen anzuschließen, rief Aëtius den erfahrenen Avitus herbei und bat ihn um seine Vermittlung am westgotischen Hof. Aëtius' Absicht war es, die Freundschaft des Avitus mit Theoderich I. zu nutzen, und dies erwies sich als richtige Eingebung, da Theoderich I. an der Seite des Aëtius in der Schlacht bei den Katalaunischen Feldern gegen die Hunnen auftrat. Auch wenn die diplomatischen Fähigkeiten des Avitus unbestreitbar sind, stellt sich jedoch die Frage, ob sein Beitrag im vorliegenden Fall tatsächlich entscheidend war. Die hunnische Bedrohung war sicherlich auch von Interesse für die Westgoten, da ihre Gebiete aufgrund der geographischen Lage dem Risiko eines Angriffs Attilas ausgesetzt waren. Theoderich I. konnte aber den Hunnen allein keinen Widerstand leisten, sodass Aëtius höchstwahrscheinlich bereits von der Zusage des Westgotenkönigs zu einem antihunnischen Militärbündnis überzeugt war. Da Avitus eine gute Beziehung zu den Westgoten hatte, konnte seine Beauftragung das diplomatische Verfahren vereinfachen bzw. beschleunigen. Die Notiz des Sidonius Apollinaris über das Aëtius' Hilfegesuch, dessen Dringlichkeit durch eine öffentliche Rede betont wurde, steht dementsprechend in Korrelation zu dem lobenden Ton seines Panegyrikus für Avitus.

455 wurde Avitus vom Kaiser Petronius Maximus zum *magister militum* ernannt. Um seine prekäre Machtstellung zu konsolidieren, und folglich die politische Situation Westroms zu stabilisieren, sah Petronius Maximus die Unterstützung der Westgoten als unabdingbar an. Aus der Perspektive des neuen Kaisers betrachtet, stand dennoch die Gültigkeit der letzten römisch-westgotischen Vereinbarung aufgrund des Ablebens seiner Kontrahenten, zum einen Theoderich I., zum anderen Aëtius (im Auftrag des Kaisers Valentinian III.) in Frage. Durch Avitus forderte Petronius Maximus also die Einhaltung des alten Vertrags. In den Augen des Kaisers mochte sich der Erfolg der Mission auf Avitus zurückführen lassen, da dieser neben seiner diplomatischen Erfahrung mit den Westgoten der Erzieher des neuen westgotischen Königs Theoderich II. gewesen war. Die Verhandlungen nahmen eine unerwartete Wendung, weil Theoderich II. sich zu einer Erneuerung des Vertrags mit Westrom bereit erklärte, aber nur im Falle einer Proklamierung des Avitus zum Kaiser. Welche große Achtung die Westgoten vor Avitus hatten, lässt sich angesichts dieser Bedingung des Westgotenkönigs deutlich erkennen. In diesem Zusammenhang findet sich aber noch ein anderer Beweis für das politische Format des Avitus. Als dieser von Theoderich II. empfangen wurde, war Kaiser Petronius Maximus bereits verstorben. Avitus führte also die Verhandlungen mit Theoderich II. selbstständig, was für sein politisches Bewusstsein spricht. Das Ziel seiner Gesandtschaft blieb trotz des Todes des Kaisers unverändert, da das Überleben Westroms von einer Militärunterstützung durch die Westgoten nicht absehen konnte. Avitus nahm letztes Ende den Purpur und erneuerte somit die vorherige Vereinbarung zwischen Westgoten und Römern. Man mag sich nun fragen, ob Avitus durch seine Verhandlungen mit Theoderich II. absichtlich nach der Kaiserwürde strebte. Dies lässt sich aber nicht leicht erklären. Bislang hatte Avitus öfter seine Loyalität gegenüber dem Römischen Staat bewiesen, aber hier lag eine besondere Situation vor. Der Kaiser war verstorben und das Reich brauchte schnell eine neue Führung. Ein erfahrener Politiker – wie es Avitus tatsächlich war – konnte einen solchen Aspekt nicht übergehen. Ihm schien es wohl der günstige Moment, die Macht zu übernehmen und das Imperium zu retten, dem er bislang mit stummer Ergebenheit gedient hatte. Zudem konnte er von seinem großen Renommee bei den Westgoten profitieren, um ihre Unterstützung für seine Ziele zu erhalten. Er verhielt sich, als ob er nicht von dem Tod des Kaisers Petronius Maximus wüsste, und wartete das Angebot des Theoderich II. ab, ihn zum Kaiser zu krönen.

Die Kaiserherrschaft des Avitus dauerte allerdings nicht lange, da er bereits 456 einer Verschwörung unter der Leitung des *magister militum* Ricimer und des *comes domesticorum* (und später neuen Kaisers) Maiorianus zum Opfer fiel. Zur Unpopularität des Avitus führten genau das enge Bündnis mit den Westgoten und auch seine Unfähigkeit, den Vandalen entgegenzutreten, deren Seeblockade eine schwere Hungersnot in Italien, und insbesondere in Rom, verursacht hatte. Dem Avitus wurden die kaiserlichen Insignien entzogen, und die zwei Konspiranten ließen ihn zum Bischof von Piacenza weihen. Er wurde aber nur vorläufig verschont, denn er wurde kurz danach exekutiert, nachdem er die Flucht nach Gallien, seine Heimat sowie das Land seiner westgotischen Verbündeten, versucht hatte.[549] Sein politischer Untergang lag auch am ambivalenten Verhalten der Westgoten, die sich als opportunistische Alliierte erwiesen und nach eigenem Ermessen die vereinbarten Militäraufgaben erfüllten. Auf ihre Unzuverlässigkeit wies Avitus wohl durch die Gesandtschaft hin, die er zu Theoderich II. schickte, um ihm einen Sieg über die Vandalen mitzuteilen. Diese Botschaft sollte tatsächlich für den Westkaiser den Anlass darstellen, die Militärunterstützung zu verlangen. Die Forderung erfolgte mit der Übergabe wertvoller Geschenke vonseiten des Avitus. Der Leiter der römischen Delegation war ein *tribunus* namens Hesychius, der nicht weiter belegt ist. Nachdem er sich für eine lange Zeit höchstpersönlich um die Beziehungen mit den Westgoten gekümmert hatte, musste Avitus nun als Kaiser die Verhandlungen delegieren. Angesichts der Wahl des Hesychius ist anzunehmen, dass dieser ein *tribunus et notarius* war, da auch diplomatische Missionen zu den Aufgaben dieser Beamten gehörten.[550]

Mit der Thronbesteigung des Eurich (467) begann eine neue Expansionsphase der Westgoten. Nach anfänglicher Ruhezeit verabschiedete der westgotische König in den 470er Jahren eine aggressive Außenpolitik, indem er seine Truppen in die benachbarten Provinzen aller Richtungen entsandte. Aus seiner Perspektive betrachtet, war es endlich Zeit, die gallischen Gebiete nicht mehr im Namen Westroms, sondern als politisch selbstständige Einheit zu herrschen. Der damalige Westkaiser Anthemius verhielt sich gegenüber der Initiative Eurichs nicht gleichgültig und schickte ein Heer unter der Führung seines Sohnes Anthemiolus nach Gallien. Die erste Aktion des Kaisers war jedoch ein Verhandlungsversuch. Der ausgewählte römische Vertreter war der gallische Aristokrat Avitus, ein Cousin des Sidonius Apollinaris. Nach Stevens ist die Übertragung dieser diplomatischen Aufgabe an Avitus mit der römischen Hoffnung zu begründen, dass die Wahl eines Namensvetters des alten und gotenfreundlichen Kaisers Avitus aus Sicht Westroms ein gutes Vorzeichen für einen positiven Ausgang der Verhandlungen wäre.[551] Die These von Stevens ist interessant, aber wenig plausibel. Eine Strategie, die den Erfolg der Verhandlungen einfach auf die Namensgleichheit des Diplomaten mit einem alten Freund der Feinde basierte, wäre eher eine

549 Zu Eparchius Avitus s. RE II.2, 2395–2397 (5); PLRE II, 196–198 (5). S. auch Oppedisano 2013, 71–90 (zum Interregnum des Avitus).

550 Die *tribuni et notarii* waren die zweithöchsten Beamten der *schola notariorum*, der „höchsten kaiserlichen Reichskanzlei"; hierzu s. RE VI A.2, 2453–2454; ODLA II, 1085; vgl. auch Jones 1964, 572ff.; Becker 2013, 110f.

551 Stevens 1933, 149f.

Verzweiflungstat. Es ist vielmehr denkbar, dass der betreffende Avitus ein Nachkomme des gleichnamigen Bundesgenossen der Westgoten war. Ein Verwandter hätte wohl eine große (und positive) Wirkung auf den westgotischen Hof gehabt. Des Weiteren dürfte dieser Avitus bereits ausreichend Erfahrung in der Diplomatie gesammelt haben, da er Kaiser Maiorianus, einem Vorgänger des Anthemius, als *tribunus et notarius* gedient hatte.[552]

Das Scheitern der Verhandlungen, höchstwahrscheinlich wegen der zusätzlichen Forderungen durch die Westgoten, führte zum Krieg, aus dem die Truppen des Eurich als Sieger hervorgingen. Dieser Erfolg festigte die westgotische Herrschaft in Gallien, die in den späteren Jahren angesichts des politischen Chaos am ravennatischen Hof noch stärker wurde. In einem kurzen Zeitfenster (472–474) folgten drei Kaiser (Anthemius, Anicius Olybrius, Glycerius) aufeinander, ohne dass einer von diesen in der Lage gewesen wäre, die innen- oder außenpolitische Situation Westroms zu stabilisieren. Dies stellte eine günstige Gelegenheit für Eurich dar, um die Grenzen seines Reiches zu erweitern. Innerhalb kurzer Zeit verlor das Weströmische Reich die übrigen Territorien Galliens und Spaniens, die immer noch dem Kaiser unterstanden. Die tiefe Krise Westroms bewegte die östliche Hälfte des Imperiums einzugreifen. 474 entsandte der Ostkaiser Leo I. den *magister militum Dalmatiae* Julius Nepos nach Westen mit dem Ziel, Westrom durch die Ernennung desselben als eines seiner Getreuen zum Kaiser unter Kontrolle zu bekommen. Die erste politische Aktivität des neuen Kaisers war die Reglung der Situation in Gallien, wo die Westgoten – und teilweise die Burgunder – nun als Herrscher auftraten. Angesichts der beträchtlichen Ungleichheit der (Militär)Kräfte entschied sich Julius Nepos für ein Abkommen durch Verhandlungen, mit denen der *quaestor sacri palatii* Licinianus beauftragt wurde.[553] Auf den ersten Blick kann die Entscheidung des Kaisers überraschen, da diplomatische Missionen über die Zuständigkeit des *quaestor sacrii palatii* hinausgingen. Dieser war der zweitranghöchste Hofminister nach dem *magister officiorum* und übte hauptsächlich die Funktionen eines Justizministers aus. Insofern beschäftigte er sich mit legislatorischen Aufgaben wie zum Beispiel der Formulierung der kaiserlichen Erlasse oder der gesetzlichen Regelung der juristischen Anfragen an den Kaiser. Die weströmischen *quaestores* aus dem 5. Jh. scheinen aber für andere Eigenschaften als ihre Rechtskenntnisse bekannter zu sein. Viele waren nämlich Literaten oder Menschen von feiner Eloquenz (zum Beispiel Rusticius Helpidius, Fulgentius, Victor).[554] Licinianus ist da keine Ausnahme: Neben seinem guten Ruf lobt Sidonius Apollinaris seine

552 Zu Avitus s. PLRE II, 194–195 (1); vgl. auch GIANNOTTI 2016, 40, Anm. 61; 109. Zu den Aufgaben des *tribunus et notarius* s. 550.

553 Die biographischen Notizen über Licinianus sind leider sehr spärlich; hierzu s. PLRE II, 682 (1).

554 Zu dem *quaestor sacri palatii* s. RE XXIV.1, 820–823; ODLA II, 1257–1258; vgl. auch JONES 1964, 578ff.; DEMANDT ²2007, 281f.; HARRIES 1999, 42–47 (zu den Besonderheiten der weströmischen *quaestores*); BECKER 2013, 112–114 (zur Rolle des *quaestor* in diplomatischer Hinsicht).

Urteilsfähigkeit, Vornehmheit, Weisheit und Zuverlässigkeit. Für Gillett entspricht diese Beschreibung der idealen Darstellung eines Gesandten.[555] In Augen des Kaisers konnte eine so talentierte Persönlichkeit ihn bestmöglich vertreten und in den Verhandlungen mit den Westgoten erfolgreich agieren.

Trotz des Misserfolges der Gesandtschaft Licinianus' hoffte der Kaiser Julius Nepos erneut eine Vereinbarung mit Eurich treffen zu können, nun aber durch einen anderen Unterhändler: der Bischof von Pavia, Epiphanius. Neben der evangelischen Aktivität hob sich dieser Geistliche durch sein politisches Engagement hervor, da er verschiedene diplomatische Aufträge erfolgreich erfüllte. Bereits 471 hatte er auf Wunsch der ligurischen Bevölkerung in der Auseinandersetzung um den Machtkampf zwischen dem *magister militum* Ricimer und dem Westkaiser Anthemius vermittelt. Nach der Mission im Namen von Julius Nepos blieb Epiphanius eine Bezugsperson in der internationalen Diplomatie trotz des formellen Falls des Weströmischen Reiches. Von Odoaker, der verantwortlich für die Absetzung des letzten weströmischen Kaisers gewesen war, erlangte er 477 eine mehrjährige Steuerentlastung für Pavia, damit der Wiederaufbau seiner Heimatstadt nach der Einnahme durch den obengenannten Odoaker erfolgen konnte. 494 betraute ihn der Ostgotenkönig Theoderich der Große mit der Gesandtschaft an den Burgunderkönig Gundobad für die Befreiung von 6000 gefangenen Liguriern. Knapp zwei Jahre später besuchte Epiphanius Theoderich den Großen in Ravenna, wo er eine Steuersenkung für seine Landsleute erreichte. Auf dem Rückweg dieser letzten Reise erkrankte Epiphanius und starb bei der Ankunft in Pavia.[556] Die Gründe für die Beauftragung des Epiphanius durch Kaiser Julius Nepos dürften zahlreich gewesen sein. In erster Linie bewegte das Scheitern eines geschickten Zivilbeamten (Licinianus) den Kaiser zu einem zweiten Versuch mit Hilfe eines Kirchenrepräsentanten. Die Wahl fiel also auf Epiphanius, wohl weil er sich bei der Konfrontation zwischen Ricimer und Kaiser Anthemius schon als fähiger Diplomat erwiesen hatte. Anhand der Beschreibung seines Biographen Ennodius scheint Epiphanius außerdem nicht nur die typischen Tugenden eines religiösen Führers, sondern auch eines guten Vermittlers besessen zu haben. Schließlich konnte die Wahl eines Bischofs von großer Bedeutung für die gallische Bevölkerung sein, die am meisten unter dem westgotischen Druck litt. Zu erklären ist dann, wieso Kaiser Julius Nepos nach Absprache mit dem *consilium Liguriae* diese Entscheidung für Epiphanius traf. Das *consilium Liguriae* war die Provinzialversammlung (*concilium provinciae*) von Ligurien, also das Repräsentationsorgan der norditalischen Elite. Ihre Einberufung durch Julius

555 SIDON. *Epist.* III 7, 2–3. S. GILLETT 2003, 111f.

556 Zu Epiphanius von Pavia s. PCBE II.1, 637–641 (1); LThK III, 723; BBKL I, 1520–1521; zu seinem diplomatischen Engagement s. GILLETT 2003, 152f.

Nepos zeigt den Bedarf des Kaisers an politischer Unterstützung für die Lösung des Gotenproblems. Im Übrigen hatten die Ligurier bereits eine entscheidende politische Rolle gespielt, als sie mithilfe des Epiphanius die Vermittlung zwischen Ricimer und Kaiser Anthemius versucht hatten. Genau am Beispiel dieser gelungenen Mediation schlug das *concilium provinciale Liguriae* dem Kaiser den Bischof von Pavia auch für den vorliegenden Fall vor. Die Wahl des Epiphanius, die der Kaiser dann anhand der obengenannten Überlegungen übernahm, wäre also auf diese lokale Versammlung zurückzuführen.[557]

Epiphanius und Eurich schlossen schließlich ein Abkommen, dessen Bedingungen aber römischerseits durch eine spätere Gesandtschaft ausgehandelt wurden. Die Mitglieder der römischen Delegation waren Sidonius Apollinaris zufolge vier Bischöfe aus der Provence: Faustus von Riez, Leontius von Arles, Graecus von Marseille, Basilius von Aix[558]. Angesichts seiner Hauptrolle in der gallischen Kirche dürfte Faustus von Riez wohl die Leitfigur der Gesandtschaft gewesen sein. Aus Britannien stammend hatte Faustus sich in Gallien im Kloster von Lérins ausgebildet, dessen Leitung er selbst später (433/434) als Abt übernahm. Seine intensive kirchliche Aktivität begann, als er zu einem Zeitpunkt zwischen 452 und 462 zum Bischof von Riez ordiniert wurde. Durch Schriftwechsel unterhielt er einen konstanten Dialog mit anderen Bischöfen sowie einfachen Interessenten über unterschiedliche doktrinäre Fragen. Des Weiteren nahm er an verschiedenen Konzilien in Gallien und an einigen Missionen bei Papst Hilarius teil. Parallel zu der großen Expansion der Westgoten unter Eurich widmete sich Faustus der Widerlegung des Arianismus, der christologischen Lehre, der die Westgoten anhingen. Diese Betätigung begründete später sein Exil, als Eurich die übrigen römischen Gebiete Galliens nach der Absetzung des letzten Westkaisers (476) annektierte. Aufgrund seines bischöflichen Amtes (ab 462) in Arles, einer der wichtigsten Städte Südgalliens, scheint auch Leontius – wenn auch nicht im selben Maße wie Faustus von Riez – eine vorherrschende Figur in der gallischen Kirche gewesen zu sein. Von ihm ist ein umfangreicher Briefwechsel mit dem Papst Hilarius über theologische und politische Probleme bekannt. 470 organisierte er in Arles ein Konzil der gallischen Ökumene für die Verurteilung des Prädestinatianismus. Die Anwesenheit des Faustus von Riez, Graecus von Marseille und Basilius von Aix in dieser bischöflichen Versammlung ist sicher. Über die letzten zwei Bischöfe lässt sich neben der Teilnahme an dem obengenannten Konzil wenig sagen. Graecus ist ansonsten bekannt, weil er einer der ersten Adressaten des Faustus und der Ansprechpartner des Sidonius

557 Zu den *concilia provinciae* s. CESA 1988, 151f.

558 SIDON. *Epist.* VII 6, 10; 7, 4–5.

Apollinaris über die gallischen Angelegenheiten war. Über Basilius sind den Quellen hingegen nur spärliche biographische Notizen zu entnehmen.[559]

Sidonius Apollinaris äußert sich nicht über die Gründe, die zur Wahl dieser vier Kleriker für die Gesandtschaft bei Eurich führten. Höchstwahrscheinlich glaubte Kaiser Julius Nepos, dass Exponenten aus der Provence, der umstrittenen Region zwischen den Westgoten und dem Imperium, die diplomatische Aufgabe bestmöglich absolvieren würden. Nach Vorbild der erfolgreichen Verhandlungen des Epiphanius von Pavia wandte sich der Westkaiser also wieder an ein lokales *concilium* (im vorliegenden Fall wohl das *concilium Septem Provinciarum*[560]), um die optimalen Unterhändler für die Verhandlungen mit den Westgoten zu finden. Aus der kaiserlichen Perspektive betrachtet, deckten sich die Interessen Westroms übrigens mit denen dieser provinzialen *concilia*: Wie weder das *concilium* von Ligurien noch der weströmische Kaiser einen Einfall Eurichs in Italien herbeiwünschten, so verfolgte auch das *concilium* von Gallien die Rettung der Provence, für das Imperium einer finanziell und geographisch wichtigeren Region als die Auvergne. Das gallische *concilium* entschied sich letzten Endes für vier herausragenden Kirchenpersönlichkeiten, die sich übrigens schon kannten und bereits im Rahmen des Konzils von Arles zusammengearbeitet hatten.[561]

6.1.5 Zusammenfassung

Wie diese Untersuchung aufgezeigt hat, scheint oft keine Verbindung zwischen den diplomatischen Missionen und den Ämtern der kaiserlichen Vertreter, die mit den Verhandlungen mit den Germanenstämmen beauftragt wurden, zu bestehen. Die römischen Mediatoren sind jeweils ein *magister epistularum* (Petrus: Burgunder), ein ehemaliger *comes rerum privatarum* (Trygetius: Vandalen), unbestimmte *comites* (Censorius, Fronto: Sueben), ein *comes Hispaniarum* (Mansuetus: Sueben), ein *praefectus*

559 Zu Faustus von Riez s. PCBE IV.1, 734–744 (1); LThK III, 1199–1200; BBKL II, 1–2; TRE XI, 63–67. Zu Leontius von Arles s. PCBE IV.2, 1134–1138 (5); LThK VI, 837–838. Zu Graecus von Marseille s. PCBE IV.1, 906–907. Zu Basilius von Aix s. PCBE IV.1, 318–319 (1).

560 Für die Identifizierung dieses *concilium* mit dem der sieben Provinzen s. GILLETT 2003, 167, Anm. 224; VAN WAARDEN 2010, 368.

561 Vgl. GILLETT 2003, 167ff.; VAN WAARDEN 2010, 365f.; BECKER 2014, 52–55. Anders CESA 1988, 166ff. Nach DELAPLACE 2015, 254ff. handelten die vier Bischöfe als Vermittler in den Verhandlungen zwischen den Westgoten und den Burgundern vielmehr für die Aufteilung der Auvergne. Ihre These basiert auf den Ausdruck des Sidonius Apollinaris *per vos regni utriusque pacta condicionesque portantur* (*Epist.* VII 6, 10), da das Wort *regnum* das Römische Reich semantisch nicht andeuten kann. Die Vermutung von DELAPLACE ist anhand der philologischen Analyse des Wortes *regnum*, insbesondere all seiner Bedeutungen bei Sidonius Apollinaris (hierzu s. VAN WAARDEN 2010, 330f.) nicht zu vertreten.

praetorio Italiae (Iovius: Westgoten), ein *agens in rebus* (Euplutius: Westgoten), ein *tribunus et notarius* (Hesychius: Westgoten), ein Privatbürger (Avitus: Westgoten), ein *quaestor* (Licinianus: Westgoten), Bischöfe (Epiphanius von Pavia, Faustus von Riez, Leontius von Arles, Graecus von Marseille, Basilius von Aix: Westgoten). Besondere Erwähnung verdient Eparchius Avitus, der bei verschiedenen Anlässen als römischer Legat bei den Westgoten fungierte, und zwar zweimal als Privatbürger, einmal als *praefectus praetorio Galliarum*, einmal als *magister militum*. Unter den römischen Gesandten sind also allerlei Zivilbeamte, Militärs, Kirchenmänner und sogar Private zu finden. Die Diplomatie gehörte tatsächlich zu den Aufgaben nur einiger der aufgelisteten Funktionäre, lag allerdings außerhalb der Zuständigkeit der übrigen Staatsdiener. Die Offiziere und die Geistlichen spielten hingegen hauptsächlich eine militärische bzw. kirchliche Rolle. Dadurch wird deutlich, dass die diplomatischen Missionen nicht auf der Grundlage des Amts, das der ausgewählte Mediator bekleidete, zugewiesen wurden. Die Entscheidungskriterien der weströmischen Zentralregierung waren daher andere.

Aus dem hier besprochenen Kapitel geht in erster Linie klar hervor, dass ein guter Teil der römischen Gesandten enge, privilegierte Beziehungen mit dem Kaiser und dessen Stellvertreter unterhielt: Petrus war ein Mitglied des Dichterkreises im Dienst des Kaisers Maiorianus; Trygetius verwaltete die kaiserliche Privatkasse; Censorius war ein Anhänger des Aëtius; für Licinianus wurde seine Zuverlässigkeit und folglich seine Loyalität zum Imperium betont. Den Quellen zufolge besaßen diese Männer zudem die typischen Charakteristika des idealen Gesandten, nämlich Eloquenz, Fachkompetenzen und Urteilsvermögen. Der entscheidende Faktor für die Zuweisung eines diplomatischen Auftrags scheint die enge Bindung zum Vollmachtgeber gewesen zu sein. Westrom konnte sicherlich auf zahlreiche, loyale sowie kompetente Persönlichkeiten zählen. Die Wahl eines Getreuen stellte jedoch eine zusätzliche Gewähr für den Erfolg der Verhandlungen dar, was eine nachvollziehbare Erwägung ist – besonders in der betreffenden, turbulenten Epoche, in der Verschwörungen und Verrat das Werk der Westkaiser und deren Regenten untergruben.

Ein anderes Kriterium Westroms für die Wahl des bestmöglichen Legaten bestand sicherlich in der Haltung, die der Ausgewählte zu dem germanischen Verhandlungspartner hatte. Der richtige Ansprechpartner der verschiedenen *gentes* war zwar keine Garantie für eine gelungene Mission, aber zumindest eine Voraussetzung dafür. Paradigmatisch ist der Fall des Eparchius Avitus. Ungefähr zwanzig Jahre lang trat dieser als übergeordneter Vermittler in den römisch-westgotischen Verhandlungen unabhängig von dem bekleideten Amt auf. Dies lässt sich durch seine privilegierte Beziehung zum westgotischen Hof leicht erklären. Durch Eparchius Avitus verfügte also die weströmische Zentralregierung über einen gründlichen Kenner der westgotischen Welt sowie einen römischen Bürger, der große

Wertschätzung beider westgotischen Könige genoss. Ebenso bedeutungsvoll war die Wahl des Honorius von Iovius für die Verhandlungen mit Alarich. Der *praefectus praetorio Italiae* kannte diesen westgotischen Anführer, mit dem er durch langjährige Freundschaft verbunden war, persönlich. Um ein Abkommen zu erreichen, sah der Westkaiser es als klug an, die besondere Beziehung zwischen seinem Untergebenen und seinem Feind für sich zu nutzen. Auch der gallische Aristokrat Avitus, der Cousin des Sidonius Apollinaris, entspricht dieser Typologie eines Vermittlers. Neben seiner diplomatischen Erfahrung war seine Verwandtschaft mit dem berühmteren Eparchius Avitus ein weiterer Grund für seine Erwählung als römischer Vertreter bei dem Westgotenkönig Eurich. Aus weströmischer Perspektive betrachtet, hätten sich die Westgoten ihm gerade aufgrund seiner Verknüpfung mit ihrem historischen römischen „Freund" gewogen gezeigt.

Über die übrigen Mediatoren fehlen entscheidende Angaben für ihre Einordnung in die obengenannten Kategorien. Es handelt sich um Personen, die nur ein einziges Mal in den Quellen vorkommen. Es ist trotzdem nicht spekulativ, ihre Zugehörigkeit zu einer der Gruppen zu vermuten, sei es, dass sie die Protegés der Kaiser und deren Stellvertreter waren, sei es, dass die Barbaren sie aus persönlichen Gründen als Gesandte begrüßt hätten. Ansonsten lässt sich keine sinnvolle Alternative denken, welche die (einzige) Erwähnung dieser Mediatoren rechtfertigt.

Schließlich müssen einige Überlegungen zu den kirchlichen Legaten, die gesondert zu betrachten sind, angestellt werden. Obwohl unzweifelhaft ist, dass die Kirche im 5. Jh. eine zunehmende politische und soziale Rolle spielte, scheint der Klerus keine diplomatische Ressource für den weströmischen Kaiserhof darzustellen. Selbst der Ausnahmefall des Papstes Leo I., der im Namen des Kaisers Valentinian III. zu dem Hunnenkönig Attila reiste, muss relativiert werden. Die echten Mediatoren in dieser Sache waren tatsächlich die anderen Mitglieder der römischen Delegation, nämlich Trygetius und Gennadius Avienus, auch wenn der päpstliche Beitrag sich in den Augen des Valentinian III. wertvoll für den Erfolg der Verhandlungen erweisen konnte. Ignorierte die weströmische Zentralregierung grundsätzlich die mögliche Hilfe der Bischöfe im diplomatischen Bereich, so wendeten sich die lokalen Kräfte oft an sie für die Mediationen. Exemplarisch ist die Reise des Papstes Innozenz I. zum ravennatischen Hof im Auftrag des Senats der Stadt Rom sowie die Vermittlung einiger Bischöfe zwischen den Sueben und der galicischen Bevölkerung. In diesem Zusammenhang sind auch die zwei Gesandtschaften bei dem Westgotenkönig Eurich, die Kaiser Julius Nepos einigen Klerikern überließ, und zwar die erste des Epiphanius von Pavia, die zweite von vier Bischöfen aus der Provence. Wie man an der entsprechenden Untersuchung dieses Kapitels sieht, fiel die Wahl des Kaisers auf Kirchenmänner nur auf Vorschlag mancher lokaler politischer Einheiten, nämlich die *concilia provinciae*. Dies erfolgte darüber hinaus, nachdem die Gesandtschaft unter der Leitung des *quaestor* Licinianus scheiterte. Durch die Entscheidung, den Auftrag zunächst einem Zivilbeamten zu erteilen, wird es noch deutlicher, dass der Westkaiser die Kirchenmänner als Diplomaten überhaupt nicht berücksichtigte. Die lokalen Behörden hatten die diplomatischen Fähigkeiten der Bischöfe hingegen erkannt. Durch ihre fortschreitende lokale Verwurzelung ersetzte die Kirche die weströmische Autorität in verschiedenen Bereichen des Soziallebens und gewann das Vertrauen der Bevölkerung. Es kann deswegen nicht verwundern, dass die lokalen Gemeinschaften den Westkaiser dazu aufforderten, den diplomatischen Auftrag Bischöfen zu übergeben.

6.2 Die Dauer der Verträge

Kennzeichnend für alle in dieser Arbeit besprochenen Verträge ist, dass sie keine Hinweise auf ihre zeitliche Gültigkeit enthalten. Daher stellt sich die Frage über die genaue Dauer der unterschiedlichen Vereinbarungen, insbesondere ob die germanischen Stämme und das Imperium überhaupt eine zeitliche Limitierung einplanten. Im Folgenden werden die Gründe dargelegt, warum die befristete Laufzeit der römisch-barbarischen Verträge auszuschließen ist.

In erster Linie ist das absolute Schweigen der Quellen über diesen Punkt nicht zu unterschätzen. An keiner Stelle findet man Andeutungen über die Vertragsdauer. Hieraus lässt sich ableiten, dass die antiken Autoren entweder nicht darüber informiert waren oder dass sie diese Information für irrelevant hielten. Ersteres ist unwahrscheinlich. Denn es ist kaum denkbar, dass auch die am besten informierten zeitgenössischen Historiker, deren Berichte detailliert ausfallen, einen entscheidenden Faktor – wie es die genaue Dauer einer Vereinbarung aus rechtlicher Sicht ist – vernachlässigt hätten. Die Zeitangabe wurde also absichtlich untergelassen, da ihre Erwähnung als überflüssig angesehen wurde. Das kann nur bedeuten, dass alle Verträge nach traditionellem römischem Vertragsrecht unbefristet waren. Neben dem *argumentum ex silentio* wird diese Schlussfolgerung auch durch die große Anzahl von Vertragsbrüchen bekräftigt. Diese erfolgten meistens durch Überraschungsangriffe der Germanen, während Westrom ihnen gegenüber abgesehen von sporadischen Ausnahmen fair blieb. Das betrügerische Verhalten der Barbaren zeigte sich zu verschiedensten Zeitpunkten im Hinblick auf die jeweils stipulierten Verträge. Dies lässt sich leicht erklären. Die Stellung der einzelnen Stämme änderte sich schnell im Laufe des 5. Jhs. und ihr Wachstumsprozess ging mit der fortschreitenden militärischen und politischen Abschwächung des Westreiches einher. Die sich daraus ergebende Folge bestand in dem graduellen Bewusstsein dafür, immer höhere Ziele auf Kosten Westroms anstreben zu können. Da die rechtliche Anerkennung des Westkaisers, insbesondere für die politische Selbstbestimmung, für die Barbaren unerlässlich war, mussten alle Änderungen juristisch, also durch Verträge, bestätigt werden. Selbstverständlich hatte das Imperium kein Interesse, die verschiedenen *gentes* zufrieden zu stellen. Wieso hätte Ravenna neue, anspruchsvollere Bedingungen annehmen sollen, die ausschließlich den germanischen Stämmen genützt hätten, zumal Verträge immer noch Gültigkeit hatten? Um die Klauseln der Vereinbarungen zu revidieren, blieb den Barbaren also nichts anderes übrig, als die aus ihrer Perspektive mittlerweile ungünstig gewordenen Verträge zu brechen. Dies bedeutete grundsätzlich Militäraktionen gegen das Imperium. In anderen Worten sind die häufigen Vertragsbrüche ein klarer Beweis für die unbefristete Laufzeit der römisch-barbarischen Verträge.

Aus der Durchsicht der Kasuistik ergibt sich jedoch, dass die barbarischen Stämme eine zeitliche Befristung in den Verträgen mit dem Westreich erkannten. Viele Vertragsbrüche erfolgten tatsächlich zu einem bestimmten Zeitpunkt, nämlich zum Ableben des weströmischen Vertragsnehmers. Paradigmatisch sind die Militäroffensiven der Sueben unter Rechiar und der Vandalen unter Geiserich Mitte der 450er Jahre – beide begonnen infolge des Todes des Westkaisers Valentinian III., mit dem die betreffenden Verbände vorher einen Frieden geschlossen hatten. Im Hinblick auf den vandalischen Angriff, der später in der Plünderung Roms (455) umgesetzt wird, äußert sich Priskos eindeutig über die Gründe, die die Initiative des Geiserich erklären. Unter denen wird in der Tat angedeutet, dass der Vandalenkönig aufgrund des Todes des Kontrahenten Valentinian III. seine vertraglichen Verpflichtungen gegenüber Westrom als erloschen betrachtete.[562] Auch am Beispiel der Westgoten ist eine derartige Einstellung feststellbar. Angesichts der Ermordung des Stilicho (408) schickte der westgotische Anführer Alarich eine Gesandtschaft nach Ravenna: Er sei bereit, seine Treue gegenüber dem Westreich durch die Erneuerung des vorherigen Abkommens zu bestätigen. Anhand der Anfrage des Alarich wird deutlich, dass für ihn der Tod seines Verbündeten die Beendigung der erreichten Einigung bedeutet hatte. Durch die Neustipulation hatte Alarich übrigens den Vorteil, die alten Klauseln abzuändern und günstigere Bedingungen für sich und seine *gens* auszuhandeln.[563] Die erste westgotische Expansionsphase fand Mitte der 420er Jahre statt und lag hauptsächlich in den mehrmals versuchten Einnahmen von Arles, das politisch und wirtschaftlich die wichtigste Stadt Südgalliens war. Es ließe sich fragen, warum der Westgotenkönig Theoderich I. trotz der vertraglichen Bewilligung, durch die sein

562 Prisc. *frg.* 30,1.

563 Zosim. V 36,1.

Volk sich erst vor einigen Jahren (418) in den südwestlichen gallischen Gebieten etablieren durfte, eine aggressive Außenpolitik einleitete. Es kann kein Zufall sein, dass die erste Belagerung Arles' kurz nach dem Tod des Westkaisers Honorius erfolgte, in dessen Namen der *magister militum* Flavius Constantius die Einquartierung der Westgoten in Gallien vereinbarte hatte. Offensichtlich glaubte er, keinerlei Bündnispflichten mehr übernehmen zu müssen, und fand folglich seine Aktion legitim.[564] Theoderich II. selbst, der seinem Vater Theoderich I. nach dem Interregnum seines Bruders Thorismund nachgefolgt war, versuchte Arles einzunehmen. Den Quellen zufolge marschierte der *magister militum* Aegidius auf Befehl des Westkaisers Maiorianus dorthin, um die Stadt von der westgotischen Belagerung zu befreien. Auch zu diesem Zeitpunkt waren die Westgoten vertraglich Verbündete Westroms. Die Einigung war aber mit dem vorherigen Kaiser erreicht worden, und zwar mit Eparchius Avitus, dem Theoderich II. angesichts der in den vergangenen Jahren aufgebauten Freundschaft mit dem westgotischen Hof vertraute. Aus westgotischer Perspektive betrachtet, verursachte die Absetzung des Avitus durch Maiorianus das Erlöschen des geltenden Abkommens, zumal Avitus den Purpur mit Hilfe und nach Willen des Theoderich II. aufgenommen hatte. Für die Burgunder ist es hingegen nicht möglich, Vertragsbrüche infolge des Ablebens des weströmischen Kontrahenten zu vermerken. Die geringe Anzahl der Verträge zwischen diesem Stamm und dem Imperium kann aber nicht vermuten lassen, dass die burgundische Wahrnehmung der Vertragsdauer sich von den anderen Germanen unterschied. Um diese These zu formulieren, bedürfte es eines größeren Spektrums an vertraglichen Beziehungen zwischen dem Westreich und den Burgundern.

Der vandalische Vertragsbruch von 455 stellt das beste Beispiel für das divergierende Verständnis über die Vertragsdauer zwischen Germanen und Römern dar. Einerseits ist die germanische Rechtsauslegung festzustellen: Der Vertrag blieb auf die Lebenszeit des weströmischen Vertragspartners beschränkt. Infolge des Todes Valentinians III. startete Geiserich nämlich mehrere Angriffe auf die süditalischen Küsten, da der vereinbarte Frieden durch das Ableben des Kontrahenten aus seiner Perspektive aufgelöst war. Andererseits räumt das Imperium den Verträgen mit den Barbaren keine zeitliche Limitierung ein: Die Vereinbarungen waren tendenziell unbefristet. Im Angesicht der vandalischen Offensive auf Italien entsandte der Westkaiser Avitus Legaten zu Geiserich, um ihn an die alten Abkommen zu erinnern. Daran schloss sich außerdem eine präzise Warnung an: Auf die Fortsetzung

564 Interessanterweise sieht SCHULZ 1993, 23f. im vorliegenden Fall keinen Vertragsbruch und nimmt folglich die dauerhafte Gültigkeit des Vertrags von 418 an. Es kann aber nicht bestritten werden, dass die Ursache der westgotischen Angriffe auf Arles mit dem Erlöschen des Vertrags durch den Tod des römischen Unterzeichners gerechtfertigt wurde. Denn die zeitliche Verbindung zwischen der ersten westgotischen Belagerung der Stadt (425) und dem Ableben des Westkaisers Honorius (423) ist deutlich. S. auch BECKER 2013, 29.

der Plünderungen hätte das Westreich mit dem Krieg geantwortet.[565] Dadurch wird deutlich, dass die Gültigkeit des Friedens auf römischer Seite trotz des Todes des eigenen Unterzeichners nicht in Frage stand.

Eine ähnliche Situation erfolgte einige Jahre später. Als Kaiser Maiorianus, mit dem Geiserich einen Frieden nach dem Misserfolg des römischen Feldzugs nach Afrika vereinbart hatte, ermordet wurde, nahmen die Vandalen die Seeräuberei wieder auf, weil der Vandalenkönig den Frieden als hinfällig betrachtete. Darauf reagierte seinerseits der neue Machthaber Ricimer wie sein Vorgänger Avitus, indem er eine Gesandtschaft zu Geiserich schickte: Die Vandalen sollten sich an den geschlossenen Vertrag erinnern und ihn dementsprechend beachten.[566] Für das Westreich blieb also die Geltungsdauer des Vertrags kategorisch unverändert. Allem Anschein nach kannte das Imperium die unterschiedliche Deutung der Verträge auf barbarischer Seite. Symptomatisch ist eine politische Maßnahme des Westkaisers Valentinian III.: Auf kaiserlichem Befehl reisten unterschiedliche Legaten zu den Höfen aller barbarischen Stämme, das römische Territorium bewohnten.[567] Durch diese diplomatischen Missionen war das Vorhaben des Kaisers die Erhaltung der Abkommen, die die einzelnen Germanenstämme mit dem mittlerweile ermordeten *magister militum* und Kaiservertreter Aëtius vereinbart hatten. Valentinian III. wollte also einer möglichen Rebellion der Barbaren vorbeugen. Aus dem Gesamtkontext geht schließlich klar hervor, dass der ravennatische Hof sich von dem Dauerproblem eines Vertrags mit den Barbaren bewusst war – die Gefahr eines Vertragsbruchs bestand, da sie aufgrund des Ablebens des römischen Konkludenten den Vertrag als hinfällig betrachten konnten. Es findet sich eine Bestätigung für diese These auch in der Außenpolitik des Westkaisers Petronius Maximus. Um seine prekäre Macht zu konsolidieren, plante er zuallererst die germanische Militärunterstützung ein. Deswegen entsandte er den alten Freund des westgotischen Volks Eparchius Avitus als seinen Vertreter zu König Theoderich II.[568] Da kein Vertragsbruch seit der 439 geschlossenen und theoretisch immer noch geltenden Vereinbarung zwischen den Westgoten und dem Imperium erfolgte, vermutete der Kaiser Petronius wohl folgendes: Anhand des Todes des vorherigen Westkaisers, mit dem sie den Vertrag stipuliert hatten, betrachteten die Westgoten das Bündnis mit dem Imperium als beendet. Dies wird durch die Worte des Sidonius

---

565 PRISC. *frg.* 30,1; 31,1.

566 PRISC. *frg.* 38,1.

567 HYDAT. *Chron.* 161.

568 SIDON. *Carm.* VII 377–378; 400–402.

Apollinaris über die Botschaft des Eparchius Avitus nachgewiesen: Der römische Unterhändler bäte den Westgotenkönig um die Einhaltung der alten Abkommen (*foedera prisca precor*).[569]

Eine weitere Bestätigung für die umstrittene Frage nach der Laufzeit der Verträge zwischen dem Imperium und den Germanen ist überraschenderweise in einem Abkommen zwischen Ostrom und den Vandalen zu finden. Bereits in der Zeit der Regentschaft Ricimers im Westen hatte das Oströmische Reich angefangen, sich für die Geschicke des Weströmischen Reiches zu interessieren. Der Hauptgrund dafür war die steigende Macht der Germanen, die die Existenz Westroms bedrohte. Insbesondere die vandalische Piraterie gab dem Ostreich Anlass zu erheblicher Besorgnis, da der Expansionsplan des Vandalenkönigs Geiserich langsam die Eroberung oströmischer Küstengebiete einzubeziehen drohte. Nach einigen Versuchen, das Vandalenproblem einerseits durch Krieg, andererseits durch Diplomatie zu lösen, konnte der Ostkaiser Zenon endlich einen Frieden mit Geiserich stipulieren (Mitte der 470er Jahre).[570] Die große Neuerung an diesem Vertrag – was ihn auch für die vorliegende Diskussion bedeutsam macht – ist seine deutliche Zeitangabe. Durch die tradierte Ewigkeitsformel (ἐς τὸν πάντα αἰῶνα) markiert unbestreitbar die unbefristete Laufzeit des Vertrags. Daraus geht klar die Absicht des Zenon hervor: Kein Vertragsbruch durfte aufgrund des Todes eines der Kontrahenten erfolgen. Wenn der Ostkaiser die explizite Äußerung der Laufzeit benötigte, wird ihm das Problem der Vertragsdauer bzw. die unterschiedliche Wahrnehmung durch Römer und Barbaren bekannt gewesen sein. Es ist außerdem nicht auszuschließen, dass der konstantinopolitanische Hof hier den kritischen Punkt der weströmisch-germanischen Beziehungen, und folglich einen entscheidenden Faktor für den Untergangprozess Westroms, feststellte. Durch die vertragliche Festschreibung der zeitlichen Unbefristung versuchte der Ostkaiser also, seinem Reich einen langfristigen Frieden zu sichern und das Schicksal Westroms zu ersparen.

Vor dem Fazit müssen aber einige zusätzliche Überlegungen zum besprochenen Thema angestellt werden. Denn in den Quellen erscheinen auch Sonderfälle von Verträgen, deren Dauer scheinbar zwischen den Barbaren und dem Imperium abgesprochen worden war. Diese Ausnahmen betreffen die römisch-barbarischen Vereinbarungen, gemäß denen das Imperium eine germanische Gruppe mit einer bestimmten Aufgabe betraute. Auch wenn keine genaue Zeitangabe geäußert wird, besteht theoretisch eine zeitliche Limitierung, da der Vertrag mit dem Abschluss der zugewiesenen Mission ausläuft. Tendenziell handelte es sich um Militärleistungen von germanischer Seite. 416 schlossen zum Beispiel der Westgotenkönig Wallia und der römische Feldherr Flavius Constantius in Vertretung des Kaisers Honorius

569 Sidon. *Carm.* VII 469–471.

570 Prok. *BV* I 7, 26–28.

einen Frieden, nach dem die Westgoten gegen die Zahlung von Getreiden einige festgelegte römische Geiseln zurückgeben und die Alanen und vandalischen Silingen in Spanien bekämpfen mussten.[571] Es liegt klar auf der Hand, dass die Gültigkeit dieses Friedens auf die Zeit, die die Westgoten für die Rückgewinnung der iberischen Provinzen brauchen würden, beschränkt war. Dies lässt sich auch durch den späteren Vertrag belegen. Denn 418 fand nach Absprache mit Ravenna die westgotische Ansiedlung in Gallien statt.[572] Wieso sah Flavius Constantius die Notwendigkeit, den Frieden mit den Westgoten durch einen neuen Vertrag zu bestätigen? Dies erklärt sich tatsächlich nur mit der Annahme, dass der vorherige Frieden nicht mehr gültig war. Da kein Vertragsbruch erfolgte, ist ein nachvollziehbarer Grund, dass er ganz normal ausgelaufen war und folglich eine zeitliche Limitierung hatte. Ebenso bedeutungsvoll ist das antihunnische Militärbündnis 451 zwischen Westgoten und Römern vor der Schlacht auf den Katalaunischen Feldern.[573] Um der Invasion des Attila bestmöglich entgegenzutreten, suchte der *magister militum* Aëtius nach Verstärkung, einschließlich der Westgoten. Da der bestehende römisch-westgotische Vertrag den Einsatz westgotischer Hilfstruppen aus verschiedenen Gründen nicht gewährleistete, musste Ravenna einen situationsbezogenen Vertrag stellen, um die westgotische Militärunterstützung zu gewinnen. Eindeutig ist dann, dass die Allianz am Ende des Kriegs hinfällig war.

Zusammengefasst bieten die hier besprochenen Verträge einen Beweis für die unterschiedliche Auffassung der Vertragsdauer durch die Römer und die Germanen. Für das Imperium waren die Abkommen unbefristet; für die Barbaren hingegen war die Gültigkeit der Verträge auf die Lebenszeit des römischen Kontrahenten beschränkt.[574] Des Weiteren hatten die barbarischen Stämme durch den Tod des römischen Vertragsnehmers die Gelegenheit, die Bedingungen einer vorherigen Vereinbarung legitim zu revidieren. In anderen Worten, sie betrachteten etwaige Angriffe infolge des Ablebens des Vertragspartners nicht als Vertragsbrüche – was das Westreich im Gegenteil tat –, da aus ihrer Perspektive kein Vertrag mehr existierte. Das ist der Unterschied zu allen ihren anderen Überfällen, die plötzlich erfolgten. Bei diesen Aktionen sollte den Barbaren selbst klar gewesen sein, dass es

571 OROS. VII 43,12–13; HYDAT. *Chron.* 60; PROSP. *Chron.* 1259; OLYMP. *frg.* 30; MARC. COM. *Chron. a.* 414; IORD. *Rom.* 326; *Get.* 165.

572 PROSP. *Chron.* 1271; HYDAT. *Chron.* 69.

573 SIDON. *Carm.* VII 328–356; IORD. *Get.* 187–189; PAUL. DIAC. *Hist. Rom.* XIV 3; HYDAT. *Chron.* 150; PROSP. *Chron.* 1364.

574 Anders SCHULZ 1993, 21–27: Für ihn steht die unbefristete Laufzeit der römisch-barbarischen Verträge nicht in Frage. Seine Hauptargumentation besteht darin, dass die Verträge zwischen politischen Einheiten, die die Kontrahenten repräsentierten, stipuliert waren; da deren „Rechtsexistenz nicht von der Person ihres obersten Vertreters abhängig war", hatte der Tod des Vertragsnehmers keinen Einfluss auf die Gültigkeit der Vereinbarung. Dagegen BECKER 2013, 29–31: Für sie erweist sich die Deutung von Schulz als rein juristisch und bietet folglich einen einseitigen Einblick in das Thema.

sich um Vertragsbrüche handelte. Schließlich ist zu vermerken, dass zwischen Römern und Germanen auch Verträge mit einer abgesprochenen Frist stipuliert wurden. Diese Ausnahmen bestanden grundsätzlich in Militärleistungen und endeten mit deren Erfüllung.

6.3 Der Gegenstand der Verträge

In diesem Teil beschränkt sich die Analyse der Arbeit auf die politische Bedeutung der weströmisch-barbarischen Vereinbarungen. Insbesondere werden die Forderungen der einzelnen Germanenstämme im Hinblick auf deren Ansprüche und Bedürfnisse sowie die entsprechenden Reaktionen des Imperiums diskutiert.

Zuallererst muss der Grund für die Ankunft zahlreicher *gentes* in den römischen Provinzen Galliens hervorgehoben werden. Um die Jahreswende 406/407 überschritten verschiedene Verbände von Germanen, darunter Burgunder, Vandalen und Sueben, den Rhein, der als Grenze des Römischen Reiches diente. Was alle diese Gruppen dazu bewegte, ist klar: der Wunsch nach neuen Wohnsitzen. Ihre alten Wohnsitze sicherten ihnen nämlich keinen Lebensunterhalt mehr, und gleichzeitig stieg der Druck von anderen, aus Osten kommenden Barbarenscharen. Der Einfall in die römischen Territorien wurde durch die politische Untätigkeit der ravennatischen Regierung begünstigt, die keinen Widerstand leistete und anderen Fronten höhere Priorität einräumte; aus diesem Grunde stürzte Gallien schnell ins Chaos. Ein in Britannien erhobener Gegenkaiser namens Constantin III. nutzte überdies die Gelegenheit, um die gallischen Provinzen zu erobern. Ihrerseits begingen die germanischen Gruppen massive Plünderungen und gewannen dadurch den angestrebten Lebensunterhalt. Die fehlende energische Reaktion auf römischer Seite erleichterte ihre Aktionen, sodass das ursprüngliche Ziel einer festen Ansiedlung vorübergehend ruhte. Constantin III. war letzten Endes derjenige, der eine Eingliederung der Neuankömmlinge in Gallien versuchte. Auch wenn der Verhandlungspartner der Barbaren ein Usurpator war, verkörperte dieser in ihren Augen die weströmische Autorität. Mit anderen Worten: Für die Germanen war es unerheblich, ob die Macht von Constantin III. über Gallien legitim war oder nicht, da sie in ihm lediglich einen römischen Führer sahen. Durch den Abschluss von *foedera* bezweckte der Gegenkaiser zum einen die Beendigung der Feindseligkeiten, insbesondere der für die gallische Gesellschaft bedrückenden Plünderungen, zum anderen die Neutralität oder – noch besser – die militärische Unterstützung der Barbaren im Rahmen seines Kriegs gegen den legitimen Westkaiser um die Macht in Gallien. Daher erhielten die germanischen Gruppen die notwendige Versorgung für einen langfristigen Aufenthalt auf gallischem Boden. Hier wäre zu fragen, ob es sich um die Abgabe materieller Güter handelte oder ob er ihnen einige nordgallische Gebiete zur Ansiedlung überließ. Denn im Falle einer territorialen Abtretung gegen eine Militärhilfe sollte man an dieser Stelle die Konzession des Föderatenstatus durch Constantin III. annehmen. Eine eindeutige Beantwortung der Frage ist allerdings wegen der mangelnden Informationen in den Quellen nicht möglich. Wahrscheinlicher ist ein einfacher Waffenstillstand, vermutlich mit zusätzlichem Militärbündnis. Die Politik des Constantin III. gegenüber den Germanen zeigte jedoch kaum Wirkung, da bald neue Unruhen auf barbarischer Seite entstanden. Ob die *gentes* die Vereinbarungen missachteten oder Constantin III. seine vertraglichen Zusagen nicht einlöste, lässt sich nicht feststellen. Ungefähr ab diesem Zeitpunkt zeichnet sich ohnehin langsam die Geschichte der einzelnen Stämme ab, die nach dem gemeinsamen Einfall ins Römische Reich und der Auseinandersetzung mit Constantin III. getrennte Wege gingen: Die Burgunder blieben in Gallien, während die Vandalen und die Sueben auf die iberische Halbinsel zogen. In diesem historischen Kontext bleiben dagegen die Westgoten zunächst unberücksichtigt, da deren Wanderung ins Römische Reich sich in einem anderen geographischen Raum vollzog. Diese wird daher im entsprechenden Teil über diesen Stamm behandelt.[575]

6.3.1 Römische Reaktion auf die Forderungen der Burgunder

Durch die lückenhafte Überlieferung zu den römisch-burgundischen Verträgen ergeben sich einige Schwierigkeiten. Die Existenz dieser Vereinbarungen überhaupt wird nämlich meistens nur rekonstruiert, weil sich die Quellen darüber unklar äußern. Zudem sind die entsprechenden Angaben sehr mangelhaft: In einigen Fällen fehlen sogar die Namen der Kontrahenten oder die genauen Klauseln. Dennoch ist ein Charakterzug der römisch-burgundischen Abkommen erkennbar. Alle scheinen *foedera* zu sein – wenn man diesen Begriff nicht zu eng fasst –, es handelt sich nämlich um eine Ansiedlung von Barbaren als Gegenleistung für ihre Militärunterstützung für das Imperium. Wie durch diese besondere Form von *foedus* das Westreich sein Verhältnis zum burgundischen Stamm regelte, wird im Folgenden erklärt.

Unter den germanischen Invasoren Galliens, die durch gewisse *foedera* mit Constantin III. eine angemessene Versorgung als Gegenleistung für ihre Militärunterstützung und friedliches Verhalten erhielten[576], finden sich auch die Burgunder.

575 S. Kap. 6.3.4.

576 S. Kap. 6.3.

Deren erste Vereinbarung als ethnisch definierter Stamm wurde bereits mit einem Usurpator geschlossen, und zwar mit Jovinus. Nach dem Scheitern der Zusammenarbeit mit Constantin III. hatten sie sehr wahrscheinlich schnellstmöglich nach einem neuen Verbündeten gesucht. Auf burgundischer Seite waren die Verpflichtungen gegenüber Jovinus eindeutig: Durch die burgundische Militärhilfe konnte sich dieser zuerst zum Kaiser proklamieren lassen, später eine Armee aufstellen, um den anderen Konkurrenten um die Macht im Westen entgegenzutreten. Davon ausgehend, dass eine Anwerbung der Burgunder ohne entsprechende Belohnung nicht möglich war, wäre zu fragen, welche Gegenleistung diese *gens* für ihre Militärleistung verlangte. Die naheliegendste Hypothese ist der Anspruch auf Siedlungsgebiete, nämlich in der Gegend von Worms. Die Etablierung von Verbündeten in einer Grenzprovinz war sicherlich von großem Interesse für Jovinus, weil er dadurch ein strategisch relevantes Territorium sichern konnte. Jovinus' Lösung erwies sich als sachgemäß, zumal sie später auch durch einen neuen Vertrag von der weströmischen Zentralregierung, die die Stellung der Burgunder regeln musste, übernommen wurde.[577]

Die Umstände des nachfolgenden Abkommens sind ähnlich. 435 rebellierten die Burgunder und fielen in die benachbarte *Belgica I* ein. Die Forscher liefern unterschiedliche Gründe für diesen burgundischen Angriff: 1) ein starkes Bevölkerungswachstum, das zu größeren Siedlungsräumen zwang; 2) eine defizitäre Wirtschaft, die für einen ausreichenden Unterhalt des Volks unfähig war; 3) der Druck der Hunnen, die aus Osten bis zu den Territorien jenseits des Rheins gekommen waren[578]. Welcher unter diesen Faktoren die entscheidende Rolle gespielt hat, ist nicht feststellbar. Alle drei Annahmen haben denselben Ausgangspunkt, nämlich die Suche der Burgunder nach neuen Wohnsitzen. Die burgundische Rebellion verursachte die vehemente Reaktion des Imperiums, das den Burgundern innerhalb kurzer Zeit durch den *magister militum* Aëtius zwei schwere Niederlagen beibrachte. Das zweite Debakel, das in den Quellen sogar als reine Vernichtung des burgundischen Stammes beschrieben wird, ist angesichts der *pax*, die Aëtius dem Burgunderkönig nach der ersten Schlacht bewilligte umso überraschender. Das Verhalten des weströmischen Feldherrn ist nur dem Anschein nach unverständlich: Erstens schloss Aëtius einen einfachen Frieden mit den Feinden, obwohl er angesichts seines Siegs in der Lage gewesen wäre (und das Recht gehabt hätte), einen günstigen Vertrag auszuhandeln. Zweitens brach er den Frieden kurz nach seiner Stipulation und besiegte endgültig die Burgunder. Wahrscheinlich folgte Aëtius einem präzisen politischen Plan. Von vornherein war seine Absicht die Wiederherstellung der

577 Die historische Existenz dieses *foedus* wurde rekonstruiert; hierzu s. Kap. 2.2.3.

578 Soraci 1980, 497 (zu den wirtschaftlichen Bedürfnissen der Burgunder); Kaiser 2004, 31f. (zum Druck der Hunnen); Saitta 2006, 10ff. (zu den demographischen Problemen der Hunnen).

Autorität Westroms in den Grenzprovinzen, denn durch die Stabilisierung dieser Territorien hätte er zum einen neue Einfälle anderer germanischer Gruppen verhindert, zum anderen den Feldzug ins Herzen Galliens in aller Ruhe planen können. Um die völlige Kontrolle über das Rheingebiet (wieder) zu erlangen, musste Aëtius die dort plündernden Burgunder beseitigen. Dies gelang ihm nicht durch den Erfolg in der ersten Schlacht, woraufhin er ihnen kurz danach erneut entgegentrat. Da sein ursprüngliches Ziel ein endgültiger Sieg über die Burgunder war, erscheint plausibel, dass der nach dem ersten Konflikt gewährte Frieden eher ein Waffenstillstand war. Der Plan des Aëtius wird im Kontext einer späteren Maßnahme gegenüber den Burgundern noch deutlicher, nämlich als er sie 443 in die Sapaudia einquartieren ließ. Denn der römische Feldherr verfolgte zweifellos einem bestimmten Plan, wenn er die Ansiedlung eines Stammes zuließ, den er knapp ein Jahrzehnt zuvor fast vernichtet hatte. Die Vereinbarung zwischen Aëtius und den Burgundern sieht auf den ersten Blick ungünstig für das Imperium aus: Römisches Land musste in der Tat mit den Barbaren geteilt werden, obwohl diese nach der obengenannten Niederlage keine ernsthafte Gefahr mehr darstellten. Wenn Aëtius die lokale Landaristokratie zu einer solchen Entbehrung zwang, musste ein Notfall ihn zur Einziehung neuer Hilfstruppen bewegt haben. Jedoch nennen die Quellen keinen Grund, weshalb der römische Heermeister die burgundische Militärhilfe gebraucht hätte. Dazu werden verschiedene Ansichten in der Forschung vertreten: 1) die Überwachung der *bagaudae*, die ein entwickeltes und häufiges Phänomen in diesem Gebiet darstellten; 2) die (militärische) Sicherung der Verkehrswege, denn die Sapaudia befand sich in einer strategisch wichtigen Lage; 3) der Schutz der Region, vielleicht von den Überfällen der Alamannen, indem die traditionelle Uneinigkeit zwischen beiden Völkern ausgenutzt wurde.[579] Hier sei hervorgehoben, dass die verschiedenen Standpunkte nicht zwangsläufig im Gegensatz zueinanderstehen und folglich einander nicht ausschließen. Ganz im Gegenteil ist denkbar, dass im Rahmen einer Neuordnung des gallischen Verteidigungssystems Aëtius alle drei Ziele durch die Militärunterstützung der Burgunder verfolgte. Die Sicherung der Grenzgebiete war für ihn Voraussetzung für die Rückgewinnung der weströmischen Macht in Gallien. Um dies zu erreichen, war alles erlaubt, auch eine Enteignung der den römischen Bürgern gehörenden Länder zugunsten eines barbarischen Stammes.

Mit dem Ableben des Aëtius, der für viel Stabilität im Westen gesorgt hatte, entstanden erneut Wirren im gesamten Weströmischen Reich. In Gallien entwickelten

579 SORACI 1980, 501f.; FAVROD 1997, 188f.; STICKLER 2002, 202f. (mit ausführlicher Literatur); KAISER 2004, 45f.; SAITTA 2006, 18–23, bei dem auch die Widerlegung mancher Forscher, die an die burgundische Ansiedlung in die Sapaudia durch Aëtius bzw. die römische Macht nicht glauben, diskutiert wird; WOOD 2008, 217.

sich die Revolten gegenüber der Zentralregierung in einer neuen unerwarteten Richtung. Denn der ravennatische Kaiserhof musste nicht nur den Expansionsplänen der Burgunder (und Westgoten) entgegentreten, sondern auch dem Vorstoß zugunsten der Unabhängigkeit derjenigen gallischen Gebiete, in denen die gallo-römische Aristokratie die erhöhte Steuerbelastung nicht mehr tolerierte. In der Führungsschicht dieser stark romanisierten Provinz koexistierten seit langer Zeit zwei divergierende Haltungen, zum einen ein Zugehörigkeitsgefühl zum Imperium, zum anderen ein Regionalstolz. Der gallo-römische Adel nutzte die Thronbesteigung des Maiorianus als Vorwand, um die politische und ökonomische Selbstständigkeit für sich zu beanspruchen. Maiorianus nahm den Purpur in voller Übereinstimmung mit dem *magister militum* Ricimer nach der Absetzung des Eparchius Avitus, der hingegen einige Jahre früher nach Absprache mit dem Westgotenkönig Theoderich II. und den gallischen Aristokraten zum Kaiser erhoben worden war. Indem sie sich weigerten, den neuen Kaiser anzuerkennen, machten sich die lokalen Senatoren zu Rebellen. Um sich der zu erwartenden Reaktion Ravennas widersetzen zu können, benötigten die gallischen Sezessionisten jedoch Militärkräfte, die ihnen nicht zu Verfügung standen. Ihnen blieb also nichts anderes übrig als einen Aufruf zur Militärunterstützung an diejenigen barbarischen Gruppen zu richten, die von einer politischen Schwächung der weströmischen Autorität in Gallien profitieren konnten, und zwar Westgoten und Burgunder. Wodurch konnten aber die gallischen Senatoren den bewaffneten Einsatz der Burgunder auf ihre Seite ziehen? Sie entschieden sich für die Übergabe von Landanteilen der *Lugdunensis I*, wohl in Anbetracht der burgundischen Sehnsucht nach territorialer Expansion.[580] Es gibt aber gute Gründe für die Vermutung, dass das Abkommen von den einzelnen Kontrahenten anders gedeutet wurde, insbesondere in politischer Hinsicht. Dass die Burgunder im Gegenzug für das überlassene Land gewisse (Militär-)Leistungen versprachen, bedeutete aus gallo-römischer Perspektive, dass sie nun als *foederati* gelten durften – wenn man diesen Begriff nicht zu eng fasst. Hieraus ergibt sich auch die Auffassung der gallischen Elite in diesem Zusammenhang: Die Burgunder mussten einfach einen Militärdienst leisten und waren folglich den Gallo-Römern untergeordnet. Die Souveränität über die gallischen Gebiete stand ausschließlich der lokalen Aristokratie zu. Es ist aber wenig plausibel, dass der germanische Stamm die „Einladung“ der Gallo-Römer in die *Lugdunensis I* unter solchen Umständen angenommen hätte. Ganz im Gegenteil sahen die Burgunder diese Bitte um Hilfe aus der Region von Lyon als eine Möglichkeit, ihre Herrschaft auszubreiten. Es liegt dementsprechend auf der Hand, dass sie sich selbst als Inhaber der höchsten

580 Hier wird nicht zur Diskussion gestellt, ob es sich tatsächlich um eine römische Zuweisung den Burgundern von Landgütern (gemäß der sogenannten Realteilung) oder Steueranteilen (gemäß der sogenannten Fiskalteilung) handelte. Denn die vorliegende Arbeit thematisiert andere Fragen. Zum Fragenkomplex über Real- und Fiskalteilung s. etwa Kap. 2.3.2, insbes. Anm. 83 (zur Literatur).

Gewalt betrachteten. Einen Hinweis dafür liefert eine Stelle des Bischofs Marius von Avenches, der von einer „Okkupation" in Bezug auf der burgundischen Ansiedlung bei Lyon spricht.[581] Der Hinweis auf eine gewaltsame Besetzung der Gebiete schließt eine unterlegene Position der Burgunder der gallischen Führungsschicht gegenüber aus. Es handelte sich um eine richtige Annektierung vonseiten der Burgunder, die den gallo-römischen Senatoren wohl eine politische Macht lediglich auf lokaler Ebene gewährten. Unabhängig davon war dies eine politische Niederlage für Maiorianus, einerseits weil seine Autorität durch die Aberkennung seiner Kaiserwürde diskreditiert wurde, andererseits weil das Imperium territoriale Verluste erlitt. Zudem endeten für Westrom die aus diesen Regionen stammenden Steuereinnahmen.

Diese Gründe bewegten Kaiser Maiorianus zu einer Intervention in Gallien, die sich in einen größeren Plan für die Wiederherstellung des ravennatischen Prestiges im Westen einband. Römische Truppen unter der Leitung des *magister militum* Aegidius erschienen plötzlich vor Lyon, und die Stadt kapitulierte nach wenigen Monaten; anschließend führte der *magister epistularum* Petrus die Friedensverhandlungen im Namen des Kaisers. Unklar äußern sich die Quellen über die Bedingungen, die Loyen ausgehend von den Carmina des Sidonius Apollinaris in seiner wichtigen Untersuchung der 1940er Jahre rekonstruiert hat.[582] Hier fällt eine Ungleichbehandlung gegenüber den Besiegten auf, und zwar den Gallo-Römern und den Burgundern: Den Rebellen legte der Kaiser eine Erhöhung der Steuerleistung und die Einquartierung einer militärischen Abteilung mit Aufsichtsfunktion in der Stadt Lyon auf. Maiorianus zeigte sich hingegen überaus nachsichtig gegenüber den Barbaren: Diese mussten Lyon räumen, durften aber die übrigen okkupierten Territorien im Gegenzug für ihre Militärunterstützung für den kaiserlichen Feldzug gegen die Westgoten und die Vandalen weiter besitzen. Diese Disparität der kaiserlichen Maßnahmen ist nicht überraschend. Die Bekräftigung der weströmischen Autorität über die aufständischen Gebiete konnte nicht unabhängig von einem Kraftakt bestehen, was die harte Bestrafung der gallischen Führungsschicht durch Maiorianus erklärt. Durch dieses Zeichen von Stärke beabsichtigte der Westkaiser die Einschüchterung aller lokaler Gemeinden mit politischen Autonomiebestrebungen. Gegenüber den Burgundern entschied sich Maiorianus hingegen für eine Kompromisslösung, indem er zu einem Zugeständnis, nämlich zur burgundischen Niederlassung in einem Teil der *Lugdunensis I*, bereit war. In Wirklichkeit gelang es ihm dadurch, seine überlegene Position auch gegenüber den Barbaren zu behaupten. Denn angesichts dieser römisch-burgundischen Vereinbarung, der zufolge eine barbarische Ansiedlung gegen die Stellung von Hilfstruppen erfolgte, bezeichneten sich die Burgunder erneut – ähnlich wie

581 MARIUS AVENT. *a.* 456.

582 LOYEN 1942, 76–84. S. auch FAVROD 1997, 237–240; ESCHER 2006, 84–87.

bei der vorherigen Gelegenheit – als *foederati*, dieses Mal aber des Imperiums. Am Rande sei auch darauf hingewiesen, dass der Westkaiser vielleicht das burgundische Volk nutzen wollte, um die interne Ruhe in Gallien, insbesondere in der jüngst aufständischen Region von Lyon, sicherzustellen.

6.3.2 Römische Reaktion auf die Forderungen der Vandalen

Wie das entsprechende Kapitel aufgezeigt hat, war die vandalische Wanderung von langer Dauer (bis in die 430er Jahre) und betraf viele Diözesen des Weströmischen Reiches, nämlich die *Dioecesis Galliae, Septem Provinciarum, Hispaniae, Africae*. Dies unterscheidet das Volk der Vandalen stark von den anderen germanischen Gruppen, die sich bereits in den 410er Jahren auf römischem Boden etabliert hatten. Die Analyse der römisch-vandalischen Beziehungen muss also insbesondere die geographisch sich ändernden Umstände berücksichtigen, unter denen es zu den verschiedenen Verträgen zwischen dem Imperium und den Vandalen im 5. Jh. n. Chr. kam.

Vertragliche Kontakte zwischen dem Weströmischen Reich und den Vandalen bestanden bereits vor dem barbarischen Rheinübergang in der Silvesternacht 406. Der vandalische Stamm gehörte zu den zahlreichen germanischen Verbänden, die sich an den Grenzen des Westreiches zwischen dem Ende des 4. Jhs. und dem Anfang des 5. Jhs. sammelten. Die Suche nach neuen Wohnsitzen hatte zu dieser gigantischen Völkerwanderung nach Westen geführt. Zur Frage über die Ursache dieses Landbedarfes der Barbaren besteht trotzdem noch keine Einigung in der Forschung.[583] Es kam zu Überfällen auf römischem Boden, die im Falle der Vandalen Rätien und Noricum im Jahre 401 betrafen. Was diesen Angriff betrifft, informiert der Dichter Claudian über einen Vertragsbruch durch die Vandalen, die aufgrund der von ihm benutzten Terminologie der erwähnten Quelle weströmische Föderaten zu sein scheinen. Somit lässt sich eine vandalische Ansiedlung in einer unspezifizierten Region östlich von Rätien und Noricum im Austausch für Militärleistungen vermuten.[584] Eine weströmische Politik durch *foedera* kann nach Parallelen zu diesem Zeitpunkt nicht überraschen. Nach dem Einfall in Rätien und Noricum beanspruchten die Vandalen jedoch eine neue Ansiedlung, vermutlich in reicheren und sichereren als den zuvor erhaltenen Gebieten. Ravenna konnte seinerseits den Vertragsbruch nicht tolerieren, was sonst Schwäche bedeutet hätte, und darum kamen römische Truppen unter der Führung des *magister militum* Stilicho höchstpersönlich, um den *rebelles* entgegenzutreten. Auf welche Weise das Westreich den Umgang mit den Vandalen nach

583 Hierzu s. Kap. 3.1, Anm. 102.

584 Zur Rekonstruktion dieses *foedus* s. Kap. 3.1.

dem Sieg festlegte, bleibt fraglich. Höchstwahrscheinlich erfolgte eine vorläufige Verbreitung der vandalischen *gens*, einerseits durch die Anwerbung einiger Gruppen ins römische Heer, andererseits durch den Rückzug der Übrigen nach Osten. Die Möglichkeit eines neuen Vertrags bleibt dagegen ausgeschlossen.

Während des Aufenthalts in Gallien, der dem Übergang des Rheins in der Silvesternacht 406 folgte, schlossen auch die Vandalen *foedera* mit Constantin III.: Gegen die Beendigung der Feindseligkeiten und die Stellung von Hilfstruppen mussten die verschiedenen eingefallenen *gentes* vom Gegenkaiser versorgt werden.[585] In Anbetracht des in dem *Epigramma Paulini* dokumentierten Vertragsbruchs erscheint die schnelle Unzufriedenheit der Vandalen – und wohl auch der anderen Germanen – trotzdem sicher, und zwar wegen der Vereinbarungen mit Constantin III., sei es, dass die Bedingungen sich als unzweckmäßig erwiesen, sei es, dass der Gegenkaiser – ob er wollte oder nicht – seine Verpflichtungen nicht einhielt. Ein betrügerisches Verhalten der Barbaren darf nicht *a priori* ausgeschlossen werden. Daraus folgte ohnehin die Wanderung der plündernden Vandalen zuerst in die reicheren Gebiete Südgalliens, später auf die iberische Halbinsel.

Ein anderer weströmischer Usurpator geriet bald in die Lage, mit den Germanen verhandeln zu müssen. Der Heermeister Gerontius, dem Constantin III. durch seinen Sohn Constans nach der Unterdrückung eines lokalen Aufstandes die Aufsicht über Spanien überlassen hatte, rebellierte gegen seinen Vorgesetzten und erhob seinen Favoriten Maximus zum Kaiser. Um seine Autorität endgültig durchzusetzen, entwickelte er zudem einen Plan für die Destabilisierung der Macht des Constantin III. Seine Strategie zum Einsatz der Barbaren in Gallien erwies sich jedoch als kontraproduktiv. Denn nach den ersten Streifzügen in gallischen Territorien unter der Kontrolle des Constantin III. fielen Vandalen, Sueben und Alanen plötzlich auf die iberische Halbinsel ein: Immer noch auf neue, lohnende Gebiete zur Ansiedlung erpicht, verließen diese *gentes* also das turbulente Gallien für die sichereren und reicheren iberischen Provinzen. Auch in Spanien setzten sie ihre Verwüstungen fort, sodass Gerontius sich gezwungen sah, gegen derlei barbarische Aktionen vorzugehen. Entschlossen, sein ganzes Militärpotenzial in dem Krieg gegen Constantin III. einzusetzen, schloss er allerdings die Möglichkeit eines Angriffs gegen die eingewanderten Germanen aus. Er entschied sich eher – ähnlich wie Constantin III. kurz davor in Gallien – für einen Waffenstillstand, der neben der Beendigung der Raubzüge die Stellung einer barbarischen Abteilung zur Verfügung des Gerontius vorsah. Erneut erwies sich diese Art Lösung jedoch als wirkungslos, da die Gewalttaten der Barbaren nicht aufhörten. Dies war natürlich nicht ohne Folgen insbesondere für die hispanorömische Bevölkerung.

---

585 S. Kap. 6.3.

Der Kriegszustand auf der iberischen Halbinsel endete durch das Abkommen, das eine Aufteilung des Gebietes unter den eingefallenen Germanenstämmen vorsah (411). Da sie sich in einigen römischen Provinzen (*Carthaginiensis, Baetica, Gallaecia, Lusitania*) mit Einverständnis des Gegenkaisers Maximus hatten niederlassen können, sahen die Barbaren endlich das Ziel erreicht, das sie aus den abgelegenen osteuropäischen Gebieten bis nach Spanien geführt hatte, nämlich die Suche nach einem neuen Ansiedlungsland.[586] Die Einquartierung erfolgte höchstwahrscheinlich nach dem Prinzip der *hospitalitas*, das die Zahlung eines Drittels der lokalen Steuer den neuen Herrschern bedingte. Es handelte sich aber keineswegs um eine formelle Abtretung von Reichsterritorien.[587] Die zwei zu diesem Zeitpunkt belegten Teilstämme der Vandalen, die Silingen und die Hasdingen, erhielten die *Baetica* beziehungsweise die *Gallaecia* zum Zusammenleben mit den Sueben. Hieraus ergibt sich die wirkliche Stärke zweier Gruppen, der gemäß die Silingen eine wichtigere Rolle als die Hasdingen ausübten. Ob Maximus sich zusätzlich zur Herrschaft über die übrigen Provinzen der *Dioecesis Hispaniarum* eine Militärhilfe der Barbaren sicherte, was den vorliegenden Vertrag als *foedus* bezeichnen würde, lässt sich anhand der Quellenlage nicht beurteilen. Es ist nur bekannt, dass er nach dem Sturz seines Beschützers Gerontius Zuflucht bei den barbarischen Verbündeten fand.[588] Dies reicht allerdings nicht aus, eine Militärunterstützung der Barbaren zu vermuten. Im Übrigen ist die Machtposition der Barbaren bei dieser Gelegenheit erkennbar. In erster Linie fiel der Großteil der iberischen Halbinsel in ihre Hände, einschließlich der reichen *Baetica*, während nur die *Tarraconensis* und die für die Barbaren irrelevanten Provinzen der *Insulae Baleares* und der *Mauretania Tingitana* römisch blieben. Überdies spricht die Formulierung des Orosius über das römisch-barbarische Zusammenleben eindeutig für eine Umkehrung der Machtverhältnisse. Denn nicht etwa die Römer, sondern die Barbaren sind laut dem spanischen Historiker diejenigen, die die andere Seite als Verbündete und Freunde (*socii et amici*) behandelten.[589] Aus diesen Gründen kann geschlossen werden, dass die Barbaren, darunter die Vandalen, als Verbündete des Maximus, aber nicht als dessen Föderaten angesehen werden müssen.[590]

Ein weiteres Argument für das oben aufgeführte Fazit ist eine bestimmte Anfrage der Barbaren an Honorius einige Jahre später. Nach dem Bericht des Orosius erklärten sich Vandalen, Sueben und Alanen bereit, im Friedensfall Geiseln und Hilfstruppen für das Imperium zu stellen. Dies erlaubte ihnen selbstverständlich

586 Zum Nachweis der Existenz dieses Vertrags s. Kap. 3.2.3.

587 CASTRITIUS 2007, 60; STEINACHER 2016, 73.

588 OLYMP. *frg.* 17,1; OROS. VII 42, 5.

589 OROS. VII 41, 7.

590 Dagegen COLLINS 1983, 17ff.; CONANT 2012, 21.

auch den andauernden Besitz der durch Maximus erhaltenen Gebiete. Die angebotenen Bedingungen lassen keinen Zweifel daran, dass die drei Germanenstämme dadurch den Föderatenstatus forderten. Somit ist auszuschließen, dass sie diesen Rang bereits durch die Vereinbarung von 411 mit Maximus erhalten hatten. Des Weiteren erkannten die Barbaren schnell das Risiko eines Abkommens mit einem Usurpator, insbesondere hinsichtlich ihrer illegitimen Ansiedlung auf römischem Boden. Ansonsten lässt sich die Eröffnung diplomatischer Kontakte mit dem Westkaiser für die Anerkennung ihrer Ansiedlung nicht erklären. Im Übrigen hatte sich der politische Kontext im Westreich durch den Aufstieg des Flavius Constantius an die oberste Macht mittlerweile stark geändert. Dem neuen *magister militum* war es in der Tat gelungen, einen Plan für die Wiederherstellung der römischen Autorität in den westlichen Provinzen durchzuführen, zuerst durch die Beseitigung der nacheinander in Gallien agierenden Gegenkaiser (Constantin III., Gerontius, Jovinus), danach durch die Verpflichtung der Westgoten für die Rückgewinnung der usurpierten Provinzen Spaniens. Die Weigerung des Westkaisers Honorius, die Forderungen der Könige der Vandalen, Sueben und Alanen zu erfüllen, darf nicht verwundern. Denn die kaiserliche Zustimmung hätte aus zwei Gründen einen Ausdruck von Schwäche der weströmischen Regierung dargestellt. Erstens hätte Honorius praktisch das Abkommen zwischen den Barbaren und Maximus bestätigt, und folglich die Souveränität eines Usurpators nachträglich legitimiert. Zweitens hätte er die Ansiedlung sowie die Dominanz der Barbaren in einigen iberischen Provinzen rechtlich anerkannt, was auch einer territorialen Abtretung entsprach. Ravenna war dagegen zu dieser Zeit in der Lage, sein Hoheitsrecht nachdrücklich zu beanspruchen und auf den eigenen Territorien auszuüben. Nach der Befriedung Galliens hatte die Rückgewinnung Spaniens für das Westreich die höchste Priorität – dies schloss die Entfernung der dort etablierten Barbarengruppen ein, insbesondere der Vandalen und der Alanen.

Erst im Jahre 435 kam es zum ersten richtigen Vertrag zwischen den Vandalen und der weströmischen Zentralregierung.[591] Zu diesem Zeitpunkt hatten die Vandalen unter der Führung von ihrem König Geiserich die reichsten Provinzen Afrikas erreicht. Der westgotische Einsatz in Spanien (416) hatte die Auslöschung des vandalischen Teilstammes der Silingen verursacht, während die Hasdingen auf das Gebiet der *Gallaecia* beschränkt blieben. In den 420er Jahren wanderten die neu organisierten Vandalen von den nordwestlichen Gebieten Spaniens nach Süden, genauer in die *Baetica* und fielen durch die Straße von Gibraltar in Afrika ein. In

591 Im zweiten Kapitel dieser Arbeit ist das Nichtvorhandensein des Vertrags zwischen den Vandalen und Kaiser Honorius bzw. dem *comes Africae* Bonifatius nachgewiesen. Deswegen werden sie in Bezug auf die vorliegende Analyse nicht behandelt.

einer relativ kurzen Zeit kamen sie zuletzt an die politisch und ökonomisch wichtigsten Städte der *Dioecesis Africae*. Durch die Mediation des Trygetius schlossen der Westkaiser Valentinian III. und der Vandalenkönig Geiserich einen Frieden: Die Vandalen durften die okkupierten Regionen Afrikas gegen den eidlichen Verzicht auf weitere Besetzungen bewohnen. Aus welchem Grund die weströmische Regierung endlich ein Abkommen mit den Vandalen vereinbarte, lässt sich durch den historischen Kontext leicht erklären. Zu Zeiten des vandalischen Aufenthalts in Spanien hatte das Westreich sich grundsätzlich für eine militärische Lösung entschieden. Eine Einigung über die Besatzungen der Vandalen in den iberischen Provinzen wurde natürlich als Zeichen von politischer Schwäche angesehen; überdies dürfte der als *magister militum* amtierende Castinus angesichts der eigenen Streitkräfte einen Erfolg erwartet haben. Das Scheitern des weströmischen Feldzugs gegen die Vandalen lag an der Rivalität um die Macht zwischen Castinus selbst und der Schwester des verstorbenen Kaisers Honorius, Galla Placidia. Der innerrömische Machtkampf dauerte auch in den späteren Jahren an, nur mit anderen Akteuren: Neben Gallia Placidia, mittlerweile stellvertretende Regentin des Westreiches im Namen ihres minderjährigen Sohnes Valentinian III., traten der *magister utriusque militiae* Flavius Felix, der *comes Africae* Bonifatius und der *magister militum per Gallias* Aëtius gegeneinander an. Das Schicksal des römischen Westens entschied sich hauptsächlich in Italien und Gallien, weshalb die spanische Situation und das damit verbundene Vandalenproblem aufgrund der Entfernung der *Dioecesis Hispaniae* unwichtig wurde. Die afrikanischen Regionen lagen dagegen geographisch näher am Zentrum des Westreiches. Außerdem spielten sie eine entscheidende Rolle für die weströmische Wirtschaft, da ein guter Teil der weströmischen Steuereinnahmen sowie der Versorgung in Naturalien aus diesen stark romanisierten Provinzen stammte. Daraus folgt, dass die vandalische Anwesenheit in Afrika langsam eine ernsthafte Bedrohung für das Überleben des Westreiches darstellte, insbesondere als Geiserich Numidien besetzte.

Das Imperium konnte also die neue Realität auf afrikanischem Boden juristisch nicht mehr ignorieren. In Ravenna war klar geworden, dass Geiserich eine vandalische Herrschaft in den afrikanischen Provinzen gebildet hatte. Inwiefern die rechtliche Stellung der Vandalen geregelt werden musste, stellte also den strittigen Punkt am ravennatischen Hof dar. Der Abschluss eines *foedus* – wie mit den Burgundern und den Westgoten – kam nicht in Frage: Angesichts der eigenen starken Position konnten die Vandalen eine höhere Anerkennung als die als *foederati* anstreben. Im Übrigen war das Westreich aufgrund seiner politischen Schwäche sicherlich nicht in der Lage, der vandalischen *gens* den Föderatenstatus aufzuerlegen. Die Gewährung der *amicitia* schien hingegen in den Augen der Regierung in Ravenna, der ideale Kompromiss zu sein. Die *amici* unterlagen nicht den Pflichten, insbesondere dem Militärdienst, der *foederati*. Daraus folgt, dass das Westreich die Vandalen in einen besseren Rang einordnete. Die *amicitia* bedeutete nach römischer Auffassung nicht Egalität, das heißt die *amici*, welche sich mit den Klientelstaaten vergleichen lassen, wurden von der römischen Autorität allenfalls als Untergebene angesehen. Der zweifache Vorteil für das Imperium durch die Eskamotage des Klientelstatus fällt deutlich aus: Zum einen gewährte der Westkaiser dem vandalischen Volk eine Art Anerkennung der Herrschaft auf römischem Boden. Zum anderen gehörten die afrikanischen Provinzen formell immer noch dem Westreich, was später irgendeinen kaiserlichen Rückgewinnungsversuch gerechtfertigt hätte. Denn die weströmischen Kaiser betrachteten die afrikanischen Territorien als Hoheitsgebiete des Imperiums trotz der Anwesenheit der Vandalen. Darauf deuten besonders die Gesetzgebung des Valentinian III. und der Militärfeldzug des Maiorianus hin. Mit anderen Worten: Die *amicitia* stellte die Maßnahme des Westreiches dar, um das Politikum in den in vandalische Hände gefallenen Provinzen vorläufig in den Griff zu bekommen. In der Zwischenzeit konnte sich das Imperium um andere und dringlichere Angelegenheiten kümmern. Aus der Perspektive des *magister militum* Aëtius betrachtet, des faktischen Machthabers im Westen, musste der Schutz der gallischen Präfektur nämlich die Priorität des Imperiums sein, dessen Rettung nur durch eine solide Kontrolle über Gallien erfolgen konnte. Erst nach der Festigung der Autorität im gallischen Gebiet hätte die weströmische Zentralverwaltung sich bemüht, auch eine endgültige Lösung für das afrikanische Problem zu finden. Die vandalische Präsenz in Afrika unter solchen privilegierten Umständen im Gegensatz zu den anderen im Weströmischen Reich etablierten Germanenstämmen konnte auf lange Sicht nicht toleriert werden.

Die Situation in Afrika nahm aber aus römischer Sicht eine unerwartete Wendung, da die Vandalen bereits wenige Jahre nach dem Vertragsschluss 435 Karthago belagerten und eroberten. Das intensive Engagement Westroms an anderen Fronten, das heißt in Gallien und Spanien, erleichterte die Aktion des Geiserich. Dem Westreich gelang es also durch die Gewährung der *amicitia* nicht, den vandalischen Expansionsplänen Einhalt zu gebieten. Durch die Einnahme Karthagos kam noch eine weitere erhebliche Bedrohung durch Geiserich hinzu, weil der Vandalenkönig nun über die wichtigste Hafenstadt Afrikas und deren Flotte verfügte. Es lässt sich anhand des (misslungenen) Feldzuges des Oströmischen Reiches gegen Geiserich belegen, dass die Steigerung der vandalischen Macht tatsächlich als große Gefahr im ganzen Mittelmeerraum wahrgenommen wurde. Anschließend sah sich Ravenna gezwungen, erneut zu intervenieren. Ein Militäreinsatz wurde sofort ausgeschlossen: Die jüngste Auseinandersetzung mit den Westgoten in Südgallien hatte große Verluste an Soldaten verursacht; ebenso wurde die weströmische Regierung zu einem energischen Einschreiten gegen die unerwartete aggressive Außenpolitik der Sueben in Spanien gezwungen. Auch der Misserfolg von Konstantinopel mit seiner Kriegsmacht, welche die des Westens überragte, musste die Entscheidung von Ravenna beeinflusst haben, den diplomatischen Weg zu bevorzugen. Gegenüber der noch mehr gestärkten Position der Vandalen konnte das Weströmische Reich jedoch nichts anderes tun, als die neue territoriale Ausdehnung der vandalischen Herrschaft zu akzeptieren. Auch die vertraglich festgelegte Verlobung der Kaisertochter Eudocia mit dem vandalischen Prinzen Hunerich spricht deutlich für die gewonnene politische Überlegenheit der Vandalen. Seinerseits erzielte das Westreich selbst einen eigenen (kleinen) Erfolg. Denn durch die Bestätigung der *amicitia* wurde die Zugehörigkeit der von den Vandalen beherrschten Gebiete Afrikas an Ravenna bekräftigt. Die weströmische Souveränität wurde also trotz der faktischen Verwaltung durch die Vandalen nicht in Frage gestellt, woraus folgt, dass der Vandalenkönig dem Westkaiser auf rechtlicher Ebene immer noch nicht auf derselben Augenhöhe entgegentrat. Dessen ungeachtet liegt es auf der Hand, dass durch alle militärischen und politischen Erfolge ein starkes Selbstbewusstsein auf vandalischer Seite entstand. Angesichts der permanenten Krisensituation Westroms versuchte Geiserich, eine führende Stellung im Westen zu erlangen. Dies konnte aber nur mit der Entwicklung eines vandalischen Staatswesens einhergehen. Weder der Vertrag von 435 noch der von 442 legen die Gründung eines souveränen vandalischen Staates fest, sind aber eine grundlegende Etappe in dessen Entstehungsprozesses.

Der Vertrag von 442 führte zu einer vorübergehenden Stabilisierung der römisch-vandalischen Beziehungen. 455 begannen aber neue Offensiven der Vandalen gegen das Weströmische Reich. Der Tod des Kaisers Valentinian III. hatte ihrem König Geiserich als Vorwand gedient, die *amicitia* mit dem Westreich als hinfällig zu betrachten. Verschiedene Ortschaften der italischen Halbinsel wurden also von den Vandalen angegriffen – sogar die alte Hauptstadt des Reiches, Rom, wurde geplündert –, während auch die letzten kaiserlichen Territorien in Afrika dem vandalischen Druck nachgeben mussten. Die aggressive Außenpolitik des Geiserich lässt dessen neues Selbstbewusstsein gegenüber dem Imperium erkennen: Von den Zwängen der *amicitia* befreit, sah sich der Vandalenkönig dem Westkaiser nicht mehr unterlegen. Auch seine verwandtschaftliche Einbindung in die Kaiserdynastie sollte ihn wohl in dieser Überzeugung gestärkt haben. Wohl in dem vollen Bewusstsein, ein nunmehr souveränes vandalisches Staatswesen in der Form eines *regnum* zu führen, strebte Geiserich das fehlende Stück für die vandalische Staatsgründung an, und zwar die Anerkennung durch Westrom. Seinerseits bezog Ravenna eine klare Position zu den Aktionen und Ambitionen des Vandalenkönigs. Der vandalische Angriff wurde als Vertragsbruch betrachtet, da die Dauer der *amicitia* auf römischer Seite nicht an die Lebenszeit der Vertragspartner geknüpft war. Dies lässt sich insbesondere anhand der Gesandtschaften belegen, durch die Kaiser Avitus vergeblich versuchte, Geiserich an die *amicitia* und deren Bedingungen zu erinnern. Daraus ergibt sich außerdem, dass das Weströmische Reich die Anerkennung von Geiserich als souveräner Herrscher weiterhin ablehnte und die vandalischen Territorien in Afrika immer noch als römischen Boden betrachtete.

Mit dem Regierungsantritt des entschlossenen Nachfolgers des Avitus, Maiorianus, fand das Imperium endlich die Kraft, seine Autorität über alle in den Händen der Barbaren befindlichen Provinzen zu behaupten. Durch gezielte Militäraktionen plante der neue Kaiser die vollständige Wiederherstellung des Westreiches. Seine ehrgeizige Strategie umfasste zuerst die Befriedung Galliens durch die Unterwerfung der Burgunder und der Westgoten, dann die Sicherung des spanischen Gebietes durch die Einschließung der Sueben in die nordwestliche Ecke der Halbinsel und schließlich die Rückgewinnung der afrikanischen Territorien durch den Sieg über die Vandalen. Die politische Stabilität an der gallischen und spanischen Front sollte Maiorianus erlauben, alle seine militärischen Ressourcen für den Feldzug gegen die Vandalen zu mobilisieren. Von den Erfolgen in Gallien sowie der Sammlung einer riesigen Flotte in einem südspanischen Hafen ausgehend, verstand Geiserich das Ausmaß der weströmischen Gefahr und nahm also diplomatische Kontakte zu Maiorianus auf. Worin das Friedensangebot Geiserichs bestand, ist den Quellen nicht zu entnehmen. Um einen Krieg zu verhindern, wird der König der Vandalen günstige Bedingungen für Westrom gestellt haben. Gegen die Unterwerfung unter das Imperium und der Rückgabe der usurpierten Territorien Afrikas sowie die Aufgabe der Seeräuberei hätte Maiorianus wohl auf seine feindlichen Absichten verzichtet. Lehnte der Westkaiser das vandalische Angebot ab, weil er sich damit nicht zufriedengab, so lässt sich jedoch annehmen, dass ihm andere Bedingungen vorlagen. Maiorianus neigte dagegen sicherlich dazu, keine Kompromisse einzugehen und folglich sein ursprüngliches Ziel zu verfolgen. Wie er infolge seines Siegs über die Vandalen ihre Stellung geregelt hätte, bleibt fraglich. Eine Vernichtung der *gens* ist kaum denkbar; vielmehr wäre eine Lösung nach dem Beispiel der Burgunder und der Westgoten sinnvoller gewesen, das heißt die Gewährung des Föderatenstatus.

Eine schwierig zu rekonstruierende Sabotage setzte die weströmische Flotte vor der Abfahrt nach Afrika außer Gefecht, weshalb Maiorianus das ganze Unternehmen aufheben und einen Frieden mit Geiserich aushandeln musste. Der Historiker Priskos bezeichnet das aus den Verhandlungen resultierende Abkommen als schändlich. Die Bedingungen für das Westreich mussten angesichts der Lage der Vertragskonkludenten ungünstig sein. Da die Position des Maiorianus durch die Verkleinerung seiner Ressourcen deutlich geschwächt war, war Geiserich sicherlich in der Lage, ihm seinen politischen Willen und für ihn günstige Bedingungen aufzuzwingen. Es sollte auch nicht unerwähnt bleiben, dass aufgrund dieses Vertragsabschlusses der Förderer des

Maiorianus, der *magister militum* Ricimer, seinen Protegé mit dem Tode bestrafte. Daraus kann man schließen, dass die vorliegende römisch-vandalische Vereinbarung im kaiserlichen Umfeld als inakzeptabel angesehen wurde. Dass das Imperium den Verzicht auf weitere Angriffe versprach, ist sicher, erklärt dennoch die furiose Reaktion am weströmischen Hof nicht vollständig. Deshalb ist von großzügigen Zugeständnissen von kaiserlicher Seite auszugehen, aufgrund derer eine Bezeichnung der besprochenen Vereinbarung als Waffenstillstands oder Status-quo-Friedens zu eng erscheint. Aller Wahrscheinlichkeit nach überließ Maiorianus den Vandalen alle ihre afrikanischen Besitzungen, unter anderem die gemäß der Vereinbarung von 442 unter kaiserlicher Verwaltung gebliebenen Provinzen.[592] Trotz der juristischen Reichszugehörigkeit der *Dioecesis Africae* war folglich das Weströmische Reich politisch nicht mehr in Afrika präsent. Dies musste Teile der römischen Öffentlichkeit bestürzt machen und erklärt somit den verächtlichen Ton der Notiz Priscus' sowie die Entscheidung Ricimers für die Exekution des Maiorianus.[593]

6.3.3 Römische Reaktion auf die Forderungen der Sueben

Die Untersuchung der Beziehungen zwischen dem Imperium und den Sueben auf der Grundlage aller untereinander stipulierten Vertragsarten ist aufgrund der Quellenlage nur eingeschränkt möglich. Die erste Schwierigkeit für die Forschung liegt darin, dass nur der galicische Bischof Hydatius dieses Thema im Rahmen seines Werks behandelt. Es fehlt folglich jeder andere historische Standpunkt. Die Lektüre des Hydatius wird zudem dadurch erschwert, dass letzterer seine Historiographie in Form einer Chronik verfasste. Es handelt sich um eine chronologische Darstellung von Ereignissen in meist knapper Form. Im Fall der römisch-suebischen Verhältnisse werden einfach der Vertragsschluss oder die Verhandlungen erwähnt, ohne zusätzliche Informationen, aber teils mit Nennung der Unterhändler. Dessen ungeachtet wird hier eine politische Analyse der römisch-suebischen Vereinbarungen versucht.

In Anbetracht der Ereignisse, die die Sueben mit Vandalen und Alanen in der ersten Phase der Völkerwanderung gemeinsam erlebten, lässt sich annehmen, dass auch die Sueben nach ihrem Einfall ins Römische Reich *foedera* mit dem Gegenkaiser Constantin III. schlossen (Silvesternacht 406). Die Bedingungen beinhalteten

---

592 Die sizilianischen Gebiete, die die Vandalen seit kurzer Zeit eingenommen hatten, wurden offenkundig dem Imperium zurückgegeben; hierzu s. PRISC. *frg.* 38,1.

593 Die Vereinbarung zwischen Geiserich und Orestes wird hier nicht analysiert: Da es sich um einen Pro-forma-Vertrag zur Anerkennung des „ewigen Friedens" zwischen Geiserich und dem Ostkaiser Zenon handelte, gehört dies nicht zum Inhalt des vorliegenden Unterkapitels.

die Versorgung der Barbaren im Austausch für eine Beendigung ihrer Plünderungen in Gallien und für eine Militärhilfe für den Usurpator. Ebenso denkbar ist, dass die Sueben aus den gleichen Gründen wie die Vandalen die Verträge brachen. Denn ihr gemeinsamer Zug nach Spanien unter denselben Umständen steht außer Zweifel. Auf der iberischen Halbinsel ging die Geschichte der Sueben Hand in Hand mit derjenigen der Vandalen weiter, da die Verhandlungen mit dem spanischen Rebell Gerontius, der Vertragsschluss mit dem Gegenkaiser Maximus für die Aufteilung der iberischen Provinzen im Jahre 411 und die Bitte um den Föderatenstatus an Kaiser Honorius auch die Sueben betrafen. Bezüglich des Abkommens mit Maximus erhielten die Sueben die *Gallaecia*, eine kleine und isolierte Provinz in Nordwestspanien, die sie mit dem vandalischen Teilstamm der Hasdingen aufteilen mussten.[594] Erst Ende der 410er Jahre, als die Vandalen infolge des ravennatischen Einschreitens in Galicien nach Süden wanderten, lässt sich der Beginn der Geschichte der Sueben als individueller Gruppe fassen.

Eine Besonderheit der römisch-suebischen Beziehungen besteht darin, dass oft nicht die kaiserlichen Behörden, sondern die Galicier, das heißt die römische Bevölkerung der Gebiete, in denen der suebische Stamm sich etabliert hatte, der Verhandlungspartner der Sueben darstellten. Bereits im Rahmen der ersten suebischen Expansionsphase (Ende 420er) ist diese Erscheinung zu vermerken. Der König Hermerich erlitt eine Niederlage durch die *plebs Gallaeciae* und erneuerte darum die gebrochene *pax*, die er ebenso mit den lokalen Hispano-Römern geschlossen hatte. Es handelte sich wohl um einen Frieden für die Regelung des Zusammenlebens zwischen Sueben und Galiciern. Seit der Zeit des *foedus* von 411 bewohnte nämlich die suebische *gens* die nordwestlichen Gebiete Spaniens, weshalb anzunehmen ist, dass die lokale Bevölkerung und die „Fremden" irgendwann zu einer vertraglichen Regelung ihrer Koexistenz in derselben Region gekommen waren. Gegen einen dauerhaften Frieden sicherten also die Galicier den Sueben höchstwahrscheinlich eine angemessene Versorgung zu. Die Erneuerung der *pax* nach der Niederlage des Hermerich sollte zur Wiederherstellung der friedlichen Zeit vor dem suebischen Angriff führen. Diese Verhandlungen und daraus resultierenden *paces* zwischen Sueben und galicischen Hispano-Römern entstanden aufgrund des Immobilismus des Imperiums. Das Schicksal der geographisch und politisch unwichtigen *Gallaecia* weckte kein besonderes Interesse am ravennatischen Hof, dessen einziger Einsatz in dieser Provinz sich eher mit der Einschränkung der vandalischen Macht als der Verteidigung der Region begrün-

594 Aufgrund des Parallelismus zwischen Sueben und Vandalen in dem Zeitraum 406–411 wird hier auf den vorherigen Teil verwiesen, um die Wiederholung von bereits besprochenen Inhalten zu vermeiden; insbes. s. Kap. 6.3. (zum Aufenthalt in Gallien) u. 6.3.2 (zur Wanderung und Etablierung in Spanien).

den lässt. Im Übrigen lagen die Prioritäten Westroms einerseits in den internen Streitigkeiten um die Macht, andererseits in der Insubordination der Westgoten in Gallien und dem Druck der Vandalen auf Südspanien. Infolgedessen standen die Galicier ohne Unterstützung der Zentralverwaltung vor der suebischen Bedrohung und mussten politische Entscheidungen gegenüber den Germanen allein treffen.

Eine offizielle Intervention Westroms erfolgte trotzdem am Anfang der 430er Jahre. Angesichts des neuen Friedensbruchs durch die Sueben und deren wiederholten Offensiven sandten die Galicier den Bischof von Aquae Flaviae Hydatius an den in Gallien stationierten *magister militum* Aëtius, um eine endgültige Lösung des suebischen Problems herbeizuführen. Nach der Stabilisierung der gallischen Front, wo er mit einem Krieg gegen die Franken beschäftigt war, ging Aëtius auf den Appell des Hydatius ein und schickte 432 seinen engsten Vertrauten Censorius nach Galicien. Was führt den weströmischen Heermeister zu einer politischen Aktion in einer gewöhnlich als irrelevant betrachteten Region? Höchstwahrscheinlich bot ihm die Bitte um Hilfe der Galicier die Gelegenheit für die juristische Klärung der Anwesenheit der Sueben auf der iberischen Halbinsel. Denn die suebische Niederlassung in der *Gallaecia* war aus weströmischer Sicht illegal, zumal diese gemäß der 411 mit einem Usurpator (Maximus) getroffenen Vereinbarung erfolgte. Aëtius verzichtete aber auf einen Militäreinsatz, zum einen um Kräfte für andere, wichtigere Ziele zu sparen, zum anderen um seine progermanische Integrationspolitik zu verfolgen.[595] Deshalb kehrte Hydatius unter der Begleitung eines *comes* mit diplomatischen Aufträgen heim. Die Gesandtschaft durch Censorius wirft die Frage auf, wie Aëtius sich vorstellte, die Sueben rechtlich im Römischen Reich einzuordnen. Die Gewährung des Föderatenstatus erscheint glaubhaft. Diese Vermutung lässt sich anhand der Parallelelen zu den anderen gentilen Verbänden erhärten, weil das Imperium bereits gegenüber den Westgoten und den Burgundern diese Maßnahme getroffen hatte. Dadurch wäre die suebische Ansiedlung auf römischem Boden gerechtfertigt gewesen. Außerdem hätte Aëtius dafür neue Hilfstruppen gewinnen können. Es ist schließlich nicht zu vernachlässigen, dass bereits im Rahmen der misslungenen Verhandlungen mit Kaiser Honorius die Sueben den Rang von Föderaten forderten.

Censorius konnte seine Mission nicht erfüllen, weil er von Aëtius an den Kaiserhof berufen wurde. Die Galicier erzielten trotzdem eine Einigung mit dem Suebenkönig Hermerich durch die Mediation lokaler Bischöfe (433). Es liegt auf der Hand, dass der betreffende Frieden kein *foedus* darstellte: Die Zuerkennung des Föderatenstatus erfolgte ausschließlich durch die Autorität des Kaisers (oder dessen Vertreter). Darüber hinaus hätten die Galicier keinen konkreten Vorteil aus einem *foedus* gezogen, da sie die darin beinhalteten Militärleistungen der Germanen nicht

595 ZECCHINI 1983, 189.

benötigten. Vielmehr bezweckten sie die Beendigung des Kriegszustandes in der *Gallaecia*. Um dieses Ziel zu erreichen, mussten die Galicier den Sueben günstigere Bedingungen als nur die durch Hydatius tradierte Geiselstellung versprochen haben. Eine bessere Versorgung, welche wohl auch in einer geregelten Landaufteilung zwischen Sueben und Galiciern bestand, ist in diesem Zusammenhang wahrscheinlich. Beide Parteien waren sich jedenfalls der Rechtsungültigkeit der Vereinbarung ohne kaiserliche Bestätigung bewusst. Der Bischof Symphosius reiste also nach Ravenna mit dem Zweck, diesen Frieden durch den Kaiser anerkennen zu lassen. Das hätte geheißen, dass die Rechtmäßigkeit und Bedeutung der Autorität des Imperiums trotz aller seiner Schwierigkeiten von dem Sueben Hermerich nicht in Frage gestellt worden wären. Ihrerseits waren die Galicier als römische Bürger dem Kaiser unterstellt; darum durften sie keine Verträge selbstständig schließen. Die Botschaft des Symphosius am Kaiserhof wurde aber ignoriert. Das Schicksal einer unbedeutenden iberischen Region lag sicherlich nicht im Interesse der in inneren Rivalitäten befangenen Hauptakteure der weströmischen Politik. Der Frieden zwischen Sueben und Galiciern wurde überdies ohne kaiserliche Zustimmung vereinbart, weshalb dessen Bestätigung durch den Kaiser auch die Anerkennung der politischen Autonomie örtlicher Behörden bedeutet hätte. Mit anderen Worten: Dies wäre ein Ausdruck von Schwäche des Imperiums gewesen.

Infolge der politischen Stabilisierung im Westen durch die Konsolidierung seiner Macht ging Aëtius die aus römischer Sicht unklare Situation in der *Gallaecia* an und entsandte 437 erneut Censorius zu den Sueben. Wenn der Auftrag des Censorius die Beendigung seiner abgebrochenen Mission von 432 war, ist davon auszugehen, dass Aëtius immer noch entschlossen war, den Sueben den Föderatenstatus zu gewähren. Dadurch äußerte sich das Imperium deutlich über den Frieden zwischen Sueben und Galiciern: War ein anderer Vertrag für die Regelung der Suebenfrage erforderlich, so war die *pax* von 433 von Ravenna nicht anerkannt worden. Das Ziel des Aëtius war nicht nur die Befriedung eines umkämpften Territoriums durch die rechtliche Einordung der dort etablierten Germanen, sondern auch die Bekräftigung der weströmischen Autorität in einer ausgedehnten Provinz. 438 kam es endlich zu einer *pax*, aber scheinbar ohne Beteiligung des Römischen Reiches. Die Sueben erzielten die Bestätigung des vorherigen Friedens, doch waren die gegnerischen Kontrahenten die Galicier, die die Germanen bis dahin bekämpft hatten; nun erkannte auch dieser Flügel die *pax* mit den Invasoren an. Das Ende des Kriegszustandes sowie die suebische Anwesenheit in der *Gallaecia* wurden also unabhängig von der weströmischen Handlung geregelt. Hydatius' Notiz über den Friedensschluss von 438 bestätigt außerdem ein typisches Phänomen für die *Gallaecia*, das sich auch für die anderen abgeschlossen *paces* zwischen Sueben und Galiciern als kennzeichnend erwies. Gemeint ist an dieser Stelle die Entwicklung lokaler politischer Einheiten – diese waren zum Beispiel die Bischöfe und die *plebs* – für die Unterhandlungen mit den Germanen. Daraus lässt sich schließen, dass Aëtius' Politik gegenüber den Sueben trotz der intensiven Aktivität seines Getreuen Censorius scheiterte. Auch wenn es zu der Befriedung der nordwestlichen Provinzen Spaniens kam, handelte es sich keineswegs um einen Vertrag mit dem Imperium, sondern um eine lokale Vereinbarung, bei deren Zustandekommen örtliche, politisch nicht anerkannte römische Kräfte die entscheidende Rolle spielten. In letzter Konsequenz erfolgte also noch keine rechtliche Anerkennung der suebischen Anwesenheit in Galicien durch Ravenna.[596]

Mit der Machtübergabe von Hermerich an seinen Sohn Rechila wechselte die suebische Außenpolitik zu einer äußerst antirömischen Haltung. Die *Baetica* und die *Carthaginiensis* rückten bald ins Blickfeld des neuen Königs, der eine merkliche Expansion der suebischen Herrschaft auf der iberischen Halbinsel geplant hatte. In wenigen Jahren kapitulierten viele bedeutende Städte des Südens, sicherlich auch aufgrund des Fernbleibens der weströmischen Zentralregierung, die zu dieser Zeit lieber die politisch relevante *Tarraconensis* von den subversiven Bewegungen der Bagauden verteidigte. Aber als der suebische Vormarsch auch die *Tarraconensis* bedrohte, schritt Westrom in der *Carthaginiensis* und der *Baetica* zur Tat, doch erlitt die Armee unter der Führung des *magister utriusque militiae* Vitus eine demütigende Niederlage im Jahre 446. Die Überfälle der Sueben setzten sich also unbehindert fort und erreichten den Höhepunkt unter Rechilas Nachfolger Rechiar. Letzterer intensivierte den militärischen Druck auf das Weströmische Reich und fiel mit seinen Truppen mehrmals in die *Tarraconensis* ein. Durch die Ehe zweier Angehöriger der Königshäuser verbündeten sich die Sueben überdies mit den in Gallien herrschenden Westgoten. Schließlich brachte Rechiar auch durch den brutalen Mord an Censorius seine feindseligen Absichten gegenüber dem Imperium zum Ausdruck. Der weströmische Machthaber Aëtius war jedoch so lange nicht in der Lage, auf die politische Aggressivität des Suebenkönigs zu reagieren, bis er den Hunnensturm eingedämmt hatte. Die Ankunft des Attila und seiner *gens* aus Osten hatte die italischen und gallischen Grenzen gefährdet; darum entstand eine gigantische antihunnische Allianz zwischen den Römern und verschieden germanischen Gruppen, der Attila in der Schlacht bei den Katalunischen Feldern unterlag. Nun ohne den Druck durch die Hunnen widmete sich Aëtius entschlossener der Auseinandersetzung gegen die Sueben, also reisten die *comites* Mansuetus und Fronto 452 nach Spanien.

Anders als einige Jahre zuvor, als Ravenna eine Militäroperation durch Vitus organisiert hatte, entschied sich Aëtius dieses Mal für die Diplomatie. Denn die Umstände hatten sich stark geändert. Ausgehend von den Vereinbarungen, die mit den Westgoten (439), Vandalen (442) und Burgundern (443) abgeschlossen wurden

---

596 Hierzu vgl. Díaz 2011, 75 (dagegen Zecchini 1983, 191).

und eine vorläufige Sicherung der entsprechenden Fronten gebracht hatten, konnte sich das Imperium Mitte der 440er Jahre einen Krieg gegen die Sueben leisten.

Infolge des Konfliktes gegen die Hunnen verfügte Westrom dagegen vorübergehend nicht über ausreichende Ressourcen für einen erneuten Feldzug nach Spanien. Außerdem ist denkbar, dass Westrom seine Pläne für die iberische Halbinsel änderte. Aëtius könnte davon ausgegangen sein, dass die Verteidigung der iberischen Gebiete, die bereits in den Händen der Sueben lagen, nicht mehr lohnenswert sei, zumal das Überleben des Reiches von dem Besitz der anderen Provinzen abhing. Ein Angriff gegen die Sueben hätte vielmehr eine Verschwendung wichtiger Ressourcen verursacht. Ein Abkommen mag hingegen dem *magister militum* Aëtius als günstigere Lösung erschienen sein. Verzichtete Ravenna endgültig auf die *Gallaecia*, die *Lusitania* und den nördlichen Teil der *Baetica* zugunsten der Sueben, so blieben die *Tarraconensis*, die *Carthaginiensis* und die südlichen Territorien der *Baetica* römisch. Das Reich gewann dadurch die volle Kontrolle über die gesamte Mittelmeerküste und deren Häfen wieder, was von strategisch grundlegender Bedeutung war.[597] Dass eine solche Aufteilung Spaniens durch den Frieden von 452 das Imperium begünstigte, steht außer Frage und kann aufgrund der damaligen Machtposition der Sueben überraschen. Es lässt sich deshalb vermuten, dass die Sueben neben der Gewährung von eher bescheidenen Provinzen etwas Wichtigeres erzielt hatten. Dies kann nur die staatsrechtliche Anerkennung der suebischen Herrschaft durch Ravenna gewesen sein, welche auch die formelle Abtretung von Reichsterritorien beinhaltete (*cessio*). Offenbar hielt Aëtius dies angesichts der beibehaltenen Gebiete und der erwarteten Beendigung der suebischen Offensiven für ein akzeptables Opfer. Die späteren weströmischen Gesandtschaften bezeugen den neuen Rechtsstatus des Suebenreiches: Um den Vertragsbruch infolge des Todes des Vertragspartners Aëtius abzuwenden, bat Kaiser Valentinian III. 454 um die Bestätigung der Vereinbarung von 452. Kaiser Avitus entsandte 455 den Legaten Fronto zu den Sueben mit dem Auftrag, Rechiar solle das Abkommen von 452 respektieren. Die darauf bezogene Notiz des Hydatius erwähnt einen unter Eid vereinbarten Vertrag, was für die Gleichstellung der Seiten spricht. Auch aus den anderen außenpolitischen Strategien Westroms geht die neue Realität auf spanischem Boden klar hervor. Gegen die Sueben wurden tatsächlich keine direkten Militäraktionen mehr geführt, denn eine Rückgewinnung der nunmehr ehemaligen weströmischen Gebiete wurde in Ravenna nie wirklich geplant. Kaiser Maiorianus selbst schloss im Rahmen des letzten Wiederherstellungsversuchs der Reichsautorität in den von den Germanenstämmen okkupierten Provinzen einen Feldzug gegen die Sueben aus. Vielmehr übernahmen fortan die Westgoten die Rolle des Gesprächspartners für das suebische Reich.

597 Díaz 2011, 81 glaubt insbesondere an einer antivandalischen Präventionsmaßnahme.

6.3.4 Römische Reaktion auf die Forderungen der Westgoten

Die große Zahl an römisch-westgotischen Verträgen ist ein klares Indiz für das enge Verhältnis, das sich zwischen den Westgoten und dem Westreich im Laufe des 5. Jhs. entwickelt hatte. Die außerordentliche Route der westgotischen Wanderung dürfte dazu beigetragen haben. Die Westgoten fielen sogar über die italische Halbinsel ins Weströmische Reich ein, wo sie übrigens eine direkte Bedrohung für den Westkaiser darstellten, und zogen später auch nach Gallien und auf die iberische Halbinsel. Sie agierten also im Herzen des Imperiums, was die weströmische Zentralregierung zu ständigen und jeweils gezielten Verhandlungen zwang. Die historische Bedeutung, die die Westgoten durch ihre Anwesenheit in den wichtigsten Territorien des Reiches erhielten, konnten die antiken Autoren selbstverständlich nicht übergehen. Wurden die politischen Angelegenheiten des Imperiums in den Quellen überliefert, so mussten die Historiker auch die Westgoten regelmäßig erwähnen. Insofern folgten zahlreiche und teilweise sehr detaillierte Berichte über die römisch-westgotischen Beziehungen. Dank dieser vielen Informationen in den Quellen wird im Folgenden die zentrale Rolle der Westgoten in der weströmischen Geschichte gezeigt.

Das Weströmische Reich hatte am Anfang des 5. Jhs. sicherlich nicht mit der Ankunft des von Alarich geführten westgotischen Stammes gerechnet. Bis dahin hatte die Gotenfrage hauptsächlich ein Problem für das Oströmische Reich dargestellt, dessen nördliche Grenzen dem Druck der Goten seit mehreren Jahrzehnten ausgesetzt waren. Dem Ostkaiser Arcadius war es schließlich gelungen, durch ein *foedus* mit Alarich (397) die Beendigung der westgotischen Plünderungen in Makedonien, Thessalien und Epirus zu erreichen. Der barbarische Anführer war zum *magister militum per Illyricum* ernannt worden, und seine *gens* hatte Wohnsitze in Makedonien erhalten. Das Ende der gotenfreundlichen Politik am konstantinopolitanischen Hof sowie der entstandene Mangel an Ressourcen hatten jedoch Alarich zu der Wanderung ins Westreich bewegt. Der westgotische Einfall auf die italische Halbinsel erfolgte im Herbst 401, als der Heermeister Stilicho, der faktische Machthaber im Westen, mit einem Einsatz in Rätien gegen Vandalen und Alanen beschäftigt war. Ohne seine politische Führung schaute Italien dem Vormarsch der Westgoten tatenlos zu, und Alarich nutzte den Überraschungseffekt, um bis zur damaligen Hauptstadt Mailand zu kommen. Im Gegensatz zu der späteren Invasion der germanischen Verbände über den Rhein verursachte die Ankunft der Westgoten ins Weströmische Reich eine entschlossene Militäraktion des Stilicho, der bei seiner Rückkehr aus Rätien Alarich energisch entgegentrat. Der Grund für diese im Gegensatz zur späteren gegen die Rheininvasoren unterschiedliche Reaktion lag sicherlich im Ausmaß der westgotischen

Gefahr, da Alarich sein Volk auf die italische Halbinsel geführt hatte. Seit Jahrhunderten hatte kein germanischer Stamm mehr den italischen Boden mit feindseligen Absichten betreten. Wie ernsthaft die westgotische Bedrohung am Kaiserhof wahrgenommen worden war, lässt sich im Übrigen an der Entscheidung des Kaisers Honorius erkennen, seine Residenz von Mailand nach Ravenna zu verlegen. Dieser betrachtete die neue Hauptstadt aufgrund ihrer Lagunenart als einfacher zu verteidigen und versorgen.

Die beiden Schlachten zwischen Stilicho und Alarich innerhalb von wenigen Monaten im Jahre 402 unterschieden sich in ihrem Ausgang, aber die daraus resultierenden *foedera* beinhalteten ähnliche Bedingungen. Nach der Schlacht bei Pollentia, in der weder die Römer noch die Westgoten in der Lage waren, sich durchzusetzen, bot Stilicho seinem Gegner Alarich die westgotische Ansiedlung auf weströmischem Boden an, aber ausschließlich außerhalb Italiens. Damit die Westgoten die italische Halbinsel tatsächlich verließen, wurde auch die Stellung westgotischer Geiseln auf römischer Seite verlangt. Nach der Schlacht bei Verona, in der hingegen Stilicho dem Anschein nach triumphierte, wurden präzisere Vertragsbedingungen vereinbart: Die den Westgoten zugewiesenen Wohnsitze mussten sich in Westillyricum, wohl in *Pannonia II* oder *Pannonia Savia*, befinden; Alarich wurde außerdem zum *comes rei militaris* ernannt. Diese Präzisierungen seien erforderlich gewesen, wahrscheinlich um die Westgoten zu beruhigen, deren Unzufriedenheit mit dem vorherigen Abkommen sie dazu verleitete, vertragsbrüchig zu werden. Folglich kann man sich an dieser Stelle fragen, warum Stilicho in beiden Fällen, angesichts seines Sieges insbesondere nach der Schlacht bei Verona, ein *foedus* mit Alarich stipulierte. Seine Entscheidung darf nicht als Zeichen von Schwäche gesehen werden, vielmehr zeigt sie die weitreichende außenpolitische Strategie des weströmischen Bevollmächtigten. Die Vernichtung der Westgoten hätte vielleicht sein Prestige auf militärischer Ebene verstärkt, aber die Verschonung erwies sich aus politischer Sicht als günstiger für das Imperium. Durch die Ansiedlung der nun verbündeten Westgoten in Westillyricum erzielte Stilicho nicht nur die Befreiung Italiens von einer barbarischen bewaffneten Gruppe, sondern auch die Überwachung eines geographisch kritischen Bezirks für den Schutz der *Dioecesis Italiae*. Als *foederati* konnten die Westgoten zudem als Militärreserve des Imperiums im Osten eingesetzt werden, was tatsächlich passierte, als Stilicho für den Feldzug gegen den Ostkaiser Arcadius die Unterstützung durch Alarich erhielt. Am Rande sei auch angemerkt, dass Stilichos Zugeständnisse deutlich auf die Zuverlässigkeit des westgotischen Anführers hinweisen. Es wäre sonst unwahrscheinlich, dass Stilicho das Risiko der Einquartierung der Westgoten in einer strategisch wichtigen Region einging, wenn er ihnen nicht vertraut hätte. Im Übrigen bestätigten die späteren Ereignisse die politische Vision des Stilicho, da Alarich dem Imperium bis zum Tode seines Verbündeten immer treu blieb. Dazu liegen folgende Beweise vor: zum einen der westgotische Einfall in Epirus und dessen Besatzung in Erwartung des Hauptteils der weströmischen Truppen für einen gemeinsamen Angriff gegen Konstantinopel (404/405); zum anderen der Verzicht auf neue Plünderungen in Italien, obwohl Alarich von den Schwierigkeiten des Stilicho infolge der Invasion des Radagaisus (405/406) hätte profitieren können.[598] Seinerseits bemühte sich Stilicho ständig um die Bewahrung des *foedus* mit Alarich. In diesem Zusammenhang lässt sich seine strikte Forderung an den römischen Senat erklären, die Westgoten müssten mit der Zahlung einer „Entschädigung" für ihre Tätigkeiten in Epirus im weströmischen Dienst belohnt werden. Ein Abbruch der freundschaftlichen Beziehungen mit den Westgoten hätte dem Imperium Hilfstruppen für den Krieg gegen den 407 in Gallien erschienenen Usurpator Constantin III. entzogen und voraussichtlich zu einer Eskalation des Konfliktes im Osten geführt.[599] Wie kostspielig zwei gleichzeitige Kriege, umso mehr an verschiedenen Fronten (Gallien und Illyricum), für die weströmischen Mittel sein konnten, lässt sich leicht vorstellen. Dessen sollte Stilicho sich bewusst gewesen sein. Deshalb versuchte er mit aller Kraft, den Bruch des Vertrags mit den Westgoten abzuwenden. Die damalige gotenfreundliche Politik Westroms ist deshalb ausschließlich auf den Willen Stilichos zurückzuführen, der die Inanspruchnahme der westgotischen Föderaten für die Ziele des Imperiums beabsichtigte. In seiner Wahrnehmung mussten die Westgoten eine wichtige Rolle für das Gleichgewicht des Weströmischen Reiches spielen.

Das Ansehen des Alarich am Kaiserhof endete mit der Ermordung Stilichos (August 408). Denn ab diesem Zeitpunkt wurde die Politik des Westkaisers Honorius gegenüber den Westgoten stark von dem *magister officiorum* Olympius, der für seine antibarbarische Haltung bekannt war, beeinflusst. Dies spielgelte sich deutlich darin, dass er Forderung Alarichs, das römisch-westgotische *foedus* zu erneuern, ablehnte, das angesichts des Todes des Kontrahenten Stilicho hinfällig geworden war. Die scheinbar politische Machtdemonstration des weströmischen Kaisers besteht auch darin, dass Ravenna auf einen Feldzug gegen den in Gallien agierenden Usurpator Constantin III. verzichtet hatte. Darum wurde der Föderatendienst des Alarich und seiner *gens* nicht mehr gebraucht. Es liegt dennoch auf der Hand, dass Honorius die Folgen seiner Entscheidung unterschätzte. Der neue Einfall der Westgoten auf die italische Halbinsel im Winter 408 traf die weströmischen Streitkräfte unvorbereitet, so dass Alarich bis nach Rom vordringen konnte. In weniger als zwei Jahren erfolgten drei Belagerungen der alten Hauptstadt durch die Westgoten – all dies war die logische Konsequenz der kontroversen Verhandlungen zwischen Kaiser Honorius und Alarich um die Anerkennung der Westgoten innerhalb des Reiches.

598 Vgl. HUGHES 2010, 144–149.

599 Vgl. HUGHES 2010, 198–201; DELAPLACE 2015, 138.

Von seinem Feldlager bei Rom versuchte der Westgotenkönig immer wieder, ein Abkommen mit Honorius zu schließen. Zu diesem Zweck sollte die Stationierung seiner Truppen in der Nähe von Rom als Druckmittel gegenüber dem Kaiserhof dienen. Auch wenn er allem Anschein nach in der Lage war, jederzeit die ehemalige Hauptstadt einzunehmen, verzögerte Alarich den entscheidenden Angriff in der Hoffnung, Honorius würde eines seiner Vertragsangebote akzeptieren. Während der ersten Belagerung Roms im Winter 408 erklärte sich Alarich bereit, darauf zu verzichten, wenn er neben bestimmten Zahlungen aus der belagerten Stadt auch ein Waffenbündnis (ὁμαιχμία) mit dem Imperium erhalten hätte. Im April 409, als die zweite Blockade Roms durch die Westgoten bereits seit Anfang des Jahres andauerte, kam Alarich auf Einladung des *praefectus praetorio Italiae* Iovius mit dem Ziel nach Ariminum, ein *foedus* zu vereinbaren: Gegen eine Versorgung durch Gold und Getreide, die Zuweisung von den beiden Venetien, Noricum und Dalmatien und die Ernennung ihres Königs zum *magister utriusque militiae* hätten die Westgoten dem Imperium die Treue geschworen. Im Spätfrühling 409, nachdem er erneut nach Rom marschiert war, schlug Alarich schließlich dem Westkaiser eine *amicitia* vor: Um ihre Loyalität dem Kaiser gegenüber zu gewährleisten, hätten sich die Westgoten mit mäßigen Zahlungen von Getreide, der Etablierung in den beiden Noricum und einem gelegentlichen Militärbündnis zufriedengegeben. Der Westgotenkönig bot also verschiedene Formen von Verträgen an, um die Einordnung seines Volks ins Weströmische Reich zu erreichen. Eine rechtliche Anerkennung durch das Imperium – ob es sich um Verbündete, *foederati* oder *amici* handelte – stellte für ihn offensichtlich den Grundstein für die Existenz der Westgoten im Westen dar.

Alarich sah sich dennoch ständig mit der Feindseligkeit des Kaisers konfrontiert. Honorius' Entschlossenheit, zu keiner Vereinbarung mit dem Westgoten zu kommen, hat die Aufmerksamkeit der Forscher geweckt. Auch trotz günstiger Konditionen und voraussichtlicher katastrophaler Konsequenzen (zum Beispiel Märsche auf Rom), beharrte der Westkaiser auf seinem Entschluss. Die Ablehnung der ὁμαιχμία darf nicht überraschen. Mit dieser Entscheidung hielt Honorius an der antigotischen Politiklinie fest, die mit der Einsetzung des Olympius eingeleitet worden war. Aufgrund der scheinbaren Versöhnung des Gegenkaisers Constantin III. benötigte das Imperium die Militärunterstützung der Westgoten zudem nicht mehr. Die Umstände, unter denen einige Monate später zuerst ein *foedus* und dann eine *amicitia* von Alarich gefordert wurden, waren hingegen sehr unterschiedlich. Denn mittlerweile hatte ein alter Freund des Alarich, Iovius, Olympius in der Rolle des Ratgebers Honorius' ersetzt, zumal ein großer Teil Italiens von den Westgoten weiter im Griff gehalten wurde. Insbesondere die Bedingungen der *amicitia* schienen, sehr günstig für das Imperium zu sein. Nach Zosimus bestand der Grund für die erneute Weigerung des

Honorius in seinem Schwur anlässlich der Verhandlungen zwischen Alarich und Iovius: Der Kaiser sah die Forderung des Alarich nach dem Amt eines *magister utriusque militiae* als einen inakzeptablen Ausdruck von Arroganz an und beschloss darum, dass es niemals einen Vertrag mit dem westgotischen Anführer geben werde.[600] Der Bericht des Zosimus scheint aber wegen der novellistischen Art der Anekdote nicht plausibel. Delaplace bietet zwei Argumente hierzu: einerseits den kaum glaubwürdigen Fatalismus, der die späteren Ereignisse kennzeichnet; andererseits den auffälligen Versuch des Zosimus, die unverantwortliche Politik des ravennatischen Hofs zu rechtfertigen, die zum einen für das Imperium schädlich war, zum anderen mit dem Usurpator Constantin III. konziliant umging. Dass sich ein präziser Politikplan hinter der hartnäckigen Weigerung des Honorius verbarg, wie zum Beispiel die Stadt Rom zugunsten Ravennas zu opfern oder eine westgotische Herrschaft in einem bereits kritischen Gebiet zu verhindern, scheint eine Überschätzung des staatsmännischen Könnens Honorius', der sich selten als umsichtiger Politiker erwies.[601] Am plausibelsten ist die Erklärung von Liebeschuetz: Der römische Staat folge nur dem alten – und nun anachronistischen – Prinzip, nach dem keine Verhandlung mit einem bewaffneten Feind auf italischem Boden geführt werden durfte.[602] Der römische Kaiser sündigte offenbar durch Hochmut, da Ravenna nicht in der Lage war, sich durch eine militärische Operation endgültig von Alarich zu befreien. Aus seiner Perspektive betrachtet, hätte die Zustimmung für eine Einigung mit den Westgoten die politische Schwäche von Ravenna gezeigt. Denn nicht das Imperium, sondern ein barbarischer Häuptling hätte ihm seinen Willen durch einen Vertrag aufgezwungen! Während des zweiten Aufenthalts der Westgoten in Italien durfte ein Abkommen mit diesem Stamm für das Westreich also nicht in Frage kommen. Die politische Haltung erwies sich schließlich jedoch als schädlich, weil zuerst Rom, später Süditalien den westgotischen Verwüstungen ausgeliefert wurden.

Aufgrund des plötzlichen Todes ihres charismatischen Anführers Alarich verloren die Westgoten schnell das bisher gewonnene politische Gewicht gegenüber Kaiser Honorius. Athaulf, der Nachfolger Alarichs, verzichtete auf die von seinem Vorgänger geplante Überfahrt nach Afrika und verließ die italische Halbinsel über die westlichen Alpenpässe. Er glaubte wohl, dass der 411 in Gallien erhobene Gegenkaiser Jovinus im Rahmen einer antiravennatischen Einigung ihm den Wunsch erfüllen konnte, den Honorius den Westgoten bislang verweigert hatte, und zwar die Ansiedlung innerhalb des Westreiches. Aber Jovinus war wenig geneigt, mit Athaulf

600 ZOSIM. V 49, 2; 51, 2.

601 DELAPLACE 2015, 142. Nach BURNS 1994, 240 gründete Honorius' Entscheidung sich auf der Überzeugung, dass Alarich sich aufgrund fehlender Versorgung in einer schwierigen Lage befand. Vgl. PASCHOUD 1986, 312f., Anm. 111 (zur Plausibilität des Berichtes Zosimus').

602 LIEBESCHUETZ 1990, 71.

ein Abkommen zu schließen, weshalb es zu einer Annäherung des Athaulf an Honorius kam. Der Westkaiser und der Westgotenkönig vereinbarten also ein *foedus*: Die Westgoten mussten den Usurpator Jovinus bekämpften und an Ravenna übergeben, während das Imperium sich verpflichtete, sie in der *Aquitania II* siedeln zu lassen und sie dort durch Abgaben von Getreide zu versorgen. Allem Anschein nach handelte es sich um einen Vertrag mit günstigen Bedingungen für beide Kontrahenten. Für ihre Militärleistung erhielten die Westgoten endlich jene Wohnsitze, die sie seit dem zweiten Einfall auf der italischen Halbinsel angestrebt hatten. Seinerseits erreichte der legitime Kaiser die Absetzung eines Konkurrenten im Austausch für eine gallische Region, in der die Westgoten keine Gefahr für Ravenna darstellten, vielmehr wertvolle Dienste leisten konnten (wie zum Beispiel die Unterdrückung der Bagauden). Das *foedus* trat aber nicht wirklich in Kraft. Obwohl Athaulf sein Wort hielt und Jovinus besiegte, lieferte hingegen Honorius den Westgoten keine Getreidevorräte, sondern verlangte vielmehr die Rückkehr seiner Schwester Galla Placidia nach Ravenna, welche während des zweiten Einfalls des Alarich in Italien in die Hände der Westgoten gefallen war und den *magister militum* Flavius Constantius heiraten sollte. Wie erklärt sich das betrügerische Verhalten des Imperiums? Die ravennatische Nichteinhaltung des *foedus* ist in der turbulenten Situation Afrikas zu begründen, wo Heraclianus Anfang 413 im Rahmen seines Aufstands gegen die römische Zentralregierung die entscheidenden Getreidelieferungen nach Italien eingestellt hatte.[603] Nach Delaplace kann das von den Quellen überbewertete afrikanische Problem die Nichterfüllung des *foedus* durch Ravenna nicht allein erklären: Der Kaiser wollte wohl einen germanischen Verband ohne Militärverpflichtungen nicht kantonieren, nachdem die Westgoten ihren Teil der Vereinbarung bereits erfüllt hatten.[604] Neben der nachvollziehbaren Vermutung von Delaplace ist auch der politische Opportunismus des Westkaisers zu berücksichtigen: Infolge ihrer (gelungenen) Militärleistung gegen Jovinus benötigte das Imperium die Westgoten und ihre Dienste nicht mehr. Es ist zudem auch möglich, dass Ravenna aufgrund der mittlerweile verschärften Anforderungen der Westgoten sowie der Einbehaltung der Galla Placidia als Geisel ihnen gegenüber eine striktere Haltung einnahm, weshalb es zu einem Umdeuten des *foedus* mit den Westgoten am Kaiserhof kam.

Das Scheitern einer Einigung hatte die vehemente Reaktion der Westgoten zur Folge, die sich für eine gewaltsame Konfliktlösung entschieden. Es gelang jedoch Athaulf weder durch die Plünderungen in der *Narbonensis* noch durch die Ausrufung

603 Hierzu OOST 1966, 236–242.
604 DELAPLACE 2015, 154.

eines Gegenkaisers namens Priscus Attalus, seinem Volk den nötigen Unterhalt zu sichern. Denn Flavius Constantius, der seine militärische Kompetenz bereits im Rahmen der Auseinandersetzungen gegen die Usurpatoren Gerontius, Constantin III. und Jovinus bewiesen hatte, ließ sich von diesen feindlichen Initiativen der Westgoten nicht einschüchtern. Athaulf sah sich also gezwungen, erneut auf diplomatischen Wegen mit dem Imperium umzugehen. Flavius Constantius erlaubte den Westgoten eine friedliche Wanderung auf die iberische Halbinsel und die Etablierung bei Barcino, falls sie Priscus Attalus an Ravenna übergaben. Das weströmische Ziel neben der Beseitigung eines Gegenkaisers lässt sich leicht vorstellen: Durch die Niederlassung der Westgoten in der *Tarraconensis*, einer stark romanisierten Provinz, in der die Überwachung dieser Germanen also einfacher sein konnte, befreite die weströmische Zentralregierung die gallischen Gebiete von der westgotischen Anwesenheit und entfernte sie als potentielle Bedrohung noch weiter von den italischen Grenzen. Ob Flavius Constantius auch die Absicht hatte, damit den Grundstein für die Rückgewinnung Spaniens mithilfe der Westgoten zu legen, wäre überraschend, weil dies für einen langfristigen Plan des Flavius Constantius sprechen würde. Angesichts des späteren Vertrags, durch den der weströmische *magister militum* die Westgoten mit der Rückgewinnung des Großteils Spaniens beauftragte, ist diese Vermutung nicht auszuschließen. Sicherlich begünstigte der kritische Zustand der Westgoten in der ersten Phase des spanischen Aufenthalts den Plan des Flavius Constantius weiter. Sie waren tatsächlich nicht in der Lage, sich erfolgreich zu etablieren: Innerhalb der *gens* zeichnete sich ein Kampf um die Macht ab, und das Problem der Versorgung blieb überdies bestehen. Somit akzeptierte der neue Westgotenkönig Wallia 416 das weströmische Angebot eines *foedus* unter äußerst ungünstigen Bedingungen: Gegen die Zahlung einer Getreidelieferung verpflichteten sich die Westgoten zur Abgabe renommierter Geiseln, zur Rückgabe der Galla Placidia und zur Befreiung der iberischen Halbinsel von den Alanen und vandalischen Silingen im Namen Westroms. Es handelte sich in politischer Hinsicht um einen Triumph des Imperiums, den es dem Urheber dieses *foedus iniquum*, dem *magister militum* Flavius Constantius, verdankte. Dieser sicherte sich zuallererst die Treue der Westgoten durch die Entführung westgotischer Persönlichkeiten als Geiseln. Des Weiteren erzielte er die lange begehrte Heimkehr von Honorius' Schwester und entzog den Westgoten dadurch die Verbindung mit der Kaiserdynastie. Sein Haupterfolg bestand dennoch darin, dass die germanischen *gentes* sich in einem Krieg gegenüberstehen mussten, von dem das Weströmische Reich am meisten profitiert hätte: Im Fall eines Sieges der westgotischen Föderaten gewann der Westkaiser fast alle iberischen Provinzen zurück, die der Gegenkaiser Maximus den Germanen durch den Vertrag von 411 überlassen hatte; andernfalls wäre Flavius Constantius höchstpersönlich zum Einsatz gekommen, indem er die Schwächung der Alanen und Silingen infolge des Krieges gegen die Westgoten ausnutzen konnte. Der weströmische Plan für die volle Wiederherstellung der kaiserlichen Autorität in Gallien und in Spanien schien also, sehr bald in Erfüllung zu gehen. Dafür hatte das Imperium anscheinend nur 600 000 Scheffel Getreide zahlen müssen.

Aller Wahrscheinlichkeit nach hatte Flavius Constantius nicht mit dem schnellen und insgesamt einfachen Erfolg der Westgoten gegen die anderen Germanen gerechnet. Unter der Leitung von Wallia vernichteten die westgotischen Truppen in der Tat die Alanen und die vandalischen Silingen in knapp zwei Jahren und besaßen in der Folge die ganze iberische Halbinsel mit Ausnahme der abgelegenen nordwestlichen Gebiete, in denen sich die Sueben und die vandalischen Hasdingen etabliert hatten. An dieser Stelle musste Flavius Constantius eine Kehrtwendung des Wallia befürchtet haben, welcher durch den Sieg über die anderen Germanengruppen tatsächlich in der Lage war, ungehindert eine westgotische Herrschaft auf spanischem Boden zu führen. Welche gefährlichen Konsequenzen für das Imperium daraus hätten folgen können, liegt auf der Hand. Um einerseits eine mögliche Rebellion der westgotischen *foederati* abzuwenden, andererseits endlich freien Zugang auf die nun größtenteils befreite iberische Halbinsel zu haben, ordnete 418 Flavius Constantius den Rückzug von Wallia aus Spanien an. Dass die Westgoten die Mission erfüllt hatten, für die sie durch das *foedus* rekrutiert worden waren, stellte für den weströmischen Machthaber den juristisch idealen Vorwand für seine Entscheidung dar. Aus dem Rückzug der Westgoten aus Spanien ergab sich jedoch die Notwendigkeit einer neuen vertraglichen Regelung, da das Imperium sicherlich keine neue (plündernde) Wanderung dieser *gens* innerhalb des Reiches verursachen wollte. Flavius Constantius beschloss, das *foedus* mit den Westgoten zu erneuern und quartierte sie in der *Aquitania II* und einigen benachbarten Gebieten ein. Die historische Bedeutung dieses Vertrags ist eindeutig: Durch die offizielle Annahme von Wohnsitzen innerhalb des Imperiums erreichten die Westgoten endlich das Ziel ihrer Bemühungen, die unter Alarich begonnen hatten. Das scheinbar großzügige Zugeständnis Westroms barg trotzdem einen präzisen Plan des Flavius Constantius in sich, was ihn erneut als raffinierten Politiker auszeichnet. Da die Westgoten sich im Rahmen der Rückgewinnung Spaniens als zuverlässige und effektive Föderaten bewiesen hatten, plante der weströmische Machthaber ihren Einsatz auch in Gallien ein. Denn die folgenden Faktoren erschwerten die weströmische Verwaltung der gallischen Regionen: 1) die aufständischen Initiativen der gallo-römischen Elite, die eine politische Unabhängigkeit von der Zentralregierung anstrebte; 2) die Unruhen durch die Bagauden, die insbesondere im Pyrenäengebiet aktiv waren; 3) die Überfälle der sächsischen Piraterie entlang die Atlantikküste.[605]

605 Vgl. CESA 1994, 163f.; VALVERDE CASTRO 2000, 40, Anm. 99; ARCE 2005, 136; KAMPERS 2008, 121; STEINACHER 2016, 75.

All dies würde erklären, warum Flavius Constantius die Westgoten genau in der *Aquitania II* kantonierte. Von dieser westlichen Provinz Galliens hätten die westgotischen Hilfstruppen an allen aufgeführten Schauplätzen schnell intervenieren können. Zudem erkannte Flavius Constantius höchstwahrscheinlich die vorteilhafte geographische Komponente seiner Entscheidung. Aufgrund der Nähe ihrer Siedlungsgebiete zu der iberischen Halbinsel konnten die Westgoten im Fall neuer Revolten in Spanien oder bei Angriffen der übrigen dort angesiedelten Germanen auch als weströmische Militärreserve agieren. Sie verloren außerdem Interesse an der italischen Halbinsel, die ihnen nun weit weg erschien. Aus der ganzen Politik des Flavius Constantius gegenüber den Westgoten ergibt sich also, dass das Weströmische Reich zu diesem Zeitpunkt die Nachfolger Alarichs vollständig kontrollierte, welche ausschließlich als *foederati* eingeordnet wurden.[606]

Der Tod des Flavius Constantius (421) beeinflusste unmittelbar die Machtverhältnisse zwischen Ravenna und den Westgoten. Ohne seinen geschickten *magister militum*, der in den letzten Monaten seines Lebens auch zum Mitkaiser des Honorius gekrönt wurde, verlor das Imperium schnell seine starke Position gegenüber den Westgoten. Eine wichtige Rolle spielten dabei auch die internen Rivalitäten, die aus dem Tod des Honorius um die Vormacht im Westen entstanden. Dadurch litt insbesondere die Wirksamkeit der weströmischen Außenpolitik. Die Westgoten versuchten dagegen, das politische Chaos am ravennatischen Hof für expansionistische Zwecke auszunutzen. Denn durch Theoderich I., den Nachfolger Wallias, hatten sie mittlerweile ein neues Selbstverständnis entwickelt, sodass sie ihren Status von *foederati*, dazu noch in einem unwichtigen Teil Galliens, nicht mehr tolerierten. Um das *foedus* von 418 als erloschen zu betrachten und dadurch ihre feindselige Haltung gegenüber Ravenna juristisch zu rechtfertigen, nahmen die Westgoten als Vorwand den Tod des Honorius, des formalen Partners des betreffenden Vertrags. Die militärischen Bemühungen des Theoderich I. richteten sich hauptsächlich auf Arles aufgrund dessen politisch-wirtschaftlichen Bedeutung. Sowohl der Angriff im Jahre 425 als auch der im Jahre 430 scheiterten aber an der resoluten Reaktion des Heermeisters Aëtius, der seine Karriere insbesondere auf die militärischen Erfolge in Gallien aufbaute. Trotz der Siege des Aëtius blieben die römisch-westgotischen Vereinbarungen unberührt. Denn das Imperium hielt die Bewahrung des Status quo für angebracht, sei es, weil die innenpolitische Instabilität eine Machtdemons-

606 Nach DELAPLACE 2015, 182 u. 186 sind die Westgoten durch die Einquartierung in 418 eher als *auxiliarii* zu betrachten. Inwiefern ihr zu folgen ist, bleibt fraglich. Die Historikerin erklärt den Unterschied zwischen *auxiliarii* und *foederati* nicht deutlich, zumal beide Status Militärdienste beinhalteten. Auch ihr Rückzug auf GILLETT 2002, 118f. ist unklar: In seiner Untersuchung verwendet dieser nie den Terminus *auxiliarii*, deutet eher den Klientelstatus an, obwohl er sich nicht auf die Westgoten und die Vereinbarung von 418 bezieht, wie DELAPLACE es tut.

tration verhinderte, sei es, weil die Westgoten als Föderaten immer noch eine wichtige Militärreserve darstellen konnten. Ravenna hatte kein Interesse an einer Veränderung des rechtlichen Standes der Westgoten und hoffte wohl, durch die Erfolge des Aëtius seine Autorität bestätigt zu haben.

Die weströmischen Hoffnungen blieben jedoch unerfüllt. Die Westgoten verzichteten nicht auf ihre Ambitionen und brachen den Vertrag, indem sie die wichtige Hafenstadt Narbonne belagerten. Der Einsatz des *comes rei militaris* Litorius, der mit den kompromissbereiten Friedensverhandlungen des *magister militum per Gallias* Eparchius Avitus zeitlich parallel lief oder diesen vorausging, zeigte trotzdem kaum Wirkung, weil die Westgoten ihre kriegerische Haltung beibehielten. Es kam schließlich zu einer entscheidenden Auseinandersetzung, wohl der Schlacht am *Mons Colubrarius*, in der die Westgoten eine vernichtende Niederlage erlitten. An dieser Stelle zeichnete sich eine deutliche Spaltung der weströmischen Führungsschicht über die Behandlung der westgotischen Angelegenheit ab: Während Aëtius angesichts seines letzten Sieges den Konflikt mit Theoderich I. als beendet betrachtete und die Bestätigung des alten *foedus* anstrebte, forderte die renommierte Familie der Caeionii-Decii den Kaiser Valentinian III. zu einer endgültigen Lösung des westgotischen Problems auf, welche nur durch einen Krieg erfolgen konnte. Die progermanische Politik des Aëtius, der die (Militär-)Unterstützung mancher Barbarenstämme als unumgänglich für das Überleben des Reiches ansah, sah sich allmählich mit starker Kritik am ravennatischen Hof konfrontiert, wo die wachsende Popularität des *magister militum* übrigens nicht begrüßt wurde. Es war kein Zufall, dass ausgerechnet Litorius, der Hauptrivale von Aëtius um die faktische Führung Westroms, mit dem neuen Feldzug gegen die Westgoten betraut wurde. Dessen Unternehmung erwies sich jedoch als ein kompletter Fehlschlag, weil er selbst entführt und exekutiert wurde. Ihrerseits konnten die Westgoten von ihrer vorteilhaften Position nicht profitieren, da auch ihre Armee dezimiert wurde. Die daraus resultierende „Pattsituation“ stellte für Aëtius eine günstige Gelegenheit für die Umsetzung seines bereits angekündigten Plans dar, nämlich eine friedliche Beilegung der römisch-westgotischen Konflikte. Er beauftragte also 439 einen alten Freund des Theoderich I., Eparchius Avitus, mit der Erneuerung des vorherigen *foedus* mit den Westgoten. Damit verfolgte Aëtius ein doppeltes Ziel: Zum einen schränkte er die westgotischen Ambitionen ein, indem er ihnen potentielle territoriale Gewinne verweigerte sowie ihren Föderatenstatus bestätigte; zudem verstärkte er sein persönliches Bündnis mit Theoderich I., indem er eine der Töchter des Westgotenkönigs heiratete. Zum anderen erzielte er eine ausreichende Stabilität Galliens und konnte sich somit mit anderen innen- und außenpolitischen Angelegenheiten befassen. Denn die Aëtius-feindliche Partei rechnete immer noch mit großer Unterstützung innerhalb der weströmischen Elite, während dessen die Vandalen nach dem Vertragsbruch von 435 und der Einnahme der afrikanischen Haupt- und Hafenstadt Karthago den italischen Mittelmeerraum bedrohten.

Die Vereinbarung von 439 baute trotzdem nur dem Anschein nach die römisch-westgotischen Spannungen ab. Trotz seiner Rolle eines Föderatus nahm Theoderich I. eine ambivalente Haltung gegenüber Ravenna ein: Fehlt eine klare Offensive gegen das Imperium, so wurden durch die Eheverbindungen zwischen den Königsfamilien Bündnisse mit den Vandalen und den Sueben geschlossen, nämlich den Germanenstämmen, die sich zu diesem Zeitpunkt durch eine antirömische Außenpolitik ausgezeichnet hatten. Die westgotischen Aktionen mussten in Ravenna auffallen, und doch ergriff die weströmische Regierung keine konkreten Maßnahmen. Dadurch wird deutlich, dass Aëtius sich gegenüber Theoderich I. militärisch zurückhielt, solang keine direkten Angriffe der Westgoten erfolgten. Andere Fronten erregten in der Tat seine Aufmerksamkeit. Aëtius musste die Unwirksamkeit des *foedus* mit den Westgoten zur Kenntnis genommen haben. Es lässt sich ansonsten nicht erklären, aus welchem Grund der weströmische Feldherr ein zusätzliches Militärbündnis mit Theoderich I. in Rahmen des Kriegs gegen die Hunnen verhandelte. Als *foederati* waren die Westgoten verpflichtet, Hilfstruppen zur Verfügung zu stellen. Trotzdem spricht die Forderung des Aëtius deutlich für seine Sorge, dass Theoderich I. seine Pflichten nicht erfüllen könnte. Es ist aber auch möglich, dass die im *foedus* vorgesehene Allianzverpflichtung mittlerweile abgeschafft worden und deswegen eine Vereinbarung zu militärischen Zwecken erforderlich war. Das Weströmische Reich benötigte den Einsatz aller möglicher Kräfte für den Kampf gegen die Bedrohung durch die Hunnen am Anfang der 450er Jahre; darum konnte Aëtius auf die Hilfe der Westgoten – trotz ihrer oft gezeigten Unzuverlässigkeit – nicht verzichten. Die römisch-westgotische Einigung wurde durch die Interessenskonformität erleichtert, da ein hunnischer Einfall ins Römische Reich eine Gefahr auch für die Westgoten darstellte. Dass Aëtius auch bei dieser Gelegenheit auf die westgotische Unterstützung zurückgriff, spricht erneut für das Vertrauen des Aëtius in eine progermanische Außenpolitik Westroms. Dieser glaubte ernsthaft an die Möglichkeiten der römisch-germanischen Zusammenarbeit für eine positive Zukunft des Reiches.

Auch nach dem Mord an Aëtius (454), der ständig um die Integration der Germanen ins römische System gekämpft hatte, behielten die Westgoten ihren Föderatenstatus weiter bei. Der Grund lässt sich einfach erklären: Ihre Militärunterstützung war für das Überleben des Imperiums, insbesondere in Rahmen der Konflikte mit den feindseligen Barbarenstämmen, nunmehr unerlässlich geworden. Um seine Position als neuer Kaiser zu verstärken, wollte beispielweise Petronius Maximus, der Nachfolger des Kaisers Valentinian III., unter dem Aëtius seine Macht ausgeübt hatte, sicher gehen, er könne auf die westgotischen Hilfstruppen zählen.

Er wollte deshalb die Beendigung des römisch-westgotischen Vertragsverhältnisses aufgrund des Todes der Kontrahenten, einerseits Aëtius und Valentinian III., andererseits Theoderich I., verhindern und entsandte somit den erfahrenen Diplomaten Eparchius Avitus, einen am westgotischen Hof geschätzten Gesprächspartner, zu König Theoderich II. mit dem Ziel, die Erneuerung des vorherigen *foedus* zu bestätigen. Avitus führte aber selbstständig die Verhandlungen mit dem Westgotenkönig, da Petronius Maximus inzwischen ermordet worden war. Seine Botschaft änderte sich jedoch nicht: Das Weströmische Reich benötigte seine westgotischen *foederati*! Denn in Anbetracht der Abwesenheit einer legitimierten Führung infolge des Todes des letzten Kaisers sowie der Landung der Vandalen in der Nähe von Rom bestand die Gefahr des Zusammenbruches, den Avitus als leidenschaftlicher Staatsdiener nicht tolerieren konnte. Theoderich II. erklärte sich bereit, der Bitte des Avitus nur unter der Bedingung nachzukommen, dass letzterer den Purpur nahm. Die Absicht des Westgotenkönigs ist eindeutig: Durch die privilegierte Beziehung mit seinem alten Erzieher, dem nun neuen Westkaiser, strebte er einen direkten Einfluss auf die weströmische Politik an. Anschließend stellt sich die Frage, ob Avitus sich seinerseits der Risiken bewusst war, denen er sich dadurch aussetzte, nämlich eine Marionette der Westgoten zu werden. Aber welche Alternativen konnte er in Erwägung ziehen? Theoderich II. bot ihm die günstige Gelegenheit, den vakanten Platz an der Spitze des Imperiums einzunehmen und dessen Krise zu beheben; außerdem versprach er ihm die notwendige Militärhilfe für die Regierung. In den Augen des Avitus war es also unvermeidlich, dass den Westgoten eine Schlüsselrolle bei der Stabilisierung des Reiches zukam. Auch Maiorianus, der später an die Stelle des Avitus trat, konnte trotz seiner antibarbarischen Außenpolitik nicht auf die westgotischen Föderaten verzichten. Dieser Kaiser, der die Rückgewinnung der von den Germanen de facto administrierten Reichsprovinzen zu seinem Programm machte, richtete zuallererst eine Linie für die Wiederherstellung der weströmischen Autorität in Gallien ein. Seine Initiative betraf selbstverständlich auch die Westgoten, zumal Theoderich II. die Absetzung seines Vertragspartners Avitus durch den neuen Kaiser als Bruch des geltenden *foedus* wahrgenommen hatte. Die weströmischen Truppen konnten sich bei Arles gegen die Westgoten durchsetzen, und Maiorianus schloss einen Frieden mit Teoderich II. Das Abkommen sah vor, dass sich ein westgotisches Kontingent an der Vorbereitung des weströmischen Feldzuges gegen die Vandalen beteiligen musste. Im Wesentlichen bestätigte Maiorianus das *foedus* mit den Westgoten, was zeigt, dass auch dieser Kaiser die große (militärische) Bedeutung dieses Stammes für das Fortbestand des Imperiums erkannt hatte. Dies wurde in den folgenden Jahren noch stärker akzentuiert und brachte auch wichtige politische Konsequenzen mit sich.

Die erste kleine, aber signifikante Veränderung in der weströmischen Außenpolitik gegenüber den Westgoten wurde 461 durch den *magister militum per Gallias* Agrippinus herbeigeführt. Dieser wurde von dem *magister militum* Ricimer, dem Verantwortlichen für den Sturz des Maiorianus, mit einem Unternehmen gegen Aegidius, einen in den nordgallischen Gebieten agierenden Gefolgsmann des Maiorianus, beauftragt. Um den Rebellen zu besiegen, wendete sich Agrippinus an Theoderich II. in der Hoffnung, dessen Militärpotential im Krieg auszunutzen. Das vereinbarte *foedus* unterschied sich aber von den letzten *foedera*, da es auch eine geographische Neufestlegung der westgotischen Grenzen beinhaltete. Seit dem Vertrag von 418, durch den die Einquartierung der Westgoten in der *Aquitania II* erfolgt war, hatte dieser Stamm bei verschiedenen Gelegenheiten territoriale Gewinne auf Kosten des Westreiches geplant. Alle diese Angriffe scheiterten, vielmehr bestätigten die daraus resultierenden *foedera* den Status quo des römisch-westgotischen Verhältnisses, nämlich den Föderatenstatus (mit den damit verbundenen Militärleistungen) der Germanen und ihre alten Wohnsitze. Gegen ihre Militärunterstützung teilte Agrippinus nun den Westgoten die Region von Narbonne zu, also einen Teil der *Narbonensis I*. Die Tragweite seiner Entscheidung sollte nicht unterschätzt werden: Die Westgoten vergrößerten nicht nur die geographische Ausdehnung ihrer Herrschaft, sondern erhielten durch die Stadt Narbonne auch den lang angestrebten Zugang zur Mittelmeerküste. Dadurch wuchs ihre Machtstellung schnell und exponentiell. Hierin zeigt sich auch die Schwäche des Weströmischen Reiches, welches sich zu einer ungünstigen Landzuweisung gezwungen sah, um sich die Militärdienste der westgotischen Föderaten weiter zu sichern. Eine einfache Erneuerung des vorherigen *foedus* reichte dem Westgotenkönig nicht mehr; darum verlangte er für seine Hilfstruppen eine bestimmte Belohnung, nämlich neue Territorien. Die weströmische Regierung war ihrerseits nicht stark genug, diese Forderung abzulehnen, und musste einlenken.

Es war jedoch höchste Zeit auch für eine neue Regelung des Rechtsverhältnisses mit den Westgoten, was tatsächlich unter dem Nachfolger Theoderichs II., Eurich, geschah. Nach einer ruhigen Anfangsphase betrieb der neue König der Westgoten eine aggressive Politik gegen das Imperium. Der Unmut bei der gallo-römischen Aristokratie gegenüber der Zentralverwaltung einerseits sowie die Rivalitäten zwischen den weströmischen Machtträgern andererseits erleichterten Eurichs Expansionsplan, der darin bestand, zuerst die nordgallischen Regionen, in denen die Bretonen als weströmische Verbündete agierten, dann die *Narbonensis I* und die *Aquitania I* anzugreifen. Diese westgotischen Aktionen kündigten deutlich den Bruch des alten *foedus* an – dieses Mal aber mit weitreichenderen Folgen als in der Vergangenheit: Dass der Westgotenkönig die Herrschaft über ganz Gallien anstrebte, zeigt seine Absicht, die Gebiete nicht mehr als *foederatus* des Imperiums, sondern als Herrscher zu besitzen. In anderen Worten: Eurich steuerte die völlige politische Unabhängigkeit seiner *gens* gegenüber dem Weströmischen Reich an. Denn vor dem Hintergrund der offenkundigen Krise des Westreiches sah er keinen Sinn mehr in dem Föderatenstatus seines Volks[607]. Das neue Selbstverständnis der Westgoten lässt sich auch anhand der Verhandlungen für die Beendigung des Kriegszustandes belegen. Zu diesem Zweck hatte der Westkaiser Anthemius eine Gesandtschaft zu den Westgoten gesendet, um sie an ihren Status als Föderaten zu erinnern. Sich der unterschiedlichen Schlagkraft bewusst, wollte er sich damit einen Kampf auf offenem Feld ersparen. Seinerseits verlangte Eurich die Übergabe der begehrten Auvergne gegen die Rückgabe der okkupierten *Septimania*. Durch die Forderung eines Gebietsaustausches trat der Westgotenkönig dem weströmischen Kaiser tatsächlich auf derselben Augenhöhe entgegen. Dies erklärt die anschließende Ablehnung des Kaisers, denn durch die Annahme des Angebotes Eurichs hätte das Westreich bewiesen, dass es selbst den Westgoten den Föderatenstatus nicht mehr zuerkannte. Die Stipulation einer solchen Vereinbarung wäre der Anerkennung der Westgoten als souveräner politischer Einheit durch das Imperium gleichgekommen. Das Scheitern der Verhandlungen führte zu einem bewaffneten Konflikt, in dem die Germanen sich schließlich durchsetzten. Es folgte eine ungebremste westgotische Expansion, und einige Regionen Spaniens sowie das Küstengebiet der Provence fielen in die Hände des Eurich. Dieser profitierte sicherlich auch von der starken politischen Instabilität des Reiches, dem nun in kurzer Folge wechselnd schwache Herrscherpersönlichkeiten vorstanden.

Der entscheidende Schritt für den neuen Rechtsstatus der Westgoten erfolgte letztlich am Anfang der 470er Jahre durch Julius Nepos, den vom Ostkaiser Leo I. proklamierten Westkaiser. Durch die letzten Eroberungen erstreckte sich die westgotische Herrschaft nunmehr bis zu den Grenzen der italischen Halbinsel, und das weströmische Hoheitsgebiet in Gallien hatte sich auf wenige Territorien reduziert. Um den endgültigen Kollaps des Reiches und insbesondere den westgotischen Einfall in Italien zu verhindern, nahm Julius Nepos Verhandlungen mit Eurich auf. Das Imperium verfügte nicht mehr über die Militärressourcen für einen energischen Einsatz. Seinen ersten diplomatischen Versuch unternahm Julius Nepos nach dem Vorbild seiner Vorgänger: Durch die Mediation eines fähigen Politikers strebte der Kaiser ein möglichst günstiges Abkommen mit den Germanen an. Wegen der kritischen Umstände konnte nur ein Frieden in Betracht kommen, bei dem das Westreich den Waffenstillstand mit einem territorialen Zugeständnis erkaufte; nebenbei sollte der Föderatenstatus der Westgoten bestätigt werden. Die Erneuerung des *foedus* war aber nun ein anachronistisches Angebot. Zum einen konnten die Westgoten durch die volle

607 SIDON. *Epist.* VII 6, 4: *Evarix, rex Gothorum, quod limitem regni sui rupto dissolutoque foedere antiquo vel tutatur armorum iure vel promovet* [...]; IORD. *Get.* 237: *Euricus ergo, Vesegotharum rex, crebram mutationem Romanorum principum cernens Gallias suo iure nisus est occupare.* Vgl. PELLICIARI 1982, 37; VALVERDE CASTRO 2000, 63.

Kontrolle über die südliche Hälfte Galliens sowie den westlichen Teil Spaniens, zum anderen angesichts der irreversiblen Krise des Reiches tatsächlich eine höhere Anerkennung als die als *foederati* verlangen und durchsetzen. Die Unangemessenheit des weströmischen Vorschlags konnte also nur zur Ablehnung seitens Eurichs führen. Um den Westgotenkönig vom Nutzen eines Vertrags mit Ravenna zu überzeugen, musste Kaiser Julius Nepos daher auf andere, wirksamere Weise verhandeln und überdies den Einsatz erhöhen. Nach Absprache mit dem *consilium Liguriae* betraute er zunächst den Bischof Epiphanius von Pavia mit der neuen Botschaft. Der Unterschied mit dem üblichen Verfahren sticht hervor: Im vorliegenden Fall verließ sich der Westkaiser auf einen Geistlichen und zudem auf den Vorschlag einer Provinzialversammlung. Die endgültige Öffnung des Imperiums gegenüber der Kirche und den regionalen politischen Kräften für außenpolitische Angelegenheiten bewies seine nunmehr starke politische Ohnmacht[608]. Diese spiegelt sich auch in der Botschaft des Epiphanius wider, der Kaiser sei bereit, den Westgotenkönig Eurich als *amicus* zu begrüßen. Zum ersten Mal in der Geschichte bestand also eine andere Vertragsform als das *foedus* in dem römisch-westgotischen Verhältnis, und zwar eine *amicitia*, durch die die Westgoten in den Klientelstatus wechselten. Die Gründe für die westgotische Annahme des neuen weströmischen Angebotes liegen auf der Hand: Durch die *amicitia* sah Eurich die Herrschaft seiner *gens* auf römischen Territorien legitimiert und musste zudem nicht mehr als *foederatus* des Imperiums fungieren. Die Frage über den Grund für die Entscheidung des Kaisers, den Westgoten eine *amicitia* zuzugestehen, lässt sich hingegen wie folgt beantworten. In der Intention des Julius Nepos musste die neue, höhere rechtliche Anerkennung der Westgoten dafür sorgen, dass Eurich, zufrieden mit dem neuen Status, seine Militäroperationen in den südgallischen Gebieten beendete und überdies auf einen möglichen Einfall auf die italische Halbinsel verzichtete. Des Weiteren wahrte der Westkaiser die weströmische Überlegenheit gegenüber den Westgoten wenigstens aus juristischer Sicht weiter, weil ein Klientelstaat – dies verkörperten Eurich und sein Stamm als *amici* – dem Imperium untergeordnet war. Blieben den Westgoten die von Eurich besetzten Provinzen in Gallien und Spanien, so gehörten diese doch formell immer noch dem Weströmischen Reich an.[609] Den Germanen wurde also die Souveränität nicht zuerkannt – diese wurde

---

608 In den Präzedenzfällen, an denen ihre Intervention in der Politik des Weströmischen Reiches ersichtlich war, hatten die Kirche und die lokalen Behörden noch keine zentrale Rolle: Die weströmische Delegation, die mit Attila den hunnischen Rückzug aus Italien verhandelte, bestand auch aus dem Papst Leo I., aber der Erfolg der Gesandtschaft ist Trygetius und Gennadius Avienus, den Zivilbeamten und Anhängern des Kaisers, zuzuschreiben (452); Das *concilium Septem Provinciarum* erhob Eparchius Avitus zum Kaiser (455), aber erst unter Druck des Westgotenkönigs Theoderich II. (455).

609 In der Forschung ist der Vertrag zwischen Eurich und Julius Nepos als die Anerkennung der westgotischen Unabhängigkeit vom Imperium betrachtet worden (so etwa SCHULZ 1993, 92f.; HENNING 1999, 310f.; KAMPERS 2008, 134; DELAPLACE 2015, 253–256). Die westgotische Autonomie war dennoch nur de facto, sicherlich nicht durch die weströmische Autorität legalisiert.

ihnen erst 477 durch den nominellen Förderer des Falls Westroms, den Offizier Odoaker, staatsrechtlich zuerkannt.[610] Im Wesentlichen wandte Julius Nepos die gleiche Lösung an, die Valentinian III. für die Regelung des römisch-vandalischen Verhältnisses im Jahre 435 und erneuert im Jahre 442, ausgewählt hatte. Das Beispiel der Vandalen sprach nicht für die Zuverlässigkeit dieser Lösung, da diese Germanen ihre antirömische Politik auch als *amici* fortgesetzt hatten. Die Westgoten hatten dem Westkaiser aber keinen Spielraum gelassen. Die *amicitia* stellte nunmehr für den Westkaiser die einzige Möglichkeit dar, eine offizielle Abtretung von Reichsgebiet vermeiden zu können. Denn durch eine *cessio* wurde sonst jeglicher Anspruch des Imperiums auf die Gebietshoheit über die abgetretenen Territorien aufgehoben.

Dass Julius Nepos eine territoriale Zession den Germanen kategorisch ausschloss, ergibt sich übrigens aus der Entwicklung der Lage in der Auvergne. Dieses Gebiet hatten die vier Bischöfe, die die Bedingungen der *amicitia* römischerseits verhandeln mussten, Eurich übergeben, damit die Westgoten die Provence befreiten. Das Engagement des Westkaisers für die Verteidigung der Auvergne bewies sein Nichteinverständnis mit der Aktion seiner Mediatoren, die in eigenem Interesse gehandelt hatten. Ob Kaiser Julius Nepos durch die Verleihung der *amicitia* die richtige Entscheidung getroffen hatte, lässt sich nicht mehr feststellen: Innerhalb kurzer Zeit erfolgten nicht nur seine Absetzung, sondern vor allem das Ende des weströmischen Kaisertums, weshalb über Erfolg oder Nicht-Erfolg des *amicitia*-Verhältnisses keine Entscheidung möglich ist.

6.3.5 Zusammenfassung

Aus der hier besprochenen Untersuchung geht klar hervor, dass die rechtlichen Maßnahmen Westroms gegenüber den vorliegenden Germanenverbänden sich stark voneinander unterschieden. Im Hinblick auf die Burgunder ist ausschließlich die Vertragsform des *foedus* bekannt, gemäß dem dieser Stamm durch das System der *hospitalitas* Wohnsitze in Gallien erhielt und den Römern Hilfstruppen als Gegenleistung zusicherte. Die Burgunder lösten sich also nie aus dem Föderatenverhältnis und konnten folglich nie eine selbständige Herrschaft auf den besiedelten Gebieten aufbauen, wohl auch aufgrund der Nähe zu Ravenna. Interessanterweise war die Zuweisung eines *foedus* eine politische Lösung, die auch die Usurpatoren Constantin III. und

610 Hier sei noch einmal hervorgehoben, dass diese Anerkennung durch keine römische Autorität erfolgte. In der römischen Wahrnehmung blieben die von den Westgoten eingenommenen Regionen ein Hoheitsgebiet des Römischen Reiches. Deswegen konnte Kaiser Justinian die Rückeroberung einiger Territorien Südspaniens legitimieren.

Jovinus sowie die gallo-römischen Kritiker der Zentralregierung, nämlich die lokale Aristokratie, anwandten. Dies lässt sich durch die Funktion erklären, die die Burgunder in der Sapaudia sowie den benachbarten Gebieten übernehmen konnten. Die Anwesenheit von Föderaten, also einer Militärreserve, in einer gallischen Grenzregion war tatsächlich von großer Bedeutung für die sich abwechselnden weströmischen Autoritäten – sei es legitim oder nicht. Der burgundische Stamm war während seines ganzen Aufenthaltes innerhalb des Westreiches also nur auf Solddienst für weströmische Auftraggeber unterschiedlicher Art angewiesen.

Die Vandalen und die Sueben waren dagegen nie reguläre Föderaten des Weströmischen Reiches. Selbst durch den Vertrag mit dem Gegenkaiser Maximus, der ihre Ansiedlung auf der iberischen Halbinsel 411 erlaubte, darf man sie nicht als *foederati* bezeichnen. Die offizielle Einordnung der Vandalen durch das Imperium erfolgte erst 435 in Afrika, wo ihnen infolge der Landnahme lokaler Gebiete die *amicitia* zuerkannt wurde. Der Erhalt dieser hohen Rechtstellung war die Konsequenz der Machtposition der Vandalen, die sie durch die Besetzung der nordafrikanischen Territorien erlangt hatten: Trotz der geographischen Entfernung stellten die Einkünfte aus dem afrikanischen Raum einen wesentlichen Faktor für die Wirtschaft des Reiches dar. Der Abschluss eines *foedus* konnte der neuen Realität auf afrikanischem Boden also nicht entsprechen. Obwohl das Rechtsinstitut der *amicitia* die Gleichstellung zwischen dem beteiligten Barbarenkönig und dem Westkaiser sowie die germanische Souveränität auf den zugewiesenen bzw. okkupierten Gebieten ausschloss, begann ein vandalischer Staatsbildungsprozess unter Geiserich durch gezielte innen- und außenpolitische Tätigkeiten. Im Gegensatz dazu stellen die Sueben eine interessante Ausnahme unter den römisch-germanischen Beziehungen dar, weil diese *gens* wohl von der ravennatischen Regierung rechtlich nie eingeordnet wurde. Die diplomatischen Versuche des Aëtius, sie zu *foederati* zu machen, scheiterten, vielmehr waren die lokalen Gegebenheiten wie die Bischöfe und die galicische Bevölkerung die politischen Verhandlungspartner der Sueben. Der ins Jahr 452 datierte und einzige römisch-suebische Vertrag beinhaltete dagegen die staatsrechtliche Anerkennung der suebischen Herrschaft in Nordwestspanien durch das Westreich. Es handelte sich hier um eine echte *cessio*, wodurch der Westkaiser auf die Souveränität und den Besitz einiger Reichsprovinzen verzichtete. Anhand der marginalen Rolle der betroffenen Gebiete, begründet auch durch deren große Entfernung, schien es eine günstige Entscheidung für das Imperium zu sein.

Im römisch-westgotischen Verhältnis können mehrere Entwicklungsschritte vermerkt werden. Unter der Regentschaft des Stilicho fungierten die Westgoten als zuverlässige Föderaten des Westreiches in Illyricum. Nach dem Tode dieses progotischen Politikers folgten aber viele Jahre mühsamer Verhandlungen zwischen den westgotischen Königen Alarich und Athaulf und dem Westkaiser Honorius, unterstützt durch seine wechselnden Ratgeber. Das Ziel bestand darin, die rechtliche Stellung der westgotischen Gruppe zu regeln, die wegen ihrer kontinuierlichen Wanderung durch Italien, Gallien und Spanien als unberechenbare Bedrohung angesehen wurde. Durch die Verträge im Jahre 416 und 418 wurden die Westgoten wieder weströmische Föderaten. Infolge ihrer sich daraus ergebenden Ansiedlung in Gallien entwickelte sich aber langsam der Anspruch auf höhere Anerkennungen, zuerst räumlich und später auch rechtlich. Aufgrund ihres geographischen Aktionsradius – vor allem in den südgallischen Gebieten, die stark romanisiert waren und sich in Nachbarschaft zu Italien befanden – konnten die Westkaiser die außenpolitischen Initiativen der Westgoten nicht ignorieren. Nach zahlreichen Verhandlungen und Konflikten, die sich durch die Erneuerung des ursprünglichen *foedus* lösten und somit den Status quo immer wieder bestätigten, musste das Weströmische Reich wegen seiner mittlerweile geschwächten Militär- und Politikfähigkeit endlich Zielen der Westgoten nachgeben: Neben neuen territorialen Zuweisungen gestand das Westreich im Jahre 475 auch den Westgoten – ähnlich wie den Vandalen – die *amicitia* zu.

Fazit

Die Abkommen bzw. die Rechtsverhältnisse stellten den Grundstein der weströmisch-germanischen Beziehungen im 5. Jh. dar. Intensive Verhandlungen sowie Vertragsabschlüsse und -brüche begleiteten zum einen den Untergang des Weströmischen Reiches, zum anderen den Bildungsprozess der hier besprochenen Germanenstämme, die sich von wandernden Völkern auf der Suche nach neuen Wohnsitzen zu rechtlich und politisch determinierten Einheiten entwickelten. Der Einfall der *gentes* ins Römische Reich – Burgunder, Vandalen und Sueben über den Rhein, Westgoten über die illyrischen Regionen – verursachte eine dauerhafte germanische Anwesenheit auf römischem Boden, die fortan den weströmischen Umgang mit den Barbaren zwangsläufig beeinflusste und veränderte. Im Fokus der Überlegungen stand also die Reaktion des Westreiches auf die Ansprüche der einzelnen Verbände.

Das Ziel der weströmischen Außenpolitik bestand immer darin, die Überlegenheit des Imperiums gegenüber den Germanen zu bestätigen, obwohl die auf den verschiedenen Provinzen entstandenen Realitäten langsam auf das Gegenteil hinwiesen. Zu diesem Zweck entschied sich der Kaiserhof abwechselnd für einen Militäreinsatz oder den Abschluss von Verträgen, deren Bedingungen sich von Fall zu Fall entschieden. Mit der fortschreitenden Schwächung des Militärpotentials stellte die Diplomatie eine wirksame, manchmal sogar die bessere Alternative für die Lösung der Konflikte dar. Auch der Heermeister Aëtius und der Kaiser Maiorianus, die Förderer energischer Aktionen gegen manche Germanenstämme, griffen erforderlichenfalls darauf zurück. In dieser Arbeit wurde nachgewiesen, dass die weströmische Außenpolitik durch Verträge an einige eindeutige Kriterien gebunden war – es handelte sich um die Voraussetzungen für die Realisierung der oben erwähnten politischen Intention.

In erster Linie benötigte das Imperium die bestmöglichen Unterhändler für die einzelnen Vertragsabschlüsse. Beauftragt wurden aber nicht unbedingt diejenigen, die ein römisches Amt mit diplomatischen Aufgaben bekleideten, sondern diejenigen, die größere Aussicht auf Erfolg bieten konnten. Diese Akteure lassen sich in zwei Kategorien einteilen. Die erste besteht aus jenen engen Anhängern der Kaiser bzw. der faktischen Machthaber mit sehr geschätzten moralischen und praktischen Eigenschaften, insbesondere Loyalität und Eloquenz. Das gegenseitige Vertrauen zwischen der römischen Autorität und dem ausgewählten Legaten hatte jedoch Vorrang vor den naheliegenden, erforderlichen Kompetenzen für den Erfolg der zuständigen Mission. Dies darf nicht verwundern. Aus römischer Perspektive betrachtet, konnten nur die Persönlichkeiten, deren Treue zum Westkaiser, und ganz allgemein zur römischen Sache, sicher war, das Handeln im Interesse des Imperiums garantieren. Zur zweiten Gruppe zählen die Gesandten, die sich aus verschiedenen Gründen auf das exzellente Verhältnis zwischen ihnen und den entsprechenden *gentes* verlassen konnten. In diesem Zusammenhang ist die politische Strategie Westroms ersichtlich: Die Entsendung von bei den Germanen hoch geschätzten Vermittlern erfolgte in der römischen Hoffnung, dass die germanischen Stämme sich eher für die Verhandlungen und folglich eine Einigung mit Ravenna bereit erklärten. Am Rande sei auch die äußerst geringe Rolle der Geistlichen in der Außenpolitik des Reiches erwähnt. Nahm das politische Gewicht der katholischen Kirche angesichts der Krise des Imperiums langsam zu, so blieb es grundsätzlich auf lokaler Ebene beschränkt. Bischöfe und Päpste führten diplomatische Aufgaben meistens im Auftrag von regionalen Entitäten wie der galicischen *plebs*, den Provinzialversammlungen (*concilia provinciae*), dem Senat der Stadt Rom. Die Gesandtschaften des Papstes Leo I. und des Bischofs von Pavia Epiphanius, gefolgt von den vier gallischen Klerikern, waren Einzelfälle. Die kirchlichen Exponenten waren sonst von der kaiserlichen Diplomatie im Wesentlichen ausgeschlossen.

Eine weitere grundlegende Säule der weströmischen Außenpolitik gegenüber den Germanen war die unbefristete Dauer der abgeschlossenen Verträge. Der Grund lässt sich leicht erklären: Durch kurzfristige Vereinbarungen konnte die Stabilisierung des den zahlreichen Konflikten ausgelieferten Reiches keineswegs erfolgen, denn weitere Auseinandersetzungen wären nach der Beendigung des Vertragsverhältnisses voraussichtlich ausgebrochen. Das weströmische Bemühen um ein politisches Gleichgewicht stieß jedoch oft auf die germanische Auslegung der Verträge in Bezug auf die Dauer. Die Könige der Germanenstämme berücksichtigten eine bestimmte zeitliche Limitierung, nämlich die Lebenszeit der Kontrahenten – der Vertrag erlosch durch den Tod eines der Partner. Angesichts der vielen daraus resultierenden Vertragsbrüche musste dieses juristische „Missverständnis" dem ravennatischen Hof bekannt sein. Es war kein Zufall, dass einige Westkaiser für eine Erneuerung bzw. Bestätigung der Vereinbarungen sorgten, deren einer der Kontrahenten verstorben war.[611] Diese Haltung ist aber auch ein klarer Beweis für die politische Schwäche des Reiches, das weder seine Rechtsansicht noch derer Einhaltung auf barbarischer Seite durchsetzen konnte. Dass das Imperium zum Abschluss unbefristeter Verträge neigte, lässt sich im Übrigen durch die wenigen Fälle von befristeten Abkommen nicht entkräften. In diesem Zusammenhang handelte es sich ausschließlich um Militärbündnisse, nämlich situationsbezogene Verträge, gemäß denen Römer und Germanen gegen einen gemeinsamen Feind kämpften. Diese Vereinbarungen regelten also nicht das römisch-germanische Rechtsverhältnis im engeren Sinne, welches

611 Dem östlichen Teil des Römischen Reiches gelang es hingegen, das Problem durch die klare Angabe der unbegrenzten Vertragsdauer zu lösen: Der Ostkaiser Zenon schloss in der Tat einen unbefristeten Frieden mit dem Vandalenkönig Geiserich durch eine Ewigkeitsformel.

der ravennatischen Außenpolitik gegenüber den *gentes* zugrunde lag. Dafür griff das Imperium auf unbefristete Verträge zurück.

Wie diese Arbeit in verschiedenen Punkten gezeigt hat, lag der Fokus der außenpolitischen Probleme Westroms auf der Einordnung der germanischen Invasoren auf römischem Boden. Diese Eindringlinge festigten langsam die eigene Position innerhalb des Reiches, was die römische Zentralverwaltung, die sich ihrerseits seiner Grenzen immer noch bewusst war, berücksichtigen musste. Die kaiserlichen Behörden suchten also nach einer Lösung, die jedoch die Vorrangstellung des Imperiums nicht untergraben durfte. Ein *foedus* – der Begriff definiert an dieser Stelle ausschließlich den Vertrag, durch den der Kaiser dem entsprechenden Stamm den Föderatenstatus gewährte – stellte die ideale Maßnahme dar. Die Vorteile dieser Entscheidung lagen auf der Hand: Durch die Erfüllung der germanischen Ansprüche auf Wohnsitze und Versorgung, worin der Grund für ihren Einfall ins Römische Reich lag, gewann das Westreich loyale, untergebene Verbündete und sicherte sich dabei eine angemessene Anzahl von Hilfstruppen. Die Hoffnung Ravennas zerschlug sich dennoch aufgrund der unterschiedlichen Reaktionen der *gentes* auf das römische Friedensangebot durch ein *foedus*. Das Imperium musste beispielweise mit dem betrügerischen Verhalten jener Germanen rechnen, die den Föderatenstatus annahmen, aber sich oft nicht an ihre Pflichten hielten. Paradigmatisch ist die Geschichte der Westgoten, die sich durch zahlreiche Vertragsbrüche kennzeichnete. Einige Rebellionen, wenn auch in geringerem Ausmaß, entstanden auch durch die Burgunder. Mit den Sueben und den Vandalen war hingegen überhaupt nicht möglich, sie als Föderaten zu verpflichten: Mit einen scheiterten die Verhandlungen, zumal sie eher Interesse an einer Vereinbarung mit den galicischen Behörden hatten. Die anderen konnten sicherlich nicht als Föderaten dienen, weil sie im Vergleich mit den anderen Stämmen bereits eine sehr starke Position erreicht hatten, als Ravenna zum ersten Mal konkret mit ihnen verhandeln musste. Die Frage über die facettenreiche Erfolglosigkeit des *foedus* lässt sich wie folgt beantworten. Angesichts der eskalierenden Krise des Reiches und des eigenen wachsenden Selbstverständnisses verfolgten die Germanenstämme neue Ambitionen: Neben einer territorialen Ausdehnung der ersten Ansiedlungsgebiete strebten sie eine höhere staatsrechtliche Anerkennung an, die ihre faktische Herrschaft auf den römischen Provinzen rechtfertigte. Verlor das *foedus* seine Wirkung auf die einzelnen Verbände, so musste also die weströmische Zentralregierung sie anders einordnen, aber weiterhin mit dem Ziel, die eigene Überlegenheit zu bestätigen. Das Institut der *amicitia* entsprach gut den neuen Bedürfnissen beider Seiten. Denn die Germanen wechselten zum dem Klientelstatus, welches sie von dem Militärdienst der *foederati* entband, blieben jedoch der römischen Autorität weiter untergeordnet. Eine Gleichstellung der Barbarenkönige mit dem Westkaiser kam daher nicht in Frage, weshalb das Imperium die germanische Souveränität auf den zugewiesenen Territorien noch immer nicht anerkannte. Die *amicitia* stellte das letzte Mittel des Imperiums, um die brutale Realität zu leugnen, nämlich seinen fortschreitenden faktischen Verlust verschiedener Provinzen. Die Vandalen und die Westgoten wurden also als *amici* anerkannt, die einen bereits in Rahmen ihrer ersten offiziellen Einordnung innerhalb des Reiches, die anderen nach ihrer großen Expansion, wegen derer sie zwangsläufig nicht mehr als *foederati* betrachtet werden können. Aus der hier vorgestellten weströmischen Außenpolitiklinie, sei es durch ein *foedus*, sei es durch eine *amicitia* durchgeführt, geht abschließend das folgende Konzept klar hervor: Wurde ein Teil des Reiches an eine germanische Gruppe zum Wohnen gegeben, so musste dieser doch rechtlich dem weströmischen Kaiser weiter gehören. Ravenna vermied also womöglich jegliche förmliche Abtretung eines Reichsgebietes. Nur gegenüber den Sueben scheiterte diese politische Absicht insgesamt, denn 452 erfolgte tatsächlich eine *cessio* in Nordwestspanien.

Um seinen politischen Plan zu verfolgen, nämlich die rechtliche Einordnung der Germanen in der Hoffnung, sich das eigene Überleben sowie die unbestrittene Souveränität zu garantieren, sah sich das Weströmische Reich gezwungen, die verschiedenen Stämme trotz des erwähnten Grundkonzeptes ungleich zu behandeln. Der Föderatenstatus wurde den Burgundern, den Westgoten und den Sueben angeboten. Nur die ersten zwei Stämme akzeptierten diesen Status, aber mit dem Unterschied, dass die Burgunder ihn bis zum Fall des Reiches, während die Westgoten bis zum Zeitpunkt, an dem ihre höhere Anerkennung (*amicitia*) unvermeidbar war, beibehielten. Den Sueben, mit denen die Verhandlungen für ein *foedus* scheiterten, wurden römische Territorien förmlich abgetreten, was die Zuerkennung der suebischen Souveränität durch das Imperium bedeutete. Die erste Einordnung der Vandalen erfolgte dagegen direkt durch eine *amicitia*. Was bewegte Ravenna zu solchen unterschiedlichen Beziehungen zu jedem einzelnen Barbarenvolk? Sicherlich entwickelte sich die Geschichte jedes Stammes anders, was die weströmische Autorität zu entsprechenden Reaktionen zwang. Ein entscheidender Faktor scheint jedoch in den bisherigen Untersuchungen der Forschung grundsätzlich unberücksichtigt geblieben zu sein: die geographische Lage der germanischen Ansiedlungen. Zu Föderaten, zwar denjenigen, die an das Imperium durch ein formales *foedus* gebunden waren, wurden jene Germanenstämme, die in Rahmen der eigenen Wanderung meistens im Kern des Reiches agiert hatten: Die Burgunder waren nach dem Rheinübergang in Gallien geblieben; Die Westgoten hatten Italien, die südgallischen Regionen und das iberische Mittelmeerküstengebiet durchzogen. Beide Gruppen etablierten sich später mit Zustimmung der legitimen weströmischen Autorität in Gallien. Angesichts der geographischen Nähe der burgundischen und westgotischen Niederlassungen an der italischen Halbinsel konnte Ravenna eine mehr oder weniger strenge Kontrolle darüber ausüben, nämlich einen prompten Militäreinsatz im Notfall. Die Einquartierung von Föderaten in gallischen Gebieten war zudem von großer Bedeutung, weil das Imperium dadurch an verschiedene Fronten schnell mobilisierende Hilfstruppen gewann. Dies würde auch die weströmischen Bemühungen um die Bewahrung des *foedus* trotz der wiederholten Vertragsbrüche durch diese Stämme, insbesondere die Westgoten erklären. Die Stabilität Galliens stellte die Priorität für den Gleichstand des Weströmischen Reiches dar. Im Gegensatz dazu entwickelte sich wohl das Gefühl in Ravenna, dass die von den übrigen *gentes* bewohnten Provinzen weit weg waren, woraufhin das Westreich ein anderes politisches Verfahren eröffnete. Paradigmatisch ist das römisch-suebische Verhalten, das sich auf zwei halbherzige Versuche eines *foedus* durch Censorius und dann direkt die *cessio* durch Mansuetus und Fronto reduzierte. Dies spiegelt das wesentliche Desinteresse Westroms an den nordwestlichen Regionen Spaniens wider, in denen die Sueben sich etabliert hatten, was sich tatsächlich durch die geographische Irrelevanz dieses Territoriums begründen lässt. Das Imperium konnte es nicht leisten, seine Energien in einem isolierten Gebiet der iberischen Halbinsel zu verschwenden. Auch die nordafrikanischen Provinzen, die die Vandalen besetzten, befanden sich in ausreichendem Abstand vom schlagenden Herz des Reiches. Die weströmische Wahrnehmung der Entfernung Afrikas lag wohl auch am dazwischen gelegenen Mittelmeer. Andererseits konnte die ravennatische Zentralverwaltung nicht die wirtschaftliche Rolle der *Dioecesis Africae* aufgrund seiner Steuer- und Versorgungsabgaben ans Imperium beiseitelassen, was die Vandalen in eine starke Verhandlungsposition brachte. Da Ravenna kein *foedus* abschließen konnte sowie keine *cessio* wollte, erschien es zweckmäßig, eine Kompromisslösung zu finden – die *amicitia*.

Die dargestellten Ergebnisse rechtfertigen die Aussage, dass trotz seiner zunehmenden Schwächung die weströmische Autorität weiterhin die Integrität des Reichsgebietes bezweckte. Diese musste unbedingt über die Wahrung der Souveränität auf allen Gebieten erfolgen, in denen sich die germanischen Zuwanderer entweder mit weströmischer Zustimmung oder mit Gewalt etabliert hatten. Wird diese Intention als „der rote Faden“ der weströmischen Außenpolitik eingeräumt, so müssen verschiedene vertragliche Gestaltungsmöglichkeiten je nach dem verhandelnden Germanenstamm vermerkt werden. Denn angesichts der unterschiedlichen Umstände, in denen die einzelnen *gentes* agierten, musste die weströmische Diplomatie ihre ganze Flexibilität bekunden. Ausgewählte Mediatoren, unbefristete Verträge, gezielte Rechtsinstitute – dies alles beweist eine erarbeitete und willige politische Strategie, der es dennoch nicht gelang, den Desintegrationsprozess des Weströmischen Reiches aufzuhalten.

Literaturverzeichnis

Quellen

AUG. *Conlatio cum Maximino* – PL 42, 709–742.

AUG. *Epist.* CLXXXV – GOLDBACHER A. (hrsg.), *Sancti Augustini opera. Sect. 2: S. Aurelii Augustini Hipponensis episcopi epistulae. Ps. 4: Ep. CLXXXV–CCLXX* (CSEL 57), Wien 1911.

CAPREOL. – PL 53, 843–849.

CASSIOD. *Chron.* – MOMMSEN T. (hrsg.), *Chronica Minora II* (MGH Auct. ant. 11), Berlin 1894, 109–161.

CHRON. CAES. – CARDELLE DE HARTMANN C. (hrsg.), *Victoris Tunnunensis cum reliquis ex consularibus Caesaraugustanis et Iohannis Biclarensis Chronicon* (CCSL 173A), Turnhout 2001, 1–55.

CHRON. GALL. – KÖTTER J.-M. - SCARDINO C. (hrsg.), *Gallische Chroniken*, Paderborn 2017.

CLAUD. *VI Cons. Hon.* – PLATNAUER M. (hrsg.), *Claudian. Vol. 1*, Cambridge 1922, 286–335.

CLAUD. *de bell. Got.* – GARUTI G. (hrsg.), *Cl. Claudiani, De bello Gothico*, L'Aquila u. a. 1991.

Codex Euricianus (CE) – ZEUMER K. (hrsg.), *Legum codicis Euriciani fragmenta* (MGH LL nat. Germ. 1), Hannover-Leipzig 1902, 3–32.

ENNOD. *Vita Epiph.* – VÖGEL F. (hrsg.), *Magni Felicis Ennodi opera* (MGH Auct. ant. 7), Berlin 1885, 84–109.

EUS. *Vit. Const.* – PIETRI L. u. a. (hrsg.), *Eusèbe de Césarée. Vie de Constantin*, Paris 2013.

EXC. VAL. – MOREAU J. (hrsg.), *Excerpta Valesiana*, Leipzig 1968.

[FRED.] – KRUSCH B. (hrsg.), *Fredegarii et aliorum Chronica. Vitae sanctorum* (MGH SS rer. Merov. 2), Hannover 1888, 1–193.

GREG. TUR. *Hist. Franc.* – KRUSCH B. - LEVISION W. (hrsg.), *Libri historiarum decem* (MGH SS rer. Merov. 1,1), Hannover 1951, 1–193.

GREG. TUR. *Mirac. Mart.* – KRUSCH B. (hrsg.), *Libri octo miraculorum* (MGH SS rer. Merov. 1,2), Hannover 1885, 135–211.

GREG. TUR. *Mirac. Mart.* – KRUSCH B. (hrsg.), *Liber Vitae Patrum* (MGH SS rer. Merov. 1,2), Hannover 1885, 211–294.

HIER. *Epist.* – HILBERG I. (hrsg.), *Hieronymus. Epistulae* (CSEL 54–56), Wien u. a. [2]1996.

HYDAT. *Chron.* – TRANOY A. (hrsg.), *Hydace. Chronique*, Paris 1974.

IOH. ANT. – ROBERTO U. (hrsg.), *Ioannis Antiocheni Fragmenta ex Historia chronica*, Berlin u. a. 2005.

IO. MAL. – THURN J. (hrsg.), *Ioannis Malalae Chronographia* (CFHB 35), Berlin 2000.

IO. ZON. – DINDORF L. (hrsg.), *Joannis Zonarae Epitome historiarum*, Leipzig 1868–1875.

IORD. – MOMMSEN T. (hrsg.), *Iordanis Romana et Getica* (MGH Auct. ant. 5,1), Berlin 1882.

ISID. – MOMMSEN T. (hrsg.), *Historia Gothorum, Wandalorum et Sueborum* (MGH Auct. ant. 11), Berlin 1894, 267–295.

Liber pontif. – MOMMSEN T. (hrsg.), *Libri pontificalis. Pars prior* (GpR 1), Berlin 1908.

LATERC. – BECKER M. - KÖTTER J.-M. (hrsg.), *Prosper Tiro. Chronik. Laterculus regum Vandalorum et Alanorum*, Paderborn 2016.

Leges Burgundionum (LB) – VON SALIS L.R. (hrsg.), *Leges Burgundionum* (MGH LL nat. Germ. 2,1), Hannover 1892, 30–116.

MALCH. – BLOCKLEY R.C. (hrsg.), *The fragmentary Classicising Historians of the Later Roman Empire. Eunapius, Olympiodorus, Priscus, and Malchus* (ARCA 10), Liverpool 1981–1983.

MARC. COM. – MOMMSEN T. (hrsg.), *Chronica Minora II* (MGH Auct. ant. 11), Berlin 1894, 60–108.

MARIUS AVENT – MOMMSEN T. (hrsg.), *Chronica Minora II* (MGH Auct. ant. 11), Berlin 1894, 231–249.

MEROBAUD. – VOLLMER F. (hrsg.), *Fl. Merobaudis reliquiae* (MGH Auct. ant. 14), Berlin 1905, 3–18.

NOV. VAL. – MEYER P.M. (hrsg.), *Leges Novellae ad Theodosianum pertinentes*, Berlin [2]1954, 1–154.

OLYMP. – BLOCKLEY R.C. (hrsg.), *The fragmentary Classicising Historians of the Later Roman Empire. Eunapius, Olympiodorus, Priscus, and Malchus* (ARCA 10), Liverpool 1981–1983.

OROS. – ARNAUD-LINDET M.-P. (hrsg.), *Orose. Histoires (contre les païens)*, Paris 1990–1991.

PAUL. DIAC. *Hist. Rom* – DROYSEN H. (hrsg.), *Pauli Historia Romana* (MGH SS rer. Germ. 49), Berlin 1879.

PAULIN. MED. *vita Ambr.* – PELLEGRINO M. (hrsg.), *Paolino di Milano: Vita di S. Ambrogio* (Verba Seniorum, n.s. 1), Roma 1961.

PAULIN. PETRIC. – PETSCHENIG M. (hrsg.), *Paulini Petricordiae carmina* (CSEL 16), Wien u. a. 1888.

PHILOSTORG. – BIDEZ J. - WINKELMANN F. (hrsg.), *Philostorgius. Historia Ecclesiastica. Mit dem Leben des Lucian von Antiochien und den Fragmenten eines arianischen Historiographen*, Berlin 1981.

POSSID. – GEERLINGS W. (hrsg.), *Possidius. Vita Augustini*, Paderborn u. a. 2005.

PRISC. – BLOCKLEY R.C. (hrsg.), *The fragmentary Classicising Historians of the Later Roman Empire. Eunapius, Olympiodorus, Priscus, and Malchus* (ARCA 10), Liverpool 1981–1983.

PROK. – HAURY J. (hrsg.), *Procopii Caesariensis Opera omnia*, Leipzig 1962–1964.

PROSP. – BECKER M. - KÖTTER J.-M. (hrsg.), *Prosper Tiro. Chronik. Laterculus regum Vandalorum et Alanorum*, Paderborn 2016.

PROSP. HAVN. – MOMMSEN T. (hrsg.), *Chronica Minora I* (MGH Auct. ant. 9), Berlin 1892, 304–333.

PAULIN. *Epigramma* – SCHENKL K. (hrsg.), *Claudii Marii Victoris alethia et probae cento* (CSEL 16), Wien u. a. 1888.

SALV. *Gub.* – LAGARRIGUE G. (hrsg.), *Salvien de Marseille. Oeuvres, II. Du gouvernement de Dieu*, Paris 1975.

SIDON. – LOYEN A. (hrsg.), *Sidoine Apollinaire*, Paris 1960–1970.

SOKRATES – MARAVAL P. u. a. (hrsg.), *Socrate de Constantinople. Histoire ecclésiastique*, Paris 2004–2007.

SOZOM. – FESTUGIÈRE A.-J. u. a. (hrsg.), *Sozomène. Histoire ecclésiastique*, Paris 1983–2008.

THEM. – SCHENKL H. (hrsg.), *Themistii orationes quae supersunt*, Leipzig 1965–1974.

THEOPH. – DE BOOR C. (hrsg.), *Theophanis Chronographia*, Hildesheim [2]1963.

VICT. TUNN. – MOMMSEN T. (hrsg.), *Chronica Minora II* (MGH Auct. ant. 11), Berlin 1894, 163–206.

VICT. VIT. – VÖSSING K. (hrsg.), *Victor von Vita. Historia persecutionis Africanae provinciae temporum Geiserici et Hunerici regum Wandalorum. Kirchenkampf und Verfolgung unter den Vandalen in Africa* (Texte zur Forschung 96), Darmstadt 2011.

VITA ORIENT. – HENSKENS G. (hrsg.), *Vita (I) sancti Orientii episcopo Ausciorum in Novempopulania* (AASS Mai I).

VITA LUP. – Martine F. (hrsg.), *Vies des Pères du Jura* (Sources chrétiennes 90), Paris 1988.

ZOSIM. – PASCHOUD F. (hrsg.), *Zosime. Histoire nouvelle*, Paris 1971–1989.

Lexika

AE: *L'année épigraphique*.

BBKL: BAUTZ F.W., *Biographisch-Bibliographisches Kirchenlexikon*, Herzberg 1992.

LThK: KASPER W., *Lexikon für Theologie und Kirche*, Freiburg i. B. [3]2006.

LACL: DÖPP S. - GEERLINGS W., *Lexikon der antiken christlichen Literatur*, Freiburg i. B. u. a. [3]2002.

ODB: KAZHDAN A., *Oxford Dictionary of Byzantium*, Oxford 1991.

ODLA: NICHOLSON O., *The Oxford dictionary of Late Antiquity*, Oxford 2018.

PCBE II: PIETRI C. - PIETRI L., *Prosopographie chrétienne du Bas-Empire*, Roma 2000.

PLRE II: MARTINDALE J.R., *The prosopography of the later Roman empire*, Cambridge 1980.

RE: *Real-Encyclopädie der classischen Altertumswissenschaft*.

RgA: *Reallexikon der germanischen Altertumskunde*.

TRE: MÜLLER G., *Theologische Realenzyklopädie*, Berlin 1990.

Literatur

ALEMANY A., *Sources on the Alans. A critical compilation*, Leiden u. a. 2000.

AMENT H., *Les Burgondes au bord du Rhin. Etat de la question*, in: H. GAILLARD DE SEMAINVILLE (hrsg.), *Les Burgondes. Apports de l'archéologie* (Actes du colloque international de Dijon, 5–6 novembre 1992), Dijon 1995, 83–86.

AMICI A., *Iordanes e la storia gotica*, Spoleto 2002.

ANDERSON W.B., *Sidonius. Poems and letters: in two volumes. Vol. I: Poems; Letters, books I–II*, London u. a. 1963.

ANDERSON W.B., *Sidonius. Poems and letters: in two volumes. Vol. II: Letters, books III–IX*, London u. a. 1965.

ANKE B., *Burgunder in der Spätantike. Zum ambivalenten Verhältnis zwischen Burgundern und Hunnen*, in: HelvA 41, 163/164 (2010), 99–149.

ARCE J., *Los Vándalos en Hispania (409–429 A.D.)*, in: AntTard 10 (2002), 75–85.

ARCE J., *The enigmatic fifth century. Some historical problems*, in: H.-W. GOETZ u. a. (hrsg.), *Regna and gentes. The relationship between late antique and early medieval peoples and kingdoms in the transformation of the Roman world*, Leiden 2003, 135–159.

ARCE J., *Bárbaros y Romanos en Hispania (400–507 A.D.)*, Madrid 2005.

ARCE J., *Los vándalos en Hispania (409–429 A.D.): Impacto, actividades, identidad*, in: G.M. BERNDT - R. STEINACHER (hrsg.), *Das Reich der Vandalen und seine (Vor-)Geschichten* (Forschungen zur Geschichte des Mittelalters 13), Wien 2008, 97–104.

AUSBÜTTEL F.M., *Die Verträge zwischen den Vandalen und Römern*, in: RomBarb 11 (1991), 1–20.

BAYLESS W.N., *The Visigothic Invasion of Italy in 401*, in: CJ 72 (1976), 65–67.

BAYLESS W.N., *The Peace of 439 A.D.: Avitus and the Visigoths*, in: AncW 1 (1978), 141–143.

BECKER A., *Les relations diplomatiques romano-barbares en Occident au Ve siècle. Acteurs, fonctions, modalités*, Paris 2013.

BECKER A., *Les évêques et la diplomatie romano-barbare en Gaule au Ve siècle*, in: M. GAILLARD (hrsg.), *L'empreinte chrétienne en Gaule du IVe au IXe siècle* (Culture et société médiévales 26), Turnhout 2014, 45–59.

BECKER M. - KÖTTER J.-M., *Prosper Tiro. Chronik. Laterculus regum Vandalorum et Alanorum*, Paderborn 2016.

BERNDT G.M., *Konflikt und Anpassung. Studien zu Migration und Ethnogenese der Vandalen*, Husum 2007.

BIRT T., *Claudii Claudiani carmina* (MGH Auct. ant. 10), München 1892.

BLOCKLEY R.C., *East Roman foreign policy: formation and conduct from Diocletian to Anastasius*, Leeds 1992.

BROCKMEIER B., *Der große Friede 332 n. Chr. Zur Aussenpolitik Konstantins des Grossen*, in: BJ 187 (1987), 79–100.

BRUZZONE A., *Flavio Merobaude. Panegirico in versi*, Roma 1999.

BURGESS R.W., *The Chronicle of Hydatius and the Consularia Constantinopolitana. Two Contemporary Accounts of the Final Years of the Roman Empire*, Oxford 1993.

BURGESS R.W., *The Gallic Chronicle of 452: a new critical edition with a brief introduction*, in: R.W. MATHISEN - D. SHANZER (hrsg.), *Society and culture in late antique Gaul: revisiting the sources*, Aldeshot 2001, 52–84.

BURNS T.S., *Barbarians within the Gates of Rome: a Study of Roman Military Policy and the Barbarians, 375–425*, Bloomington 1994.

CAMERON A., *Claudian: Poetry and Propaganda at the Court of Honorius*, Oxford 1970.

CASTRITIUS H., *Zur Sozialgeschichte der Heermeister des Westreiches*, in: MIÖG 92 (1984), 1–33.

CASTRITIUS H., *Barbari - antique barbari. Zur Besiedlungsgeschichte Südostnorikums und Südpannoniens in der Spätantike*, in: FMS 29 (1995), 72–85.

CASTRITIUS H., *Die Vandalen: Etappen einer Spurensuche*, Stuttgart 2007.

CASTRITIUS H., *Die Völkerlawine der Silvesternacht 405 oder 406 und die Gründung des Wormser Burgunderreichs*, in: V. GALLÉ (hrsg.), *Die Burgunder. Ethnogenese und Assimilation eines Volkes*, Worms 2008, 31–48.

CESA M., *Ennodio. Vita del beatissimo Epifanio vescovo della chiesa pavese*, Como 1988.

CESA M. - SIVAN H., *Alarico in Italia: Pollenza e Verona*, in: Historia 39 (1990), 361–374.

CESA M., *Il matrimonio di Placidia e Ataulfo sullo sfondo dei rapporti tra Ravenna e i Visigoti*, in: RomBarb 12 (1992–93), 23–53.

CESA M., *Impero tardoantico e barbari: la crisi militare da Adrianopoli al 418*, Como 1994.

CHASTAGNOL A., *Les fastes de la Préfecture de Rome au Bas-Empire*, Paris 1962.

CLOVER F.M., *Geiseric the statesman: a study of Vandal foreign policy*, Diss. Chicago 1966.

CLOVER F.M., *Flavius Merobaudes: a Translation and Historical Commentary* (Transactions of the American Philosophical Society, n.s. 61,1), Philadelphia 1971.

CLOVER F.M., *Count Gaïnas and Count Sebastianus*, in: AJAH 4 (1979), 65–76.

COLLINS R., *Early medieval Spain. Unity in diversity 400–1000*, London 1983.

CONANT J., *Staying Roman. Conquest and Identity in Africa and the Mediterranean, 439–700*, Cambridge 2012.

COURTOIS C., *Les Vandales et l'Afrique*, Paris 1955.

DANIELOU J. - MARROU H.I., *Geschichte der Kirche, I: Von der Gründung der Kirche bis zu Gregor dem Großen*, Einsiedeln u. a. 1963.

DELAPLACE C., *Les relations entre les Wisigoths et le pouvoir romain de 411 à 439: Comment faut-il interpréter la politique des foedus et la logique de ses acteurs dans la Gaule de la première moitié du Ve siècle ap. J.-C. ?*, in: S. DIEFENBACH - G.M. MÜLLER (hrsg.), *Gallien in Spätantike und Frühmittelalter. Kulturgeschichte einer Region* (Millennium-Studien 43), Berlin u. a. 2013, 25–43.

DELAPLACE C., *La fin de l'Empire romain d'Occident. Rome et les Wisigoths de 382 à 531*, Rennes 2015.

DEMANDT A., *Die Spätantike: Römische Geschichte von Diocletian bis Justinian 284 – 565 n. Chr.*, München ²2007.

DEMANDT A., *Geschichte der Spätantike. Das Römische Reich von Diocletian bis Justinian 284–565 n. Chr.*, München ²2008.

DEMANDT A., *Der Fall Roms. Die Auflösung des römischen Reiches im Urteil der Nachwelt*, München ²2014.

DEMOUGEOT É., *De l'unité à la division de l'Empire romain. Essai sur le gouvernement impérial (395–410)*, Paris 1951.

DEMOUGEOT É., *La formation de l'Europe et les invasions barbares. Tome II: De l'avènement de Dioclétien (284) à l'occupation germanique de l'Empire romain d'Occident (début du VIe siècle). Vol. 2: le Ve siècle*, Paris 1979.

DEMOUGEOT É., *Le partage des provinces de l'Illyricum entre la pars occidentis et la pars orientis, de la tétrarchie au règne de Théodoric*, in: *La géographie administrative et politique d'Alexandre à Mahomet* (Actes du Colloque de Strasbourg, 14–16 juin 1979), Leiden 1981.

DEVILLERS O., *Le conflict entre Romains et Wisigoths en 436–439 d'après les Getica de Jordanès. Fortune et infortune de l'abréviateur*, in: RPh (1995), 111–126.

DÍAZ P.C., *El reino suevo (411–585)*, Madrid 2011.

DÍAZ P.C. - MENÉNDES-BUEYES L.R., *Gallaecia in Late Antiquity. The Suevic Kingdom and the Rise of Local Powers*, in: J. D'EMILIO (hrsg.), *Culture and Society in Medieval Galicia. A Cultural Crossroads at the Edge of Europe*, Leiden u. a. 2015, 146–175.

DIETERICH J.R., *Der Dichter des Nibelungenliedes*, Darmstadt u. a. 1923.

DRINKWATER J.F., *The Usurpers Constantine III (407–411) and Jovinus (411–413)*, in: Britannia 29 (1998), 269–298.

DURLIAT J., *Le salaire de la paix sociale dans le royaumes barbares (Ve–VIe siècles)*, in: H. WOLFRAM - A. SCHWARCZ (hrsg.), *Anerkennung und Integration. Zu den wirtschaftlichen Grundlagen der Völkerwanderungszeit 400–600*, Wien 1988, 21–72.

DURLIAT J., *Cités, impôt et intégration des barbares*, in: W. POHL (hrsg.), *Kingdoms of the Empire. The integration of barbarians in Late Antiquity*, Leiden u. a. 1997, 153–179.

ELTON H., *Defence in fifth-century Gaul*, in: J. DRINKWATER - H. ELTON (hrsg.), *Fifth-century Gaul: a crisis of identity?*, Cambridge 1992, 167–176.

ESCHER K., *Les Burgondes: Ier–VIe siècles apr. J.-C.*, Paris 2006.

FAVROD J., *La Chronique de Marius d'Avenches (455–581). Texte, traduction et commentaire*, Lausanne 1993.

FAVROD J., *Histoire politique du royaume burgonde (443–534)*, Lausanne 1997.

FEHR H. - VON RUMMEL P., *Die Völkerwanderung*, Stuttgart 2011.

FRANCOVICH ONESTI N., *I Vandali. Lingua e storia*, Roma 2002.

GARUTI G., Cl. *Claudiani De bello Gothico. Edizione critica*, Bologna 1979.

GARUTI G., *Cl. Claudiani, De bello Gothico*, L'Aquila-Roma 1991.

GAUDEMET J., *L'église dans l'Empire Romain (Ive–Ve siècles)*, Paris 1958.

GAUPP T., *Die germanischen Ansiedlungen und Landtheilungen in den Provinzen des römischen Westreichs in ihrer völkerrechtlichen Eigenthümlichkeit und mit Rücksicht auf verwandte Erscheinungen der alten Welt und des späteren Mittelalters*, Breslau 1844.

GIANNOTTI F., *Sperare meliora. Il terzo libro delle Epistulae di Sidonio Apollinare. Introduzione, traduzione e commento*, Pisa 2016.

GIESE W., *Die Goten*, Stuttgart 2004.

GILLETT A., *The Birth of Ricimer*, in: Historia 44 (1995), 380–384.

GILLETT A., *The Accession of Euric*, in: Francia 26/1 (1999), 1–40.

GILLETT A, *Was Ethnicity Politicized in the Earliest Medieval Kingdoms?*, in: A. GILLETT (hrsg.), *On Barbarian Identity. Critical Approaches to Ethnicity in the Early Middle Ages* (Studies in the early middle ages 4), Turnhout 2002, 85–121.

GILLETT A., *Envoys and political communication in the late antique West, 411–533*, Cambridge 2003.

GOFFART W., *Barbarians and Romans: A.D. 418–584. The techniques of accommodation*, Princeton 1980.

GOFFART W., *Barbarian tides. The migration age and the Later Roman Empire*, Philadelphia 2006.

GOFFART W., *The Techniques of Barbarian Settlement in the Fifth Century: A Personal, Streamlined Account with Ten Additional Comments*, in: JLA 3,1 (2010), 65–98.

GOFFART W., *Le début (et la fin) des sortes Vandalorum*, in: P. PORENA - Y. RIVIERE (hrsg.), *Expropriations et confiscations dans les royaumes barbares. Une approche régionale*, Roma 2012, 115–128.

GOFFART W., *Administrative Methods of Barbarian Settlement in the Fifth Century: The Definitive Account*, in: S. DIEFENBACH - G.M. MÜLLER (hrsg.), *Gallien in Spätantike und Frühmittelalter. Kulturgeschichte einer Region*, Berlin u. a. 2013, 45–56.

GRÜNEWALD M., *Burgunden: Ein unsichtbares Volk?*, in: H. HINKEL (hrsg.), *Nibelungen-Schnipsel. Neues vom alten Epos zwischen Mainz und Worms*, Mainz 2004, 119–142.

GRUMEL V., *L'Illyricum de la mort de Valentinien 1er (375) à la mort de Stilicon (408)*, in: REByz 9 (1951), 5–46.

HALSALL G., *Barbarian Migration and the Roman West, 376–568*, Cambridge 2007.

HALSALL G., *The Techniques of Barbarian Settlement in the Fifth Century: A Reply to Walter Goffart*, in: JLA 3,1 (2010), 99–112.

HAMANN S., *Vorgeschichte und Geschichte der Sueben in Spanien*, München 1971.

HARRIES J., *Sidonius Apollinaris and the Fall of Rome, AD 407–485*, Oxford 1994.

HARRIES J., *Law and Empire in Late Antiquity*, Cambridge 1999.

HARTMANN M., *Die Königin im frühen Mittelalter*, Stuttgart 2009.

HEATHER P.J., *Goths and Romans: 332–489*, Oxford 1991.

HEATHER P.J., *Why Did the Barbarian cross the Rhine?*, in: JLA 2 (2009), 3–29.

HEATHER P.J., *Empires and barbarians: migration, development and the birth of Europe*, London 2010.

HEINZLE J., *Mythos Nibelungen*, Stuttgart 2013.

HENNING D., *Periclitans res publica. Kaisertum und Eliten in der Krise des Weströmischen Reiches 454/5–493 n.Chr.*, Stuttgart 1999.

HENNING D., *Der erste „griechische Kaiser". Überlegungen zum Scheitern des Procopius Anthemius im Weströmischen Reich*, in: H.-U. WIEMER (hrsg.), *Staatlichkeit und politisches Handeln in der römischen Kaiserzeit* (Millennium-Studien 10), Berlin u. a. 2006, 175–186.

HORSTKOTTE H., *Die „Steuerhaftung" im spätrömischen „Zwangsstaat"*, Frankfurt a. M. [2]1988.

HUGHES I., *Stilicho: the Vandal who saved Rome*, Barnsley 2010.

ISLA A., *L'episcopato della Spagna nord-occidentale all'epoca delle invasioni*, in: P. DELOGU (hrsg.), *Le invasioni barbariche nel meridione dell'Impero: Visigoti, Vandali, Ostrogoti*, Cosenza 2001, 79–98.

JANßEN T., *Stilicho. Das weströmische Reich vom Tode des Theodosius bis zur Ermordung Stilichos (395–408)*, Marburg 2004.

JONES A.H.M., *The Later Roman Empire 284–602: a social economic and administrative survey. Vol. 2*, Oxford 1964.

KAISER R., *Die Burgunder*, Stuttgart 2004.

KAMPERS G., *Geschichte der Westgoten*, Paderborn 2008.

KEHNE P., Markomannen, in: RgA 29 (2001), 290–302.

KIM H.J., *The Huns, Rome and the birth of Europe*, Cambridge 2013.

KÖTTER J.-M. - SCARDINO C., *Gallische Chroniken*, Paderborn 2017.

KRIEGER R., *Untersuchungen und Hypothesen zur Ansiedlung der Westgoten, Burgunder und Ostgoten*, Bern 1992.

KULIKOWSKI M., *Barbarians in Gaul, Usurpers in Britain*, in: Britannia 31 (2000), 325–345.

KULIKOWSKI M., *The Visigothic Settlement in Aquitania: The Imperial Perspective*, in: R.W. MATHISEN - D. SHANZER (hrsg.), *Society and Culture in Late Antique Gaul. Revisiting the sources*, Aldershot 2001, 26–38.

KULIKOWSKI M., *Late Roman Spain and its cities, Ancient society and history*, Baltimore 2004.

KULIKOWSKI M., *The Suevi in Gallaecia. An Introduction*, in: J. D'EMILIO (hrsg.), *Culture and Society in Medieval Galicia. A Cultural Crossroads at the Edge of Europe*, Leiden u. a. 2015, 146–175.

LE BOHEC Y., *Das römische Heer in der Späten Kaiserzeit*, Stuttgart 2010.

LENSKI N., *Failure of Empire. Valens and the Roman State in the fourth Century A.D.*, Berkeley 2002.

DE LEPPER J.L.M., *De Rebus Gestis Bonifatii Comitis Africae et Magistri Militum*, Tilburg 1941.

LIEBESCHUETZ W., *Barbarians and Bishops: Army, Church and State in the Age of Arcadius and Chrysostom*, Oxford 1990.

LIEBESCHUETZ W., *Cities, taxes and the accommodation of the barbarians: the theories of Durliat and Goffart*, in: W. POHL (hrsg.), *Kingdoms of the Empire. The integration of barbarians in Late Antiquity*, Leiden u. a. 1997, 135–151.

LIPPOLD A., *Konstantin und die Barbaren (Konfrontation? Integration? Koexistenz?)*, in: StItFilCl 10, s. 3 (1992), 371–391.

LÓPEZ SÁNCHEZ F., *The Suevic Kingdom. Why Gallaecia?*, in: J. D'EMILIO (hrsg.), *Culture and Society in Medieval Galicia. A Cultural Crossroads at the Edge of Europe*, Leiden u. a. 2015, 176–209.

LOT F., *Du régime de l'hospitalité*, in: RBPh 7 (1928), 975–1011.

LOYEN A., *Les débuts du royaume wisigoth de Toulouse*, in: REL 44 (1934), 406–415.

LOYEN A., *Recherches historiques sur les panégyriques de Sidoine Apollinaire*, Paris 1942.

LOYEN A., *Sidoine Apollinaire. Tome I: Poèmes*, Paris 1960.

LOYEN A., *Sidoine Apollinaire. Tome II: Lettres (livres I–V)*, Paris 1970.

MALLA A., *Die Episode der Regierung des Priscus Attalus*, in: GLO 15/16 (1983–84), 47–55.

MARCHETTA A., *Orosio e Ataulfo nell'ideologia dei rapporti romano-barbarici*, Roma 1987.

MARTIN M., *Zur Entstehung des ersten burgundischen Königsreichs (413–436) am Rhein*, in: B. PÄFFGEN u. a. (hrsg.), *Cum grano salis. Beiträge zur europäischen Vor- und Frühgeschichte. Festschrift für V. Bierbrauer*, Friedberg 2005, 237–248.

MARTIN M., *Hunnen vs. Burgunden – Rache oder Schicksal?*, in: A. KOCH (hrsg.), *Attila und die Hunnen* (Ausstellungskatalog Speyer), Stuttgart 2007, 312–321.

MARTINE F., *Vies des Pères du Jura* (Sources chrétiennes 90), Paris 1988.

MASUR I., *Die Verträge der germanischen Stämme*, Diss. Berlin 1952.

MATHISEN R.W., *Resistance and Reconciliation: Majorian and the Gallic Aristocracy after the Fall of Avitus*, in: R.W. MATHISEN (hrsg.), *Studies in the History, Literature and Society of Late Antiquity*, Amsterdam 1991.

MATHISEN R.W., *Sigisvult the Patrician, Maximus the Arian, and political strategems in the Western Roman Empire c. 425–40*, in: EME 8 (1999), 173–196.

MATTHEWS J., *Olympiodorus of Thebes and the history of the West (AD 407–425)*, in: JRS 60 (1970), 79–97.

MATTHEWS J., *Western Aristocracies and Imperial Court A.D. 364–425*, Oxford 1975. MAZZARINO S., *Stilicone: la crisi imperiale dopo Teodosio*, Roma 1942.

MAZZARINO S., *Aezio, la notitia dignitatum e i Burgundi di Worms*, in: E. CERULLI u. a. (hrsg.), *Renania Romana* (Atti dei Convegni Lincei 23), Roma 1976, 297–316.

MEIER M., *Das späte Römische Kaiserreich ein „Zwangsstaat"? Anmerkungen zu einer Forschungskontroverse*, in: D. BRODKA u. a. (hrsg.), *Freedom and its limits in the Ancient World. Proceedings of a colloquium held at the Jagiellonian University Kraków*, Krakau 2003, 193–213.

MEIER M., *Der Völkerwanderung ins Auge blicken. Individuelle Handlungsspielräume im 5. Jahrhundert n. Chr.*, Heidelberg 2016.

MERRILLS A. - MILES R., *The Vandals*, Chichester 2010.

MODERAN Y., *L'établissement territorial des Vandales en Afrique*, in: AntTard 10 (2002), 87–122.

MODERAN Y., *Confiscations, expropriations et redistributions foncières dans l'Afrique vandale*, in: P. PORENA - Y. RIVIERE (hrsg.), *Expropriations et confiscations dans les royaumes barbares. Une approche régionale*, Roma 2012, 129–156.

MODERAN Y., *Les Vandales et l'Empire romain*, Arles 2014.

MOMMSEN T., *Stilicho und Alarich*, in: Hermes 38 (1903), 101–115.

MUHLBERGER S., *The fifth-century chroniclers: Prosper, Hydatius and the Gallic Chronicler of 452*, Leeds 1990.

MÜLLER J.D., *Das Nibelungenlied*, Berlin 2009.

NORWICH J.J., *Byzantium: The Early Centuries*, London 1988.

O'FLYNN J.M., *Generalissimos of the Western Roman Empire*, Edmonton 1983.

OLDENSTEIN J., *Die letzten Jahrzehnte des römischen Limes zwischen Andernach und Selz unter besonderer Berücksichtigung des Kastells Alzey und der* Notitia Dignitatum, in: F. STAAB (hrsg.), *Zur Kontinuität zwischen Antike und Mittelalter am Oberrhein*, Sigmaringen 1994, 69–112.

OOST S.I., *The Revolt of Heraclian*, in: CPh 61 (1966), 236–242.

OOST S.I., *Galla Placidia Augusta: a biographical essay*, Chicago 1968.

OPPEDISANO F., *L'impero d'Occidente negli anni di Maioriano* (Saggi di storia antica 36), Roma 2013.

PAMPLIEGA J., *Los germanos en España*, Pamplona 1998.

PASCHOUD F., *Zosime. Histoire nouvelle. Tome III, 1e partie (livre V)*, Paris 1986.

PASCHOUD F., *Zosime. Histoire nouvelle. Tome III, 2e partie (livre VI et index)*, Paris 1989.

PELLICIARI L., *Sulla natura giuridica dei rapporti tra Visigoti e Impero Romano al tempo delle invasioni del V° secolo*, Milano 1982.

PÉREZ PRENDES J.M., *Las bases sociales del poder político (estructura y funcionamento de las instituciones político-administrativas*, in: J.MA. JOVER ZAMORA (hrsg.), *Historia de España Menéndez Pidal, III*, Madrid 1991, 5–157.

PERRIN O., *Les Burgondes: Leur histoire, des origines à la fin du premier Royaume (534). Contribution à l'histoire des invasions*, Neuchâtel 1968.

PIEL J.M. - KREMER D., *Hispano-gotisches Namenbuch: der Niederschlag des Westgotischen in den alten und heutigen Personen- und Ortsnamen der Iberischen Halbinsel*, Heidelberg 1975.

PLOTON-NICOLLET F., *Une victoire d'Aétius, la bataille du Mons Colubrarius: proposition de localisation*, in: REL 83 (2005) 22–26.

POHL W., *Die Völkerwanderung. Eroberung und Integration*, Stuttgart 2005.

REBENICH S. - VEH O., *Zosimos. Neue Geschichte*, Stuttgart 1990.

RICHARD J., *Les Burgondes et les problèmes de leur histoire*, in: H. GAILLARD DE SEMAINVILLE (hrsg.), *Les Burgondes. Apports de l'archéologie* (Actes du colloque international de Dijon, 5–6 novembre 1992), Dijon 1995, 17–19.

RIDLEY R.T., *Zosimus. The New History*, Sidney 1982.

ROBERTO U., *L'impero di Teodosio*, in: A. BARBERO (hrsg.), *Storia d'Europa e del Mediterraneo I. Sez. III, vol. VII*, Roma 2010.

SABBAH G. u. a., *Sozomène. Histoire ecclésiastique. Livre VII–IX*, Paris 2008.

SAITTA B., *I Burgundi (413–454)*, Roma 2006.

SANTOS D., *La Vita Orientii y la derrota de Litorio*, in: J. GALLEGO (hrsg.), *Prácticas religiosas, regímenes discursivos y el poder político en el mundo grecorromano*, Buenos Aires 2001, 213–236.

SCHARF R., *Sebastianus. Ein „Heldenleben"*, in: ByzZ 82 (1989), 140–155.

SCHARF R., *Iovinus – Kaiser in Gallien*, in: Francia 20,1 (1993) 1–13.

SCHARF R., *Spätrömische Studien. Prosographische Studien und quellenkundliche Untersuchungen zur Geschichte des 5. Jahrhunderts nach Christus*, Mannheim 1996.

SCHARF R., *Der Dux Mogontiacensis und die Notitia Dignitatum* (Ergänzungsbände zum Reallexikon der Germanischen Altertumskunde 50), Berlin u. a. 2005.

SCHENKL K., *Claudii Marii Victoris alethia et probae cento* (CSEL 16), Wien u. a. 1888.

SCHMIDT L., *Geschichte der deutschen Stämme bis zum Ausgang der Völkerwanderung. Die Ostgermanen*, München ^{2}1934.

SCHMIDT L., *Geschichte der Wandalen*, München ^{2}1942.

SCHÖNFELD M., *Wörterbuch der altgermanischen Personen- und Völkernamen: nach der Überlieferung des klassischen Altertums*, Heidelberg 1911.

SCHROFF H., *Claudians Gedicht vom Gotenkrieg*, Berlin 1927.

SCHULZ R., *Die Entwicklung des römischen Völkerrechts im vierten und fünften Jahrhundert n. Chr.*, Stuttgart 1993.

SELVAGGI R., *Las dos embajadas de Censorio en Galicia (432–438): ¿evidencia de una colaboración entre priscilianistas y suevos?*, in: Gerión 37.2 (2020), i. D.

SIRAGO V.A., *Galla Placidia e la trasformazione politica dell'Occidente*, Louvain 1961.

SORACI R., *Roma e i Burgundi, in: Passaggio dal mondo antico al Medio Evo da Teodosio a San Gregorio Magno* (Atti dei Convegni Lincei 45), Roma 1980, 477–513.

STEIN E., *Geschichte des spätrömischen Reiches. Band 1: Vom römischen zum byzantinischen Staate: 284–476 n.Chr.*, Wien 1928.

STEINACHER R., *Die Vandalen. Aufstieg und Fall eines Barbarenreichs*, Stuttgart 2016.

STEVENS C.E., *Sidonius Apollinaris and his age*, Oxford 1933.

STICKLER T., *Aëtius: Gestaltungsspielräume eines Heermeisters im ausgehenden Weströmischen Reich*, München 2002.

TÄCKHOLM U., *Aetius and the Battle on the Catalaunian Fields*, in: ORom 7 (1969), 259–276.

TEDESCO P., *Sortes Vandalorum: forme di insediamento nell'Africa post-romana*, in: P. PORENA - Y. RIVIÈRE (hrsg.), *Expropriations et confiscations dans les royaumes barbares. Une approche régionale*, Roma 2012, 157–224.

THOMPSON E.A., *Romans and barbarians. The decline of the Western Empire*, Madison 1982.

TORRES RODRÍGUEZ C., *Galicia Histórica. El reino de los suevos*, La Coruña 1977.

TRANOY A., *Hydace. Chronique. Tome II: commentaire et index*, Paris 1974.

TREATGOLD W., *The Diplomatic Career and Historical Work of Olympiodorus of Thebes*, in: The International History Review 26 (2004), 709–733.

UBRIC P., *La iglesia en la Hispania del siglo V*, Granada 2004.

UBRIC P., *The Church in the Suevic Kingdom (411–585 AD)*, in: J. D'EMILIO (hrsg.), *Culture and Society in Medieval Galicia. A Cultural Crossroads at the Edge of Europe*, Leiden u. a. 2015, 210–243.

VALVERDE CASTRO M.R., *Ideología, simbolismo y ejercicio del poder real en la monarquía visigoda: un proceso de cambio*, Salamanca 2000.

VAN WAARDEN J.A., *Writing to Survive. A Commentary on Sidonius Apollinaris, Letters Book 7. Volume 1: The Episcopal Letters 1–11* (Late Antique History and Religion 2), Leuven u. a. 2010.

VÁRADY L., *Das letzte Jahrhundert Pannoniens (376–476)*, Amsterdam 1969.

VASSILI L., *Il dux Vincenzio e l'incursione gotica in Italia nell'anno 473*, in: RFil 66 (1938), 56–59.

VÖSSING K., *Victor von Vita. Historia persecutionis Africanae provinciae temporum Geiserici et Hunerici regum Wandalorum. Kirchenkampf und Verfolgung unter den Vandalen in Africa* (Texte zur Forschung 96), Darmstadt 2011.

VÖSSING K., *Das Königreich der Vandalen. Geiserichs Herrschaft und das Imperium Romanum*, Darmstadt 2014.

WACKWITZ P., *Gab es ein Burgunderreich in Worms? Beiträge zu den geschichtlichen Grundlagen der Nibelungensage. Teil 1* (Zeitschrift der Kulturinstitute der Stadt Worms und des Altertumsvereins Worms, Beiheft 20), Worms 1964.

WICKHAM C., *Framing the Early Middle Ages: Europe and the Mediterranean 400–800*, Oxford 2005.

WIRTH G., *Geiserich und Byzanz. Zur Deutung eines Priscusfragments*, in: N.A. STRATOS (hrsg.), *Byzantium. Tribute to André N. Stratos. Vol. I: History - Art and Archeology*, Athen 1986, 185–206.

WIRTH G., *Attila: Das Hunnenreich und Europa*, Stuttgart 1999.

WOLFRAM W., *Les Burgondes: faiblesse et pérennité (407/413–534)*, in: H. GAILLARD DE SEMAINVILLE (hrsg.), *Les Burgondes. Apports de l'archéologie* (Actes du colloque international de Dijon, 5–6 novembre 1992), Dijon 1995, 23–30.

WOLFRAM H., *Geschichte der Goten: von den Anfängen bis zur Mitte des sechsten Jahrhunderts. Entwurf einer historischen Ethnographie*, München [5]2009.

WOLFRAM H., *Das Römerreich und seine Germanen: Eine Erzählung von Herkunft und Ankunft*, Wien u. a. 2018.

WOOD I., *Ethnicity and the Ethnogenesis of the Burgundians*, in: H. WOLFRAM - W. POHL (hrsg.), *Typen der Ethnogenese unter besonderer Berücksichtigung der Bayern. Teil 1*, Wien 1990.

WOOD I., *Assimilation von Romanen und Burgundern im Rhone-Raum*, in: V. GALLÉ (hrsg.), *Die Burgunder. Ethnogenese und Assimilation eines Volkes*, Worms 2008, 215–236.

WOOD I., *L'installation des Burgondes dans l'Empire romain: histoire événementielle*, in: P. PORENA - Y. RIVIERE (hrsg.), *Expropriations et confiscations dans les Royaumes Barbares. Une approche régionale*, Roma 2012.

ZECCHINI G., *Aezio: l'ultima difesa dell'Occidente romano*, Roma 1983.

Über den Verfasser

Rocco Selvaggi (geb. 1985 in Rom, Italien) studierte Klassische Philologie sowie Alte Geschichte an der *Università degli studi Roma Tre* in Rom. An der *Universität Hamburg* schrieb er seine Masterarbeit im Rahmen einer Partnerschaft zwischen den zwei obengenannten Universitäten. Nach einer Beschäftigung zuerst als Archäologe in einer Ausgrabung in Temnos (Türkei) und später als Lehrer für Latein und Altgriechisch am Gymnasium *Pio IX* in Rom, promovierte er im Jahr 2019 an der *Universität Hamburg* unter der Leitung von Prof. Dr. Halfmann und Prof. Dr. Panzram. Am Arbeitsbereich für Alte Geschichte derselben Universität absolvierte er einige Lehrtätigkeiten mit dem Schwerpunkt Spätantike und war auch in den epigraphischen Projekten *EDAK (Epigraphische Datenbank zum Kleinasien)* und *CVB (Ciudades romanas de la Bética)* tätig. Als Referent hat er sich an verschiedenen Tagungen europaweit beteiligt. Seit 2016 ist er Direktor der Bibliothek *Apulia* in Manduria (Italien) und ein Jahr später wurde zum 1. Vorsitzenden der Kulturvereinigung *Pernix Apulia ES* ernannt.